第12版

高校法学专业
核心课程配套测试

经济法
配套测试

试 题

教学辅导中心 / 组编　编委会主任 / 张旭

中国法治出版社
CHINA LEGAL PUBLISHING HOUSE

出版说明

"高校法学专业核心课程配套测试"丛书由我社教学辅导中心精心组编,专为学生课堂同步学习、准备法学考试,教师丰富课件素材、提升备课效率而设计。自2005年首次出版以来,丛书始终秉持"以题促学、以考促研"的编写理念,凭借其考点全面、题量充足、解析详尽、应试性强等特点,成为法学教辅领域的口碑品牌,深受广大师生信赖。

本丛书具有以下特色:

1. 适配核心课程,精设十六分册。 丛书参照普通高等学校法学专业必修课主要课程,设置十六个分册,涵盖基础理论、实体法、程序法及国际法等核心领域,旨在帮助学生构建系统的法学知识框架,筑牢理论根基,掌握法律思维。

2. 专业团队编审,严控内容品质。 由北京大学、中国人民大学、中国政法大学、北京航空航天大学、中国社会科学院、西南政法大学、西北政法大学、南开大学、北京理工大学等法学知名院校教师领衔编委会,全程把控试题筛选、答案审定及知识体系优化,确保内容兼具理论深度及实践价值。

3. 科学编排体系,助力知识巩固。 每章开篇设置"基础知识图解"板块,以思维导图形式梳理核心概念与法律关系,帮助学生快速构建知识框架。习题聚焦法学考试高频考点,覆盖单项选择题、多项选择题、不定项选择题、名词解释、简答题、论述题、案例分析题等常见题型,满足课堂练习、期末备考、法考训练、考研复习等需求。答案标注法条依据,详解解题思路。设置综合测试题板块,方便学生自我检测、巩固知识。

4. 紧跟法治动态,及时更新内容。 丛书依据新近立法动态进行修订,注重融入学科前沿成果,同时,贴合国家统一法律职业资格考试重点,强化实务导向题型训练,切实提升学生应试能力。

5. 贴心双册设计,提升阅读体验。 试题与解析分册编排,方便学生专注刷题,随时查阅答案,大幅提升学习效率。

6. 拓展功能模块,丰富学习资源。 附录部分收录与对应课程紧密相关的核心法律文件目录,帮助学生建立法律规范知识体系;另附参考文献及推荐书目,既明确了答案参考,亦为学生提供拓展阅读指引。

7. 附赠思维导图，扫码即可获取。 购买本书，扫描封底二维码可下载课程配套思维导图，便于学生随时查阅、灵活使用，为学习提供更多便利与支持。

尽管本丛书已历经学生试用、教师审阅、编辑加工校对等多个环节，但难免存在疏漏和值得商榷之处。法学的魅力恰在于永恒的思辨。若您在研习过程中有任何问题或建议，欢迎发送邮件至 hepengjuan@zgfzs.com，与编委会共同交流探讨。我们将持续关注法学学习需求，以更开放的姿态完善知识体系，与广大师生共同推动本丛书内容的迭代优化。

"法律的生命不在逻辑，而在经验。"——愿我们在求索路上互为灯塔。

教学辅导中心
2025 年 8 月

《经济法配套测试》导言

经济法作为高阶的"现代法",其理论内涵和制度内容具有相当的难度和深度,尤其需要研习者重点把握、反复琢磨。其一,建立"市场—政府"二元分析框架是研习根基,经济法以市场失灵与政府干预的辩证关系为逻辑起点,学习时应紧扣宏观调控法与市场规制法两大支柱体系,理解"有效市场"与"有为政府"的动态平衡机制。其二,把握经济法渊源"法律—政策"的鲜明特征,研习中需善用"规范分析+政策解读"的双重方法,既要掌握调制法定、社会利益等法律原则的规范内涵,又要洞悉产业政策、金融监管等经济政策的法治化路径。其三,注重法教义学和社科综合知识的运用,实现经济法实践应用能力的培养,经济法是"回应型法"的典型代表,学习中既要注重法教义学方法对法律文本的体系化解释,又要运用利益衡量方法处理个体私益和社会公益之间的冲突,时刻保持对反垄断执法、税收征管、金融监管、消费者权益保护等实务问题的敏锐洞察,结合案例训练"规范—政策—效果"的综合判断能力。

《经济法配套测试》作为经济法学习的多维训练工具,可分层级提升学习效能。在基础学习阶段,通过本书的"基础知识图解"梳理经济法的体系框架,结合重点法条理解核心规范,再通过选择题和名词解释题检验对基本概念的掌握。在强化训练阶段,通过简答题、案例分析题、论述题把握经济法律关系的特殊构造,串联宏观调控与市场规制的关联制度,训练"事实认定—规范适用—政策权衡"的法律解释能力、制度评析能力、问题解决能力。在冲刺备考阶段进行模拟测试,适应不同题型的答题节奏,查缺补漏,形成对经济法学知识的整体掌握和宏观理解。本书题型设计遵循"基础—进阶—综合"的梯度训练逻辑:选择题考查经济法基本概念,如"相关市场界定""税收法定原则"等。名词解释和简答题聚焦理论要点,如"经济法的社会本位特征""市场规制权的法律属性"等。案例分析题模拟实务场景,训练法律适用与政策权衡能力,如"消费者权益保护和经营者责任认定"等。论述题要求对经济法制度进行评析,如"建设全国统一大市场的意义及其实现路径"等。

需要特别说明的是,本书虽以《反垄断法》《增值税法》等核心立法及最新配套法规为编写依据,但经济法本就是与市场经济发展最具关联的部门法领域,具有显著的动态演进特征。随着数字经济蓬勃发展，平台经济反垄断、数据要素市场培育、金融监管创新等新兴领域持续涌现立法创新，竞争法、财税法、金融法、计划法等分支的重大立法进程亦在推进。建议研习者密切关注经济法领域的立法动向，以及前沿领域的"试验性立法"、监管部门的指南文件等研习素材，更精准地把握经济法规范的生成路径及其学习方法。

经济法的魅力在于其对市场效率与公共利益的"利益均衡术"，希望研习者在规范解释、政策洞察与实务训练中，掌握经济法的思维方法，提升法律分析与实务问题解决能力，领略现代经济治理的法治智慧！

目 录

第一章 经济法的概念和历史 ·· 1
    基础知识图解 ·· 1
    配套测试 ·· 1

第二章 经济法的体系和地位 ·· 3
    基础知识图解 ·· 3
    配套测试 ·· 3

第三章 经济法的宗旨和原则 ·· 5
    基础知识图解 ·· 5
    配套测试 ·· 5

第四章 经济法的主体和行为 ·· 6
    基础知识图解 ·· 6
    配套测试 ·· 6

第五章 经济法主体的权利（力）、义务和责任 ··· 7
    基础知识图解 ·· 7
    配套测试 ·· 7

第六章 经济法的制定和实施 ·· 8
    基础知识图解 ·· 8
    配套测试 ·· 8

第七章 宏观调控法的基本理论与制度 ·· 10
    基础知识图解 ·· 10
    配套测试 ·· 11

第八章 财政调控法律制度 ··· 12
    基础知识图解 ·· 12
    配套测试 ·· 13

第九章 税收调控法律制度 ··· 15
    基础知识图解 ·· 15
    配套测试 ·· 16

第十章 金融调控法律制度 ··· 34
    基础知识图解 ·· 34
    配套测试 ·· 35

第十一章 规划调控法律制度 ·· 36
    基础知识图解 ·· 36
    配套测试 ·· 36

第十二章　市场规制法的基本理论与制度 ································ 38
   基础知识图解 ··· 38
   配套测试 ·· 38
第十三章　反垄断法律制度 ··· 40
   基础知识图解 ··· 40
   配套测试 ·· 41
第十四章　反不正当竞争法律制度 ··· 45
   基础知识图解 ··· 45
   配套测试 ·· 45
第十五章　消费者保护法律制度 ··· 57
   基础知识图解 ··· 57
   配套测试 ·· 58
第十六章　质量、价格、广告和计量监管法律制度 ························· 72
   基础知识图解 ··· 72
   配套测试 ·· 73
第十七章　特别市场规制制度 ·· 85
   基础知识图解 ··· 85
   配套测试 ·· 86
综合测试题一 ·· 122
综合测试题二 ·· 126
综合测试题三 ·· 130

附录一：经济法学习所涉及的主要法律文件 ································ 131
附录二：参考文献及推荐书目 ··· 132

第一章 经济法的概念和历史

基础知识图解

- 经济法的概念
  - 经济法的调整对象
    - 市场失灵、政府失灵
    - 市场规制、宏观调控
    - 调制关系
  - 经济法的定义：经济性、规制性、现代性
- 经济法的历史和发展趋势
  - 外国经济法的历史
    - 德国经济法学说
    - 美国经济法学说
  - 中国经济法的历史
    - 社会主义市场经济
    - 政府与市场有机结合、内在统一
  - 经济法的发展趋势
    - 从"非常经济法"到"常态经济法"
    - 从"战时经济法"到"平时经济法"
    - 从"边缘法"到"基干法"
    - 从"一元体系"到"二元体系"
    - 从"存在差异"走向"互鉴互学"

配套测试

单项选择题

1. 首先提出"经济法"这一概念的是（　　）。
A. 摩莱里《自然法典》　　　　　　　　B. 德萨米《公有法典》
C. 莱特《世界经济年鉴》　　　　　　　D. 金泽良雄《经济法概论》

2. 下列对经济法调整对象的范围看法正确的是（　　）。
A. 经济法的调整对象是综合的
B. 经济法的调整对象是各种经济关系
C. 经济法没有特定的调整对象，其调整对象随实践的发展而发展
D. 经济法的调整对象与其他部门法的调整对象是有区别的

3. "经济法"一词在学术上开始使用时，主要是在第一次世界大战后的哪个国家？（　　）
A. 英国　　　　　　B. 德国　　　　　　C. 美国　　　　　　D. 法国

4. 现代经济法产生的标志是（　　）。
A. 1793 年法国的《严禁囤积垄断令》
B. 1890 年美国的《谢尔曼法》

C. 1844 年英国的《英格兰银行条例》
D. 1914 年美国的《克莱顿法》

名词解释

1. 经济关系
2. 经济法律关系
3. 国家干预
4. 经济法

论述题

1. 论述经济法在市场失灵中的作用。
2. 论述经济法在克服政府失灵中的作用。
3. 结合实际论述经济法的政策性。
4. 论国家运用经济法干预经济关系的正当性。
5. 试析我国市场经济体制下关于经济法概念的各种学说及主要内容。
6. 结合市场失灵与政府失灵的产生原因，论述经济法体系形成的逻辑路径。
7. 简述经济法产生的社会原因。
8. 论述经济法产生发展的历史。

第二章　经济法的体系和地位

基础知识图解

经济法的体系
- 经济法体系的界定
- 经济法体系的构成
  - 宏观调控法
  - 市场规制法
- 经济法的渊源

经济法的地位
- 经济法在经济社会发展中的地位
  - 市场经济之法
  - 国家干预之法
  - 社会本位之法
- 经济法与其他法律部门的关系
  - 经济法与宪法的关系
  - 经济法与民商法的关系
  - 经济法与行政法的关系

配套测试

单项选择题

1. 经济法与行政法调整的管理关系都是以（　　）为特征的社会关系。
A. 权力　　　　　　B. 平等　　　　　　C. 公平　　　　　　D. 服从

2. 经济法之所以能成为一个独立的法的部门是因为（　　）。
A. 经济法的调整对象单一
B. 经济法的调整对象特定
C. 经济法的主体特殊
D. 经济法的调整方法特殊

多项选择题

1. 经济法的协调主体包括（　　）。
A. 行政机关　　　　　　　　　　　B. 行政相对人
C. 国家权力机关　　　　　　　　　D. 国家授权的组织

2. 我国经济法的法律渊源包括（　　）。
A. 宪法
B. 法律和有关规范性文件
C. 行政法规和有关规范性文件

D. 部、委规章和有关规范性文件

名词解释

1. 经济法的地位
2. 经济法的法域属性

论述题

1. 试论经济法与民商法的区别。
2. 试论经济法在规范市场秩序中的作用。
3. 试论经济法体系、经济法学体系以及经济立法体系的区别与联系。

第三章 经济法的宗旨和原则

基础知识图解

```
            ┌ 经济法宗旨的基本界定
经济法的宗旨 ┤
            └ 经济法宗旨的具体内容 ┬ 国家调制
                                   └ 社会利益

              ┌ 经济法基本原则的内涵 ┬ 工具性基本原则、目的性基本原则
              │                     └ 基础性原则、中层性原则、终极性原则
经济法的基本原则┤
              │                     ┌ 有效调制原则 ┬ 市场决定性原则、调制法定原则、
              │                     │              └ 调制适度原则、调制绩效原则
              └ 经济法基本原则的内容 ┤ 社会利益本位原则 ┬ 综合效益原则
                                     │                  └ 实质公正原则
                                     └ 经济安全原则 ┬ 宏观经济安全原则
                                                    └ 经济发展原则
```

配套测试

简答题

1. 简述经济法宗旨的具体内容。
2. 简述经济法基本原则的具体内容。
3. 论经济法的调制适度原则。
4. 简述国家调制的市场决定性原则。

论述题

1. 试论经济法的"社会利益本位"与"实质公正"理念。
2. 试论经济法的经济安全原则。

第四章 经济法的主体和行为

基础知识图解

```
           ┌ 经济法主体的概念
           │
           │                   ┌ 宏观调控机构
经济法的主体 ┤ 经济法主体的类型 ┤
           │                   └ 市场规制机构
           │
           │ 经济法主体的差异性
           │
           └ 经济法主体与民法、行政法主体的区别

              ┌                      ┌ 宏观调控行为
              │ 经济法主体行为的类型 ┤
经济法主体的行为┤                      └ 市场规制行为
              │
              │ 经济法主体行为的属性
              │
              └ 经济法主体行为的评价
```

配套测试

简答题

1. 简述经济法主体。
2. 简述国家在经济法上的主体地位。

论述题

论经济法主体行为的属性。

第五章 经济法主体的权利（力）、义务和责任

基础知识图解

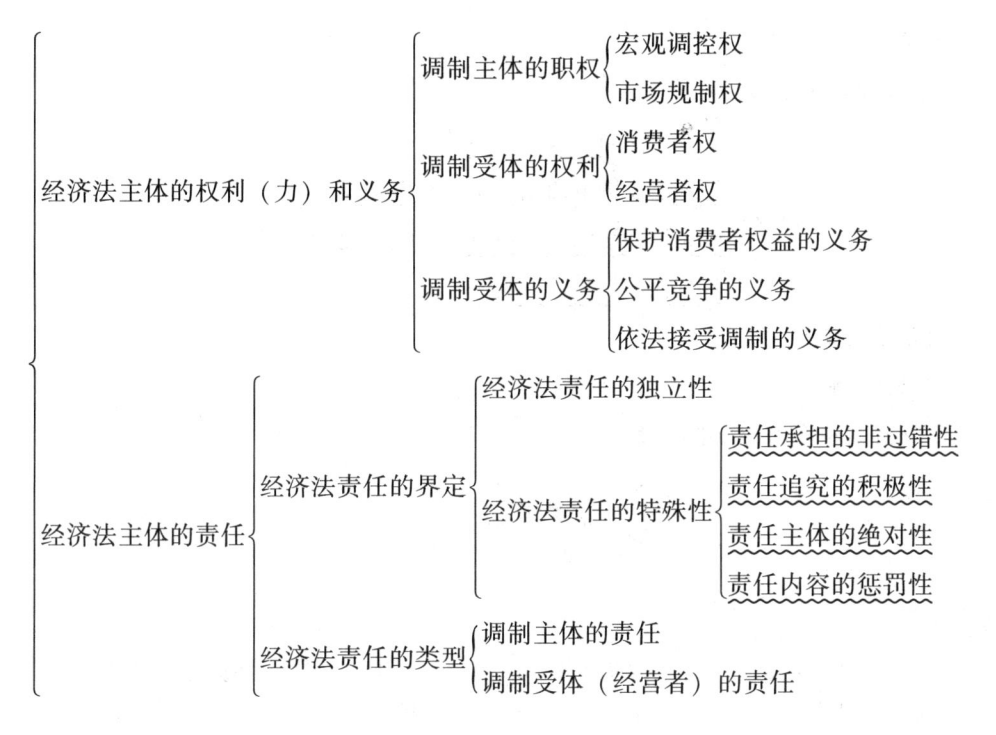

- 经济法主体的权利（力）和义务
  - 调制主体的职权
    - 宏观调控权
    - 市场规制权
  - 调制受体的权利
    - 消费者权
    - 经营者权
  - 调制受体的义务
    - 保护消费者权益的义务
    - 公平竞争的义务
    - 依法接受调制的义务

- 经济法主体的责任
  - 经济法责任的界定
    - 经济法责任的独立性
    - 经济法责任的特殊性
      - 责任承担的非过错性
      - 责任追究的积极性
      - 责任主体的绝对性
      - 责任内容的惩罚性
  - 经济法责任的类型
    - 调制主体的责任
    - 调制受体（经营者）的责任

配套测试

简答题

1. 简述宏观调控权。
2. 简述市场规制权。

论述题

1. 论宏观调控权的独特性质。
2. 论市场规制权的独特性质。
3. 论经济法责任的独立性。

第六章 经济法的制定和实施

基础知识图解

```
                  ┌ 影响经济法制定的因素
                  │ 经济法制定的意义
                  │                    ┌ 职权立法与授权立法相结合
  经济法的制定 ──┤                    │ 经济法总则或通则与单行经济法相并存
                  │ 经济法制定的特点 ──┤ 中央经济法制定与地方经济法制定相并举
                  │                    └ 政策性与规律性相统一
                  │
                  ┌ 经济法实施的意义
  经济法的实施 ──┤ 经济法实施的特点
                  └ 影响经济法实施的重要因素
```

配套测试

单项选择题

1. 狭义的经济法制定，是指（　　）依照法定的职权和程序制定经济法律规范的活动。
A. 最高权力机关及其常设机关　　　　B. 最高监察机关
C. 最高审判机关　　　　　　　　　　D. 最高行政机关

2. 狭义的经济执法，是指（　　）依照法定的职权和程序执行经济法律规范的活动。
A. 国家行政机关　　　　　　　　　　B. 国家司法机关
C. 国家立法机关　　　　　　　　　　D. 国家行政机关和国家司法机关

3. 经济立法的出发点是（　　）。
A. 立足现实　　　　　　　　　　　　B. 依据宪法
C. 从借鉴与经验出发进行超前立法　　D. 由立法者进行主观判断

多项选择题

1. 强化经济法实施的对策，包括（　　）。
A. 深入开展全方位的经济法治教育，增强广大干部和群众的经济法治观念
B. 加强经济执法、司法干部队伍的建设，提高其政治、业务素质
C. 健全经济执法、司法机构，改革与完善经济执法、司法制度
D. 规范和发展市场中介组织，促进经济法的实施

2. 下列哪些活动属于广义的经济法的制定？（　　）
A. 全国人民代表大会依照法定的职权和程序制定经济法律规范的活动

B. 全国人民代表大会常务委员会依照法定的职权和程序制定经济法律规范的活动
C. 国务院依照法定的职权和程序制定经济法律规范的活动
D. 省（自治区、直辖市）的人民代表大会及其常务委员会依照法定的职权和程序制定经济法律规范的活动

3. 经济立法这一概念中所说的法律规范指的是（　　）。
A. 调整特定经济关系的法律规范
B. 经济法律规范
C. 调整各种经济关系的法律规范
D. 经济法的立法和其他经济立法

论述题

1. 论经济法制定的特点。
2. 论经济法实施的特点。

第七章　宏观调控法的基本理论与制度

基础知识图解

- 宏观调控法基本理论
  - 宏观调控法的理论基础
    - 宏观调控的概念
    - 宏观调控的目标
      - 总量均衡
      - 结构优化
      - 充分就业
      - 国际收支平衡
    - 宏观调控手段
      - 财政调控
      - 税收调控
      - 金融调控
      - 计划调控
    - 宏观调控法的价值
    - 宏观调控法的宗旨
    - 宏观调控法的原则
      - 调控法定原则
      - 调控绩效原则
      - 调控公平原则
      - 调控适度原则
  - 宏观调控法的体系构成
  - 宏观调控法的调整方式
    - 一般禁止式的调整方式
    - 积极义务式的调整方式
    - 有条件的允许式的调整方式
- 宏观调控法基本制度
  - 宏观调控法主体制度
  - 宏观调控权配置制度
  - 宏观调控的程序制度
  - 宏观调控的责任制度
    - 归责基础
    - 责任形式
    - 责任构成
    - 责任竞合

配套测试

不定项选择题

1. 以下属于宏观调控关系的是（　　）。
A. 政府对产品质量的监督管理关系
B. 国民经济和社会发展计划的制订和实施关系
C. 中国证券监督管理委员会对证券市场的监督管理关系
D. 财政税收和货币信贷政策制定和实施中发生的经济关系

2. 以下对"市场失灵理论"描述正确的是（　　）。
A. 主要是有关市场调节无法解决社会产品总供给和总需求失衡问题及其政府运用经济政策来解决这一总量失衡问题的理论
B. 主要是有关政府运用经济政策调节社会产品总供给与总需求失衡问题方面出现的调控失败及官僚主义问题及其解决方案的理论
C. 是宏观调控法的理论基础之一
D. 核心内容是确保"相机抉择"的准确性和合理性

3. 以下选项中，属于政府进行宏观调控目的的是（　　）。
A. 保持经济总量的基本平衡
B. 促进经济结构优化
C. 实现充分就业
D. 保持国际收支平衡

4. "相机抉择"的经济政策又可以称为（　　）。
A. 经济增长政策
B. 稳定物价政策
C. 反经济周期政策
D. 资源管理和保护政策

5. 宏观调控法中的合法原则主要表现在（　　）。
A. 调控主体的资格合法
B. 调控的手段合法
C. 调控的对象合法
D. 调控的程序合法

名词解释

宏观调控

简答题

1. 简述我国宏观调控法律体系的构成。
2. 以我国现实经济发展为例，试述制定宏观调控法的必要性。
3. 简述宏观调控法的宗旨。

论述题

1. 试论宏观调控法的基本原则。
2. 试论宏观经济调控的法律体系。

第八章 财政调控法律制度

基础知识图解

- 财政调控法基本原理
  - 财政及其职能
    - 国家分配说、公共需要说
    - 公共财政
  - 财政调控法律制度的基本范畴
    - 财政法的宏观调控功能
    - 财政法的基本结构
    - 财政法的基本原则
    - 财政法的调整手段

- 预算调控法律制度
  - 预算调控与预算法
  - 预算体制与预算权的配置
    - 预算类型
      - 一般公共预算
      - 政府性基金预算
      - 国有资本经营预算
      - 社会保险基金预算
    - 预算权的配置
      - 各级人民代表大会的预算权
      - 各级人民政府的职权
      - 各级财政部门的职权
    - 预算法律制度的基本内容
      - 预算编制法律制度
      - 预算审批法律制度
      - 预算执行法律制度
      - 预算调整法律制度
      - 决算法律制度
      - 预算监督法律制度

- 国债调控法律制度
  - 国债调控与国债法
  - 国债发行、流通和监管法律制度
  - 地方政府性债务法律制度

```
                    ┌─ 政府采购与宏观调控
                    │                      ┌─ 政府采购的适用范围
                    │                      │  政府采购当事人
                    │  政府采购的基本制度 ─┤
财政支出调控法律制度 ┤                      │  政府采购方式
                    │                      └─ 政府采购的监督
                    │  转移支付与宏观调控
                    │                      ┌─ 一般性转移支付
                    └─ 转移支付的基本制度 ─┤
                                           └─ 专项转移支付
```

配套测试

不定项选择题

1. 财政的目的是（　　）。
A. 保障社会稳定　　　　　　　　B. 实现公共需要
C. 使政府财政收入增值　　　　　D. 保证资源配置合理

2.《预算法》是我国财政法规范性文件体系中的一部至关重要的法律，其宗旨是（　　）。
A. 规范政府收支行为
B. 强化预算约束
C. 建立健全全面规范、公开透明的预算制度
D. 保障经济和社会的健康发展

3. 我国现行的预算管理体制是中央与地方分税制，实行这种管理体制有利于（　　）。
A. 稳定中央与地方的预算收入来源
B. 各级政府依法理财，促进廉政建设
C. 充分调动各级政府预算管理的积极性
D. 增强中央财政的宏观调控能力，提高国家的竞争力

4. 各级立法机关对预算决算的监督职权主要包括（　　）。
A. 组织调查权　　　　　　　　　B. 审批权
C. 变更撤销权　　　　　　　　　D. 询问质询权

5. 在政府的专门机构对预算、决算的监督方面，它主要包括（　　）。
A. 监察部门的监督　　　　　　　B. 税务部门的监督
C. 财政部门的监督　　　　　　　D. 审计部门的监督

6. 预算的编制必须强调科学性和严肃性，且须严格依法定程序编制，预算的编制应遵循的原则有（　　）。
A. 复式预算原则　　　　　　　　B. 不列赤字原则
C. 真实合法原则　　　　　　　　D. 节约统筹原则

7. 下列债务中信用度较高，流动性、变现力、担保力都较强的是（　　）。
A. 国债　　　　　　　　　　　　B. 金融债
C. 企业债　　　　　　　　　　　D. 私人债务

8. 国债是国家为实现其职能，而以国家信用为基础所举借的债务，它是（　　）的重要手段。

A. 满足公共支出需要　　　　　　B. 弥补财政赤字

C. 政府进行宏观调控　　　　　　D. 指导投资方向

9. 国债的发行方法主要有（　　）。

A. 公募发行　　　　　　　　　　B. 私募发行

C. 储蓄式　　　　　　　　　　　D. 记账式

名词解释

1. 财政收支平衡原则
2. 预算法
3. 预算调整
4. 预算执行
5. 国债
6. 政府采购
7. 转移支付

简答题

1. 简述政府采购当事人。
2. 简述政府采购制度的作用。
3. 简述预算管理职权的特征。
4. 简述政府采购的特征。
5. 简述预算及预算管理程序。

论述题

1. 论财政的基本职能。
2. 论政府采购的方式及其基本含义。
3. 论一般性转移支付和专项转移支付的法律特征。

第九章　税收调控法律制度

基础知识图解

- 税收调控法基本原理
  - 税收调控与税法
  - 税法的基本结构
  - 税法的课税要素
    - 税收实体法要素
      - 税法主体
      - 征税客体
      - 税目与计税依据
      - 税率
      - 税收特别措施
    - 税收程序法要素
      - 纳税期限
      - 纳税地点
  - 税法的调整方式
  - 税权的法律分配
- 商品税调控法律制度
  - 商品税法与宏观调控
  - 增值税法的主要内容
    - 纳税人
    - 增值税税率
    - 增值税应纳税额的计算
    - 增值税的税收优惠
  - 消费税法的主要内容
    - 纳税主体
    - 征税范围
    - 消费税的税目与税率
    - 消费税应纳税额的计算
    - 退（免）税规定
  - 进出口税收制度的主要内容

```
                                            ┌ 纳税主体
                      ┌ 所得税法与宏观调控      │ 征税对象和税率
                      │                      │ 应纳税额的计算
                      │ 企业所得税法的主要内容 ┤ 税收优惠制度
                      │                      └ 纳税调整制度
所得税调控法律制度 ────┤
                      │                      ┌ 纳税主体
                      │                      │ 征税范围
                      │ 个人所得税法的主要内容 ┤ 税率
                      │                      │ 应纳税额计算
                      │                      └ 税收减免

财产税调控法律制度 ──── ┌ 财产税法与宏观调控
                       └ 财产税法的体系
```

配套测试

单项选择题

1. 税务机关有根据认为从事生产、经营的纳税人有逃避纳税义务的，所采取的下列各项措施中错误的是（　　）。

A. 可在规定的纳税期之前，责令限期缴纳税款

B. 纳税人不能提供纳税担保的，经县级以上税务局（分局）局长批准，可采取税收保全措施

C. 在期限内发现纳税人有明显的转移、隐匿其应纳税收入的迹象时，可责成纳税人提供纳税担保

D. 限期期满仍未缴纳税款的，经县以上税务局（分局）局长批准，可书面通知纳税人开户银行或其他金融机构，冻结其存款

2. 增值税的纳税人是指（　　）。

A. 销售货物的单位与个人

B. 销售货物、服务的单位和个人

C. 在我国境内销售货物、服务的单位和个人

D. 在我国境内销售货物、服务、无形资产、不动产以及进口货物的单位和个人

3. 下列各项中属于免征增值税的是（　　）。

A. 学生勤工俭学提供的服务

B. 社会培训机构提供的非学历教育

C. 销售图书、报纸、杂志

D. 销售饲料、化肥、农药、农机、农膜

4. 下列各项中适用零税率的是（　　）。

A. 出口货物

B. 进口货物

C. 农业生产者销售的自产农业产品

D. 销售粮食、食用植物油

5. 企业所得税的纳税人是（　　）。

A. 包括个人独资企业

B. 包括合伙企业

C. 在我国境内有生产经营所得或其他所得的企业或组织

D. 在我国境内，企业和其他取得收入的组织，不包括个人独资企业、合伙企业

6. 国家对（　　）征收个人所得税。

A. 福利费

B. 国债

C. 按国家统一规定发给的补贴、津贴

D. 储蓄存款利息

7. 下列哪一项不属于居民个人按纳税年度合并计算个人所得税的综合所得项目？（　　）

A. 工资、薪金所得　　　　　　　　B. 劳务报酬所得

C. 稿酬所得　　　　　　　　　　　D. 财产转让所得

8.《个人所得税法》中的居民个人是（　　）。

A. 具有我国国籍的个人

B. 在我国永久居留的个人

C. 在我国境内有住所的个人

D. 在我国境内有住所，或者无住所而一个纳税年度内在我国境内居住累计满一百八十三天的个人

9. 甲公司欠缴大笔税款，且该公司目前财务状况恶化，经税务机关采取强制措施仍无法缴清税款。此时，税务机关得知乙公司长期拖欠甲公司一笔货款，而甲公司一直未向其索要，即将超过诉讼时效。税务机关可以（　　）。

A. 依法行使代位权

B. 书面通知乙公司开户银行从其存款中扣缴税款

C. 采取强制执行措施扣押乙公司产品，并拍卖，以拍卖所得抵缴税款

D. 通过行政手段要求乙公司偿还货款

10. 从事生产经营的纳税人的财务、会计制度或财务、会计处理办法与国务院或国务院财政、税务主管部门有关税收的规定抵触的，应如何计算纳税？（　　）

A. 按纳税人的财务、会计制度计算纳税

B. 按主管税务机关的要求纳税

C. 按国务院或国务院财政、税务主管部门有关税收规定计算纳税

D. 请示上级主管部门

11. 按照《税收征收管理法》的规定，增值税专用发票必须由谁指定的企业印刷？（　　）

A. 县政府税务主管部门　　　　　　B. 同级政府

C. 省税务局　　　　　　　　　　　D. 国务院税务主管部门

12. 纳税人因缴纳税款而与税务机关发生争议，根据税收征管法的规定，应如何解决？（　　）

A. 纳税人应向人民法院起诉

B. 纳税人应向主管部门反映并要求解决

C. 纳税人应向上一级税务机关申请复议

D. 纳税人应先缴纳税款，再向上一级税务机关申请复议，对复议决定不服时，可以向法院起诉

13. 纳税人未按照规定期限缴纳税款，税务机关除责令限期缴纳外，从滞纳税款之日起，按日加收滞纳税款的比例是（　　）。

A. 千分之一　　　　　　　　　　B. 千分之二

C. 万分之三　　　　　　　　　　D. 万分之五

14. 个体工商户张某全年生产、经营收入为 100 万元，减除成本费用及损失还剩 2 万元，其余额应缴纳什么税？（　　）

A. 企业所得税　　　　　　　　　B. 个人所得税

C. 私营企业所得税　　　　　　　D. 营业税

15. 光中制衣厂与启明布匹厂在 2024 年 5 月 3 日签订买卖货物合同，并以其小汽车作为抵押。后来到了 8 月，由于光中制衣厂经营不善，亏损很大，启明布匹厂要求通过拍卖小汽车偿还债务，这时税务机关说光中制衣厂已有 4 个月没有缴纳税款，不准启明布匹厂优先受偿。同时，因光中制衣厂行政违法而被罚款，行政机关也要求缴纳罚款。下面说法中正确的是（　　）。

A. 税务机关征收税款应优先于债权和罚款

B. 启明布匹厂可以就抵押的小汽车变卖后优先税收和罚款受偿

C. 行政机关的罚款应优先债权和税款缴纳

D. 税务机关、启明布匹厂的债权和行政罚款按比例同时支付

16. 个人的工资、薪金所得，适用的税率形式是（　　）。

A. 超额累进税率　　　　　　　　B. 比例税率

C. 超率累进税率　　　　　　　　D. 定额税率

17. 从事生产、经营的纳税人可以依法在银行或者其他金融机构开立账户，但需将什么向税务机关报告？（　　）

A. 基本存款账户的账号　　　　　B. 非基本存款账户的账号

C. 全部存款账户的账号　　　　　D. 不需要报告任何存款账户的账号

18. 除法律、行政法规另有规定外，账簿、记账凭证、报表、完税凭证、发票、出口凭证以及其他有关涉税资料应当保存多少年？（　　）

A. 3 年　　　　B. 5 年　　　　C. 8 年　　　　D. 10 年

19. 纳税人因有特殊困难可以申请延期缴纳税款，但是最长不得超过多长时间？（　　）

A. 3 个月　　　B. 6 个月　　　C. 1 个月　　　D. 12 个月

20. 税务机关采取税收保全措施时，不得扣押纳税人的什么财产？（　　）

A. 机动车辆

B. 一处以外的住房

C. 个人及其所抚养家属维持生活必需的住房和用品

D. 豪华住宅

21. 除法律另有规定外，税务机关征收税款时税收优先于下列哪种权利？（　　）

A. 物权　　　　　　　　　　　　B. 无担保债权

C. 有担保债权　　　　　　　　　D. 人身权

22. 纳税人偷税、抗税、骗税的，税务机关可以在多长时间内依法追征其未缴或者少缴的税款、滞纳金或者所骗取的税款？（　　）

A. 5 年　　　　B. 无限制　　　C. 10 年　　　D. 3 年

23. 下列税种中，哪一种税的征收管理不适用《税收征收管理法》？（　　）

A. 外商投资企业和外国企业所得税
B. 关税
C. 土地增值税
D. 印花税

24. 在个人所得税中，实行比例税率的是（　　）。
A. 利息、股息所得
B. 工资、薪金所得
C. 个体工商户的生产、经营所得
D. 对企业的承包或租赁经营所得

25. 因纳税人计算错误等失误，未缴或者少缴税款的，税务机关可以追征，追征期限最长可为（　　）。
A. 1 年　　　　　　B. 2 年　　　　　　C. 3 年　　　　　　D. 5 年

26. 纳税人因有特殊困难，不能按期缴纳税款的，经（　　）税务局批准，可以延期缴纳税款，但最长不得超过 3 个月。
A. 县级以上　　　　　　　　　　B. 市级以上
C. 省、自治区、直辖市　　　　　D. 国家税务总局

27. 根据《契税法》的规定，下列说法错误的是（　　）。
A. 在我国境内承受土地、房屋权属的单位和个人，为契税的纳税人
B. 婚姻关系存续期间夫妻之间变更土地、房屋权属，免征契税
C. 法定继承人通过继承承受土地、房屋权属，免征契税
D. 不动产登记机构可以先行为纳税人办理土地、房屋权属登记，允许纳税人事后补缴税款

28. 以下几种说法中，能体现商品税特点的表述是（　　）。
A. 它与商品销售环节和劳务提供过程有密切联系
B. 它以纳税人的实际负担能力为原则
C. 它以法定财产为征税对象
D. 税率适用具有多样性

29. 征收个人所得税时，以每次收入额直接作为应纳税所得额的项目有（　　）。
A. 财产转让所得　　　　　　B. 偶然所得
C. 转让非专利技术使用权所得　　D. 经营所得

30. 城镇土地使用税的计税依据是（　　）。
A. 纳税人拥有的土地面积
B. 纳税人申报的土地面积
C. 纳税人实际占用的土地面积
D. 税务机关认定的土地面积

31. 某村民经批准占用耕地建厂房，其应缴纳（　　）。
A. 土地使用税　　　　　　B. 土地增值税
C. 耕地占用税　　　　　　D. 资源税

32. 下列应税消费品中，采取从量征收消费税的是（　　）。
A. 小汽车　　　　　　　　B. 汽车轮胎
C. 汽油　　　　　　　　　D. 烟丝

33. 在计算一般纳税人应纳增值税额时，如果当期进项税额大于当期销项税额时，其多余部分（　　）。

A. 可以结转下期抵扣，但连续抵扣不得超过两期

B. 可以选择结转下期继续抵扣，也可以选择申请退还

C. 不得结转下期抵扣

D. 不得申请退还

34. 下列各项中，属于契税征税范围的是（　　）。

A. 某人无偿转让一房产

B. 农村集体土地承包经营权转移

C. 城镇职工按规定第一次购买公有住房

D. 国家机关购买办公用房

35. 下列用地中，应依法缴纳城镇土地使用税的是（　　）。

A. 军队的训练场用地　　　　　　B. 名胜古迹内管理处用地

C. 基本农田　　　　　　　　　　D. 外商投资企业用地

36. 以下凭证中，免征印花税的是（　　）。

A. 技术合同

B. 建筑工程承包合同

C. 个人与电子商务经营者订立的电子订单

D. 专利证书

37.《企业所得税法》不适用于下列哪一种企业？（　　）

A. 内资企业　　　　　　　　　　B. 外国企业

C. 合伙企业　　　　　　　　　　D. 外商投资企业

38. 在计算企业应纳税所得额时，下列哪一项支出可以加计扣除？（　　）

A. 新技术、新产品、新工艺的研究开发费用

B. 为安置残疾人员所购置的专门设施

C. 赞助支出

D. 职工教育经费

39. 李某是个人独资企业的业主。该企业因资金周转困难，到期不能缴纳税款。经申请，税务局批准其延期三个月缴纳。在此期间，税务局得知李某申请出国探亲，办理了签证并预订了机票。对此，税务局应采取下列哪一种处理方式？（　　）

A. 责令李某在出境前提供担保

B. 李某是在延期期间出境，无须采取任何措施

C. 告知李某：欠税人在延期期间一律不得出境

D. 直接通知出境管理机关阻止其出境

40. 张老师获得学校的科研奖金 10 万元，稿酬 3 万元，监考费 200 元，获得"最佳教师"称号所得奖金 1000 元，同时中彩票 500 元。对于张老师个人所得税的计算，下列选项正确的是哪一项？（　　）

A. 稿酬和监考费合并纳税

B. 最佳老师所获奖金按照偶然所得纳税

C. 彩票 500 元适用超额累进税率

D. 学校科研奖金为免税收入

41. 关于企业所得税的说法，下列哪一选项是错误的？（　　）

A. 在我国境内，企业和其他取得收入的组织为企业所得税的纳税人

B. 个人独资企业、合伙企业不是企业所得税的纳税人

C. 企业所得税的纳税人分为居民企业和非居民企业，二者的适用税率完全不同
D. 企业所得税的税收优惠，居民企业和非居民企业都有权享受

42. 甲因为发明了一个净水装置解决缺水地区饮水问题，广受好评，获得诸多奖励：（1）某国际组织奖励5万元美金；（2）甲住所地县政府奖励一套商品房，价值200万元；（3）乙公司（利润总额为50万元）奖励10万元人民币。对此，下列说法正确的是哪一项？（　　）
  A. 国际组织奖励的5万元美金，免征个税
  B. 住所地县政府奖励的一套商品房，免征个税
  C. 乙公司奖励的10万元人民币，免征个税
  D. 乙公司所奖励的10万元人民币可全额抵扣缴纳企业所得税

43. 关于扣缴义务人，下列哪一说法是错误的？（　　）
  A. 是依法负有代扣代缴、代收代缴税款义务的单位和个人
  B. 应当按时向税务机关报送代扣代缴、代收代缴税款报告表和其他有关资料
  C. 可以向税务机关申请延期报送代扣代缴、代收代缴税款报告表和其他有关资料
  D. 应当直接到税务机关报送代扣代缴、代收代缴税款报告表和其他有关资料

44. 某企业流动资金匮乏，一直拖欠缴纳税款。为恢复生产，该企业将办公楼抵押给某银行获得贷款。此后，该企业因排污超标被环保部门罚款。现银行、税务部门和环保部门均要求拍卖该办公楼以偿还欠款。关于拍卖办公楼所得价款的清偿顺序，下列哪一选项是正确的？（　　）
  A. 银行贷款优先于税款
  B. 税款优先于银行贷款
  C. 罚款优先于税款
  D. 三种欠款同等受偿，拍卖所得不足时按比例清偿

45. 甲国人李某长期居住在乙国，并在乙国经营一家公司，在甲国则只有房屋出租。在确定纳税居民的身份上，甲国以国籍为标准，乙国以住所和居留时间为标准。根据相关规则，下列哪一选项是正确的？（　　）
  A. 甲国只能对李某在甲国的房租收入行使征税权，而不能对其在乙国的收入行使征税权
  B. 甲乙两国可通过双边税收协定协调居民税收管辖权的冲突
  C. 如甲国和乙国对李某在乙国的收入同时征税，属于国际重叠征税
  D. 甲国对李某在乙国经营公司的收入行使的是所得来源地税收管辖权

46. 关于个人所得税，下列哪一表述是正确的？（　　）
  A. 以课税对象为划分标准，个人所得税属于动态财产税
  B. 非居民纳税人是指不具有中国国籍但有来源于中国境内所得的个人
  C. 居民纳税人从中国境内、境外取得的所得均应依法缴纳个人所得税
  D. 劳务报酬所得适用比例税率，对劳务报酬所得一次收入畸高的，可实行加成征收

47. 根据《个人所得税法》，关于个人所得税的征缴，下列哪一说法是正确的？（　　）
  A. 自然人买彩票多倍投注，所获一次性奖金特别高的，可实行加成征收
  B. 扣缴义务人履行代扣代缴义务的，税务机关按照所扣缴的税款付给2%的手续费
  C. 在中国境内无住所又不居住的个人，在境内取得的商业保险赔款，应缴纳个人所得税
  D. 夫妻双方每月取得的工资薪金所得可合并计算，减除费用7000元后的余额，为应纳税所得额

48. 李某在北京有住所，在总部位于北京的甲公司工作多年，于2023年6月被甲公司派往德国工作，但其工资仍由甲公司按月支付。李某没有其他个人所得。关于李某缴纳个人所得税，下列哪一说法是正确的？（　　）

A. 李某应在2024年3月至6月办理汇算清缴
B. 李某没有自己的纳税人识别号，应由甲公司代扣代缴
C. 甲公司应当按年计算，按月预扣预缴李某的个人所得税
D. 李某在德国工作期间为非居民纳税人，应当按月计算缴纳个人所得税

49. 我国作家程某创作完成小说《天有多高》，出版后大卖，程某因此获得50万元稿酬，用该笔稿酬购买了一辆小汽车。后该小说在国外获奖，由某国际组织发放奖金60万元，并被外国某电影公司购买了改编权，获得该公司支付的特许权使用费150万元。关于程某纳税的税款，下列说法正确的是（　　）。

A. 程某获得的稿酬应按比例缴纳个人所得税
B. 程某获得的奖金不应缴纳个人所得税
C. 购买小汽车免纳车船税
D. 程某在国外获得的特许权使用费不应缴纳个人所得税

50. 企业发生的下列行为，不应当视同增值税应税交易的是（　　）。

A. 某美容产品企业将自产的化妆品无偿发放给员工
B. 某汽车厂将自产的小汽车用于优秀职工奖励
C. 某商店将外购的水泥捐赠给灾区用于救灾
D. 某商贸企业将外购的食用油作为福利发给企业职工

多项选择题

1. 下列有关增值税小规模纳税人的表述，正确的有（　　）。

A. 年应征增值税销售额未超过500万元
B. 既可能按照简易计税方法，也可能按照一般计税方法计算缴纳增值税
C. 小规模纳税人发生应税交易，销售额未达到起征点的，免征增值税
D. 根据国民经济和社会发展的需要，国务院可以对小规模纳税人的标准作出调整，报全国人民代表大会常务委员会备案

2. 增值税的征税范围包括（　　）。

A. 有偿提供交通运输服务　　　　B. 销售金融商品
C. 租赁不动产　　　　　　　　　D. 进口货物

3. 消费税的纳税环节有（　　）。

A. 生产者于销售时纳税
B. 自产自用的应税消费品，不纳税
C. 用于连续生产应税消费品的，不纳税
D. 用于其他方面的，于移送使用时纳税

4. 在家家福超市离纳税期限还有1个月时，税务机关发现其有逃避纳税的行为。于是税务机关责令家家福超市在15天内，缴纳应缴税款；但在此限期内又发现家家福超市有明显转移其应纳税收入的迹象，税务机关便责成家家福超市提供纳税担保。家家福超市不能提供。在此情况下，税务机关经市税务局局长批准，可以对该纳税人采取下列哪些措施？（　　）

A. 书面通知纳税人的开户行冻结该纳税人的金额相当于应纳税款的存款
B. 书面通知该纳税人的开户行扣缴该纳税人的金额相当于应纳税款的存款
C. 扣押、查封、拍卖该纳税人的价值相当于应纳税款的商品
D. 扣押、查封该纳税人的价值相当于应纳税款的商品

5. 税务机关在进行税务检查时，有下列哪些权力？（　　）

A. 查账 B. 实地检查
C. 询问当事人 D. 查询存款

6. 下列哪些收入可免纳个人所得税？（　　）

A. 年终所得的 17500 元奖金
B. 因发明创造得到省政府颁发的科学奖 5000 元
C. 转让专利获得 2000000 元收入
D. 从保险公司获得 60000 元赔偿

7. 在计算下列个人所得税的应纳税所得额时，不得减除费用的有（　　）。

A. 利息、股息、红利 B. 偶然所得
C. 稿酬所得 D. 劳务报酬

8. 下列哪些属于确定纳税义务的税法要素？（　　）

A. 税率 B. 罚款
C. 纳税人 D. 征税对象

9. 我国将个人所得税的纳税人区分为居民个人和非居民个人的标准有哪些？（　　）

A. 境内工作时间 B. 国籍
C. 境内有无住所 D. 境内居住时间

10. 在个人所得税中，下列哪些所得适用超额累进税率？（　　）

A. 利息所得 B. 工资、薪金综合所得
C. 个体工商户的生产、经营所得 D. 偶然所得

11. 税务人员在征收税款和查处税收违法案件时，与纳税人、扣缴义务人或者其法定代表人、直接责任人有下列哪些关系时应当回避？（　　）

A. 夫妻关系 B. 直系血亲关系
C. 三代以内旁系血亲关系 D. 近姻亲关系

12. 银行和其他金融机构在为从事生产、经营的纳税人办理开设存款账户时，应当履行下列哪些义务？（　　）

A. 需事先经过税务机关批准
B. 需在纳税人的账户中登录税务登记证件号码
C. 需在税务登记证件中登录纳税人的账户账号
D. 需事先办理税务登记

13. 哪些单位和人员应当办理税务登记？（　　）

A. 企业 B. 国家机关
C. 扣缴义务人 D. 个体工商户

14. 纳税人申请延期缴纳税款应当遵守哪些规定？（　　）

A. 有特殊困难等正当理由
B. 在纳税申报期之前提出申请
C. 经县级税务机关批准
D. 应当报送相关材料

15. 下列哪些情形下税务机关有权核定纳税人的应纳税额？（　　）

A. 依照法律、行政法规的规定可以不设置账簿的
B. 擅自销毁账簿或者拒不提供纳税资料的
C. 发生纳税义务，未按照规定的期限办理纳税申报，但经税务机关责令限期申报后在限期内申报的

D. 纳税人申报的计税依据明显偏低，又无正当理由的

16. 税务机关行使代位权、撤销权应遵循什么规定？（   ）

A. 纳税人必须欠缴税款

B. 纳税人有怠于行使到期债权，或者放弃到期债权，或者无偿转让财产，或者以明显不合理的低价转让财产而受让人知道该情形

C. 必须对国家税收造成损害

D. 行使代位权、撤销权后，可以免除纳税人尚未履行的纳税义务和应承担的法律责任

17. 依据《税收征收管理法》，下列哪些情形属于偷税？（   ）

A. 擅自销毁账簿　　　　　　　　　　B. 威胁税务人员不纳税

C. 进行虚假的纳税申报　　　　　　　D. 伪造记账凭证少纳税

18. 扣缴义务人应扣未扣、应收未收税款的，税务机关可以采取下列哪些措施？（   ）

A. 向纳税人追缴税款　　　　　　　　B. 向扣缴义务人追缴税款

C. 对扣缴义务人处以罚款　　　　　　D. 对纳税人处以罚款

19. 《税收征收管理法》确定的"税收优先权"的含义是什么？（   ）

A. 税收优先于无担保债权

B. 税收优先于有担保债权

C. 纳税人欠缴的税款发生在纳税人以其财产设定担保之前的，税收优先于有担保的债权

D. 纳税人欠缴税款，同时又被处以罚款、没收违法所得的，税收优先于罚款、没收违法所得

20. 税务机关可以对下列哪些主体依法采用税收强制执行措施？（   ）

A. 不从事生产、经营的纳税人　　　　B. 从事生产、经营的纳税人

C. 纳税担保人　　　　　　　　　　　D. 扣缴义务人

21. 依据《税收征收管理法》，税收强制执行措施在下列哪些情形下可以采用？（   ）

A. 从事生产、经营的纳税人拒不进行纳税申报时

B. 从事生产、经营的纳税人未按照规定的期限缴纳税款，经税务机关责令限期缴纳逾期仍不申报时

C. 税务机关对从事生产、经营的纳税人以前纳税期的情况实施税务检查，发现纳税人有逃避纳税义务行为时

D. 当事人对税务机关的处罚决定逾期不申请复议也不向人民法院起诉、又不履行时

22. 在计算应纳增值税税额时，下列哪些项目的进项税额不得从销项税额中抵扣？（   ）

A. 用于个人消费的购进商品　　　　　B. 非正常损失的购进货物

C. 用于生产成品的购进原材料　　　　D. 用于集体福利的购进服务

23. 下列单位中哪些负有增值税的纳税义务？（   ）

A. 销售货物的单位

B. 生产货物的单位

C. 提供加工、修理修配劳务的单位

D. 进口货物的单位

24. 下列说法正确的是（   ）。

A. 甲在中国境内有住所，其来源于中国境内、境外的全部所得，都应缴纳个人所得税

B. 乙在中国境内无住所但在一个纳税年度内在境内居住累计满8个月，其来源于中国境内、境外的全部所得都应缴纳个人所得税

C. 我国青年科学家丙获得外国组织颁发的2万美元奖金，丙应缴纳个人所得税

D. 丁为离休干部，他离休时的生活补助费2000元可以免缴个人所得税

25. 在下列哪些情形下，税务机关有权核定纳税人的应纳税额？（　　）
   A. 应当设置账簿但未设置的
   B. 未取得营业执照从事经营的
   C. 账目混乱的
   D. 企业与其关联企业之间不按照独立企业之间的业务往来收取或者支付价款、费用的

26. 对未按规定期限缴纳税款的纳税人，由税务机关责令限期缴纳，逾期未缴的，税务机关可以采取下列强制执行措施（　　）。
   A. 没收财产　　　　　　　　　　B. 扣押财产
   C. 查封财产　　　　　　　　　　D. 拍卖被扣押的财产

27. 根据法律规定，下列何种收入免纳个人所得税？（　　）
   A. 王某所得工资收入
   B. 牛某表演小品而获500元劳务报酬
   C. 李某因翻译某一名著为少数民族文字而接受自治区政府发给的50000元奖金
   D. 刘某购买国库券而获3000元的利息

28. 某个体工商户拖欠个人所得税税款2万元，经数次催缴仍未缴纳。主管税务机关对其采取的下列措施哪些是错误的？（　　）
   A. 书面通知银行从其个人储蓄存款中扣缴税款
   B. 扣押其价值相当于2万元的货物，以拍卖所得抵缴税款
   C. 注销其税务登记
   D. 申请人民法院强制执行

29. 下列项目所包含的增值税进项税额（均已取得合法税收凭证），不得从销项税额中抵扣的有（　　）。
   A. 律师事务所员工出差的交通住宿费
   B. 商贸公司招待客户的就餐费
   C. 电信企业用于经营管理的办公用品
   D. 服装厂用于发放职工福利的节日大礼包

30. 税务机关采取的下列征管措施中，仅由县以上税务局（分局）局长批准即可行使的有（　　）。
   A. 税收保全
   B. 查询税收违法案件中涉嫌人员的储蓄存款
   C. 查询纳税人的存款账户
   D. 税收强制执行

31. 下列各项中，属于契税征税范围的是（　　）。
   A. 出让国有土地使用权　　　　　B. 房屋买卖
   C. 房屋交换　　　　　　　　　　D. 房屋租赁

32. 以下各项中，属于关税征税对象的是（　　）。
   A. 贸易性进口货物
   B. 入境旅客携带的行李物品
   C. 入境运输工具上工作人员携带的物品
   D. 个人进口邮递物品

33. 下列关于税收保全与税收强制措施的哪些表述是错误的？（　　）
   A. 税收保全与税收强制措施适用于所有逃避纳税义务的纳税人

B. 税收强制措施不包括从纳税人的存款中扣缴税款

C. 个人生活必需的用品不适用税收保全与税收强制执行措施

D. 税务机关可不经税收保全措施而直接采取税收强制执行措施

34. 某公司计算缴纳企业所得税时，提出减免企业所得税的请求，其中哪些符合法律规定？（　　）

A. 购买国债取得的利息收入，请求免征企业所得税

B. 经营一项农业项目的所得，请求减征企业所得税

C. 投资经营一项无国家扶持基础设施项目的所得，请求免征企业所得税

D. 开发一项新技术的研究开发费用，请求在计算应纳税所得额时加计扣除

35.《税收征收管理法》规定了纳税人的权利，下列哪些情形符合纳税人权利的规定？（　　）

A. 张某要求查询丈夫的个人所得税申报信息，税务机关以保护纳税人秘密为由予以拒绝

B. 甲公司对税务机关征收的一笔增值税计算方法有疑问，要求予以解释

C. 乙公司不服税收机关对其采取冻结银行存款的税收保全措施，申请行政复议

D. 个体工商户陈某认为税务所长在征税过程中对自己滥用职权故意刁难，向上级税务机关提出控告

36. 根据《企业所得税法》规定，下列哪些表述是正确的？（　　）

A. 国家对鼓励发展的产业和项目给予企业所得税优惠

B. 国家对需要重点扶持的高新技术企业可以适当提高其企业所得税税率

C. 企业从事农、林、牧、渔业项目的所得可以免征、减征企业所得税

D. 企业安置残疾人员所支付的工资可以在计算应纳税所得额时加计扣除

37. 根据税收征收管理法规，关于从事生产、经营的纳税人账簿，下列哪些说法是正确的？（　　）

A. 纳税人生产、经营规模小又确无建账能力的，可聘请经税务机关认可的财会人员代为建账和办理账务

B. 纳税人使用计算机记账的，应在使用前将会计电算化系统的会计核算软件、使用说明书及有关资料报送主管税务机关备案

C. 纳税人会计制度健全，能够通过计算机正确、完整计算其收入和所得情况的，其计算机输出的完整的书面会计记录，可视同会计账簿

D. 纳税人的账簿、记账凭证、报表、完税凭证、发票、出口凭证以及其他有关涉税资料，除另有规定外，应当保存10年

38. 甲公司欠税40万元，税务局要查封其相应价值产品。甲公司经理说："乙公司欠我公司60万元货款，贵局不如行使代位权直接去乙公司收取现金。"该局遂通知乙公司缴纳甲公司的欠税，乙公司不配合；该局责令其限期缴纳，乙公司逾期未缴纳；该局随即采取了税收强制执行措施。关于税务局的行为，下列哪些选项是错误的？（　　）

A. 只要甲公司欠税，乙公司又欠甲公司货款，该局就有权行使代位权

B. 如代位权成立，即使乙公司不配合，该局也有权直接向乙公司行使

C. 该局有权责令乙公司限期缴纳

D. 该局有权向乙公司采取税收强制执行措施

39. 某企业因计算错误，未缴税款累计达50万元。关于该税款的征收，下列哪些选项是正确的？（　　）

A. 税务机关可追征未缴的税款

B. 税务机关可追征滞纳金

C. 追征期可延长到 5 年

D. 追征时不受追征期的限制

40. 2020 年外国人约翰来到中国，成为某外商投资企业经理，至今一直居住在北京。根据《个人所得税法》，约翰获得的下列哪些收入应在我国缴纳个人所得税？（　　）

A. 从该外商投资企业领取的薪金

B. 出租其在华期间购买的房屋获得的租金

C. 在中国某大学开设讲座获得的酬金

D. 在美国杂志上发表文章获得的稿酬

41. 关于税收优惠制度，根据我国税法，下列哪些说法是正确的？（　　）

A. 个人进口大量高档化妆品，免征消费税

B. 武警部队专用的巡逻车，免征车船税

C. 企业从事渔业项目的所得，可免征、减征企业所得税

D. 农民张某网上销售从其他农户处收购的山核桃，免征增值税

42. 某教师在税务师培训班上就我国财税法律制度有下列说法，其中哪些是正确的？（　　）

A. 当税法有漏洞时，依据税收法定原则，不允许以类推适用方法来弥补税法漏洞

B. 增值税的纳税人分为一般纳税人和小规模纳税人，小规模纳税人适用简易计税方法计算缴纳增值税的征收率为 3%

C. 消费税的征税对象为应税消费品，包括竹制一次性筷子和复合地板等

D. 车船税纳税义务发生时间为取得车船使用权或管理权的当年，并按年申报缴纳

43. A 基金在我国境外某群岛注册并设置总部，该群岛系低税率地区。我国香港特别行政区 B 公司和浙江 C 公司在浙江签约设立杭州 D 公司，其中 B 公司占 95%的股权，后 D 公司获杭州公路收费权。F 公司在该群岛注册成立，持有 B 公司 100%的股权。随后，A 基金通过认购新股方式获得了 F 公司 26%的股权，多年后又将该股权转让给境外 M 上市公司。M 公司对外披露其实际收购标的为 D 公司股权。经查，A 基金、F 公司和 M 公司均不从事实质性经营活动，F 公司股权的转让价主要取决于 D 公司的估值。对此，根据我国税法，下列哪些说法是正确的？（　　）

A. A 基金系非居民企业

B. D 公司系居民企业

C. A 基金应就股权转让所得向我国税务机关进行纳税申报

D. 如 A 基金进行纳税申报，我国税务机关有权按照合理方法调整其应纳税收入

44. 昌昌公司委托拍卖行将其房产拍卖后，按成交价向税务部门缴纳了相关税款，并取得了完税凭证。3 年后，县地税局稽查局检查税费缴纳情况时，认为该公司房产拍卖成交价过低，不及市场价的一半。遂作出税务处理决定：重新核定房产交易价，追缴相关税款，加收滞纳金。经查，该公司所涉拍卖行为合法有效，也不存在逃税、骗税等行为。关于此事，下列哪些说法是正确的？（　　）

A. 该局具有独立执法主体资格

B. 该公司申报的房产拍卖价明显偏低时，该局就可核定其应纳税额

C. 该局向该公司加收滞纳金的行为违法

D. 该公司对税务处理决定不服，可申请行政复议，对复议决定不服，才可提起诉讼

45. 生源房地产公司和东方公司签订房屋预售合同，向东方公司销售房屋，生源公司取得房屋销售款 8256 万元。2022 年 6 月，生源公司按照销售收入向税务机关缴纳了营业税、土地增值税共 710 万元。2024 年 5 月，生源公司与东方公司达成协议，解除房屋预售合同。2024 年 7 月，生

源公司向东方公司退回最后一笔房款。2024年11月,生源公司向税务机关申请退还预征税款710万元和同期银行利息,经查生源公司确已退回全部房款。下列选项正确的是( )。

　　A. 申请退税的时限为自双方房屋预售合同解除之日起的三年
　　B. 申请退税的时限为自最后一笔房款退回之日起的三年
　　C. 申请退税的时限为自税款缴纳之日起的三年
　　D. 税务局向生源公司退还710万元税款,同时应生源公司要求加算同期银行存款利息

不定项选择题

1. 甲公司为一家合伙公司,经税务机关发现有企图逃避纳税义务的行为,并有证据证明。税务机关在规定的纳税期之前,责令甲公司限期缴纳应纳税款。在此期限内,税务局又发现该公司有将其库存产品及银行存款私分、转移的迹象,即责成其提供纳税担保。但该公司主要负责人已销声匿迹,不能提供担保。请回答第(1)~(3)题:

　　(1) 此时税务机关对其采取税收保全措施,以下做法不当的是( )。
　　A. 经县以上税务局局长批准后可对甲公司采取税收保全措施
　　B. 税务机关书面通知甲公司的开户银行冻结甲公司的金额相当于应纳税款的存款
　　C. 税务机关扣押、查封甲公司的价值相当于应纳税款的商品、货物或者其他财产
　　D. 在以其他方法扣缴税款不足时查封公司合伙人住房,责令其家属迁出

　　(2) 税务机关依法对甲公司采取税收保全措施后,甲公司在规定期限内缴纳了应纳税款,此时,税务机关( )。
　　A. 可以根据情况酌情解除税收保全措施
　　B. 可以立即解除税收保全措施
　　C. 必须立即解除税收保全措施
　　D. 必须经县以上税务局局长批准才能解除税收保全措施

　　(3) 税务机关依法采取强制措施后,甲公司在规定期限内仍未缴纳税款。此时税务机关可以( )。
　　A. 书面通知甲公司的开户银行从其冻结的存款中扣缴税款
　　B. 电话通知甲公司的开户银行从其冻结的存款中扣缴税款
　　C. 依法拍卖所扣押、查封的商品、货物或者其他财产
　　D. 依法变卖所扣押、查封的商品、货物或者其他财产

2. 甲公司未按照规定期限缴纳税款,当地税务局即下达通知,责令其在15天内缴纳,15天后,该公司仍未缴纳税款。请回答第(1)~(4)题:

　　(1) 甲公司法定代表人王五此时要求办理出境手续,则以下说法正确的是( )。
　　A. 其只有在出境前结清应纳税款及滞纳金后方可出境
　　B. 其在出境前未结清税款和滞纳金,但是提供了纳税担保,可以出境
　　C. 在王五未按税务机关要求结清应纳税款时,税务机关可以派税务人员至其住所阻止其出境
　　D. 税务机关无权对王五采取任何措施,只能对甲公司采取措施

　　(2) 税务局对甲公司采取了强制执行措施,发现被采取强制执行措施的财产中有部分已被设定了抵押。则以下表述正确的是( )。
　　A. 抵押权人可要求取回抵押物,以实现其债权
　　B. 应向抵押权人说明欠税情况
　　C. 抵押权人可以要求税务机关提供有关欠税情况
　　D. 税收应优先于抵押权

（3）税务局对甲公司采取了强制执行措施后，此时该公司又被市场监督管理部门发现有销售假冒伪劣商品的行为，决定对其处以罚款，并没收违法所得。以下说法正确的是（　　）。

A. 欠缴税款征收应优先于罚款、没收违法所得
B. 罚款、没收违法所得应优先于欠缴税款征收
C. 两者之间无优先顺序，应按比例清偿
D. 应以罚款、没收违法所得来抵缴税款

（4）税务机关发现甲公司（　　），导致税款征收无法实现，对此，可以依照民法典有关规定行使代位权或撤销权。

A. 怠于行使到期债权
B. 放弃到期债权
C. 无偿转让财产
D. 以明显不合理低价转让财产

3. 税收保全措施是保证税款征收顺利进行的一项重要行政强制措施，其目的是预防纳税人逃避税款缴纳义务，防止以后税款的征收不能保证或难以保证。请根据税收征管法及其实施细则的规定，回答下列问题：

（1）税收保全措施的适用对象是（　　）。

A. 非从事生产、经营的纳税人
B. 扣缴义务人
C. 从事生产、经营的纳税人
D. 纳税担保人

（2）税收机关采取税收保全措施，必须符合什么前提条件？（　　）

A. 必须有根据认为纳税人有逃避纳税义务的行为
B. 必须有人举报纳税人有逃避纳税义务的行为
C. 必须是在规定的纳税期之前和责令限期缴纳应纳税款的期限之内
D. 可在纳税期之后，并不需要事先责令限期缴纳应纳税款

（3）税收保全措施的形式包括（　　）。

A. 书面通知纳税人的开户银行或者其他金融机构从其存款中扣缴税款
B. 书面通知纳税人的开户银行或者其他金融机构冻结纳税人的金额相当于应纳税款的存款
C. 扣押、查封、依法拍卖或者变卖纳税人价值相当于应纳税款的商品、货物或者其他财产
D. 扣押、查封纳税人的价值相当于应纳税款的商品、货物或者其他财产

（4）在采取税收保全措施之前，税务机关必须实施什么程序活动？（　　）

A. 公告纳税人的逃避纳税义务情况
B. 出示税务检查证
C. 责令限期缴纳税款
D. 责成提供纳税担保

（5）下列关于对适用税收保全措施的监督和制约措施正确的有（　　）。

A. 税收保全措施必须由市以上税务局局长批准
B. 不得对纳税人的豪华住宅采取税收保全措施
C. 税务机关扣押商品、货物或者其他财产时，可以不开具收据
D. 纳税人在限期内已缴纳税款的，税务机关必须立即解除税收保全措施

4. 张某自有卡车一辆，拟从事运输业务。在向当地市场监督管理机关申请并取得营业执照后，因故不能按期办理纳税申报而延期申报。进行纳税申报后因特殊困难，不能按期缴纳税款。经批准延期缴纳税款后，在延迟的期限内仍未缴纳税款。请回答第（1）~（4）题：

（1）张某到税务机关办理纳税申报，按规定可以采取以下哪些方式？（　　）

A. 直接到税务机关办理
B. 采取邮寄方式
C. 使用数据电文
D. 采用电话方式

（2）对于张某延期进行纳税申报，以下说法正确的是（　　）。

A. 只需具备法定的条件即可自行延期申报，届时向税务机关说明情况即可

B. 延期进行纳税申报必须经过税务机关核准

C. 可以延期申报的，应当在纳税期内按照上期实际缴纳的税额或者税务机关核定的税额预缴税款

D. 可以延期申报的，应当在核准的延期内办理税款结算

（3）对张某因有特殊困难，不能按期缴纳税款对这一情况分析正确的是（　　）。

A. 经县以上税务局或者税务分局批准，可以延期缴纳税款

B. 经省、自治区、直辖市税务局批准可以延期缴纳税款

C. 经批准延期的最长期限不超过 3 个月

D. 经批准延期的最长期限不超过 6 个月

（4）税务机关发现张某在批准的延期内仍未缴纳税款，致使滞纳税款 1 万元。税务机关除责令其缴纳欠缴税款以外，从其滞纳税款之日起，按日加收滞纳金（　　）。

A. 2 元　　　　　　B. 3 元　　　　　　C. 5 元　　　　　　D. 10 元

5. 查询存款账户权是税务机关在进行税务检查时享有的一项重要权力，但税务机关必须遵循法律的有关规定，注意保护被检查人的合法权益。请回答下列问题：

（1）查询存款账户的对象范围包括（　　）。

A. 从事生产、经营的纳税人　　　　　　B. 扣缴义务人

C. 纳税担保人　　　　　　　　　　　　D. 税务代理人

（2）查询存款账户应当遵循什么规定？（　　）

A. 必须经被检查存款所在金融机构同意

B. 必须经县以上税务局（分局）局长批准

C. 必须凭全国统一格式的检查存款账户证明

D. 查询的内容包括纳税人存款账户余额和资金往来情况

（3）税务机关查询储蓄存款应遵循什么规定？（　　）

A. 查询储蓄存款只能在调查税收违法案件时采用

B. 必须经设区的市、自治州以上税务局（分局）局长批准

C. 查询的对象是案件的涉嫌人员

D. 查询所获得的资料不得用于税收以外的用途

6. 税款的补缴和追征是保证国家税收的一项重要征管制度，但税务机关必须依法行使这一权力。请回答下列问题：

（1）因税务机关的责任致使纳税人、扣缴义务人未缴或者少缴税款的，税务机关可以在多长时间内要求其补缴税款？（　　）

A. 5 年　　　　　　B. 10 年　　　　　C. 1 年　　　　　　D. 3 年

（2）因纳税人、扣缴义务人计算错误等失误致使未缴或者少缴税款的，税务机关追征税款应符合哪些要求？（　　）

A. 可以在 3 年内追征税款、滞纳金

B. 可以在 3 年内追征税款，但不得加收滞纳金

C. 有特殊情况的，追征期可以延长到 10 年

D. 有特殊情况的，追征期可以延长到 5 年

（3）在什么情况下税务机关追征税款不受期限的限制？（　　）

A. 节税　　　　　　B. 偷税　　　　　　C. 抗税　　　　　　D. 骗税

7. 某建筑公司 2024 年 2 月至 10 月承包了一小型住宅的施工，但该公司并未将这一经济业务在会计账簿上登记。某县税务机关在检查时发现了其实施的这一偷逃营业税的行为，依法作出了

应予补缴的税款、滞纳金共 20 万元,并处以 40 万元罚款的决定。请回答下列问题:

(1)该建筑公司对税务机关作出的补缴税款、滞纳金的决定没有异议,但认为罚款决定过重,它可以通过什么途径解决?(   )

A. 必须先缴纳罚款或者提供相应担保,然后可以依法申请行政复议;对行政复议决定不服的,可以依法向人民法院起诉
B. 不必缴纳罚款或提供相应担保就可依法先申请行政复议,然后再依法向人民法院起诉
C. 不必缴纳罚款或提供相应担保就可直接向人民法院起诉
D. 向同级的县级政府申请行政复议

(2)如果该建筑公司直接向人民法院起诉的,应在收到税务机关罚款决定之日起多长时间内起诉?(   )

A. 30 日   B. 6 个月   C. 60 日   D. 45 日

(3)如果该建筑公司对罚款决定逾期不申请行政复议也不向人民法院起诉、又不履行的,作出处罚决定的某县税务机关可以通过什么途径执行?(   )

A. 依法直接采取强制执行措施
B. 申请上级税务机关采取强制执行措施
C. 申请人民法院强制执行
D. 申请公安机关采取强制执行措施

8. 退税是指在发生超纳、误纳的情况下,税务机关依职权或应纳税人的要求,将已入库多征的税款依法退还给原纳税人的制度。请根据有关法律的规定,回答下列问题:

(1)在税务机关发现纳税人多缴税款而主动退税的情况下,纳税人享有退税权的期限是多长?(   )

A. 自结算缴纳税款之日起 1 年内   B. 没有期限规定
C. 自结算缴纳税款之日起 3 年内   D. 自结算缴纳税款之日起 5 年内

(2)在纳税人发现多缴税款而申请退税的情况下,纳税人享有退税权的期限是多长?(   )

A. 自结算缴纳税款之日起 3 年内   B. 没有期限规定
C. 自结算缴纳税款之日起 1 年内   D. 自结算缴纳税款之日起 10 年内

(3)下列关于退税时应予退还的税款数额的说法中,正确的是(   )。

A. 在税务机关发现后主动退还的情况下,其退还的数额为纳税人多缴纳的税款
B. 在税务机关发现后主动退还的情况下,其退还的数额为纳税人多缴纳的税款并包括银行同期存款利息
C. 在纳税人发现后要求退还的情况下,退还的数额是纳税人多缴纳的税款并加算银行同期存款利息,但对依法预缴税款形成的结算退税、出口退税和各种减免退税不适用加算银行同期存款利息的规定
D. 银行同期退税利息是指按照税务机关办理退税手续当天中国人民银行规定的活期存款利息计算

(4)下列关于办理退税期限的说法中,正确的是(   )。

A. 在税务机关发现纳税人多缴税款而主动退税的情况下,税务机关应当自发现之日起 10 日内办理退还手续
B. 在税务机关发现纳税人多缴税款而主动退税的情况下,税务机关应当自发现之日起 15 日内办理退还手续
C. 在纳税人发现多缴税款要求退还的情况下,税务机关应当自接到纳税人退还申请之日起 60 日内查实并办理退还手续

D. 在纳税人发现多缴税款要求退还的情况下，税务机关应当自接到纳税人退还申请之日起30日内查实并办理退还手续

9. 网络直播作为社会经济生活的热点现象，其中涉及诸多纳税义务认定和税收征管问题。请根据有关法律的规定，回答下列问题：

（1）网络主播的哪些行为应被认定为违反《税收征收管理法》的偷税行为？（　　）

A. 通过个人账户收取网店销售收入、带货佣金收入
B. 将直播取得的劳务报酬所得转换为经营所得
C. 通过多地注册个体工商户、个人独资企业拆分收入适用优惠政策
D. 签订载明虚低交易价格的"阳合同"

（2）有关网络主播、直播平台，以及为网络信息内容生产者提供策划、制作、营销、经纪等相关服务的网络信息内容多渠道分发服务机构（MCN机构），其在税收征管程序中应当履行的法定义务包括（　　）。

A. 如果网络主播为商家所雇用，进行网络直播带货，按次收取报酬或者坑位费，则其收入属于劳务报酬，应当按照综合所得计算缴纳个人所得税
B. 如果网络主播本人组织团队，通过网络平台直接销售货物，则其收入应当按照经营所得计算缴纳个人所得税
C. 如果网络主播在直播过程中获得打赏收入，直播平台应为主播代扣代缴个人所得税，并将涉税信息报送税务机关
D. 如果网络主播与MCN机构签订协议，由MCN机构为主播代扣代缴个人所得税。MCN机构未履行代扣代缴义务，机构可能面临应扣未扣税款0.5—3倍的罚款，同时不免除主播本人的纳税义务

10. 2024年12月，某公司对县税务局确定的企业所得税的应纳税所得额、应纳税额及在12月30日前缴清税款的要求极为不满，决定撤离该县，且不缴纳税款。县税务局得知后，责令该公司在12月15日前纳税。当该公司有转移生产设备的明显迹象时，县税务局责成其提供纳税担保。

请回答第（1）~（2）题：

（1）该公司取得的下列收入中，属于《企业所得税法》规定的应纳税收入的是（　　）。

A. 财政拨款　　　　　　　　B. 销售产品收入
C. 专利转让收入　　　　　　D. 国债利息收入

（2）就该公司与税务局的纳税争议，下列说法正确的是（　　）。

A. 如该公司不提供纳税担保，经批准，税务局有权书面通知该公司开户银行从其存款中扣缴税款
B. 如该公司不提供纳税担保，经批准，税务局有权扣押、查封该公司价值相当于应纳税款的产品
C. 如该公司对应纳税额发生争议，应先依税务局的纳税决定缴纳税款，然后可申请行政复议，对复议决定不服的，可向法院起诉
D. 如该公司对税务局的税收保全措施不服，可申请行政复议，也可直接向法院起诉

名词解释

1. 课税要素
2. 价内税、价外税
3. 计税依据
4. 税法主体

5. 税目
6. 税率
7. 税收特别措施
8. 消费型增值税
9. 财产税
10. 实质课税原则
11. 税收法定原则

简答题

1. 简述纳税人的权利。
2. 简述税收法律关系的特征。
3. 简述商品税法对宏观调控的具体作用。
4. 简述所得税法制度的基本模式，并说明我国个人所得税、企业所得税分别实行的是何种税制。

案例分析题

1. 2024年7月，税务机关去富豪游戏厅收税，该游戏厅老板王某以生意不好为由，要求延期缴税。实际上，该游戏厅生意一直都很红火。同年8月，税务机关责令其限期缴纳，并从滞纳税款之日起，按日加收滞纳金。王某对此置之不理，在规定期限内仍未缴税。税务机关在多次催缴无效的情况下，便申请市税务局局长批准，通知该游戏厅，向其采取强制措施，扣押该游戏厅游戏机三台，以拍卖扣押物所得抵缴税款、滞纳金。王某不服，向法院提起诉讼。

问：
（1）该案税务机关的强制措施是否合法？
（2）王某是否可以向人民法院起诉？

2. 某税务机关在一次税收执法检查中接到举报，称该市的一家企业A有重大偷逃税行为。为了迅速查办结案，完成税务稽查任务，该税务机关只对举报材料进行了审查，即作出了对A处以100万元罚款的处罚决定，并告知A只有先缴纳了罚款或者提供相应的担保才能申请行政复议。A对此决定不服，认为自己没有实施被举报的税收违法行为，并向上一级税务机关申请行政复议。

问：
（1）某税务机关在作出罚款决定过程中违反了哪些法律规定？
（2）A企业与某税务机关之间的税收争议属于什么类型？上级税务机关应否受理A企业的行政复议申请？
（3）A企业能否不通过申请行政复议而直接向人民法院起诉？法院对某税务机关的违法行为应作出何种判决？

第十章 金融调控法律制度

基础知识图解

- 金融调控法基本原理
  - 金融法与金融调控：货币政策、宏观审慎政策
  - 金融调控法的目标与原则
    - 金融调控法的目标
      - ①防范和化解系统性金融风险，维护金融稳定
      - ②保持社会总需求与总供给的平衡
    - 金融调控法的原则
      - 促进金融服务实体经济原则
      - 间接调控原则
      - 计划指导原则
      - 相互协调原则
  - 金融调控法的体系和具体制度
  - 金融调控法的主体与程序

- 中央银行调控制度
  - 中央银行的法律地位和调控职能
  - 中央银行制定和实施的货币政策
  - 实现调控目标的货币政策工具法律制度
    - 存款准备金制度
    - 基准利率制度
    - 再贴现制度
    - 再贷款制度
    - 公开市场操作制度
    - 常备借贷便利操作制度
  - 中央银行的货币制度
    - 人民币的发行
    - 人民币的管理
    - 数字人民币
  - 中央银行的宏观审慎管理制度

- 其他金融调控制度
  - 商业银行法中的调控制度
  - 外汇管理法中的调控制度

配套测试

单项选择题

1. 我国的金融调控主体是（   ）。
   A. 中国人民银行   B. 国家金融监督管理总局
   C. 中国证券业监督管理委员会   D. 商业银行和非银行金融机构
2. 金融调控手段的核心是什么？（   ）
   A. 财政政策   B. 产业政策
   C. 竞争政策   D. 货币政策

多项选择题

1. 中国人民银行进行公开市场操作的工具包括哪些？（   ）
   A. 再贴现   B. 国债
   C. 外汇   D. 再贷款
2. 根据《外汇管理条例》，下列属于外汇的有（   ）。
   A. 欧元钞票
   B. 美国纳斯达克交易所的上市公司股票
   C. 新加坡债券
   D. 国际货币基金组织的特别提款权

名词解释

1. 金融法
2. 货币政策
3. 存款准备金
4. 宏观审慎管理
5. 公开市场操作
6. 基准利率
7. 再贷款
8. 再贴现

简答题

1. 简述金融调控法和金融规制法之间的区别。
2. 简述金融调控法的目标。
3. 简述中央银行法在金融调控法中的地位。

论述题

试论金融调控法的基本原则。

第十一章 规划调控法律制度

基础知识图解

- 规划调控法原理
  - 规划调控与规划法
    - 国家发展规划
    - 国家级专项规划
    - 国家级区域规划和国家级空间规划
    - 省级规划、市县级规划
  - 规划调控权的分配
  - 规划调控法的体系
- 规划调控法的主要制度
  - 规划调控实体法律制度
    - 确认政府规划调控机关法律地位的组织法
    - 国民经济和社会发展规划调控法
  - 规划调控程序法律制度
    - 规划编制与审批制度
    - 规划实施制度
    - 规划监督制度
  - 产业调控法律制度
  - 投资调控法律制度
  - 对外贸易调控法律制度

配套测试

不定项选择题

1. 我国自改革开放以来,传统的计划经济体制日渐式微,并由原来的以（　　）为主逐渐转为以（　　）为主。
　A. 指令性计划;指导性计划　　　　　B. 指导性计划;指令性计划
　C. 政府性计划;市场性计划　　　　　D. 部门性计划;市场性计划

2. 规划调控权作为国家宏观调控权的重要组成部分,主要包括（　　）。
　A. 规划编制权　　　　　　　　　　B. 规划审批权
　C. 规划执行权和调整权　　　　　　D. 规划监督权

3. 产业政策法律规范的表现形式,以具有以下哪类性质的规范为主?（　　）
　A. 任意性规范　　　　　　　　　　B. 授权性规范
　C. 鼓励性规范　　　　　　　　　　D. 限制性规范

4. 为鼓励发展对外贸易,我国外贸企业实行（　　）。
　A. 自主经营,自负盈亏,并按出口额上缴一定比例的利润

B. 自主经营，自负盈亏，国家进行有限度的出口补贴
C. 自主经营，自负盈亏，取消违规出口补贴
D. 自主经营，国家对亏损予以补贴

名词解释

1. 规划调控权
2. 规划审批机关
3. 产业政策
4. 政府投资
5. 对外贸易预警应急制度

简答题

1. 简述规划调控的功能。
2. 简述产业调控法的内容。

论述题

试论国家规划调控指标。

第十二章　市场规制法的基本理论与制度

基础知识图解

- 市场规制法基本理论
  - 市场规制法的理论基础
  - 市场规制法的体系构成
  - 市场规制法的宗旨和原则
    - 规制法定原则
    - 规制公平原则
    - 规制绩效原则
    - 规制适度原则
  - 市场规制法的调整方式
    - 一般禁止式的调整方式
    - 积极义务式的调整方式
    - 有条件的允许式的调整方式
- 市场规制法基本制度
  - 市场规制法主体制度
    - 规制主体
      - 国家
      - 政府
    - 规制受体
      - 经营者
      - 经营者利益的代表者
      - 行业协会
  - 市场规制权配置制度
  - 市场规制的程序制度
  - 市场规制的责任制度
    - 归责基础
    - 责任形式
    - 责任构成
    - 责任竞合

配套测试

不定项选择题

1. 市场规制行为的特征是（　　）。
A. 合法性　　　　　　　　　　B. 单方性
C. 强制性　　　　　　　　　　D. 双方性

2. 市场规制受体包括（　　）。

A. 经营者　　　　　　　　　　B. 行业协会
C. 专业工作者协会　　　　　　D. 地方政府和各级政府部门

3. 市场结构的基本形态包括（　　）。

A. 完全竞争　　　　　　　　　B. 垄断竞争
C. 寡头垄断　　　　　　　　　D. 垄断

名词解释

1. 市场规制权
2. 市场绩效

简答题

1. 简析市场规制法的宗旨。
2. 简述市场规制法的调整方式。

第十三章 反垄断法律制度

基础知识图解

- 反垄断法基本原理
  - 垄断与反垄断法
  - 反垄断法的理论基础
  - 反垄断法的特征
  - 反垄断法的基本结构

- 反垄断法的实体制度
  - 规制滥用市场支配地位的制度
    - 相关市场及其界定
      - 商品市场及其界定
      - 地域市场及其界定
    - 市场支配地位及其认定
    - 滥用市场支配地位行为
    - 滥用市场支配地位的危害
    - 滥用市场支配地位的违法责任
  - 规制垄断协议的制度
    - 垄断协议的概念和特征
    - 垄断协议行为的类型
    - 横向垄断协议的主要表现
    - 纵向垄断协议的主要表现
    - 垄断协议的成因与利弊
    - 垄断协议行为的违法责任
  - 规制经营者集中的制度
    - 经营者集中的概念和特征
    - 经营者集中的类型
    - 经营者集中的动因和利弊
    - 经营者集中的规制政策
    - 经营者集中的申报许可
  - 规制行政性垄断的制度
    - 行政性垄断的概念
    - 行政性垄断行为的构成
    - 行政性垄断的成因和危害
    - 行政性垄断的规制路径
    - 行政性垄断的违法责任

```
                      ┌ 结构主义和行为主义
          ┌ 反垄断法程序制度概述 ┤ 本身违法原则和合理原则
          │           │ 反垄断法的适用除外
反垄断法的程序制度 ┤           └ 反垄断法的域外效力
          │ 反垄断执法程序
          └ 反垄断诉讼制度
```

配套测试

单项选择题

1. 下列不属于限制竞争行为的是（ ）。

A. 某县文化局限定所有的中小学必须购买某一经营者的文化用品

B. 某省政府最近下发一则通知，所有购买外地商品的本地商品经营者都必须交纳购买税

C. 某县邮电局通告全县人民，所有想装电话的用户都必须从邮电局买电话机

D. 某电影院进行有奖看电影活动，最高奖是一辆价值2000元的自行车

2. 对于国务院反垄断委员会的机构定位和工作职责，下列哪一选项是正确的？（ ）

A. 是承担反垄断执法职责的法定机构

B. 应当履行协调反垄断行政执法工作的职责

C. 可以授权国务院相关部门负责反垄断执法工作

D. 可以授权省、自治区、直辖市人民政府的相应机构负责反垄断执法工作

3. 某品牌白酒市场份额较大且知名度较高，因销量急剧下滑，生产商召集经销商开会，令其不得低于限价进行销售，对违反者将扣除保证金、减少销售配额直至取消销售资格。关于该行为的性质，下列哪一判断是正确的？（ ）

A. 维护品牌形象的正当行为　　　　　B. 滥用市场支配地位的行为

C. 价格同盟行为　　　　　　　　　　D. 纵向垄断协议行为

4. 某燃气公司在办理燃气入户前，要求用户缴纳一笔"预付气费款"，否则不予供气。待不再用气时，用户可申请返还该款项。经查，该款项在用户日常购气中不能冲抵燃气费。根据《反垄断法》的规定，下列哪一说法是正确的？（ ）

A. 反垄断机构执法时应界定该公司所涉相关市场

B. 只要该公司在当地独家经营，就能认定其具有市场支配地位

C. 如该公司的上游气源企业向其收取预付款，该公司就可向客户收取"预付气费款"

D. 县政府规定"一个地域只能有一家燃气供应企业"，故该公司的行为不构成垄断

5. 某景区多家旅行社、饭店、商店和客运公司共同签订《关于加强服务协同　提高服务水平的决定》，约定了统一的收费方式、服务标准和收入分配方案。有人认为此举构成横向垄断协议。根据《反垄断法》，下列哪一说法是正确的？（ ）

A. 只要在一个竞争性市场中的经营者达成协调市场行为的协议，就违反该法

B. 只要经营者之间的协议涉及商品或服务的价格、标准等问题，就违反该法

C. 如经营者之间的协议有利于提高行业服务质量和经济效益，就不违反该法

D. 如经营者之间的协议不具备排除、限制竞争的效果，就不违反该法

6. 甲公司和乙公司共同设立丙公司，达到国务院规定的经营者集中申报标准，但未向国家市

场监管部门进行申报。丙公司成立后一年内没有实施排除、限制竞争的行为。关于市场监管部门的行政处罚,下列哪一选项是正确的?（ ）

　　A. 都不处罚　　　　　　　　　　　　B. 处罚甲公司和乙公司
　　C. 处罚甲、乙、丙三家公司　　　　　　D. 处罚丙公司

7. 某市公安局出台文件,指定当地印章协会统一负责全市新型防伪印章系统的开发建设,强令全市公安机关和刻章企业卸载正在使用的、经公安部检测通过的软件系统,统一安装印章协会开发的软件系统,并要求刻章企业向印章协会购买刻章设备和章料。根据《反垄断法》的相关规定,反垄断执法机构拟采取下列哪一措施是正确的?（ ）

　　A. 建议市人民政府责令该市公安局改正
　　B. 撤销该协会的社团资格
　　C. 责令该市公安局改正
　　D. 对该市公安局罚款

8. 甲电脑公司为节约成本,对乙芯片公司进行收购,达到了经营者集中申报标准,就此向反垄断执法机构报告。下列说法正确的是哪一项?（ ）

　　A. 国务院反垄断执法机构作出实施进一步审查决定后,甲公司即可完成对乙芯片公司的收购
　　B. 对经营者集中的审查应当考虑甲公司对乙公司芯片的依赖程度
　　C. 若反垄断执法机构作出同意实施集中的决定,应当及时向社会公开
　　D. 若反垄断执法机构作出不予禁止的决定,可同时要求甲公司三年内不得收购

9. 跑跑公司是一家新能源电动车公司,技术领先,具有较高的市场份额。为了提高竞争力,与其他企业达成如下协议,关于应当向反垄断执法机构申报或说明的情况判断正确的是（ ）。

　　A. 跑跑公司与 AXC 电池公司达成协议,AXC 电池公司委托跑跑公司经营。因跑跑公司未取得 AXC 电池公司股权,则不构成经营者集中,无须申报
　　B. 跑跑公司收购 AXC 电池公司 85% 股权,并达到国务院规定的申报标准,需提交该次收购对电动车市场竞争状况影响的说明
　　C. 步步通公司是跑跑公司子公司（持股比例 51%）,跑跑公司收购其他股东股权,在步步通公司持股比例上升至 67%,并达到国务院规定的申报标准需要事先申报
　　D. 运能公司是跑跑公司和达达公司的母公司,两家公司持股比例均为 55%。现跑跑公司收购达达公司 70% 股权,达到国务院规定的申报标准,需要事先申报

10. 王某开设了"肉鸽交易信息群",主要组织全国各地养鸽场与食品厂对接,协调肉鸽交易,月交易数量约为 3000 万只。而全国肉鸽消费量最大的省份广东,月交易数 3000 万—3500 万只。一天,王某在群里发公告表示"从 7 月 1 日起每只鸽子交易价格由原价下调一元,即日起执行",其他收购肉鸽的食品厂纷纷效仿转发,甚至将其当作降价依据,拒绝原价收购。在广东地区食品厂拒绝按原价收购后两天,当地养鸽场不得不按照下调一元后的价格销售肉鸽。对此,下列说法正确的是哪一项?（ ）

　　A. 王某的行为属于利用平台型支配地位控制市场
　　B. 食品厂的行为构成纵向垄断协议
　　C. 王某组织其他经营者达成垄断协议,属于垄断行为
　　D. 反垄断执法机关应当对王某的行为进行公平竞争审查

☑ 多项选择题

1. 关于市场支配地位推定制度,下列哪些选项是符合《反垄断法》规定的?（ ）

　　A. 经营者在相关市场的市场份额达到二分之一的,推定为具有市场支配地位

B. 两个经营者在相关市场的市场份额合计达到三分之二，其中有的经营者市场份额不足十分之一的，不应当推定该经营者具有市场支配地位
C. 三个经营者在相关市场的市场份额合计达到四分之三，其中有两个经营者市场份额合计不足五分之一的，不应当推定该两个经营者具有市场支配地位
D. 被推定具有市场支配地位的经营者，有证据证明不具有市场支配地位的，不应当认定其具有市场支配地位

2. 滥用行政权力排除、限制竞争的行为，是《反垄断法》规制的垄断行为之一。关于这种行为，下列哪些选项是正确的？（　　）

A. 实施这种行为的主体，不限于行政机关
B. 实施这种行为的主体，不包括中央政府部门
C. 《反垄断法》对这种行为的规制，限定在商品流通和招投标领域
D. 《反垄断法》对这种行为的规制，主要采用行政责任的方式

3. 根据《反垄断法》的规定，下列哪些选项不构成垄断协议？（　　）

A. 某行业协会组织本行业的企业就防止进口原料时的恶性竞争达成保护性协议
B. 三家大型房地产公司的代表聚会，就商品房价格达成共识，随后一致采取涨价行动
C. 某品牌的奶粉含有毒物质的事实被公布后，数家大型零售公司联合声明拒绝销售该产品
D. 数家大型煤炭企业就采用一种新型矿山安全生产技术达成一致意见

4. 根据《反垄断法》的规定，关于经营者集中的说法，下列哪些选项是正确的？（　　）

A. 经营者集中就是指企业合并
B. 经营者集中实行事前申报制，但允许在实施集中后补充申报
C. 经营者集中被审查时，参与集中者的市场份额及其市场控制力是一个重要的考虑因素
D. 经营者集中如被确定为可能具有限制竞争的效果，将会被禁止

5. 大鱼科技有限公司是国内的互联网巨头，2024 年以吸收合并方式与帅猫音乐公司整合，又通过与上游音乐版权方签订独家授权协议独占了国内热门歌手的相关音乐，在互联网音乐市场占据 80% 份额，在互联网音乐市场产生了明显的排除竞争的效果。经查明，大鱼科技公司与帅猫音乐公司的合并已经达到国务院规定的经营者集中申报标准，但当时双方均未进行申报。对此，下列说法正确的是哪些？（　　）

A. 反垄断执法机构可以对合并后的公司处上一年度销售额百分之十以下的罚款
B. 反垄断执法机构可以要求合并后的公司采取解除独家授权协议等措施，以恢复到集中前的状态
C. 大鱼科技有限公司与帅猫音乐公司若向反垄断执法机构补充申报，可免予承担相关责任
D. 因两者合并后大鱼科技有限公司具有市场支配地位行为，反垄断执法机构应介入调查并予以处罚

名词解释

1. 经营者集中
2. 市场支配地位
3. 公平竞争审查
4. 掠夺性定价
5. 相关市场
6. 搭售

简答题

1. 简述反垄断法所禁止的滥用市场支配地位行为的表现形式。
2. 简述反垄断法适用除外的情形。
3. 简述横向限制竞争行为的主要表现形式。
4. 试析反垄断法的域外效力。
5. 简述行政性垄断的表现形式。
6. 简述平台经济领域界定相关市场的考虑因素。

论述题

1. 论述反垄断法中本身违法原则与合理分析原则之间的关系。
2. 论述反垄断民事公益诉讼的性质及其制度意义。

第十四章 反不正当竞争法律制度

基础知识图解

反不正当竞争法基本原理 { 不正当竞争与反不正当竞争法 / 反不正当竞争法的定位 / 反不正当竞争法的基本结构

反不正当竞争法的实体制度 { 规制混淆行为的制度 / 规制商业贿赂行为的制度 / 规制虚假或者引人误解的商业宣传行为的制度 / 规制侵犯商业秘密行为的制度 / 规制不当有奖销售行为的制度 / 规制诋毁他人商誉行为的制度 / 规制网络领域不正当竞争行为的制度

反不正当竞争法的程序制度 { 反不正当竞争执法程序制度 / 反不正当竞争诉讼制度

配套测试

单项选择题

1. 甲超市在各大报纸上做广告,称该超市到货一批美国聚酯漆组合家具。乙购买了一套,发现这些家具均产于北京,遂向市场监管局举报,经市场监管局查明该批家具确实使用了美国进口聚酯漆。市场监管局对甲超市作出了罚款的行政处罚。下列说法中正确的是(   )。

A. 甲超市应向人民法院提起行政诉讼,提起行政复议不当
B. 甲超市的广告并无虚假内容,不构成不正当竞争
C. 甲超市的广告易使人误解,构成不正当竞争
D. 市场监管局对甲超市作出罚款的行政处罚缺乏法律依据

2. 甲期货交易所章程规定,对日交易量超过100手的客户,可以将手续费的2%作为折扣退还给他们,并办理完整的财务手续。其他交易所对此规定提出了异议。下列说法正确的是(   )。

A. 甲交易所的行为不构成不正当竞争
B. 甲交易所的行为构成行贿
C. 甲交易所的行为既构成行贿又构成不正当竞争
D. 甲交易所的行为构成不正当竞争

3. 中秋节前夕，华丰市市场监督管理局对本市市场上的月饼进行了抽查，只有两家食品厂生产的月饼合格。市场监督管理局将该情况在《华丰晚报》上做了报道，致使很多食品厂家生产的月饼积压卖不出去。下列说法中正确的是（　　）。

　　A. 市场监督管理局的行为不构成不正当竞争

　　B. 市场监督管理局的行为虽有排挤其他经营者的意图，但并未指定消费者购买某种月饼，尚不构成不正当竞争

　　C. 市场监督管理局的抽查行为是履行职责的正常管理行为，但在新闻媒介上公布抽查结果是限制其他经营者的不正当竞争行为

　　D. 市场监督管理局抽查行为的背后是以排挤其他经营者为动机，故抽查行为与公布行为均构成不正当竞争

4. 甲厂工程师刘大胆借赴香飘厂接洽事务之机，窃取该厂新研发的香水配方并交予甲厂。甲厂随即将该产品推向市场。香飘厂得知后向人民法院提起诉讼，要求甲厂赔偿，并停止生产这款香水。下列说法中正确的是（　　）。

　　A. 人民法院无权管辖此案

　　B. 甲厂不构成不正当竞争，因为刘大胆不能代表甲厂

　　C. 香飘厂的诉讼请求应予支持

　　D. 甲厂构成不正当竞争，但只能停止生产这款香水，不需赔偿损失

5. 某市一电器商场，在广告牌上写明："凡在本商场购买××牌饮水机的，返还价款的8%；凡是介绍他人购买的，付给介绍者价款2%的佣金。"经另外一家电器商场的举报，有关部门调查后发现，该商场给付的返款和佣金在账上有明确记载。所售饮水机的成本为价款的70%。对于该公司的行为下列说法中正确的是（　　）。

　　A. 根据《反不正当竞争法》构成不正当竞争

　　B. 根据《反不正当竞争法》构成低价倾销

　　C. 根据《反不正当竞争法》构成商业贿赂

　　D. 正常销售行为

6. 某市的李某欲买"太月"牌的快餐方便面，在商场误购了商标不同而外包装十分近似的显著标明名称为"大月"的方便面，遂向"太月"公司投诉。"太月"公司发现，"大月"方便面的价格仅为"太月"的1/2。如果"太月"起诉"大月"，其纠纷的性质应当是下列哪一种？（　　）

　　A. 企业名称侵权纠纷

　　B. 混淆行为的不正当竞争纠纷

　　C. 低价倾销的不正当竞争纠纷

　　D. 诋毁商誉的侵权纠纷

7. 世界上第一部反不正当竞争法是（　　）。

　　A. 德国《反不正当竞争法》

　　B. 美国《保护商业秘密法案》

　　C. 瑞士《反不正当竞争法》

　　D. 日本《不正当竞争防止法》

8. 下列行为不违法的是（　　）。

　　A. 以内定中奖人员的方式进行有奖销售

　　B. 利用有奖销售的手段推销商品

　　C. 抽奖式的有奖销售，最高奖的金额超过5万元的

D. 谎称有奖而进行有奖销售

9. 金硕巅峰公司是知名教育培训机构,其广告宣传为"金硕巅峰,已助众多考生圆梦金硕",启飞公司同为同行业教育培训机构,在其网站展示"金硕 VIP 全程班",对此下列说法正确的是(   )。

　　A. 启飞公司的行为会让人误认为其与金硕巅峰公司存在特定联系,其行为违法

　　B. 启飞公司涉嫌虚假宣传,其行为违法

　　C. 启飞公司的行为系合法行为

　　D. 启飞公司没有使用金硕的域名,不构成违法

10. 廖某是著名的大豆培育专家,成立了廖氏食品有限公司,并注册"廖公"文字商标,用于宣传推广自己培育的大豆。同为食品公司的圆源公司推出的一款大豆产品在宣传材料上印制了廖某头像并使用了"廖公大豆"的名称,但未指明该廖公就是廖某。陈某是知名主播,2024 年 7 月圆源公司委托陈某在其个人的快迪平台直播间销售该大豆产品。直播时使用了"廖公大豆"名称,并将廖某头像放在直播间的显著位置。刘某通过直播间购买该款产品,食用时发现大豆产品已经发霉变质,遂向快迪平台投诉。快迪平台之后封禁了陈某的直播间,并向刘某提供了陈某的真实姓名、地址和有效联系方式。以下说法正确的是哪一项?(   )

　　A. 刘某对快迪平台享有赔偿请求权

　　B. 圆源公司是侵犯廖某权利的唯一责任人

　　C. 圆源公司和陈某是市场混淆的共同行为人

　　D. 圆源公司和陈某对刘某损失承担违约责任

11. 下列行为中,属于违法行为的是(   )。

　　A. 某超市以低于成本的价格销售保质期即将届满的食品

　　B. 某商场为促销,在春节期间在店内张贴布告:一日内在本店消费 1000 元以上的,给付 20%作为回扣。经查,该商场给付的回扣在账面上都有明确的记载

　　C. 某燃气公司在安装管道煤气时,声称为了安全起见,建议用户购买其所属的经销公司销售的"太阳"牌燃气灶,自购的其他品牌的燃气灶需要检验,每户收取检验费 50 元

　　D. 第三人不知情披露他人的商业秘密的行为

12. 经营者实施混淆行为或侵犯商业秘密行为,权利人因被侵权所受到的实际损失、侵权人因侵权所获得的利益难以确定的,赔偿额如何确定?(   )

　　A. 以受害人在被侵权期间所减少的利润为赔偿额

　　B. 以侵权人在侵权期间所获得的利润为赔偿额

　　C. 由人民法院根据侵权行为的情节判决给予权利人五百万元以下的赔偿

　　D. 以侵权人在侵权期间所获得的利润的 2 倍为赔偿额

13. 擅自使用他人商品特有的名称,使购买者误认为是该商品。若构成不正当竞争行为,该他人商品是(   )。

　　A. 任何商品　　　　　　　　　　　　B. 药品

　　C. 有一定影响的商品　　　　　　　　D. 儿童食品

14. 经营者利用广告,对商品作引人误解的虚假宣传。据此,监督检查部门可以根据情节对其处以多少罚款?(   )

　　A. 违法所得 1 倍以上 3 倍以下的罚款

　　B. 违法所得 1 倍以上 5 倍以下的罚款

　　C. 100 万元以上 200 万元以下的罚款

　　D. 100 万元以下的罚款

15. 甲酒厂生产的"太岁康"高粱酒，在本省市场上颇有名气。之后，乙酒厂推出"状元乐"高粱酒，其酒瓶形状和瓶贴标签的图样、色彩与"太岁康"几近一致，但使用的注册商标商品名称以及厂名厂址均不同。对此，下列表述中哪一个是正确的？（ ）

　　A. 因注册商标、商品名称以及厂名厂址均不相同，乙厂对甲厂不构成侵权

　　B. "太岁康"商标仅属省内知名，其标签又未获得专利，甲厂不能起诉乙厂侵权

　　C. 两种商品装潢外观近似，足以造成购买者产生误认，故乙厂的行为构成不正当竞争

　　D. 两种商品装潢虽外观近似，但常喝"太岁康"的人仔细辨认可以加以区别，故乙厂的行为不受法律禁止

16. 某啤酒厂在其产品的瓶颈上挂一标签，上印有"获柏林国际啤酒博览会金奖"字样和1个带外文的徽章。此奖项和徽章均属子虚乌有。对这一行为应当如何认定？（ ）

　　A. 根据《反不正当竞争法》，该行为构成虚假宣传行为

　　B. 根据《反不正当竞争法》，该行为构成虚假表示行为

　　C. 根据《民法典》，该行为构成欺诈的民事行为

　　D. 该行为违反商业道德，但不违反法律

17. 某电器销售公司甲与某电视机厂乙因货款纠纷而产生隔阂，甲不再经销乙的产品。当客户询问甲的营业人员是否有乙厂的电视机时，营业人员故意说道："乙厂的电视机质量不好，价格又贵，所以我们不再卖他们的产品了。"下列有关该事例的哪一表述是正确的？（ ）

　　A. 甲侵犯了乙的名誉权

　　B. 甲的行为属于诋毁乙的商业信誉的不正当竞争行为

　　C. 甲的行为因未通过宣传媒介诋毁乙的商业信誉，故不构成诋毁商业信誉

　　D. 甲侵犯了乙的荣誉权

18. A企业在市场上推出一种多功能遥控器，名为"一按达"，产品设计成适应操作者手形的曲线外观；并配以反传统的香槟色。该多功能遥控器销售地区甚广，辅以大量的较长时间的广告宣传，使其在相关市场广受消费者欢迎。B企业仿冒A企业产品，也在市场上推出"易安达"多功能遥控器，其外观、色彩与A企业的"一按达"相仿，引起混淆。该侵权行为属于（ ）。

　　A. 假冒、仿冒他人注册商标

　　B. 擅自使用知名商品特有的名称、包装、装潢

　　C. 侵犯外观设计专利权

　　D. 引人误解的不正当竞争行为

19. 回扣与折扣的本质区别在于（ ）。

　　A. 回扣是给予钱财，折扣则以多种形式让利

　　B. 折扣支付给对方的经办人，回扣支付给有影响的代理人

　　C. 回扣只能由买方支付

　　D. 折扣以明示方式支付，回扣是秘密支付

20. 经营者向消费者推销移动电话时，以优惠的价格说服消费者购买与移动电话机配套的电池、充电器等商品。消费者经说服同意并接受了经营者的推销，一并购买了几种商品。经营者的行为属于（ ）。

　　A. 引人误解的虚假宣传

　　B. 低价倾销

　　C. 搭售

　　D. 正当销售行为

21. A公司经销健身器材，规定每台售价为2000元，业务员按合同价的5%提取奖金。业务员

王某在与 B 公司洽谈时提出，合同定价按公司规定办，但自己按每台 50 元补贴 B 公司。B 公司表示同意，遂与王某签订了订货合同，并将获得的补贴款入账。对王某的行为应如何定性？（　　）

  A. 属于无权代理   B. 属于滥用代理权
  C. 属于不正当竞争   D. 属于合法行为

22. 根据《反不正当竞争法》的规定，下列哪一行为属于不正当竞争行为中的混淆行为？（　　）

  A. 甲厂在其产品说明书中作夸大其词的说明
  B. 乙厂的矿泉水使用"清凉"商标，而"清凉矿泉水厂"是本地另一知名矿泉水厂的企业名称
  C. 丙商场在有奖销售中把所有的奖券刮奖区都印上"未中奖"字样
  D. 丁酒厂将其在当地评奖会上的获奖证书复印在所有的产品包装上

23. 甲网店为虚构交易数据，组织员工使用公司资金实施自买自卖行为，通过空单快递伪造物流信息，并指使内部人员在商品评价区批量刷写虚假好评。下列对甲网店的行为说法正确的是哪一项？（　　）

  A. 虚假宣传   B. 诋毁商誉
  C. 网络不正当竞争   D. 正当市场竞争

24. 光明公司主要从事培训业务，田某是该公司员工。在职期间田某偷偷将公司诸多客户的联系方式拷贝。2025 年 1 月，田某自光明教育科技公司辞职，并创办了超越公司，担任经理。超越公司销售人员利用田某提供的联系方式给光明公司客户打电话，告知超越公司系由田某创办，并提供优质课程。光明公司客户基于对田某的信任，报名了超越公司的同类课程。以下正确的是哪一项？（　　）

  A. 田某偷偷拷贝光明公司客户联系方式的行为属于侵犯商业秘密
  B. 因超越公司对田某获得客户信息的情况不知情，超越公司行为合法
  C. 虽然田某获取客户信息方式不正当，但客户基于对田某的信任与超越公司开展业务，田某行为正当
  D. 虽然田某获取客户信息方式不正当，但客户基于对田某的信任与超越公司开展业务，超越公司行为正当

25. 红心地板公司在某市电视台投放广告，称"红心牌原装进口实木地板为你分忧"，并称"强化木地板甲醛含量高、不耐用"。此后，本地市场上的强化木地板销量锐减。经查明，该公司生产的实木地板是用进口木材在国内加工而成。关于该广告行为，下列哪一选项是正确的？（　　）

  A. 属于正当竞争行为
  B. 仅属于诋毁商誉行为
  C. 仅属于虚假宣传行为
  D. 既属于诋毁商誉行为，又属于虚假宣传行为

26. 幸运 86 公司系一家互联网信息公司，未经搜瓜网运营方同意，劫持搜瓜网数据，在用户访问搜瓜网时，页面会自动跳转至幸运 86 公司所投放的广告页面。对于幸运 86 公司的行为，下列说法正确的是哪一项？（　　）

  A. 构成利用技术手段妨碍、破坏其他经营者合法提供的网络产品行为
  B. 适用网络避风港原则，不承担责任
  C. 构成诋毁商誉行为
  D. 幸运 86 公司应为其投放的虚假广告导致的消费者损失直接承担连带责任

27. 溪流科技有限公司运营"聚合"应用程序，通过收集用户上传的共享单车的订单信息破

解了市面上几乎所有共享单车的开锁解锁程序。消费者在"聚合"应用程序注册后，可以免费使用各品牌的共享单车，至2024年12月共有60%用户每天仅通过"聚合"应用程序使用其他平台共享单车。对于该公司的行为下列说法正确的是哪一项？（　　）

A. 混淆行为
B. 商业贿赂行为
C. 滥用市场支配地位
D. 互联网不正当竞争

28. 某蛋糕店开业初期，为扩大品牌影响、提升销量，出资雇佣人员排队抢购。不久，该店门口便时常排起长队，销售盛况的照片也频频出现于网络媒体，附近同类店家生意随之清淡。对此行为，下列哪一说法是正确的？（　　）

A. 属于正当的营销行为
B. 构成混淆行为
C. 构成虚假宣传行为
D. 构成商业贿赂行为

29. 姚某在使用甲网站的搜索引擎时，在搜索结果页面出现前总会弹出宣传页面，严重遮挡搜索结果页面。经查，乙网络技术公司为甲网站提供技术支持，其插入宣传页面的行为未经甲网站允许。关于乙公司的行为，下列哪一说法是正确的？（　　）

A. 属于合理利用网络资源
B. 构成虚假广告宣传行为
C. 构成不正当竞争行为
D. 无须经甲网站同意

多项选择题

1. 区某是湖北省某县食品厂的厂长，他看到邻县巧媳妇食品有限公司制作的点心十分畅销，几次前去取经，均被婉言谢绝。他不甘心自己厂子面临破产境地，几经周折，终于认识了巧媳妇食品有限公司的糕点师魏某某。区某多次宴请魏某某，魏某某见区某对自己十分厚爱，便把巧媳妇公司制作点心的情况、经营方法都告诉了区某，区某如法炮制，生意大有起色。下列表述正确的是（　　）。

A. 区某采取的方法是为经营好企业，使食品厂免遭破产，解决了工人下岗的难题，值得肯定
B. 巧媳妇食品有限公司的点心制作配方没有申请专利，不受法律保护
C. 巧媳妇食品有限公司的点心配方、经营方法可以认为是商业秘密
D. 区某的行为构成了不正当竞争行为

2. 张聪慧发现夏娃服装厂生产的"夏娃"牌衬衫畅销，遂在百货大楼租赁一柜台用于销售"夏娃"牌衬衫，并采取了以下行为，其中属于不正当竞争行为的有（　　）。

A. 以明示的方式给购买者折扣，但没有入账
B. 未经百货大楼授权，让所雇用的销售人员都身穿百货大楼的工作服，佩戴百货大楼的营业标志
C. 以夏娃服装厂厂家的名义直销"夏娃"牌衬衣
D. 举办抽奖式销售活动，最高奖为价值2000元的手表一块

3. 经营者侵犯商业秘密的形式是（　　）。

A. 以盗窃、欺诈、胁迫或者其他不正当手段获取权利人的商业秘密的
B. 披露、使用或允许他人使用以不正当手段获取的权利人的商业秘密的
C. 违反约定或权利人有关保守商业秘密的要求，披露、使用或允许他人使用其所掌握的商业秘密的
D. 第三人明知商业秘密取得不合法而获取、使用、披露他人的商业秘密的

4. 对于不正当竞争的经营者可给予以下（　　）行政处罚。

A. 责令改正，消除影响
B. 责令停止违法行为
C. 宣告合同无效
D. 没收非法所得

5. 下列哪些属于对不正当竞争行为的监管？（　　）

A. 受害者通过司法途径解决，追究经营者的民事责任

B. 受害者向监督检查机关投诉

C. 监督检查部门根据检举或指控，或依职权主动查处

D. 司法机关依刑事诉讼程序，追究违法者的刑事责任

6. 下列哪些行为属于不正当竞争行为？（　　）

A. 假冒他人有一定影响的外观设计专利

B. 擅自使用他人有一定影响的商品特有的名称、包装、装潢

C. 擅自制造、销售有一定影响的商品特有的包装、装潢

D. 经著作权人授权，将其美术作品印制在商品包装上用于宣传

7. 晓燕与他人合作开办了一个固体饮料厂，没有进行市场主体登记领取营业执照，也未办理卫生许可证。用淀粉、白糖等生产所谓的"麦乳精"，销售中使用的是他人的注册商标标识，后被市场监督管理部门查获。请问，应如何认定其行为？（　　）

A. 她没有领取营业执照，不是经营者，不适用《反不正当竞争法》

B. 她从事的是经营行为，应适用《反不正当竞争法》

C. 她假冒注册商标构成侵权行为

D. 她违反市场监督管理法规，构成无照经营的违法行为

8. 某单位是生产销售化妆品的专业公司，为提高某种护肤品的增白效果，该公司在其中添加了超过国家规定标准的对人体有害的增白剂。后因不满工资待遇，总工程师傅某离开该公司，将增白剂一事向媒体公布。该公司以侵犯商业秘密为由将傅某诉至法庭。根据有关法律，正确的意见是（　　）。

A. 首先应判断该护肤品的配方是否属于商业秘密

B. 如果是商业秘密，应认定傅某侵犯公司商业秘密

C. 即使是商业秘密，根据公共利益原则，傅某行为也不构成侵权

D. 即使考虑公共利益原则，傅某行为亦构成侵权

9. 甲公司销售的高档卫生用品适用于特定的人群。5 年来，由于该公司采取了有效的管理和保密措施，客户一直很稳定。2025 年 5 月，该公司的客户明显流失，经查几乎全部转向与其有竞争关系的乙公司。乙公司提出的可以接受的答辩理由是（　　）。

A. 客户是业务员一个一个寻找、长期感情投资获得的

B. 丙公司的客户名单与甲公司基本吻合，乙公司与丙公司签有客源共享协议

C. 甲公司的客户名单不是商业秘密

D. 客户是不满意甲公司的产品和服务，自愿转向乙公司的

10. 春运期间，某省国有公路客运公司为缓解短途客运压力，在客运高峰到来前五天，宣布提高票价 50%。下列观点哪些是正确的？（　　）

A. 属于公用企业滥用优势地位的不正当竞争行为

B. 违反了《消费者权益保护法》，侵犯了消费者的公平交易权

C. 不违反《消费者权益保护法》，乘客可以不乘坐该公司的客车或者上车后与之讨价还价

D. 因没有举行听证会，所以违反了《价格法》

11. 某娱乐中心为吸引顾客，采取下列诸多措施，其中属于不正当竞争行为的有（　　）。

A. 将园内的儿童游乐场称作"迪斯尼"乐园

B. 将园内的竞赛项目结果称作中国"吉尼斯"

C. 设置奖品为圣诞老人，实际上是印有圣诞老人画像的一页日历

D. 广告宣传说 10 岁以下儿童免费入场，当家长们带领孩子们前来时，却要为自己购买比平时高出 50% 的票价

12. 某公司专门生产实木家具，因价格昂贵，市场占有量有限。而复合家具价格便宜，规格齐全，色彩多样，近几年销售量直线上升。为此，该实木家具公司通过广告并利用连环漫画形式长期宣传，以专家身份告诫用户，复合家具有两个缺点：一是容易变形，二是甲醛含量过高。一时间，宣传力度大的沪、广两地，复合家具销量锐减。于是，沪四家复合家具生产商请国家技术监督局对其有关产品进行质量鉴定，证明上述危害并不存在。最终，四家复合家具生产企业状告该实木家具公司，提出了下列主张正确的有（　　）。

A. 实木家具公司的广告为对比性广告

B. 实木家具公司并未在广告中明确指出哪一家企业生产的复合家具具有上述两个缺点，不构成商业诋毁行为

C. 实木家具公司的行为构成商业诋毁

D. 实木家具公司通过广告并利用连环漫画散布的复合家具所谓的两个缺点不是事实

13. 甲公司与乙公司都生产销售"吃饭香"营养精，消费者以为是一个企业生产的产品。实际上，乙公司生产、销售该产品比甲公司晚半年。而且甲公司这些年投入该产品的广告费达 100 多万元。乙公司的产品来源于外地的丙公司，该公司在当地尚未进行广告投入。甲公司要求查处乙公司的不正当竞争行为，其合法理由可以是（　　）。

A. 该产品是有一定影响的商品

B. "吃饭香"是有一定影响的商品特有名称

C. 乙公司擅自使用有一定影响的商品特有名称，造成消费者误认

D. 请求市场监督管理部门禁止乙公司销售一切营养精

14. 反不正当竞争行为的监督检查部门，在监督检查不正当竞争行为时，享有下列哪些职权？（　　）

A. 询问权　　　　　　　　　　　B. 查询复制权

C. 检查权　　　　　　　　　　　D. 行政处罚权

15. 下列选择中，（　　）属于商业贿赂行为。

A. 经营者在账外暗中给对方单位回扣

B. 经营者以明示方式给对方折扣，并如实入账

C. 经营者为销售商品给对方提供免费旅游机会

D. 经营者为销售商品为对方免费进行房屋装修

16. 给被侵害的经营者造成损害的，应当承担损害赔偿责任，具体内容可能为（　　）。

A. 造成的实际损失

B. 因侵权获得的利益

C. 其他合理支出的费用

D. 人民法院判决的 500 万元以上的赔偿

17. 以下行为，哪些构成不正当竞争行为？（　　）

A. 甲厂产品发生质量事故，舆论误指为乙厂产品，乙厂公开说明事实真相

B. 甲汽车厂不满乙钢铁厂起诉其拖欠货款，散布乙厂产品质量低劣的虚假事实

C. 甲冰箱厂散布乙冰箱厂售后服务差的虚假事实，虽未指名，但一般人可以推知

D. 甲灯具厂捏造乙灯具厂偷工减料的虚假事实，但只告诉了乙厂的几家客户

18. 依《反不正当竞争法》，所侵犯的商业秘密必须具备的条件是（　　）。

A. 秘密性　　　　　　　　　　　B. 非物质性

C. 商业价值性 D. 技术性

19. 我国《反不正当竞争法》规范的行为包括（　　）。
  A. 垄断行为 B. 混淆行为
  C. 侵犯商业秘密行为 D. 虚假宣传行为

20. 欣欣公司为了宣传其新开发的保健品，虚构保健品功效，并委托某广告公司设计了"谁吃谁明白"的广告，聘请明星做代言人，邀请某社会团体向消费者推荐，在报刊和电视上高频率地发布引人误解的不实广告。根据《反不正当竞争法》的规定，下列哪些选项是正确的？（　　）
  A. 欣欣公司不论其主观状态如何，都必须对虚假广告承担法律责任
  B. 广告公司只有在明知保健品功效虚假的情况下才承担法律责任
  C. 明星代言人即使对厂商造假不知情，只要蒙骗了消费者，就应承担民事责任
  D. 社会团体在虚假广告中向消费者推荐商品，应承担民事连带责任

21. 甲公司为宣传其"股神"股票交易分析软件，高价聘请记者发表文章，称"股神"软件是"股民投资利器"，贬称过去的同类软件"让多少股民损失惨重"，并称乙公司的软件"性能低劣"。根据《反不正当竞争法》的规定，下列哪些选项是正确的？（　　）
  A. 只有乙公司才能起诉甲公司的诋毁商誉行为
  B. 甲公司的行为只有出于故意才能构成诋毁商誉行为
  C. 只有证明记者拿了甲公司的钱财，才能认定其参与诋毁商誉行为
  D. 只有证明甲公司捏造和散布了虚假事实，才能认定其构成不正当竞争

22. 下列哪些选项属于不正当竞争行为？（　　）
  A. 甲灯具厂捏造乙灯具厂偷工减料的事实，私下告诉乙厂的几家重要客户
  B. 甲公司发布高薪招聘广告，乙公司数名高管集体辞职前往应聘，甲公司予以聘用
  C. 甲电器厂产品具有严重瑕疵，媒体误报道为乙电器厂产品，甲电器厂未主动澄清
  D. 甲厂使用与乙厂知名商品近似的名称、包装和装潢，消费者经仔细辨别方可区别二者差异

23. 甲厂与工程师江某签订了保密协议。江某在劳动合同终止后应聘至同行业的乙厂，并帮助乙厂生产出与甲厂相同技术的发动机。甲厂认为保密义务理应包括竞业限制义务，江某不得到乙厂工作，乙厂和江某共同侵犯其商业秘密。关于此案，下列哪些选项是正确的？（　　）
  A. 如保密协议只约定保密义务，未约定支付保密费，则保密义务无约束力
  B. 如双方未明确约定江某负有竞业限制义务，则江某有权到乙厂工作
  C. 如江某违反保密协议的要求，向乙厂披露甲厂的保密技术，则构成侵犯商业秘密
  D. 如乙厂能证明其未利诱江某披露甲厂的保密技术，则不构成侵犯商业秘密

24. 甲酒厂为扩大销量，精心模仿乙酒厂知名白酒的包装、装潢。关于甲厂模仿行为，下列哪些判断是错误的？（　　）
  A. 如果乙厂的包装、装潢未获得外观设计专利，则甲厂模仿行为合法
  B. 如果甲厂在包装、装潢上标明了自己的厂名、厂址、商标，则不构成混淆行为
  C. 如果甲厂白酒的包装、装潢不足以使消费者误认为是乙厂白酒，则不构成混淆行为
  D. 如果乙厂白酒的长期消费者留意之下能够辨别出二者差异，则不构成混淆行为

25. 甲公司拥有"飞鸿"注册商标，核定使用的商品为酱油等食用调料。乙公司成立在后，特意将"飞鸿"登记为企业字号，并在广告、企业厂牌、商品上突出使用。乙公司使用违法添加剂生产酱油被媒体曝光后，甲公司的市场声誉和产品销量受到严重影响。关于本案，下列哪些说法是正确的？（　　）
  A. 乙公司侵犯了甲公司的注册商标专用权
  B. 乙公司将"飞鸿"登记为企业字号并突出使用的行为构成不正当竞争行为

C. 甲公司因调查乙公司不正当竞争行为所支付的合理费用应由乙公司赔偿

D. 甲公司应允许乙公司在不变更企业名称的情况下以其他商标生产销售合格的酱油

26. 甲县善福公司（简称甲公司）的前身为创始于清末的陈氏善福铺，享誉百年，陈某继承祖业后注册了该公司，并规范使用其商业标识。乙县善福公司（简称乙公司）系张某先于甲公司注册，且持有"善福100"商标权。乙公司在其网站登载善福铺的历史及荣誉，还在其产品包装上标注"百年老牌""创始于清末"等字样，但均未证明其与善福铺存在历史联系。甲、乙公司存在竞争关系。关于此事，下列哪些说法是正确的？（　　）

A. 陈某注册甲公司的行为符合诚实信用原则

B. 乙公司登载善福铺历史及标注字样的行为损害了甲公司的商誉

C. 甲公司使用"善福公司"的行为侵害了乙公司的商标权

D. 乙公司登载善福铺历史及标注字样的行为构成虚假宣传行为

27. 乙是国内大型视频网站，购买了一批热播电视剧的独家网络播放权。用户可以免费收看乙网站的热播电视剧，但不可避免需要同时收看片头片尾广告，乙网站以收取广告费盈利。甲开发出广告屏蔽软件，可屏蔽乙网站加载的广告，并招商播放第三方的广告。对此，下列说法正确的有哪些？（　　）

A. 甲的行为构成不正当竞争

B. 甲开发的屏蔽广告软件仅为一项技术手段，基于"技术无罪"不构成违法

C. 如不能确定乙网站损失金额，按照甲收取的广告费用计算

D. 乙网站调查甲行为所支付的所有费用应由甲赔偿

28. 甲公司取得了某热播电视剧的独家网络直播权，赵某嫌该剧片头广告时间过长，开发出屏蔽该片头广告的软件，并在其社交主页上提供了专门的下载通道，受到网民追捧。随后赵某用此软件招商，播放乙公司的产品广告，收益颇丰。下列说法正确的是（　　）。

A. 赵某的行为有利于消费者，不应被禁止

B. 赵某的行为构成不正当竞争行为

C. 赵某并非经营者，所以其不是不正当竞争行为的适格主体

D. 甲公司的实际损失难以计算的，可按赵某向乙公司收取的报酬确定赔偿金额

名词解释

1. 混淆行为
2. 商业秘密
3. 商业诋毁

简答题

1. 简析《反不正当竞争法》中的虚假宣传行为。
2. 简述反垄断法与反不正当竞争法的联系与区别。
3. 简述不正当有奖销售的表现。
4. 简述互联网领域特有的不正当竞争行为。
5. 简述《反不正当竞争法》中对侵犯商业秘密案件举证责任的倾斜性规定。

论述题

论述竞争关系不能单纯由民法调整而需要由专门的反不正当竞争法调整的原因。

案例分析题

1. 甲食品厂生产的"幸福"牌营养液深受广大消费者的欢迎，2020 年甲食品厂将"幸福"商标进行了注册。2021 年甲食品厂与乙食品厂签订了商标许可使用合同，允许乙食品厂使用"幸福"牌注册商标。在"幸福"商标使用许可期满后，乙厂将自己的营养液配方略加修改，并注册了"福康"商标。为了使自己的产品能很快地打入市场，乙厂利用广告宣传，称"福康"营养液是"幸福"营养液的换代产品，是对"幸福"营养液的改进。该广告打出后，致使消费者认为"福康"营养液是新一代产品，一定比"幸福"营养液更高级，故转而购买"福康"营养液，使甲厂的产品滞销，经济损失巨大。甲厂得知此情况后要求制止乙厂的行为，并要求乙厂赔偿损失。

问题：（1）此案应如何处理？

（2）甲食品厂的要求正确吗？

2. 太阳公司 2021 年开发成功某型输纱器产品并通过市级新产品鉴定。产品投放市场以后，获得了较好的经济效益。太阳公司制定了保密制度，并下达文件，将某型输纱器的技术资料、经营信息等列为保密资料，且采取了保密措施。2023 年 5 月至 2024 年 5 月，曾在太阳公司技术科任技术员的王某利用职务之便，复制了太阳公司该型输纱器的生产用图、销售档案和综合计划各一份，于 2024 年 5 月调离太阳公司时，把上述资料擅自带回家中。2024 年 7 月，同城的机床厂在准备开发新产品过程中，向王某打听并索要有关该型输纱器的技术、经营信息资料。王某把从太阳公司窃取的该型输纱器生产图纸、综合计划、销售档案（包括用户名称、地址、联系人、电话号码等）给了机床厂，该厂厂长接受后承诺，项目上马后效益好即支付王某报酬。

问题：（1）机床厂的行为属于什么性质的行为？

（2）本案应如何处理？

3. 房地产开发商甲公司为投放市场的美美小区在该市发行的报纸上做广告宣传，最吸引人的是下列内容："该小区为商住两用的新型物业，5 栋塔楼呈五角星式排列；另有会所一栋，为三层板式建筑，一层为超市、二层为会客场所、三层为娱乐场所；小区中心绿地面积为 5000 平方米，有水系与绿地间隔。"购房者受广告引诱，纷纷到售楼处了解详情。售楼处的楼房沙盘模型显示与广告相符，政府有关部门的审批证书悬挂于墙上。出于对小区的环境和配套设施的满意，不少购房者与该公司签订了购房合同，并按约定一次性交纳了房款。但入住后发现，除楼与楼之间的小块绿地外，开发商允诺的会所和中心绿地及水系均不存在。购房者皆呼上当受骗，有些人要求退房，有些人要求赔偿损失。请根据上述事实及相关法律规定，回答下列问题：

（1）开发商以《民法典》及有关合同的学说为依据，主张广告是要约邀请，广告主不受其约束；购房者的购房合同中没有关于会所及绿地面积的条款，所以购房者要求退房是违约行为，要求赔偿损失没有事实依据。你赞成这种观点吗？此案中开发商的广告是何种性质？请说明你的观点和理由。

（2）购房者以开发商发布的广告及沙盘模型为证据，指出开发商所作的有关该小区的房产及配套设施的内容应该成为购房合同的当然组成部分。否则，就是对《民法典》《反不正当竞争法》确立的诚实信用原则的违背，并要求按照《消费者权益保护法》给予双倍赔偿。你赞成这种观点吗？请说明理由。

（3）当地有关部门依照《广告法》的有关规定，责令开发商修正虚假广告，并给予罚款处理。你认为这种处罚合法吗？为什么？

4. 经介绍人刘某介绍，某市 A 机械厂向某市 B 铸造厂订制车床主构架 100 套，单价 3 万元，总价款为 300 万元。B 厂为争取今后的业务发展，与 A 厂厂长协商一致，在订货合同上注明，B 厂给予 A 厂 10% 的优惠。B 厂依照合同履行义务，发货至 A 厂；A 厂依照合同通过银行转账支付了270万元货款。B厂也作为营业收入的抵减项目记了账。为酬谢介绍人，B厂付给刘某"好处费"2000元；A厂向刘某支付"介绍费"1000元。两厂又分别将"好处费""介绍费"支出入了账，并代为扣缴了刘某的个人所得税。试问：

(1) B厂与A厂的"优惠"约定属什么性质，是否属于不正当竞争行为？为什么？

(2) 两厂向刘某支付"好处费""介绍费"属于什么性质，是否属于不正当竞争行为？为什么？

(3) 试说明在上述行为中，合法行为与违法行为的区别。

第十五章　消费者保护法律制度

基础知识图解

- 消费者与消费者保护法
  - 消费者的界定
    - 消费主体
    - 消费目的
    - 消费客体
  - 消费者保护法的概念和特点
    - 对象特定性
    - 权力配置倾斜性
    - 规范强制性
  - 消费者保护法的立法体例
  - 消费者保护法的原则
    - ①自愿、平等、公平、诚实信用和依法交易原则
    - ②对消费者予以特别保护原则
    - ③国家保护和社会监管相结合的原则
  - 消费者权益的国际保护

- 消费者权利的法律界定
  - 消费者权利概述
  - 我国立法保护的消费者权利
    - 安全保障权
    - 知悉真情权
    - 自主选择权
    - 公平交易权
    - 依法求偿权
    - 网购反悔权
    - 监督批评权

```
                              ┌ 依法定或约定履行义务
                              │ 听取意见和接受监督
                              │ 保障消费者人身和财产安全
                              │ 不作虚假或引人误解的宣传
                    ┌ 经营者的义务 ┤ 出具相应的凭证和单据
                    │             │ 品质担保义务
各类主体保护消费者的义务 ┤             │ 承担退货、更换或修理等义务
                    │             │ 不得从事不公平、不合理的交易
                    │             │ 尊重消费者人格尊严的义务
                    │             └ 信息提供与个人信息保护的义务
                    │ 国家的义务
                    └ 社会的义务

                              ┌ 销售者先行赔付义务
                              │ 生产者和销售者的连带责任
                              │ 消费者接受服务受损害时的赔偿责任
                              │ 变更后的企业仍应承担赔偿责任
              ┌ 消费者权益争议的解决 ┤ 营业执照持有人与租借人的赔偿责任
              │                   │ 展销会举办者、柜台出租者的特殊责任
消费者权利的法律救济 ┤                   │ 网络平台提供者的特殊责任
              │                   └ 从事虚假广告行为的经营者及相关主体的责任
              │                ┌ 赔偿性法律责任的确定
              └ 法律责任的确定 ┤
                               └ 惩罚性法律责任的确定
```

配套测试

单项选择题

1. 下列关于《消费者权益保护法》调整对象的说法中正确的是（   ）。

A. 消费者为生活消费需要购买、使用商品或者接受服务而发生的法律关系

B. 消费者为营利而进行的购销活动

C. 消费者为生产需要购买、使用商品或接受服务时所发生的法律关系

D. 各商家为经营需要而发生的购销关系

2. 关于《消费者权益保护法》的适用范围，下列表述正确的是（   ）。

A. 农民购买、使用直接用于农业生产的生产资料时不适用《消费者权益保护法》

B. 农民购买、使用直接用于农业生产的生产资料，参照《消费者权益保护法》执行

C. 农民的消费活动，不适用《消费者权益保护法》

D. 所有消费活动均适用《消费者权益保护法》

3. 下列关于消费者协会的说法中正确的是（　　）。

A. 是各级人民政府的一个分支机构

B. 是依法成立的对商品和服务进行社会监督的保护消费者权益的社会组织

C. 国家依法设立的具有行政权力的国家机关

D. 是对消费者合法权益进行保护的具有强制执行力的团体

4. 张典在 A 大厦买了 1 台电脑，使用不到 2 个月，即发生爆炸，共损失 5 万元。经查属于质量事故，张典要求 A 大厦赔偿其经济损失。A 大厦认为产品质量责任在生产厂家，与其无关，应由生产厂家予以赔偿。依照有关法律规定，张典应向谁提出赔偿？（　　）

A. 应向 A 大厦请求赔偿

B. 可以向 A 大厦也可以向生产者请求赔偿

C. 应向生产者请求赔偿

D. 找不到生产者时，才能向 A 大厦请求赔偿

5. 牛本山到美容店美容，美容店用某名牌面膜为其护理，其后牛本山出现不适症状，当夜面部即肿胀。经质量监督部门取样检验，认定所用面膜是假冒某名牌的劣质产品，此面膜是美容店的老板在批发市场买来的。下列判断正确的是（　　）。

A. 美容店不是劣质产品的生产者，不应承担责任

B. 美容店不是劣质产品的销售者，不应承担责任

C. 美容店也是受害者，所以不应承担责任

D. 若美容店明知是假冒名牌产品仍用于服务中，则应当承担相应的责任

6. 李四在波顿超市购买了一台磁疗仪，后发现该磁疗仪说明书中标明有 10 种功能，但实际上只有 6 种功能。对此，李四可（　　）。

A. 要求生产厂家退换　　　　　　　B. 要求超市或生产厂家退换均可

C. 不能要求退换　　　　　　　　　D. 要求超市退换

7. 下列哪一种行为违反了《消费者权益保护法》？（　　）

A. 某市消费者协会向社会推荐优质廉价灭蚊器，但未收取任何费用

B. 某皮鞋厂在某大型百货商场内租赁一柜台，但未标明厂名及厂址

C. 某饭店实行先收费后提供饮料的做法

D. 某商店打折出售库存有缺陷的大衣，这些缺陷是很明显的

8. 某市一医药经销处新购进一种名叫"奇快"的生发药，为打开这种药的销路，经销处便到电视台做广告，宣称该药具有神奇的效力。但消费者使用后，不同程度地出现脱屑、头皮发炎等症状。经鉴定，该药有明显的副作用，不宜使用。对此，消费者可以怎样保护自己的权益？（　　）

A. 消费者可以向医药公司要求赔偿损失，电视台如果不能提供医药公司的真实名称、地址的，也可以向电视台要求赔偿损失

B. 消费者对电视台的虚假广告行为没有任何请求惩处的权利

C. 消费者要求电视台赔偿损失，必须证明广告与购买行为有联系

D. 消费者要求电视台赔偿损失，只需证明电视台主观上有过错

9. 王某在新兴商场选购速冻饺子，售货员向其推荐三鲜馅儿饺子，说是刚进的货，保鲜保香、价廉物美。王某问："是不是猪肉馅儿的？我只要猪肉馅儿的。"售货员回答："是猪肉馅儿的。"于是王某购买了 2 斤三鲜馅儿速冻饺子，支付价款 36 元。该饺子包装上的生产日期模糊不清，但售货员向王某保证是："刚进的货"。待王某把饺子煮熟后，才发现该饺子不但不是猪肉馅儿的，而且馅儿已变质不能入口。下列表述中，不正确的一项是（　　）。

A. 新兴商场违反了依照法律、法规应尽的义务和依双方约定应尽的义务
B. 新兴商场违反了经营者向消费者提供有关商品与服务的真实信息的义务
C. 新兴商场违反了不得单方作出对消费者不利规定的不作为义务
D. 新兴商场违反了保证商品或服务的质量义务

10. 下列各项行为中不属于消费者协会正确履行其职责的是（   ）。
A. 为了帮助消费者基金的建立，协会决定对捐款的企业可以协会名义推荐其商品
B. 参加物价管理部门举行的提高自来水费的听证会并表示支持
C. 将消费者王某受劣质商品伤害的事反映给大众媒介，使劣质商品的销售者——一大型商场声誉大受影响
D. 因为调解消费者李某与销售者的纠纷未成功，就支持李某起诉

11. 王妹从旺旺超市买了一箱麦香厂生产的山花牌啤酒，在开瓶时啤酒瓶突然爆炸，将王妹眼睛炸伤。下列说法中正确的是（   ）。
A. 王妹只能向消费者协会投诉，请其确定向谁索赔
B. 王妹只能向旺旺超市索赔
C. 王妹既可向麦香厂，也可向旺旺超市索赔
D. 王妹只能向麦香厂索赔

12. 世界上第一部消费者保护立法由哪个国家制定（   ）。
A. 英国   B. 西班牙
C. 俄罗斯   D. 日本

13. 下列属于消费者协会的职能的是（   ）。
A. 就损害消费者合法权益的行为，支持受害的消费者提起诉讼
B. 从事商品生产
C. 向消费者有偿提供消费信息
D. 以牟利为目的向社会推荐商品和服务

14. 消费者在购买、使用商品时，其合法权益受损的，可向（   ）要求赔偿。
A. 经营者   B. 销售者
C. 生产者与销售者   D. 生产者

15. 使用他人营业执照的违法经营者提供的商品或服务，损害消费者合法权益的，消费者可向（   ）要求赔偿。
A. 使用他人营业执照的违法经营者
B. 营业执照的持有人
C. 使用他人营业执照的违法经营者或营业执照的持有人
D. 生产者

16. 消费者王某购买了某一型号的燃气灶，安装使用后没有出现问题。有一天，王某在中央电视台第二套节目发布的产品抽查结果中发现，其购买的该厂生产的这一型号的燃气灶被国家质量监督部门抽检确定为不合格产品。对此，（   ）。
A. 王某可以要求退货，经营者应当负责退货
B. 王某可以要求退货，但因其购买的产品未出现质量问题，经营者有权拒绝退货
C. 王某无权要求退货，因其购买的产品未出现质量问题
D. 王某无权要求退货，因其没有造成损害

17. 任某在一商场的修表柜台修理一块"OMEGA"金表，修理后不到半个月该表即出了问题。再到该商场已找不到修表的柜台，经询问才得知，修表柜台是出租柜台，租期已满，承租人

即修表者已不知去向。后经他人对该"OMEGA"金表拆开发现，机芯已被换掉。任某与商场交涉，商场拒绝承担任何责任。对此，正确的处理方式是（　　）。

  A. 修表者是真正的加害者，任某只能向修表者主张权利
  B. 因修表柜台是商场的，任某只能向商场主张权利
  C. 因柜台租期已满，任某可以向商场主张权利，商场不得拒绝
  D. 因柜台租期已满，又找不到修表者，责任只能由任某自负

18. 范某去肉食品市场买肉，卖肉的商贩用自制的杆秤为范某称肉，范某对商贩使用的秤表示不信任而拒绝接受称好的肉，因此与商贩发生争议。对此，下列说法错误的是（　　）。

  A. 消费者享有公平交易条件，计量器具是消费者实现这一条件必须具备的，因此消费者认为有问题即有权拒绝
  B. 自制杆秤不能保证公平交易，消费者有权拒绝商贩由此提供的商品
  C. 只要商贩证明不缺斤少两，消费者即无权拒绝
  D. 度量衡应由国家有关机关认可的部门制作并经检测合格才能使用，任何个人都无权自行制作，所以题中消费者的做法是正确的

19. 某市一药店出售假药，被消费者发现并向有关执法部门举报。当地卫生部门的工作人员得知此事后，在新闻媒体上声称："对药品市场上的违法行为的监督管理是卫生部门依法享有的专有职权，消费者的上述行为是错误的。"对此，下列说法正确的是（　　）。

  A. 该消费者的行为是正确的，一切组织和个人对损害消费者合法权益的行为都有实施社会监督的权利
  B. 该消费者的行为是错误的，因为他不一定受害
  C. 该消费者的行为是错误的，因为药品是特殊商品，不受《消费者权益保护法》调整，而只受《药品管理法》调整
  D. 该消费者的行为是错误的，因为他不享有监督管理权

20. 消费者协会的下列哪一行为违反《消费者权益保护法》？（　　）
  A. 向消费者提供信得过的卫生纸品牌名单
  B. 某市消协设一商店，专营消费者信得过的商品
  C. 与技术监督部门一起进行牛奶质量的检查
  D. 在网络上对某公司侵害消费者权益的行为进行揭露

21. 王某在某商店购买了一台电冰箱，使用5个月后，制冷系统发生故障，在保修期内进行了2次修理，不久又发生了故障。请问：王某应如何维护自己的权益？（　　）
  A. 应要求再次进行修理，不用承担修理费用
  B. 应要求更换或者退货
  C. 因使用了一段时间，不能要求退货，只能请求更换
  D. 要求退货也可以，但应承担一部分折旧费用

22. 经营者不得以格式条款、通知、声明、店堂告示等方式减轻、免除其损害消费者合法权益应承担的民事责任，这是经营者的什么义务？（　　）
  A. 保证人身、财产安全的义务
  B. 确保宣传内容真实的义务
  C. 公平合理交易的义务
  D. 保证商品或者服务符合要求的义务

23. 经营者以预收款方式提供商品，应按（　　）提供。
  A. 经营者的规定   B. 经营者与消费者之间的约定

C. 消费者的要求　　　　　　　　　D. 消费者协会的要求

24. 有关行政部门依法认定为不合格的商品，消费者要求退货的，（　　）。

A. 经更换能使消费者得到合格商品的，经营者只负责更换

B. 经修理能合格的，经营者只负责修理，不可以退货

C. 经营者可选择修理、更换、退货方式，为消费者提供合格商品

D. 经营者应当按消费者要求退货

25. 对包修、包换、包退的大件商品，消费者要求经营者修理、更换、退货的，（　　）。

A. 消费者应当承担运输费用

B. 经营者应当承担运输费用

C. 经营者与消费者平均分担运输费用

D. 生产者与经营者分担运输费用

26. 经营者的下列哪项行为，未违反《消费者权益保护法》规定的义务？（　　）

A. 店堂告示"商品一旦售出概不退换"

B. 店堂告示"未成年人须由成人陪伴方可退换货"

C. 顾客购买两条毛巾索要发票，经营者以"小额商品，不开发票"为由加以拒绝

D. 蛋类食品的价格经常变化

27. 王某在 A 公司购买皮鞋，因鞋的质量问题要求退货与经理发生争执。经理指令公司保安人员将王某强行拖到一仓库里禁闭两个小时。第二天王某将此过程告知当地报社，当天晚报载文对 A 公司及经理进行了抨击。王某的行为属于（　　）。

A. 消费者维护自身权益的行为

B. 诋毁商誉行为

C. 新闻媒体损害竞争对手商业信誉行为

D. 王某侵犯经理名誉权的行为

28. 下列表述中符合《消费者权益保护法》对消费者协会职能的有关规定的是（　　）。

A. 受理消费者的投诉，并对投诉事项进行调解

B. 受理消费者的投诉，并对投诉事项进行审理

C. 受理消费者的投诉，并对投诉事项进行裁定

D. 受理消费者的投诉，并对投诉事项进行鉴定

29. 农民贾某从某种子站购买了五种农作物良种，正常耕种后有三种农作物分别减产 30%、40%和 50%。经鉴定，这三种种子部分属于假良种。对此，下列哪一选项不正确？（　　）

A. 贾某可以向消费者协会投诉

B. 贾某只能要求种子站退还购良种款

C. 贾某可以要求种子站赔偿减产损失

D. 贾某可以向当地有权机关举报要求对种子站进行罚款

30. 甲经贸公司租赁乙大型商场柜台代销丙厂名牌床罩。为提高销售额，甲公司采取了多种促销措施。下列措施哪一项违反了法律规定？（　　）

A. 在摊位广告牌上标明"厂家直销"

B. 在商场显著位置摆放该产品所获的各种奖牌

C. 开展"微利销售"，实行买一送一或者买 100 元返券 50 元

D. 对顾客一周之内来退货"不问理由一概退换"

31. 钟某为其 3 岁儿子购买某品牌的奶粉，小孩喝后上吐下泻，住院 7 天才恢复健康。钟某之子从此见任何奶类制品都否食。经鉴定，该品牌奶粉属劣质品。为此，钟某欲采取维权行动。钟

某亲友们提出的下列建议哪一项缺乏法律依据？（　　）

   A. 请媒体曝光，并要求市场监督管理部门严肃查处
   B. 向出售该奶粉的商场索赔，或向生产该奶粉的厂家索赔
   C. 直接提起诉讼，要求商场赔偿医疗费、护理费、误工费、交通费等
   D. 直接提起仲裁，要求商场和厂家连带赔偿钟某全家所受的精神损害

32. 某美容店向王某推荐一种"雅兰牌"护肤产品。王某对该品牌产品如此便宜表示疑惑，店家解释为店庆优惠。王某买回家使用后，面部出现红肿、瘙痒，苦不堪言。经质检部门认定系假冒劣质产品。王某遂向美容店索赔。对此，下列哪一选项是正确的？（　　）

   A. 美容店不知道该产品为假名牌，不应承担责任
   B. 美容店不是假名牌的生产者，不应承担责任
   C. 王某对该产品有怀疑仍接受了服务，应承担部分责任
   D. 美容店违反了保证商品和服务安全的义务，应当承担全部责任

33. 郭某与10岁的儿子到饭馆用餐，如厕前将手提包留在座位上嘱咐儿子看管，回来后发现手提包丢失。郭某要求饭馆赔偿被拒绝，遂提起民事诉讼。根据消费者安全保障权，下列哪一说法是正确的？（　　）

   A. 饭馆应保障顾客在接受服务时的财产安全，并承担顾客随身物品遗失的风险
   B. 饭馆应保证其提供的饮食服务符合保障人身、财产安全的要求，但并不承担对顾客随身物品的保管义务，也不承担顾客随身物品遗失的风险
   C. 饭馆应对顾客妥善保管随身物品作出明显提示，否则应当对顾客的物品丢失承担赔偿责任
   D. 饭馆应确保其服务环境绝对安全，应当对顾客在饭馆内遭受的一切损失承担赔偿责任

34. 赵某从某商场购买了某厂生产的高压锅，烹饪时邻居钱某到其厨房聊天，高压锅爆炸致2人受伤。下列哪一选项是错误的？（　　）

   A. 钱某不得依据《消费者权益保护法》请求赔偿
   B. 如高压锅被认定为缺陷产品，赵某可向该厂也可向该商场请求赔偿
   C. 如高压锅未被认定为缺陷产品则该厂不承担赔偿责任
   D. 如该商场证明目前科技水平尚不能发现缺陷存在则不承担赔偿责任

35. 甲在A银行办理了一张可异地跨行存取款的银行卡，并曾用该银行卡在A银行一台自动取款机上取款。甲取款数日后，发现该卡内的全部存款被人在异地B银行的自动取款机上取走。后查明：甲在A银行取款前一天，某盗卡团伙已在该自动取款机上安装了摄像和读卡装置（一周后被发现）；甲对该卡和密码一直妥善保管，也从未委托他人使用。关于甲的存款损失，下列哪一说法是正确的？（　　）

   A. 自行承担部分损失
   B. 有权要求A银行赔偿
   C. 有权要求A银行和B银行赔偿
   D. 只能要求复制盗刷银行卡的罪犯赔偿

✓ 多项选择题

1. 2024年12月甲到市百货大楼购买一枚钻戒，标明产地为美国。后经检验，它其实是国产货。甲欲提出索赔。下列说法中正确的有（　　）。

   A. 市百货大楼的行为构成了欺诈，甲有权得到加倍赔偿
   B. 市百货大楼的行为违反了《消费者权益保护法》的规定，侵犯了消费者享有知悉其购买、使用的商品或者接受的服务的真实情况的权利

C. 市百货大楼有权以"从乙公司进货,不知其为假冒"为抗辩理由,得以免责

D. 甲只能先找市百货大楼索赔,索赔不成的,再经消协调解,如调解不成的,再到人民法院起诉

2. 经营者侵害消费者的人格尊严或者侵犯消费者人身自由的,应负(　　)责任。

A. 停止侵害
B. 恢复名誉
C. 消除影响
D. 赔礼道歉

3. 王某于 2020 年 12 月 20 日到甲商场购物,想选购一把剃须刀,在男士用品柜台前选了几分钟,总觉得不满意,欲离开。此时售货员一脸怒气地说:"你试了这么久,耽搁我多少时间,不买恐怕不成!"王某与其理论,旁边保安人员一听吵声,也气势汹汹地跑过来,最后,王某在违背自己意愿的情况下购买了一把剃须刀。王某离开该商场时,商场一名工作人员问他是否多拿了一把剃须刀,王某坚决否认,工作人员仍不相信,还说"拿了就拿了""不必抵赖"之类的话。王某十分恼火,不得不摘下帽子解开衣服,打开背包,由该工作人员搜查,直到未查出任何结果,工作人员才向王某道歉并放行。该商场侵犯了王某哪些合法权益?(　　)

A. 消费者公平交易权
B. 消费者知悉商品或服务的真情权
C. 消费者获得相关知识权
D. 消费者人格尊严受尊重权

4. 某厂商出售家用电脑时,向消费者声明:本店对机内预装软件是否有合法版权概不负责,机器售出后发生任何版权纠纷,概与本店无关。厂商所作上述声明的做法属于什么行为?(　　)

A. 产品侵权行为
B. 无效民事行为
C. 单方免责声明行为
D. 民事欺诈行为

5. 玩具协会举办展销会,甲公司借用乙公司营业执照,租赁了丙公司柜台出售丁公司生产的拼图,消费者张大力购买拼图后发现少一块,准备索赔,发现展销会已经结束。张大力有权找谁进行赔偿?(　　)

A. 有权找玩具协会进行赔偿
B. 有权找乙公司进行赔偿
C. 有权找丁公司进行赔偿
D. 有权找丙公司进行赔偿

6. 求偿权的主体包括(　　)。

A. 商品购买者
B. 商品使用者
C. 服务接受者
D. 其他受害人

7. 《消费者权益保护法》不适用于(　　)。

A. 生产资料公司生产的种子
B. 农民购买并直接用于农业生产的生产资料
C. 同生产企业签订的合同所指向的轧钢
D. 王某买了两台饮水机,准备将之送给自己的岳父

8. 消费者自主选择权的具体内容应当包括(　　)。

A. 自主选择经营者
B. 自主选择商品的品种或者服务方式
C. 自主决定购买或者不购买商品、接受或者不接受服务
D. 对商品或服务有比较、鉴别和挑选的权利

9. 在经营者实施的下列行为中,错误的是(　　)。

A. 地铁公司在各地铁站都贴有如下警示牌:"未成年儿童和精神病患者乘坐地铁,必须有成年人陪伴"
B. 超市在其营业厅的墙上贴有"禁止吸烟"的警示牌
C. 超市在其营业厅的墙上贴有"不买别碰"的警示牌

D. 某服装市场某日贴出一声明："即日起，所有售出商品概不退换"

10. 依照《消费者权益保护法》和《产品质量法》的规定，经营者有下列哪些情形之一的，依法承担民事责任？（　　）
A. 产品存在缺陷的
B. 以低于成本的价格销售商品的
C. 销售的商品数量不足的
D. 无理由拒绝履行"三包"责任的

11. 一消费者在某商场买了一台某品牌的微波炉，用了2个月后微波发射管损坏，经该消费者要求，商场给该消费者换了另一台微波炉，但使用了半年后这一台微波炉又不能正常使用，在半年之内连续修理两次，后又出现问题。经鉴定排除了消费者使用不当的可能。那么，以下说法正确的是（　　）。
A. 该微波炉的"三包"期限从换货之日起重新计算
B. 对后换的微波炉消费者要求换货的，商场必须换货
C. 消费者要求退货的，经营者必须退货
D. 商场对消费者换货或者退货的合理费用应当负责支付

12. 某青年通过一报纸发布的广告向北京某婚姻介绍所按广告要求邮寄400元用于征婚，但是钱寄出后如石沉大海，后经多方了解，根本没有这家婚介所。对该青年受到的损害，以下说法正确的是（　　）。
A. 该青年只能找实施征婚欺诈的人要求赔偿
B. 该青年首先向实施征婚欺诈的人主张权利，同时有权要求发布征婚广告的报纸及广告的经营者提供实施征婚欺诈者的详细名称和地址
C. 如果发布广告的报纸和广告的经营者不能提供实施征婚欺诈者的名称和详细地址，即有义务对该青年给予赔偿
D. 实施征婚欺诈的人与广告的发布者和广告的经营者对该青年承担连带责任

13. 甲借用朋友乙的营业执照，在展销会上出售了一批劣质的童车，顾客丙为其儿子丁买了一辆，骑了不久，自行车的横梁发生断裂，这时展销会早已经结束，顾客丙可以向谁要求赔偿？（　　）
A. 生产厂家　　　　　　　　　B. 甲
C. 乙　　　　　　　　　　　　D. 展销会的举办者

14.《消费者权益保护法》规定的经营者的义务与《产品质量法》中规定的生产者、销售者的产品质量义务有许多内容实质是一样的，下列各项经营者的义务中哪些是《消费者权益保护法》中特别规定的？（　　）
A. 标明真实名称与标记的义务　　　B. 出具凭证与单据的义务
C. 保证人身和财产安全的义务　　　D. 尊重消费者人格尊严的义务

15. 根据《消费者权益保护法》，经营者和消费者进行交易时应当遵循哪些基本原则？（　　）
A. 自愿、平等、公平、诚实信用原则
B. 国家保护消费者合法权益不受侵犯的原则
C. 经营者不得滥用竞争权利的原则
D. 全社会共同保护消费者合法权益的原则

16. 消费者合法权益受到损害时，最终承担损害赔偿责任的主体包括下列哪些种类？（　　）
A. 由变更后的企业承担
B. 由生产者、销售者和服务者承担

C. 由从事虚假广告行为的经营者和广告的经营者承担
D. 由营业执照的使用人或持有人承担

17. 依《消费者权益保护法》，消费者协会不得（　　）。
A. 从事商品经营
B. 从事咨询服务
C. 从事营利性服务
D. 以牟利为目的向社会推荐商品和服务

18. 消费者和经营者发生消费者权益争议的，解决争议的途径包括（　　）。
A. 与经营者协商和解
B. 向人民法院提起诉讼
C. 请求消费者协会调解
D. 向有关行政部门投诉

19. 经营者的下列哪些行为违反了《消费者权益保护法》的规定？（　　）
A. 商家在商场内多处设置监控录像设备，其中包括服装销售区的试衣间
B. 商场的出租柜台更换了承租商户，新商户进场后，未更换原商户设置的名称标牌
C. 顾客以所购商品的价格高于同城其他商店的同类商品的售价为由要求退货，商家予以拒绝
D. 餐馆规定，顾客用餐结账时，餐费低于5元的不开发票

20. 某大型商场在商场各醒目处张贴海报：本商场正以3折的价格处理一批因火灾而被水浸过的商品。消费者葛某见后，以488元购买了一件原价1464元的名牌女皮衣。该皮衣穿后不久，表面出现严重的泛碱现象。葛某要求商场退货，被拒绝。下列哪些说法是正确的？（　　）
A. 商场不承担退货责任
B. 商场应当承担退货责任
C. 商场可以不退货，但应当允许葛某用该皮衣调换一件价值488元的其他商品
D. 商场可以对该皮衣进行修复处理并收取适当的费用

21. 某公司生产销售一款新车，该车在有些新设计上不够成熟，导致部分车辆在驾驶中出现故障，甚至因此造成交通事故。事后，该公司拒绝就故障原因做出说明，也拒绝对受害人提供赔偿。该公司的行为侵犯了消费者的哪些权利？（　　）
A. 安全保障权
B. 知悉真情权
C. 公平交易权
D. 获取赔偿权

22. 甲公司租赁乙公司大楼举办展销会，向众商户出租展台，消费者李某在其中丙公司的展台购买了一台丁公司生产的家用电暖器，使用中出现质量问题并造成伤害，李某索赔时遇上述公司互相推诿。上述公司的下列哪些主张是错误的？（　　）
A. 丙公司认为属于产品质量问题，应找丁公司解决
B. 乙公司称自己与产品质量问题无关，不应承担责任
C. 丁公司认为产品已交丙公司包销，自己不再负责
D. 甲公司称展销会结束后，丙公司已撤离，自己无法负责

23. 某省发现有大米被镉污染的情况，立即部署各地成立联合执法组，彻查市场中的大米及米制品。对此，下列哪些说法是正确的？（　　）
A. 大米、米制品的质量安全管理须以《食品安全法》为依据
B. 应依照《食品安全法》有关规定公布大米、米制品安全有关信息
C. 县有关部门进入某米粉加工厂检查时，该厂不得以商业秘密为由予以拒绝
D. 虽已构成重大食品安全事故，但影响仅限于该省，可由省卫生行政部门公布有关食品安全信息

24. 张某从某网店购买一套汽车坐垫。货到拆封后，张某因不喜欢其花色款式，多次与网店交涉要求退货。网店的下列哪些回答是违法的？（　　）
A. 客户下单时网店曾提示"一经拆封，概不退货"，故对已拆封商品不予退货

B. 该商品无质量问题，花色款式也是客户自选，故退货理由不成立，不予退货
C. 如网店同意退货，客户应承担退货的运费
D. 如网店同意退货，货款只能在一个月后退还

25. 曾某在某超市以80元购买酸奶数盒，食用后全家上吐下泻，为此支付医疗费800元。事后发现，其所购的酸奶在出售时已超过保质期，曾某遂要求超市赔偿。对此，下列哪些判断是正确的？（　　）

A. 销售超过保质期的食品属于违反法律禁止性规定的行为
B. 曾某在购买时未仔细查看商品上的生产日期，应当自负其责
C. 曾某有权要求该超市退还其购买酸奶所付的价款
D. 曾某有权要求该超市赔偿800元医疗费，并增加赔偿800元

26. 彦某将一套住房分别委托甲、乙两家中介公司出售。钱某通过甲公司看中该房，但觉得房价太高。双方在看房前所签协议中约定了防"跳单"条款：钱某对甲公司的房源信息负保密义务，不得利用其信息撇开甲公司直接与房主签约，否则支付违约金。事后钱某又在乙公司发现同一房源，而房价比甲公司低得多。钱某通过乙公司买得该房，甲公司得知后提出异议。关于本案，下列哪些判断是错误的？（　　）

A. 防"跳单"条款限制了消费者的自主选择权
B. 甲公司抬高房价侵害了消费者的公平交易权
C. 乙公司的行为属于不正当竞争行为
D. 钱某侵犯了甲公司的商业秘密

27. 甲在乙公司办理了手机通信服务，业务单约定：如甲方（甲）预付费使用完毕而未及时补交款项，乙方（乙公司）有权暂停甲方的通信服务，由此造成损失，乙方概不担责。甲预付了费用，1年后发现所用手机被停机，经查询方得知公司有"话费有效期满暂停服务"的规定，此时账户尚有余额，遂诉之。关于此事，下列哪些说法是正确的？（　　）

A. 乙公司侵犯了甲的知情权
B. 乙公司提供格式条款时应提醒甲注意暂停服务的情形
C. 甲有权要求乙公司退还全部预付费
D. 法院应支持甲要求乙公司承担惩罚性赔偿的请求

不定项选择题

1. 2025年1月10日大勇电器超市贴出一布告，布告上写明："本超市降价处理一批电饭锅，望顾客在4日内前来选购。"王阿婆看到布告后于第3天前去购买，被告知电饭锅已卖完。问：

（1）大勇电器超市打出的布告是否构成要约？大勇电器超市是否应就此承担责任？（　　）

A. 大勇电器超市的布告已构成要约，超市应对王阿婆没买到电饭锅承担相应责任
B. 大勇电器超市的布告已构成要约，但由于电饭锅已卖完，超市与王阿婆的买卖合同未成立，因此超市对王阿婆没买到电饭锅不承担责任
C. 大勇电器超市的布告不构成要约，因此超市对王阿婆未买到该电饭锅不承担责任
D. 大勇电器超市的布告构成要约，应赔偿王阿婆一个电饭锅

（2）假设该超市知道这批电饭锅普遍存在质量问题，但未向顾客明示，只是注重宣传该批电饭锅为特价销售，而已购该电饭锅的顾客张阿公在使用该电饭锅时被漏电击伤，张阿公可采取下列哪种方式索赔？（　　）

A. 张阿公可选择向大勇电器超市或生产厂家之一索赔
B. 张阿公应直接向生产厂家索赔

C. 张阿公只能向消费者协会申诉要求索赔

D. 张阿公应直接向大勇电器超市索赔

（3）假设超市在布告中指出该电饭锅没有内在缺陷，只因是老产品，保温效果不好而清仓处理，不退不换。消费者在使用过程中发现电饭锅保温效果不好的，应（　　）。

A. 消费者不可要求退货，但可要求超市给予一定赔偿

B. 消费者可要求超市退货，但不可要求赔偿损失

C. 消费者不可要求退货，也不可要求超市给予赔偿

D. 消费者可要求超市退货，并要求赔偿损失

2. 某超市的入口处写有"包不得带入，本超市保留对顾客进行检查的权利"的标牌。购物者朱某走出收银台后，被超市保安拦住，说刚才收银台检测机信号响了，因此需对朱某进行检查。朱某无奈，遂随保安来到超市的办公室，脱下外衣，打开手提包让保安检查，结果一无所获。朱某要求商家道歉并赔偿精神损失。商家答复说：本店在入口处明确写着保留对顾客进行检查的权利，朱某既然已经进入超市购物，表明其已同意这一声明，视同在双方之间已达成一项约定，超市不应承担责任，并且对朱某的检查是在商家办公室里进行，没有第三人在场，不构成对朱某的侮辱。问：

（1）本案超市门口所写的声明是否有效？（　　）

A. 该声明有效，它是商家向顾客发出的要约

B. 该声明无效，因为它只是商家单方意思表示

C. 该声明无效，因为其内容违法

D. 该声明无效，因为它的内容侵犯了顾客的人格尊严

（2）朱某可通过下列哪些途径解决自己与该超市的争议？（　　）

A. 请求消费者协会调解　　　　　B. 向人民法院起诉

C. 向有关行政部门申诉　　　　　D. 与经营者协商解决

3. 某消费者在北京某商场买了一双高跟鞋，第二天其穿此鞋到浙江杭州旅游，在西湖游玩时因鞋跟突然断裂造成脚腕严重扭伤。根据我国相关法律的规定回答下列问题。

（1）如果该消费者发现该鞋就是杭州某鞋厂生产的，以下说法正确的有（　　）。

A. 该消费者只能向北京的商场主张权利

B. 该消费者只能向杭州的鞋厂主张权利

C. 该消费者可以向北京的商场主张权利，也可以向杭州的鞋厂主张权利

D. 该消费者可以向旅游公司主张权利

（2）该消费者主张权利的途径为（　　）。

A. 同经营者协商

B. 请求消费者协会调解

C. 同经营者协商后双方申请仲裁

D. 向法院起诉

（3）该消费者提出主张的内容包括（　　）。

A. 医疗费、医疗期间的护理费、因误工减少的收入

B. 医疗费、因误工减少的收入、其抚养的人所必需的生活费

C. 医疗费、因误工减少的收入、其他合理费用

D. 医疗费、精神损害赔偿

（4）该消费者主张权利时，下列各项正确的是（　　）。

A. 如果该消费者向法院提起诉讼，诉讼时效期间为其权益受到损害之日起1年

B. 如果该消费者向法院提起诉讼，诉讼时效期间为其知道或者应当知道权益受到损害之日起2年
C. 其要求赔偿的请求权的最长时间为自买鞋之日起10年
D. 其要求赔偿的请求权的最长时间为自买鞋之日起20年

4. 居住在某市南区的唐某向该市电信局支付2000元初装费安装电话一部，2个月后，唐某发现话费单上出现自己从未打过的长途电话，长途话费150余元，遂找电信局交涉，经查系电信局设备技术故障所致，唐某多次要求电信局作进一步的解释并保证以后不再发生此类事情，电信局未予确认。不久，此类事情再次发生，唐某再次找电信局交涉，并要求电信局双倍返还多收的话费共计600余元。电话局遂派人到唐某所在单位，要求其单位领导做唐某的工作，让唐某不要再去电信局纠缠。此举引起唐某单位同事、邻居多人围观，议论纷纷，有人认为唐某意图趁机讹诈电信局。唐某甚怒，遂又找到电信局。电信局负责接待的人说："我们把多收的话费退给你，你不要，那你去法院告我们好了。你不是想要钱吗？开个价，10万元、20万元都可以。"唐某恼羞成怒，决意起诉电信局。请根据以上案情，回答下列问题：

（1）唐某的诉讼请求中有拆机终止电话服务合同，退还初装费2000元的要求。电信局以上级主管部门有文件规定为由，只同意退还70%，对此应如何判断？（　　）

A. 电信局应退还全部初装费
B. 电信局应退还70%的初装费
C. 如电信局承担多收的300元话费，则只退还70%的初装费
D. 如电信局不承担多收的300元话费，则应退还全部初装费

（2）对于因技术故障而多收的300元话费，正确的处理方法是什么？（　　）

A. 因是技术故障所致，电信局无须退还给唐某
B. 电信局无须全额退还给唐某
C. 电信局应全额退还给唐某，并承担其利息损失
D. 电信局应双倍退还给唐某

（3）对于电信局多收电话费和与唐某交涉中的一系列行为，应当如何定性？（　　）

A. 电信局已侵犯唐某的荣誉权
B. 电信局已侵犯唐某作为消费者的知悉真情权
C. 电信局已侵犯唐某作为消费者的公平交易权
D. 电信局已侵犯唐某作为消费者的人格尊严受尊重权

（4）若唐某仅提起终止电信服务合同的诉讼，则享有管辖权的法院应当是（　　）。

A. 某市南区人民法院
B. 电信局所在地的北区人民法院
C. 某市中级人民法院
D. A、B、C中的任何一个

（5）法院可以判令本案被告承担何种民事责任？（　　）

A. 赔偿损失　　　　　　　　　　B. 赔礼道歉
C. 返还财产　　　　　　　　　　D. 消除危险

5. 某商场使用了由东方电梯厂生产、亚林公司销售的自动扶梯。某日营业时间，自动扶梯突然逆向运行，造成顾客王某、栗某和商场职工薛某受伤，其中栗某受重伤，经治疗半身瘫痪，数次自杀未遂。现查明，该型号自动扶梯在全国已多次发生相同问题，但电梯厂均通过更换零部件、维修进行处理，并未停止生产和销售。请根据以上案情，回答下列问题。

（1）关于赔偿主体及赔偿责任，下列选项正确的是（　　）。

A. 顾客王某、栗某有权请求商场承担赔偿责任
B. 受害人有权请求电梯厂和亚林公司承担赔偿责任
C. 电梯厂和亚林公司承担连带赔偿责任
D. 商场和电梯厂承担按份赔偿责任

(2) 关于顾客王某与栗某可主张的赔偿费用，下列选项正确的是（　　）。
A. 均可主张为治疗支出的合理费用
B. 均可主张因误工减少的收入
C. 栗某可主张精神损害赔偿
D. 栗某可主张所受损失2倍以下的惩罚性赔偿

名词解释

1. 网购反悔权
2. 知悉真情权
3. 公平交易权
4. 消费者

简答题

1. 简述经营者的信息提供义务。
2. 简述消费者协会的职能。
3. 简述消费者的安全保障权。
4. 简述消费者权益保护法关于经营者收集、使用消费者个人信息的主要义务。
5. 简述消费者保护法的基本特点。
6. 简述消费者权益争议中网络平台提供者的特殊责任。

论述题

1. 试述消费者权益保护法的价值取向。
2. 论述经营者欺诈的认定方法以及经营者应当承担的法律责任，阐述相关法律规定的制度意义。

案例分析题

1. 张某在某超市购物时，看了几瓶化妆品，觉得不太满意，又放到货架上。在离开超市时，超市的保安人员怀疑张某拿了化妆品而没有结账，拦住张某并强行对张某进行搜身，还打开张某的包进行检查。因没有发现化妆品，保安人员当即对张某道歉，并解释说："我们超市采取开架售货方式，免不了要丢东西，因此要求保安人员加强管理，对有偷窃嫌疑的人保安人员有权进行搜查，这个规定在商场门口贴了告示。"张某认为商场侵犯了她的权利，向人民法院提起诉讼，要求超市赔礼道歉、赔偿损失。

问题：（1）超市是否侵犯了张某的权益？
（2）超市的保安人员当即对张某道歉，超市是否可免除对张某的赔偿责任？

2. 赵某到商场去购买电子按摩器，售货员林某拿出一种产品，并告诉他该产品的各种功能。赵某要求试一试，林某说赵某不熟悉该产品，怕他弄坏了，叫他回家看了说明书之后再试。林某说了该"迷尔"按摩器的各种功能，赵某看说明书上的介绍写得很好，就买了一台。当赵某拿着

产品回家一试,发现与说明书上介绍的不一样,许多功能欠缺。赵某拿着"迷尔"按摩器到商场要求退货。商场负责人说经过检验,该产品质量合格,不予退货。赵某遂向有关部门提出申诉。

问题:(1)什么是消费者知情权?

(2)该商场是否应当退货?

3. 消费者付某向市消费者委员会(以下简称消委会)投诉:他在长安商场购买了"优质瓷砖"8箱,没开箱验收,运回家即开始砌用。后来发现各瓷砖颜色差异很大,旋即向经营者吴某交涉。吴某即叫来生产厂方现场鉴定,确认有154块瓷砖颜色不对板。厂方承认出厂检验不严,但只愿赔偿10%。付某对此不满意,便向市消委会投诉。

市消委会根据争议情况组织消费者、经营者、生产者三方共同开了个调解会。经调解,消费者付某与生产者、经营者各承担一半责任。

问题:调解结果中付某承担一半责任是基于何种理由?

4. 家住北京某区的曾某出差外地1个月,在此期间,其手机被停机。曾某从外地回来后到运营商处查询,运营商工作人员的答复是:因欠费停机,你必须在规定的时间内补交电话费并支付滞纳金才能恢复,否则该手机号码将被取消。曾某为证实自己并未欠费拿出了交费的所有收据。运营商的工作人员再次检查发现,是其自己搞错了,将另一个未交费的人误认为是曾某。对此,曾某提出,运营商必须立即对其恢复服务,并赔偿其因停机一个月造成的损失1000元。运营商不以为然,只同意恢复服务,断然拒绝了曾某要求赔偿损失的要求,认为曾某也有未尽到注意义务的过错。根据题中给出的条件,回答下列问题。

(1)曾某可以通过哪些途径保护自己的权利?

(2)运营商对自己的行为应否承担赔偿责任?

第十六章　质量、价格、广告和计量监管法律制度

基础知识图解

- 产品质量监管法律制度
  - 产品质量监管法律制度概述
  - 产品质量监管的主要法律制度
    - 产品质量监管体制
    - 产品质量检验
    - 工业产品质量标准化管理
    - 认证
    - 产品质量监督检查
    - 产品质量的社会监督

- 价格监管法律制度
  - 价格监管法律制度概述
  - 价格监管的主要法律制度
    - 价格监管体制
      - 市场与政府在价格形成上的分工
      - 价格监管机构及其职权
    - 价格监督检查
      - 价格行政执法监督检查
      - 价格行为社会监督

- 广告监管法律制度
  - 广告监管法律制度概述
  - 广告监管的主要法律制度
    - 广告监管体制
    - 广告准则
    - 广告审查
    - 广告违法行为查处
    - 广告活动的社会监督

- 计量监管法律制度
  - 计量监管法律制度概述
  - 计量监管的主要法律制度
    - 计量监管体制
    - 法定计量单位
    - 量值传递机制
    - 计量违法行为查处

第十六章 质量、价格、广告和计量监管法律制度

配套测试

单项选择题

1. 下列关于《产品质量法》的叙述中错误的是（ ）。
A. 产品质量认证制度对于国内企业而言是强制性的
B. 国家对产品质量实行以抽查为主要方式的监督检查制度
C. 销售者应当执行进货检查制度，验明产品合格证明和其他标识
D. 剧毒、危险、易碎、储运中不能倒置以及有其他特殊要求的产品，其包装必须符合相应要求，有警示标志或者中文警示说明

2. 下列产品中哪一种应依照《产品质量法》的标准予以规范？（ ）
A. 某公司生产的无线耳机
B. 家庭住宅
C. 某研究所正在研制的纳米材料
D. 坦克大炮

3. 美味公司发运一批鸡蛋，用印有"皮神牌皮鞋"的纸箱包装，在运输过程中，由于装卸工未轻拿轻放而损坏若干件，该损失应由下列哪个部门承担？（ ）
A. 美味公司 B. 装卸公司
C. 运输公司 D. 装卸工

4. 张颠在家看电视时，电视机突然爆炸，张颠被炸中头部，双目失明。后据质量检测专家鉴定，电视机发生爆炸的直接原因是电路设计问题。据此，应以下列何种依据判定生产者承担责任？（ ）
A. 产品默示担保条件 B. 产品明示担保条件
C. 产品存在的缺陷 D. 产品买卖合同约定

5. 佳美公司开发一种新化妆品，在送样检测时，发现存在重大缺陷，于是佳美公司将这批产品封存。后在准备销毁时，发现丢失10件化妆品，不久，即有人因使用了该公司丢失的化妆品而毁容，该人要求佳美公司赔偿损失。佳美公司不同意赔偿，下列最能支持佳美公司的理由是（ ）。
A. 该人如何得到化妆品的事实不清
B. 该人应向提供给其化妆品的人索赔
C. 该人偷盗化妆品，由此造成的损失应由其自负
D. 该化妆品尚未投入流通

6. 在中国设立的某外商独资企业主要生产某名牌高压锅系列产品。在投入中国市场前，该企业已在该产品的包装上用中文载明了产品名称、注册商标标识，该企业的具体地址及邮政编码、企业名称以及有奖销售广告，则该产品包装上还应当载明（ ）。
A. 用英文标明上述题中已列出的项目
B. 该高压锅的生产日期及保质期
C. 该高压锅所用原料不锈钢的生产厂家及其技术指标
D. 警示说明，提出在何种情况下可能发生危险

7. 下列关于因产品缺陷造成受害人死亡，侵害人应当赔偿的范围的表述哪一项是正确的？（ ）

A. 以丧葬费和抚恤费为限

B. 以医疗费、丧葬费为限

C. 以丧葬费、死亡赔偿金以及死者生前扶养的人必要的生活费为限

D. 医疗费、治疗期间的护理费、因误工减少的收入、丧葬费、死亡赔偿金以及由死者生前扶养的人所必需的生活费等费用

8. 下列因产品缺陷导致人身受到伤害要求赔偿的诉讼时效期间的表述正确的是（   ）。

A. 诉讼时效期间应由人民法院在审判案件时决定

B.《产品质量法》规定，因产品缺陷导致人身受到伤害要求赔偿的诉讼时效期间为 2 年，因此《民法典》的规定是错误的

C.《产品质量法》与《民法典》的关系是特别法与普通法的关系，因产品缺陷导致人身受到伤害要求赔偿时，其诉讼时效期间应适用《产品质量法》的规定

D.《民法典》规定，身体受到伤害要求赔偿的诉讼时效期间为 1 年

9. 根据《产品质量法》的规定，某食品加工厂生产袋装奶粉，应当在奶粉的包装袋上标明（   ）。

A. 奶粉的生产日期即可

B. 奶粉的保质期即可

C. 奶粉的生产日期、保质期和失效日期必须同时具备，缺一不可

D. 奶粉的生产日期和安全使用期或失效日期

10. 国家根据国际通用的质量管理标准，推行（   ）。

A. 产品质量体系认证制度

B. 企业质量体系认证制度

C. 先进企业质量体系认证制度

D. 合格产品质量体系认证制度

11. 产品质量检验机构必须经（   ）人民政府市场监督管理部门或其授权的部门考核合格后，方可承担产品质量检验工作。

A. 县级以上   B. 设区的市级以上

C. 省级以上   D. 设区的市或省级以上

12. 产品责任，即违反产品质量义务的法律责任，是指（   ）违反产品质量义务应承担的法律后果。

A. 生产者、销售者

B. 经营者

C. 生产者、销售者、储运者

D. 生产者、销售者、储运者和对产品质量负有直接责任的人员

13. 因产品质量侵权而使生产者承担民事责任时，应遵循（   ）。

A. 无过错责任原则   B. 过错推定原则

C. 过错责任原则   D. 公平分担原则

14. 销售者承担产品质量侵权责任的归责原则是（   ）。

A. 无过错责任原则   B. 过错推定原则

C. 过错责任原则   D. 公平、合理原则

15. 生产者的法定免责事由不包括（   ）。

A. 未将产品投入流通的

B. 产品投入流通时，引起损害的缺陷尚不存在

C. 将产品投入流通时的科技水平尚不能发现缺陷的存在的

D. 其他法律规定的应该免责的

16. 甲公司是一家建筑公司，与建材公司乙签订了水泥和原沙的买卖合同。甲公司发现乙公司的水泥不符合合同约定的标号，原沙也不符合合同约定的压强标准，双方因此发生争议。关于此争议适用的法律，以下说法正确的是（　　）。

A. 这两种建材都适用《产品质量法》

B. 水泥适用《产品质量法》，原沙适用其他法律

C. 原沙适用《产品质量法》，水泥适用其他法律

D. 这两种建材都不适用《产品质量法》

17. 根据《产品质量法》的规定，对产品抽查的原则是（　　）。

A. 地方抽查的产品，国家不得另行重复抽查；下级抽查的产品，上级不得另行重复抽查

B. 只有国家有权抽查，地方无权抽查

C. 国家抽查的产品，地方不得另行重复抽查；上级抽查的产品，下级不得另行重复抽查

D. 国家和地方享有平等的抽查权

18. 某县市场监督管理部门对其辖区内市场上销售的酱油进行抽查时，发现三种品牌的酱油的卫生指标严重不合格，在对其生产者和销售者做出处罚的同时，又通过新闻媒体向社会发布了抽查结果。被处罚者对处罚无异议，但对发布抽查结果提出异议。以下几种说法中正确的是（　　）。

A. 县级市场监督管理部门不享有监督抽查权，当然也没有对其抽查结果的公告发布权

B. 县级市场监督管理部门依法享有监督抽查权，同时也有对其抽查结果的公告发布权

C. 县级市场监督管理部门依法享有监督抽查权，但是其是否享有对其抽查结果的公告发布权，由其上级市场监督管理部门决定

D. 县级市场监督管理部门依法享有监督抽查权，但是没有对其抽查结果的公告发布权

19. 胡某购买一种品牌的保健品，但是该保健品的包装上及内部没有检验合格证明，在包装上只有保质期的标识，而没有生产日期；包装上列有主要成分，但是没有含量标识。胡某因此主张退货。对此，下列说法正确的是（　　）。

A. 因无法判断该产品是不合格产品，故退货理由不成立，经营者可不予退货

B. 因没有造成任何损害，经营者可不予退货

C. 标识与产品质量无关，不是退货的充分理由

D. 该保健品的标识不符合法律规定的要求，经营者应当退货

20. 某销售者销售的奶粉经市场监督管理部门抽查检验为不合格产品，该销售者对这一抽查结果有异议，决定向实施抽查检验的部门的上一级市场监督管理部门申请复检，那么，申请复检的法定时间是（　　）。

A. 自收到检验结果之日起 15 日内

B. 自收到检验结果之日起 20 日内

C. 自收到检验结果之日起 30 日内

D. 自收到检验结果之日起 45 日内

21. 关于产品质量检验机构，以下表述错误的是（　　）。

A. 产品质量检验机构必须经省级以上人民政府的市场监督管理部门或者其授权的部门考核合格才能从事产品质量检验、认证工作

B. 产品质量检验机构隶属于同级市场监督管理部门

C. 产品质量检验机构依法有权取消经营者使用认证标志的资格

D. 产品质量检验机构是社会中介组织

22. 张某在某商场购买一台全自动洗衣机，回家使用后发现该产品无法自动完成洗涤，于是向商场要求退换，商场认为洗衣机进货时无法检查验收，无法自动完成洗涤属于生产者的责任，顾客应向厂家索赔。张某应向谁要求退换？（　　）

A. 只能向生产者要求退换

B. 只能向销售者要求退换

C. 既可以向生产者要求退换，也可以向销售者要求退换

D. 由于张某在购买时没有开箱要求试验，所以不能要求退换

23. 依据《产品质量法》，根据产品标准和相应的技术要求由认证机构确认某一产品符合相应标准和相应技术要求的活动，是下列哪一项？（　　）

A. 企业质量体系认证　　　　　　　　B. 产品质量认证

C. 安全认证　　　　　　　　　　　　D. 合格认证

24. 《产品质量法》规定，吊销营业执照的行政处罚由（　　）决定。

A. 市场监督管理部门　　　　　　　　B. 技术监督管理部门

C. 人民法院　　　　　　　　　　　　D. 仲裁机构

25. 当事人因产品质量发生纠纷时（　　）。

A. 必须向人民法院起诉

B. 必须首先通过协商或调解解决

C. 可以通过当事人各方的协议向仲裁机构申请仲裁

D. 必须先经过仲裁程序，不服仲裁的，才可向人民法院起诉

26. 在市场监督管理体制方面，我国采取的是（　　）。

A. 国务院和省政府两级　　　　　　　B. 国务院和省、市政府三级

C. 国务院和省、市、县政府四级　　　D. 国务院和县政府两级

27. 某酒厂用食用酒精勾兑制成白酒，使用本厂酿制的粮食白酒"幸福特曲"的包装及标贴向社会销售。该种勾兑制成的白酒理化、卫生指标符合国家标准，每瓶售价仅为"幸福特曲"的1/4，销售状况甚好。对该厂的上述做法应如何定性？（　　）

A. 属于以假充真行为

B. 有关指标符合国家标准，不属以假充真行为

C. 与"幸福特曲"差价显著，不属以假充真行为

D. 国家允许生产代粮白酒，不属以假充真行为

28. 关于产品缺陷责任，下列哪一选项符合《产品质量法》的规定？（　　）

A. 基于产品缺陷的更换、退货等义务属于合同责任，因产品缺陷致人损害的赔偿义务属于侵权责任

B. 产品缺陷责任的主体应当与受害者有合同关系

C. 产品缺陷责任一律适用过错责任原则

D. 产品质量缺陷责任一律适用举证责任倒置

29. 根据《产品质量法》规定，下列哪一说法是正确的？（　　）

A. 《产品质量法》对生产者、销售者的产品缺陷责任均实行严格责任

B. 《产品质量法》对生产者产品缺陷实行严格责任，对销售者实行过错责任

C. 产品缺陷造成损害要求赔偿的诉讼时效期间为两年，从产品售出之日起计算

D. 产品缺陷造成损害要求赔偿的请求权在缺陷产品生产日期满十年后丧失

30. 某企业明知其产品不符合食品安全标准，仍予以销售，造成消费者损害。关于该企业应

承担的法律责任，下列哪一说法是错误的？（　　）
   A. 除按消费者请求赔偿实际损失外，并按消费者要求支付所购食品价款十倍的赔偿金
   B. 应当承担民事赔偿责任和缴纳罚款、罚金的，优先支付罚款、罚金
   C. 可能被采取的强制措施种类有责令改正、警告、停产停业、没收、罚款、吊销许可证
   D. 如该企业被吊销食品生产许可证，其直接负责的主管人员五年内不得从事食品生产经营管理工作

31. 关于食品添加剂管制，下列哪一说法符合《食品安全法》的规定？（　　）
   A. 向食品生产者供应新型食品添加剂的，必须持有省级卫生行政部门发放的特别许可证
   B. 未获得食品添加剂销售许可的企业，不得销售含有食品添加剂的食品
   C. 生产含有食品添加剂的食品的，必须给产品包装加上载有"食品添加剂"字样的标签
   D. 销售含有食品添加剂的食品的，必须在销售场所设置载明"食品添加剂"字样的专柜

32. 霍某在靓顺公司购得一辆汽车，使用半年后前去靓顺公司维护保养。工作人员告诉霍某该车气囊电脑存在故障，需要更换。霍某认为此为产品质量问题，要求靓顺公司免费更换，靓顺公司认为是霍某使用不当所致，要求其承担更换费用。经查，该车气囊电脑不符合产品说明所述质量。对此，下列哪一说法是正确的？（　　）
   A. 霍某有权请求靓顺公司承担违约责任
   B. 霍某只能请求该车生产商承担免费更换责任
   C. 霍某有权请求靓顺公司承担产品侵权责任
   D. 靓顺公司和该车生产商应当连带承担产品侵权责任

多项选择题

1. 下列产品中适用《产品质量法》的有哪些？（　　）
   A. 大地牌面粉　　　　　　　　B. 光明牌牛奶
   C. 长江大桥　　　　　　　　　D. 长江大桥上所用的水泥

2. 天山市市场监督管理部门抽查了本市的食品企业，并在电视台上公布了检查结果。美之味公司因对其产品被公布为不合格产品不服，对此，黄律师提出以下意见。其中正确的是（　　）。
   A. 当企业有异议时，市场监督管理部门应在复检之后再公布检查结果
   B. 食品质量应由卫生检验部门进行检查，市场监督管理部门没有管辖权
   C. 市场监督管理部门有管辖权
   D. 电视台播放美之味公司食品不合格的行为，侵犯了美之味公司的名誉权

3. 张三在超市购买一个玻璃花瓶，回家后发现花瓶上的花纹实际上是裂缝，花瓶漏水，并被花瓶的裂缝划伤，于是要求超市退货并赔偿损失。超市与生产商交涉，生产商称此类花瓶是专用于插装塑料花，裂缝是专门制作出来的，有特殊的美学效果，且裂缝不影响使用，拒绝承担责任。经查，消费者所述属实。下列答案中正确的有（　　）。
   A. 超市应予退换并赔偿损失
   B. 超市在退换并赔偿损失后可向生产商追偿
   C. 超市无过错，不应当对此负责
   D. 张三被花瓶裂缝划伤，可向生产商直接索赔

4. 下列产品均未附加产品标识，其中不违反《产品质量法》的是（　　）。
   A. 水果　　　　B. 大米　　　　C. 木材　　　　D. 白酒

5. 某商店盘点库存一批过期罐头，经理指示，换上新标签继续出售，结果导致许多消费者上吐下泻，花费医药费甚巨，社会影响极为恶劣，对该行为可给予的处罚是（　　）。

A. 没收商店销售的过期罐头

B. 处违法销售产品的价值金额 2 倍的罚款

C. 吊销营业执照

D. 责令立即停止销售

6. 生产者生产的产品质量应当符合（　　）。

A. 不存在危及人身、财产安全的不合理的危险，有国家标准、行业标准的，应符合该标准

B. 具备产品应具备的使用性能，但对存在的瑕疵作出说明的除外

C. 符合说明采用的产品标准及标明的质量状况

D. 所有的产品都必须附加产品标识

7. 下列关于产品或其包装上的标识正确的是（　　）。

A. 应有产品质量检验合格证明

B. 应有产品名称、生产厂家名称和厂址

C. 生产者在限期使用的产品上，标明生产日期和安全使用期或失效日期

D. 使用不当，易造成产品本身损坏或可能危及人身、财产安全的产品，应有警示标志或中文警示说明

8. 生产者必须遵循的义务包括（　　）。

A. 不得伪造产地

B. 应对其生产的产品质量负责

C. 不得生产国家明令淘汰的产品

D. 不得伪造或冒用认证标志

9. 判令承担产品质量责任的依据是（　　）。

A. 违反默示担保　　　　　　　　B. 违反明示担保

C. 产品质量有缺陷　　　　　　　D. 违约责任

10. 下列说法正确的有（　　）。

A. 因产品存在缺陷造成损害要求赔偿的诉讼时效期间为两年

B. 诉讼时效期间自当事人知道或应当知道其权益受损害时起计算

C. 损害赔偿请求权在造成损害的缺陷产品交付最初消费者满十年丧失

D. 十年的除斥期间不适用于尚未超过明示的安全使用期的

11. 侵犯消费者权益，造成人身损害，赔偿的具体范围包括（　　）。

A. 造成人身损害的，应支付医疗费、治疗期间的护理费、误工费及其他费用

B. 造成残疾的，还应支付残疾者生活自助用具费、生活补助费、残疾赔偿金以及由其扶养的人所必需的生活费

C. 造成死亡的，还应支付丧葬费、死亡赔偿金以及由死者生前扶养的人所必需的生活费等

D. 侵犯人格尊严或人身自由的，还应停止侵害、恢复名誉、消除影响、赔礼道歉，并赔偿损失

12. 某体育器材厂生产的拉力器，成品出厂前经检验员的严格检测，将有严重缺陷的产品存入废品库房。该库房的管理员从废品库房中私自拿了一件拉力器送给了其朋友。其朋友在正常使用的情况下因产品断裂而受到严重损害。对该损害的处理，以下说法正确的是（　　）。

A. 体育器材厂对受害者的损害不承担任何责任，库房管理员承担责任

B. 体育器材厂承担主要责任，库房管理员承担次要责任

C. 体育器材厂和库房管理员承担连带责任

D. 体育器材厂如果能举出充分证据证明受害者的产品不是在市场上购买的就免责

13. 下列各选项中，属于生产者必须承担默示担保责任的是（ ）。
A. 电冰箱应当有冷冻和冷藏功能
B. 电热水器应当符合保障人身、财产安全的国家标准
C. 家具的质量状况应当和经营者展示的实物样品的质量状况相符
D. 使用不当容易造成人身、财产损害的产品应当有警示标识和中文警示说明

14. 下列各项中生产者依法可以免除责任的是（ ）。
A. 进口产品有缺陷，但是现有科技无法发现其缺陷的存在
B. 某产品是一个小偷从生产厂家的库房里偷出来以正常的价格卖给一消费者，该消费者在正常使用的情况下因产品缺陷造成损害
C. 一产品在运输过程中因承运人野蛮装卸造成损坏给用户造成损害
D. 某企业开发的新产品在投入市场流通之前赠送给部分消费者试用，因缺陷给消费者造成损害

15. 依照我国现行法律的规定，在下列主张中错误的是（ ）。
A. 《产品质量法》规定，建设工程不适用本法，建设工程所用的管线是建设工程不可缺少的组成部分，因此也不适用《产品质量法》
B. 展销会的举办者与参展商签订了书面协议，约定参展产品造成买者损害的，其后果完全由参展者承担，因约定效力高于法律规定，故展销会的举办者可以据此免除一切责任
C. 某超市将严重变质、食用后必然危害人体健康的面条照样放于其货架上出售，但是其用醒目的标志注明"过期商品，一折出售"，因为超市已告知商品的瑕疵，所以超市即免除了对该面条的质量担保责任
D. 一消费者在购买的香肠里发现一根稻草，因为稻草并不是有毒有害物质，不会对人体造成损害，所以经营者可不承担产品质量责任

16. 依据《产品质量法》，下列哪些机构不得向社会推荐生产者的产品？（ ）
A. 市场监督管理局　　　　　　　　B. 消费者协会
C. 产品质量检验机构　　　　　　　D. 产品质量研究学会

17. 依据《产品质量法》，下列有关产品责任归责原则的表述中，哪些是正确的？（ ）
A. 对生产者的产品责任采用严格责任的归责原则
B. 对生产者的产品责任采用过错责任的归责原则
C. 对销售者的产品责任采用严格责任的归责原则
D. 对销售者的产品责任采用过错责任的归责原则

18. 依据《产品质量法》，国家对产品质量实行以抽查为主要方式的监督检查制度，选项所列哪些产品是重点抽查的对象？（ ）
A. 影响国计民生的重要工业产品
B. 可能危及人体健康和人身、财产安全的产品
C. 消费者协会反映有质量问题的产品
D. 建设工程

19. 某合资企业生产的皮鞋，其包装上写有产品名称、鞋的型号、颜色，依据《产品质量法》对商品或其包装上标识的要求，还应写明下列哪些事项？（ ）
A. 应有皮鞋质量检验合格证明和皮鞋使用保养说明书
B. 应该标明生产日期
C. 应该有英文标明的产品名称、颜色及使用保养说明书
D. 生产厂家的名称和厂址

20. 依据《产品质量法》,销售者不得从事的行为包括下列哪些?（　　）

A. 降价销售即将到保质期的奶粉

B. 从河北购进一批葡萄,在商品标签上却标明新疆

C. 低于购进价格销售不太新鲜的水果

D. 销售的进口商品没有中文标识

21. 关于产品侵权责任的承担,下列说法中哪些是正确的?（　　）

A. 缺陷是由生产者造成的,生产者承担侵权责任

B. 缺陷是由销售者造成的,销售者承担侵权责任

C. 缺陷产品引起损害的,由生产者首先赔偿,然后根据情况向销售者或者其他责任者追偿

D. 缺陷不是由销售者造成的,但销售者不能指明生产者、供货者的,销售者应当承担责任

22. 关于产品质量合同责任与产品质量侵权责任的比较,下列说法中哪些是正确的?（　　）

A. 产品质量合同责任要求当事人之间有合同关系,而产品质量侵权责任则不一定要求当事人之间有合同关系

B. 产品质量合同责任的主体限于合同当事人,产品质量侵权责任的主体不限于合同当事人

C. 产品质量合同责任与产品质量侵权责任均适用过错责任原则

D. 产品质量合同责任与产品质量侵权责任均实行举证责任倒置

23. 《产品质量法》所指的"不合格产品"包括下列哪几种?（　　）

A. 不符合以实物样品方式表明的质量状况的产品

B. 不符合在产品或其包装上注明产品标准的产品

C. 存在危及人身、财产安全的危险的产品

D. 不具备产品应当具备的使用性能的产品

24. 处理产品质量纠纷的方式有（　　）。

A. 协商　　　　　B. 调解　　　　　C. 仲裁　　　　　D. 诉讼

25. 下面有关销售者的义务的表述,正确的有（　　）。

A. 销售者应当执行进货检查验收制度,验明产品合格证明和其他标识

B. 销售者应当采取措施,保持销售产品的质量

C. 销售者不得销售失效、变质的产品

D. 销售者不得销售低性能的产品

26. 因产品存在缺陷造成人身、缺陷产品以外的其他财产损害的,在下述哪些情况下,生产者不承担赔偿责任?（　　）

A. 产品的修理者对其进行改装前没有缺陷的

B. 事故是由于外购件存在缺陷引起的

C. 产品是按国家标准组织生产并达到标准要求的

D. 产品投入流通时的科技水平尚不能发现缺陷存在的

27. 《产品质量法》对生产者的产品质量义务规定有（　　）。

A. 产品质量应当具备应有的使用性能

B. 产品质量应当符合明示的质量状况

C. 不合格的产品不准出厂

D. 没有产品质量标准、未经质量检验机构检验的产品不准生产

28. 构成产品质量法律责任的要件有（　　）。

A. 生产者主观上有过错

B. 生产或销售了不符合产品质量要求的产品

C. 必须有人身伤亡或财产损失的事实

D. 产品质量不合格与财产损害事实之间有因果关系

29. 张某到一美容院进行护理，美容院使用甲厂生产的"水洁"牌护肤液为其做脸部护理，结果该护肤液系劣质产品，导致张某脸部皮肤严重灼伤，张某为此去医院治疗，花去近5000元医药费。关于此案例，下列哪些选项是正确的？（　　）

A. 张某有权要求美容院赔偿医药费

B. 张某有权要求甲厂赔偿医药费

C. 张某若向美容院索赔，可同时请求精神损害赔偿

D. 美容院若向张某承担了责任，则其可以向甲厂追偿

30. 孙某从某超市买回的跑步机在使用中出现故障并致其受伤。经查询得知，该型号跑步机数年前已被认定为不合格产品，超市从总经销商煌煌商贸公司依正规渠道进货。下列哪些选项是正确的？（　　）

A. 孙某有权向该跑步机生产商索赔

B. 孙某有权向煌煌商贸公司、超市索赔

C. 超市向孙某赔偿后，有权向该跑步机生产商索赔

D. 超市向孙某赔偿后，有权向煌煌商贸公司索赔

31. 某家具店出售的衣柜，如未被恰当地固定到墙上，可能发生因柜子倾倒致人伤亡的危险。关于此事，下列哪些说法是正确的？（　　）

A. 该柜质量应符合产品安全性的要求

B. 该柜本身或其包装上应有警示标志或者中文警示说明

C. 质检部门对这种柜子进行抽查，可向该店收取检验费

D. 如该柜被召回，该店应承担购买者因召回支出的全部费用

32. 李某从超市购得橄榄调和油，发现该油标签上有"橄榄"二字，侧面标示"配料：大豆油、橄榄油"，吊牌上写明"添加了特等初榨橄榄油"，遂诉之。经查，李某事前曾多次在该超市"知假买假"。关于此案，下列哪些说法是正确的？（　　）

A. 该油的质量安全管理，应遵守《农产品质量安全法》的规定

B. 该油未标明橄榄油添加量，不符合食品安全标准要求

C. 如李某只向该超市索赔，该超市应先行赔付

D. 超市以李某"知假买假"为由进行抗辩的，法院不予支持

33. 下列关于价格法作用的表述，正确的是（　　）。

A. 有利于规范市场主体的价格行为，维护价格秩序

B. 规范公平竞争环境，优化价格形成机制

C. 保护经营者和消费者的正当权益，协调生产和消费的关系

D. 规范、加强和改善宏观经济调控，稳定市场价格总水平

34. 下列关于市场调节价的表述，正确的是（　　）。

A. 市场调节价是我国现行价格的主要形式

B. 市场调节价是经营者经营自主权的一项主要内容

C. 市场调节价的确定依据是生产经营成本和市场供求状况

D. 市场调节价是由经营者自主制定、通过市场竞争形成的价格

35. 以下属于政府指导价的形式有（　　）。

A. 政府规定基准价和上下浮动幅度

B. 行业价格

C. 最高限价

D. 最低保护价

36. 政府定价和指导价的适用范围主要包括（　　）。

A. 与国民经济发展和人民生活关系重大的极少数商品价格

B. 资源稀缺的少数商品价格

C. 自然垄断经营的商品价格

D. 重要的公益性服务价格

37. 考虑到某些重要商品对国民经济和人民生活影响极大，而这些商品和供给又可能出现不稳定情况，价格法规定（　　）。

A. 政府可以设立重要商品储备基金

B. 政府可以建立重要商品储备制度

C. 设立价格调节基金

D. 建立价格监测制度

38. 政府价格主管部门进行价格监督检查时，可以行使下列职权（　　）。

A. 询问当事人，并要求提供证明材料

B. 查询、复制与价格违法行为有关的账簿单据

C. 必要时可责令当事人暂停相关营业

D. 可依法先行登记、保存有关证据

名词解释

1. 产品质量认证制度
2. 产品瑕疵
3. 产品责任
4. 经营者定价权
5. 量值传递

简答题

1. 简述我国产品质量法关于产品责任时效的规定。
2. 简述产品责任的性质及归责原则。
3. 简述产品责任的概念和构成要件。
4. 简述产品召回与产品三包的区别。
5. 简述《价格法》针对政府指导价和政府定价行为的规制内容。

论述题

1. 试说明产品质量（瑕疵）责任与产品（缺陷）责任的区别。
2. 论述《广告法》确立的广告一般准则和特殊准则。

案例分析题

1. 某天上午，王某从某商场买回一高压锅。回家后发现高压锅的气垫圈坏了，因中午家里来了客人，王某便决定下午有空之后再去商场换一个。王妻买菜回家后，看见地上新买的锅非常高兴，在仔细看过各说明文书等文件、合格证后，按照说明书的规定开始做饭。不料却发生爆炸，

使王妻眼睛被炸伤，治疗支出医药费 2000 多元。王某知道后与其妻共同向人民法院提起诉讼，要求商场赔偿自己买锅花销、医药费与精神损失费等。

问：人民法院是否会支持王某的诉讼请求？

2. 某企业为了表示慰问，过年前将自产经检验合格但未投入流通的一批洗衣机作为福利分给职工。职工甲拿到厂里分的洗衣机后非常高兴，将洗衣机拉回家。恰逢妻子乙在，便让其帮忙用该洗衣机把家里的沙发罩等洗一下。结果，因洗衣机漏电，乙被当场电死。于是，甲向人民法院提起诉讼。

问：甲若起诉该企业，能否胜诉？为什么？

3. 消费者李某到商店买了一个热水瓶，回到家后，他认真阅读了使用说明书，然后按照说明书上讲的方法冲水使用。当他把开水倒满以后，热水瓶突然发生爆炸。由于爆炸很突然，而且又是在他意料之外，尽管他尽力躲闪，可还是躲闪不及，他的手和脚均被开水烫伤，花去医疗费数百元。事后，李某找到出售热水瓶的商店，要求其赔偿，但商店营业员说："热水瓶爆炸是质量问题，不是商店造成的，商店不负赔偿损失责任。你应去找生产厂家。"李某认为，既然我从商店买了东西，商店就应该负责，于是向法院起诉，要求商店赔偿其因治疗烫伤而花费的医疗费用。

问：商店是否应负赔偿责任？

4. 某市建筑公司从某建材进出口公司购进大理石 15 万吨。在验收时，发现有断头、裂痕等现象。经技术鉴定部门鉴定，该批大理石多方面的技术标准达不到国家标准的要求。后技术监督局经调查发现该建材进出口公司还有该种大理石 20 多万吨库存，决定予以查封。建材进出口公司的负责人提出该批大理石是根据某国进口商所提供的样品的指标制造的，后因该国外贸政策的变动，致使该批产品不能出口，于是转内销处理，因此其技术标准不能按照我国的质量标准来衡量。

问题：（1）对出口转内销的商品是否应适用《产品质量法》？

（2）如何确定《产品质量法》的适用范围？

5. 李某在商场购买了一台电冰箱，冰箱附有产品合格证。李某买回冰箱 3 天后，发现冰箱噪声太大，就去商场要求退换，商场称冰箱的质量是合格的，稍有一些噪声在刚开始使用时是正常的。几天后，李某又发现冰箱的制冷性能不佳，后来则完全丧失了制冷性，李某又去找商场交涉，商场称冰箱不是他们生产的，冰箱不制冷属于冰箱的技术问题，要李某找生产厂家去解决。因生产厂家距离太远，李某不愿向厂家要求退换，坚持要求商场负责修理或退换，商场则不予理睬。双方僵持不下，李某向法院提起诉讼。

问题：（1）销售者即商场应对售出的有瑕疵的产品负责吗？

（2）本案中，商场应承担何种责任？

6. 2024 年 9 月 5 日，吴某从某商场买回一台彩电，保修期为一年。开始，该彩电的图像、音响效果都不错。2025 年 2 月 3 日，当吴某全家人正在收看节目时，发现彩电后面突然冒出黑烟，吴某赶紧叫家人都躲开，自己上前去拔电源。但是，还未等吴某切断电源，电视"轰"的一声发生了爆炸，将家中的家具和冰箱等炸坏，吴某由于躲避及时，只受了一点轻伤。事故发生后，吴某找到彩电生产厂家要求赔偿；该厂家认为吴某买的彩电早已过了保修期，因此对发生的损害不负责任。后吴某经多次交涉未果，向人民法院提起诉讼。

问：《产品质量法》对产品责任的诉讼时效是如何规定的？彩电生产厂家的理由是否成立？

7. 2024 年 3 月 20 日，李女士在人民商场购买了一只电吹风机。当日，李女士在正常使用该电吹风机过程中，因电吹风机漏电而被电流击伤，虽救治及时但仍造成手指残废。2025 年 4 月 2 日，李女士以人民商场为被告向法院提起诉讼，请求法院判令人民商场对其因触电致残承担赔偿责任。人民商场在答辩状中称：第一，原告的起诉已过诉讼时效；第二，原告触电是由于电吹风机存在质量缺陷，被告作为产品销售者没有过错，因此原告无权要求人民商场承担赔偿责任，而应向电吹风机的生产者某省 B 电器厂要求赔偿。法院认为，被告的两条答辩理由均不成立，最后判人民商场败诉。

问：(1) 被告人民商场的第一条答辩理由为什么不成立？

(2) 被告人民商场的第二条答辩理由为什么不成立？

(3) 被告人民商场应承担哪些赔偿责任？

(4) 如果经鉴定，电吹风机漏电确系由于该产品的设计与制造工艺缺陷所致，人民商场赔偿后，对某省 B 电器厂享有什么权利？

第十七章　特别市场规制制度

基础知识图解

- 特别市场规制基本原理
  - 特别市场概述
  - 特别市场规制制度的定位
  - 特别市场规制制度的认定依据及主要类型

- 信贷市场规制制度
  - 信贷市场及其法律规制
  - 信贷市场规制的主要制度
    - 信贷市场规制制度的宗旨与原则
    - 信贷市场规制体制
    - 银行业市场准入规制
    - 银行业审慎经营行为规制
      - ①资产负债比例控制
      - ②利率监控
      - ③贷款行为规制
      - ④高风险资产业务的控制
      - ⑤垄断与不正当竞争行为及存款人利益保护规制
      - ⑥大数据时代的互联网金融及其规制

- 证券市场规制制度
  - 证券市场及其法律规制
  - 证券市场规制的主要制度
    - 证券发行规制制度
      - 证券发行审核制度及其改革
      - 发行方式规制
      - 发行条件规制
      - 证券发行审核程序
      - 证券欺诈发行的处理
    - 证券上市规制制度
      - 证券交易规制制度
      - 上市收购制度
      - 信息披露制度
      - 证券机构及其行为规制
      - 证券监管制度

```
                    ┌ 保险市场及其法律规制
                    │                         ┌ 保险市场准入规制
保险市场规制制度 ┤                         │ 保险组织规制
                    │ 保险市场规制的主要制度 ┤ 保险经营规制
                    └                         └ 不正当竞争及损害客户利益行为的规制

                       ┌ 房地产市场及其法律规制
                       │                            ┌ 土地开发市场规制
房地产市场规制制度 ┤                            │ 房地产交易市场规制
                       │ 房地产市场规制的主要制度 ┤
                       └                            └ 房地产中介服务市场规制

                    ┌ 能源市场及其法律规制
                    │                         ┌ 能源安全与能源储备制度
                    │                         │ 能源市场准入制度
能源市场规制制度 ┤                         │ 能源开发的统一规划和有限开发利用制度
                    │ 能源市场规制的主要制度 ┤ 能源企业的安全环保制度
                    │                         │ 能源定价管制制度
                    └                         └ 垄断和不正当竞争行为的规制
```

配套测试

✓ 单项选择题

1. 下列关于《银行业监督管理法》的说法，哪个是错误的？（   ）

A. 《银行业监督管理法》于 2003 年 12 月 27 日通过，2006 年 10 月 31 日修订通过

B. 《银行业监督管理法》的起草借鉴了《有效银行监管的核心原则》

C. 《银行业监督管理法》明确了监管职责，强化了监管手段和措施，但未对监管权力的运作进行规范和约束

D. 《银行业监督管理法》的性质不是组织法而是行为法

2. 以下关于国务院银行业监督管理机构的说法，哪个是正确的？（   ）

A. 国务院银行业监督管理机构的派出机构受国务院银行业监督管理机构及其所在地政府的领导和管理

B. 国务院银行业监督管理机构对所有金融机构的董事、监事实行任职资格管理

C. 申请设立银行业金融机构时，国务院银行业监督管理机构无须对持有资本总额或股份总额达到规定比例以上的股东的资金来源、财务状况、资本补充能力和诚信状况进行审查

D. 国务院银行业监督管理机构应自收到申请文件之日起三个月内，对银行业金融机构的变更、终止做出批准或不批准的书面决定

3. 以下哪项属于国务院银行业监督管理机构的监管职责范围？（   ）

A. 对银行业市场实施准入管制

B. 自主制定银行业金融机构的审慎经营规则

C. 对银行业自律组织的活动进行指导和监督，银行业自律组织的章程应当报国务院银行业监

督管理机构备案

D. 对银行业金融机构所有股东的资金来源、财务状况、资本补充能力和诚信状况进行审查

4. 根据《银行业监督管理法》的规定，在我国境内设立的下列哪一机构不属于银行业监督管理的对象？（　　）

A. 农村信用合作社　　　　　　　　B. 金融资产管理公司
C. 信托投资公司　　　　　　　　　D. 证券公司

5. 接管是金融监管部门为了挽救发生重大危机或者即将发生重大危机的商业银行所采取的一种行政措施。下列对商业银行接管终止的表述哪项是不正确的？（　　）

A. 接管期限届满，国务院银行业监督管理机构可以根据需要延长接管期限，直至商业银行恢复偿付能力
B. 接管决定规定的期限届满或者国务院银行业监督管理机构决定的接管延期届满
C. 接管决定规定的期限届满前，该商业银行已经恢复正常的经营能力
D. 接管期限届满前，该商业银行被合并或者被依法宣告破产

6. 根据《商业银行法》的规定，商业银行有下列变更事项之一的，应当报经国务院银行业监督管理机构批准，否则该变更不发生法律效力。作为银行的法律顾问，你认为下列哪一事项是银行的自主权，无须报经国务院银行业监督管理机构批准？（　　）

A. 变更银行注册名称、变更注册资本
B. 变更银行总行和分支机构所在地
C. 变更持有资本总额或者股份总额4%的股东
D. 调整业务范围、修改银行章程

7. 以下说法正确的是（　　）。

A. 在商业银行的撤销清算期间，经国务院银行业监督管理机构负责人批准，在直接负责的董事出境将对国家利益造成重大损失的情况下，可以直接阻止其出境
B. 经国务院银行业监督管理机构或者其省一级派出机构负责人批准，银行业监督管理机构可以直接查询涉嫌金融违法的银行业金融机构及其工作人员以及关联行为人的账户
C. 在撤销清算期间，经国务院银行业监督管理机构负责人批准，对直接负责的董事可以直接禁止其转移、转让财产或者对其财产设定其他权利
D. 对涉嫌转移或者隐匿违法资金的工作人员及关联行为人，经银行业监督管理机构负责人批准，可以直接予以冻结账户

8. 下列哪一选项不属于国务院银行业监督管理机构职责范围？（　　）

A. 审查批准银行业金融机构的设立、变更、终止以及业务范围
B. 受理银行业金融机构设立申请或者资本变更申请时，审查其股东的资金来源、财务状况、诚信状况等
C. 审查批准或者备案银行业金融机构业务范围内的业务品种
D. 接收商业银行交存的存款准备金和存款保险金

9. 根据《银行业监督管理法》，国务院银行业监督管理机构有权对银行业金融机构的信用危机依法进行处置。关于处置规则，下列哪一说法是错误的？（　　）

A. 该信用危机必须已经发生
B. 该信用危机必须达到严重影响存款人和其他客户合法权益的程度
C. 国务院银行业监督管理机构可以依法对该银行业金融机构实行接管
D. 国务院银行业监督管理机构也可以促成其机构重组

10. 关于《银行业监督管理法》的适用范围，下列哪一说法是正确的？（　　）

A. 信托投资公司适用本法
B. 金融租赁公司不适用本法
C. 金融资产管理公司不适用本法
D. 财务公司不适用本法

11. 根据现行银行贷款制度，关于商业银行贷款，下列哪一说法是正确的？（　　）
A. 商业银行与借款人订立贷款合同，可采取口头、书面或其他形式
B. 借款合同到期未偿还，经展期后到期仍未偿还的贷款，为呆账贷款
C. 政府部门强令商业银行向市政建设项目发放贷款的，商业银行有权拒绝
D. 商业银行对关系人提出的贷款申请，无论是信用贷款还是担保贷款，均应予拒绝

12. 某商业银行通过同业拆借获得一笔资金。关于该拆入资金的用途，下列哪一选项是违法的？（　　）
A. 弥补票据结算的不足
B. 弥补联行汇差头寸的不足
C. 发放有担保的短期固定资产贷款
D. 解决临时性周转资金的需要

13. 某商业银行董事长张某授意该银行隐瞒亏损并提供虚假财务报告，导致该商业银行被吊销经营许可证，后被撤销清算。在此之前，该商业银行曾因未遵守关于资产负债的比例违规发放贷款被国务院银行业监督管理机构处以罚款，该罚款尚未缴纳。该商业银行被撤销清算期间，发现未缴纳上一年度税款，还有一笔税款因商业银行计算错误而未缴纳。下列相关说法正确的是（　　）。
A. 在清算时，清算组应优先清偿包含企业所得税在内的欠缴税款
B. 在清算期间，该银行应先缴纳罚款
C. 在该商业银行被清算期间，经国务院银行业监督管理机构负责人批准，可申请司法机关禁止张某出售其自有房屋
D. 因计算错误未缴的税款，税务机关可要求该商业银行补缴但不能收取滞纳金

14. 商业银行的章程由（　　）批准。经（　　）批准，商业银行可以经营结汇、售汇业务。
A. 中国人民银行；国务院银行业监督管理机构
B. 国务院银行业监督管理机构；国务院银行业监督管理机构
C. 中国人民银行；中国人民银行
D. 国务院银行业监督管理机构；中国人民银行

15. 任何单位和个人购买商业银行股份总额（　　）以上的，应事先经国务院银行业监督管理机构批准。
A. 5%　　　　　B. 10%　　　　　C. 15%　　　　　D. 20%

16. 商业银行的流动性资产余额与流动性负债余额的比例应符合下列哪项条件？（　　）
A. 不得低于25%
B. 不得低于10%
C. 不得超过50%
D. 不得超过75%

17. 商业银行贷款，应当遵守有关资产负债比例管理的规定，其中商业银行的资本充足率不得低于（　　）。
A. 8%　　　　　B. 13%　　　　　C. 15%　　　　　D. 25%

18. 根据《商业银行法》的规定，商业银行在我国境内可以直接投资于下列哪个主体？（　　）

A. 信托投资公司 B. 综合类证券公司
C. 商业银行 D. 国际贸易公司

19. 乙有限公司经营严重困难，拖欠某商业银行贷款，乙公司欲通过"债转股"的方式清偿银行债务，下列选项说法正确的是哪一项？（　　）

A. 乙公司可以通过公积金转增股本扩股，并将扩股部分出让给某商业银行，将所得价款用于清偿银行欠款
B. 乙公司可以向某商业银行定向增发股权，该银行可根据市场行情决定转让该部分股权
C. 商业银行可将其债权转让给资产管理公司，由资产管理公司完成对乙公司的"债转股"
D. 拖欠商业银行贷款3年以上，才能实施债转股

20. 某商业银行在章程草案中规定，本银行可以根据需要开展业务。可是根据我国商业银行法的规定，商业银行只能在法定的范围内开展业务，而不能自己确定业务的范围和种类。如果你是该商业银行的常年法律顾问，下列哪一内容应当从章程草案中删掉？（　　）

A. 以多种方式开创新型金融工具吸收社会游资存款
B. 以互利互惠方式与公用企业公司合作代收代缴业务
C. 开展个人与公司合作储蓄方式，将个人户头挂在公司储蓄户头上，以合法地减少个人利息所得税支出
D. 开展私人银行业务，为个人购房、购车、上大学、出国留学、医疗等消费提供融资服务

21. 根据《商业银行法》的规定，商业银行的经营应当坚持一定的原则以最大限度地防范风险，银行的经营原则不包括下列哪个原则？（　　）

A. 流动性原则 B. 竞争性原则
C. 安全性原则 D. 效益性原则

22. 根据《商业银行法》和有关银行法规，商业银行应当定期向国务院银行业监督管理机构报送（　　）。

A. 资产负债表、利润表以及其他财务会计报表
B. 资产负债表、利润分配表以及其他财务会计报表
C. 资产负债表、损益表以及利润分配表
D. 资产负债表、损益表以及股东权益表

23. 根据《商业银行法》的规定，有下列情况时，由国务院银行业监督管理机构责令改正，有违法所得的，没收违法所得，可以处以违法所得1倍以上3倍以下罚款，没有违法所得的，可以处以5万元以上30万元以下的罚款。如果你是银行的法律顾问，下列哪种情况不符合法定处罚条件？（　　）

A. 未经批准在机构名称中使用"银行"字样的
B. 未经批准购买银行股份5%以上的
C. 将单位的资金以个人名义开立账户存储的
D. 未经批准购买银行股份4%的

24. 为了保证商业银行的资产安全和经营安全，商业银行法对担任商业银行重要职务的管理人员有明确的规定。下列何种人员不得担任商业银行的董事、高级管理人员？（　　）

A. （1）因刑事犯罪被处以刑罚，或者因犯罪被剥夺政治权利的；（2）对企业破产负有个人责任的；（3）担任因违法被吊销营业执照的公司、企业的法定代表人，并负有个人责任的；（4）个人所负数额较大的债务到期未清偿的
B. （1）因经济犯罪被处以刑罚，或者因犯罪被剥夺政治权利的；（2）在破产企业中担任过重要职务的；（3）担任因违法被吊销营业执照的公司、企业的法定代表人，并负有个人

责任的；（4）个人所负数额较大的债务到期未清偿的

C. （1）因经济犯罪被处以刑罚，或者因犯罪被剥夺政治权利的；（2）对企业破产负有个人责任的；（3）担任因违法被吊销营业执照的公司、企业的法定代表人，并负有个人责任的；（4）个人所负数额较大的债务到期未清偿的

D. （1）因经济犯罪被处以刑罚，或者因犯罪被剥夺政治权利的；（2）对企业破产负有个人责任的；（3）担任因违法被吊销营业执照的公司、企业的法定代表人，并负有个人责任的；（4）个人所负数额较大的债务的

25. 根据《商业银行法》的规定，商业银行在为个人办理储蓄存款业务时，应当遵循商业银行法规定的原则。下列哪个选项不属于《商业银行法》规定的原则？（　　）

A. 存款自愿　　　　　　　　　　　B. 取款自由

C. 拒绝任何单位个人的查询　　　　D. 存款有息

26. 根据《商业银行法》和《企业破产法》的规定，商业银行在被依法宣告破产时，其用于偿还债务的财产是其破产财产，这些财产通常不足以清偿所有的债权人的债权，为了公平地保护债权人的利益，破产的商业银行清偿顺序应当是（　　）。

A. （1）商业银行拖欠员工的工资和劳动保险；（2）个人储蓄存款的本金和利息；（3）拖欠的税款；（4）其他的破产债权

B. （1）商业银行拖欠员工的工资和劳动保险；（2）拖欠的税款；（3）个人储蓄存款的本金和利息；（4）其他的破产债权

C. （1）个人储蓄存款的本金和利息；（2）商业银行拖欠员工的工资和劳动保险；（3）拖欠的税款；（4）其他的破产债权

D. （1）商业银行拖欠员工的工资和劳动保险；（2）其他的破产债权；（3）拖欠的税款；（4）个人储蓄存款的本金和利息

27. 商业银行吸收公众存款，事实上是一个公众公司，其经营业绩事关社会公共利益，所以，《商业银行法》规定商业银行应当定期公布其经营业绩，以接受社会监督。会计年度和定期公布业绩的时间分别是指（　　）。

A. 公历1月1日起至12月31日；每一会计年度终了5个月内

B. 公历1月1日起至12月31日；每一会计年度终了3个月内

C. 公历7月1日起至次年6月30日；每一会计年度终了5个月内

D. 公历7月1日起至次年6月30日；每一会计年度终了3个月内

28. 下列选项所列哪个机构有向银行查询、冻结、扣划单位存款的权力？（　　）

A. 税务机关　　　　　　　　　　　B. 政府机关

C. 市场监督管理机关　　　　　　　D. 物价管理机关

29. 商业银行实施的下列行为中哪一项违反《商业银行法》？（　　）

A. 利用拆入的资金弥补联行汇差头寸的不足

B. 内部规定对于资信较好没有不良还贷记录的借款人，信贷部门可以直接审批贷款

C. 对关系人的贷款一律采用担保的方式，不得发放信用贷款

D. 决定出资5000万元与他人在某一城市设立城市商业银行

30. 依据《商业银行法》，下列哪一项是商业银行破产的原因？（　　）

A. 严重亏损

B. 资不抵债

C. 不能支付到期债务

D. 因经营管理不善导致严重亏损

31. 对于个人储蓄存款，商业银行在何种情况下可以查询、冻结、扣划？（　　）
   A. 法律有规定
   B. 法律、行政法规有规定
   C. 法律、法规有规定
   D. 法律、法规及国务院银行业监督管理机构颁布的规章有规定
32. 依据《商业银行法》，商业银行在境内可以设立分支机构，但其拨付各分支机构营运资金额的总和，不得超过总行资本金总额的多大比例？（　　）
   A. 40%　　　　　B. 50%　　　　　C. 60%　　　　　D. 70%
33. 在下列哪一种情况下，国务院银行业监督管理机构可以对商业银行实施接管？（　　）
   A. 擅自开办新业务　　　　　　　　B. 重大违约行为
   C. 已经或可能发生信用危机　　　　D. 严重违法经营
34. 商业银行出现下列哪种情形，国务院银行业监督管理机构可对其行使吊销经营许可证的权力？（　　）
   A. 自取得营业许可证之日起无正当理由超过 6 个月未开业的
   B. 自取得营业执照之日起无正当理由超过 6 个月未开业的
   C. 开业后自行停业累计达 1 年的
   D. 开业后自行停业累计达 6 个月的
35. 下列选项中哪一项不符合《商业银行法》的规定？（　　）
   A. 商业银行发放贷款应以担保为主
   B. 商业银行发放贷款应遵循资产负债比例管理的规定
   C. 商业银行对关系人不能发放贷款
   D. 商业银行可以发放短期、中期和长期贷款
36. 根据《商业银行法》的规定，企业事业单位可以自主选择一家商业银行的营业场所开立一个办理日常转账结算和现金收付的账户。这种账户是下列选项中的（　　）。
   A. 基本账户　　　　　　　　　　　B. 临时账户
   C. 一般账户　　　　　　　　　　　D. 专用账户
37. 按照《商业银行法》的规定，需要设立监事会的商业银行为（　　）。
   A. 所有商业银行　　　　　　　　　B. 国有独资商业银行
   C. 中外合资商业银行　　　　　　　D. 外贸商业银行
38. 商业银行因行使抵押权、质权而取得的不动产或股票，应当自取得之日起（　　）内予以处分。
   A. 一年　　　　　B. 两年　　　　　C. 六个月　　　　　D. 三个月
39. 某企业向银行借贷 100 万元，贷款期限为 1 年。该企业使用借款 10 个月后，欲提前归还此项贷款。依照法律规定，下列表述中正确的是（　　）。
   A. 该企业可以提前还贷，银行应同意
   B. 该企业应在还款日前 15 天通知银行方可提前还款
   C. 该企业需与银行协商一致后方可提前还贷
   D. 该企业不能提前还贷
40. 根据《商业银行法》的规定，下列有关商业银行的表述中哪一项是正确的？（　　）
   A. 商业银行既可以是国有独资银行，也可以是非国有的股份制银行
   B. 商业银行是依照《商业银行法》而非《公司法》设立的
   C. 经国务院银行业监督管理机构批准成立的商业银行的分支机构依法独立承担民事责任

D. 商业银行只能被接管而不能破产

41. 依据《商业银行法》，下列哪项表述是不正确的？（　　）
A. 商业银行的注册资本应当是实缴资本
B. 设立城市合作银行的注册资本最低限额为1亿元人民币
C. 商业银行可自主决定在境内地点设立分支机构
D. 商业银行自取得营业执照之日起超过6个月无正当理由未开业的，国务院银行业监督管理机构吊销其经营许可证

42. 设立全国性商业银行的最低注册资本额为人民币（　　）。
A. 10亿元　　　　B. 5亿元　　　　C. 3亿元　　　　D. 1亿元

43. 我国商业银行的贷款利率由（　　）。
A. 中央银行确定
B. 商业银行自由确定
C. 商业银行根据中国人民银行规定的贷款利率的上下限确定
D. 商业银行与客户协商确定

44. 马某是营商银行信贷审核的员工，多次违规向银行大股东牛某的妻子朱某发放大量贷款。2024年营商银行因发放的大量贷款无法收回，陷入危机。国务院银行业监督管理部门介入调查后，马某欲出售自家房屋，且办理出境手续。国务院银行业监督管理部门可以直接采取的措施是哪一项？（　　）
A. 可以冻结朱某的银行账户　　　　B. 限制营商银行向牛某分红
C. 可以阻止马某出境　　　　D. 可以阻止马某出售自有房屋

45. 在商业银行经营不善时国务院银行业监督管理机构对商业银行进行接管的期限最长不得超过（　　）。
A. 4年　　　　B. 3年　　　　C. 2年　　　　D. 1年

46. 商业银行的接管是指国务院银行业监督管理机构按照法定条件和程序，全面控制和管理商业银行业务活动的（　　），是依法保障商业银行经营安全性、合法性的重要（　　）措施。
A. 行业指导行为；补救性　　　　B. 行业指导行为；预防性
C. 行政管理行为；补救性　　　　D. 行政管理行为；预防性

47. 银行业监督管理的对象不包括（　　）。
A. 银行业金融机构　　　　B. 信托投资公司
C. 财务公司　　　　D. 咨询公司

48. 商业银行的下列违规行为哪一项依法应由中国人民银行负责查处？（　　）
A. 提供虚假财务报告　　　　B. 出借营业许可证
C. 未经批准代理买卖外汇　　　　D. 未经批准设立分支机构

49. 根据《商业银行法》的规定，商业银行破产清算时的财产分配适用下列哪一种顺序？（　　）
A. 清算费用，所欠职工工资和劳动保险费用，个人储蓄存款的本金和利息
B. 清算费用，个人储蓄存款的本金和利息，所欠职工工资和劳动保险费用
C. 个人储蓄存款的本金和利息，清算费用，所欠职工工资和劳动保险费用
D. 所欠职工工资和劳动保险费用，清算费用，个人储蓄存款的本金和利息

50. 根据《商业银行法》的规定，商业银行不得向关系人发放信用贷款。下列哪一类人属于该规定所指的关系人？（　　）
A. 商业银行的董事、监事、管理人员、信贷业务人员及其近亲属

B. 与商业银行有业务往来的非银行金融机构的董事、监事和高级管理人员
C. 商业银行的上级主管部门的负责人及其近亲属
D. 商业银行的客户企业的董事、监事和高级管理人员

51. 某省银行业监督管理局依法对某城市商业银行进行现场检查时，发现该行有巨额非法票据承兑，可能引发系统性银行业风险。根据《银行业监督管理法》的规定，应当立即向下列何人报告？（   ）
A. 该省人民政府主管金融工作的负责人
B. 国务院主管金融工作的负责人
C. 中国人民银行负责人
D. 国务院银行业监督管理机构负责人

52. 关于商业银行贷款法律制度，下列哪一选项是错误的？（   ）
A. 商业银行贷款应当实行审贷分离、分级审批的制度
B. 商业银行可以根据贷款数额以及贷款期限，自行确定贷款利率
C. 商业银行贷款，应当遵守资本充足率不得低于百分之八的规定
D. 商业银行贷款，应当对借款人的借款用途、偿还能力、还款方式等情况进行严格审查

53. 张某与蓝音文化传媒公司之间因为劳动合同的履行发生纠纷，该争议在劳动仲裁机构进行仲裁。蓝音公司先前为张某等员工在某银行开设了个人银行账户，用于发放劳动报酬，因蓝音公司怀疑张某违反劳动合同私自参与商业演出并获得巨额报酬，于是请求银行提供张某最近1年在该行的个人账户明细。对此事件，下列判断正确的是哪一项？（   ）
A. 银行应向劳动仲裁委员会提供张某个人账户明细
B. 银行应对存款人信息保守秘密，任何情况下都不得对外提供
C. 银行可以向蓝音公司提供张某个人账户明细
D. 银行有权拒绝劳动仲裁委员会和蓝音公司的查询请求

54. 国务院证券监督管理机构或国务院授权的部门对已作出的核准或审批证券发行的决定，发现不符合法律、行政法规规定的，若（   ），则属于采取措施不当，不符合有关法律规定。
A. 责令其暂行停止发行证券行为
B. 尚未发行的，应当予以撤销
C. 停止发行
D. 已发行的，撤销发行核准决定，证券持有人可按发行价加算银行同期存款利息，要求发行人返还

55. 证券交易所的设立和解散，由（   ）决定。
A. 国务院证券监管部门
B. 国务院
C. 证券业协会
D. 证券交易所理事会决定，国务院证券监管部门备案

56. 设立证券公司，必须经（   ）审查批准。
A. 国务院
B. 证券业协会
C. 国务院证券监管机构
D. 证券业协会决定，由国务院审批

57. 关于证券业协会的说法不正确的是（   ）。
A. 是自律性组织

B. 属于社会团体法人
C. 其权力机构成员由国务院证券监督管理部门任免
D. 不以营利为目的

58. 下列关于证券登记结算机构的说法中,不正确的是(   )。
A. 属于非法人组织
B. 为证券交易提供集中的登记、托管与结算服务,不以营利为目的
C. 其设立必须由国务院证券监督管理部门审查批准
D. 设立证券登记结算机构的条件之一是,自有资金不少于人民币两亿元

59. 我国证券法规定,证券登记结算机构应当妥善保存登记、托管和结算的原始凭证。重要的原始凭证的保存期不少于(   )年。
A. 5   B. 10   C. 15   D. 20

60. 下列证券中哪一种证券的发行和交易不适用《证券法》?(   )
A. 股票   B. 公司债券
C. 存托凭证   D. 国库券

61. 我国对证券发行、交易采用的监管体制是(   )。
A. 以政府管理为主,以证券业自律为辅的管理制度
B. 政府集中统一管理
C. 以证券业自律为主,以政府管理为辅的管理制度
D. 自律管理

62. 向社会公开发行的证券票面总值超过多少的,应当由承销团承销?(   )
A. 3000万元   B. 4000万元
C. 5000万元   D. 没有限制

63. 股票发行采取溢价发行的,其发行价格如何确定?(   )
A. 由国务院证券监督管理机构确定
B. 由股东大会确定,报国务院证券监督管理机构核准
C. 由发行人和承销的证券公司协商确定
D. 由董事会决定,股东大会批准,再报国务院证券监督管理机构核准

64. 为股票发行出具法律意见书的律师事务所律师,应遵守以下哪一项规定?(   )
A. 不得持有股票
B. 在该股票承销期满后6个月内,不得持有该种股票
C. 不得买卖股票
D. 在该股票承销期满后6个月内,不得买卖该种股票

65. 通过证券交易所的证券交易,投资者持有或者通过协议、其他安排与他人共同持有一个上市公司已发行的有表决权股份达到(   )时,应当在该事实发生之日起3日内,向国务院证券监督管理机构、证券交易所作出书面报告,通知该上市公司,并予公告,在上述期限内不得再行买卖该上市公司的股票,但国务院证券监督管理机构规定的情形除外。
A. 3%   B. 5%   C. 10%   D. 30%

66. 证券公司因包销购入售后剩余股票而持有5%以上股份的,其持有的该部分股票若需卖出,应遵守下列哪一项规定?(   )
A. 卖出时每减少5%应向国务院证券监督管理机构、证券交易所作出书面报告,通知上市公司,并予公告
B. 卖出时不受6个月时间限制

C. 在 6 个月内不得卖出

D. 卖出时所得收益归发行股票的公司所有

67. 下列有关证券发行的表述中，正确的一项是（   ）。

A. 上市公司对发行股票所募资金，擅自改变招股说明书所列资金用途使用的，证券持有人可以按照发行价加算银行同期存款利息，要求上市公司返还

B. 公开发行证券的发行人有权依法自主选择承销的证券公司，但应当报国务院证券监督管理机构批准

C. 向社会公开发行的证券票面总值超过人民币 5000 万元的，必须由承销团承销

D. 证券的代销、包销期最长不得超过 90 日

68. 依照《证券法》的规定，下列行为不属于操纵市场行为的是（   ）。

A. 在自己实际控制的账户之间进行交易，影响证券交易价格或者证券交易量

B. 与他人串通，以事先约定的时间、价格和方式相互进行证券交易或者相互买卖并不持有的证券，影响证券交易价格或者证券交易量

C. 通过单独或者合谋，集中资金优势、持股优势或者利用信息优势联合或者连续买卖、操纵证券交易价格

D. 贾某预见市场将会转好，把自己在银行的 300 万元存款都买了股票

69. 福满天证券公司派驻交易所的代表张大户通过对股市行情进行分析后，认为现在是购入海天股票的最佳时机，遂电话建议其弟张小户以市价委托，张小户先在横霸证券公司开户，在接到电话又观望一段时间后作出了买入的决定。张大户的行为应如何认定？（   ）

A. 属内幕交易　　　　　　　　　　B. 属欺诈客户

C. 属误导行为　　　　　　　　　　D. 不违法

70. 某证券公司使用自有资金以客户张小户的名义买入某公司股票 30 手，对该行为如何定性？（   ）

A. 内幕交易　　　　　　　　　　　B. 损害客户利益的行为

C. 操纵市场　　　　　　　　　　　D. 误导行为

71. 以下说法正确的是（   ）。

A. 公开发行公司债券筹集的资金，可以不按照公司债券募集办法，由公司自主决定如何使用

B. 改变资金用途，可以不经债券持有人会议作出决议

C. 公开发行公司债券筹集的资金，不得用于弥补亏损和非生产性支出

D. 发行人报送的证券发行申请文件可以不充分披露投资者作出价值判断和投资决策所必需的信息，内容可以有所取舍

72. 在上市公司收购中，收购人对所持有的被收购的上市公司的股票，在收购行为完成后的（   ）内不得转让。

A. 18 个月　　　　B. 3 个月　　　　C. 6 个月　　　　D. 12 个月

73. 因下列何种情形，影响证券交易正常进行的，证券交易所按照业务规则可以采取取消交易等措施？（   ）

A. 不可抗力

B. 意外事件

C. 重大技术故障

D. 因突发性事件导致证券交易结果出现重大异常，按交易结果进行交收将对证券交易正常秩序和市场公平造成重大影响

74. 证券交易所应当从其收取的交易费用和会员费、席位费中提取一定比例的金额设立风险

基金，风险基金的使用方法由以下哪一个机构规定？（　　）

A. 国务院证券监督管理机构会同国务院财政部

B. 证券交易所会员大会

C. 国务院证券监督管理机构

D. 证券交易所理事会

75. 证券公司从每年业务收入中提取（　　），用于弥补证券交易的损失。

A. 交易风险基金　　　　　　　　B. 交易风险准备金

C. 公积金　　　　　　　　　　　D. 交易保证金

76. 证券公司的自营业务可以采取下列哪种方式进行？（　　）

A. 以客户的名义　　　　　　　　B. 以其他证券公司的名义

C. 以自己的名义　　　　　　　　D. 以个人的名义

77. 证券业协会的常设机构为（　　）。

A. 董事会　　　　　　　　　　　B. 理事会

C. 会员大会　　　　　　　　　　D. 股东大会

78. 公开发行证券，必须符合法定条件，并经以下哪个部门注册？（　　）

A. 国务院证券监督管理机构或国务院授权的部门

B. 市场监督管理部门

C. 中国人民银行

D. 国家金融监督管理总局

79. 通过证券交易所的证券交易，投资者持有一个上市公司已发行的股份达到哪种比例时，继续进行收购的，应当依法向该上市公司所有股东发出要约？（　　）

A. 75%　　　　B. 90%　　　　C. 30%　　　　D. 51%

80. 在证券交易所交易的证券登记结算采取以下何种运营方式？（　　）

A. 分别登记结算　　　　　　　　B. 全国集中统一

C. 强制登记结算　　　　　　　　D. 自愿登记结算

81. 以下各项中，哪一项是根据股东享有的权利作出的分类？（　　）

A. 面额股票和无面额股票

B. 记名股票和无记名股票

C. A 种股票、B 种股票和 H 种股票

D. 普通股和优先股

82. 下列关于证券交易的表述中，正确的是（　　）。

A. 党政机关的工作人员不得买卖股票

B. 为股票发行出具法律意见书的律师事务所和律师不得买卖该种股票

C. 证券的集中竞价交易应当实行时间优先、价格优先的原则

D. 证券投资咨询机构的从业人员不得买卖本咨询机构提供服务的上市公司的股票

83. 证券业协会的章程由（　　）。

A. 国务院证券监督管理机构制定，并报国务院批准

B. 国务院证券监督管理机构制定，并报国务院备案

C. 会员大会制定，并报国务院证券监督管理机构批准

D. 会员大会制定，并报国务院证券监督管理机构备案

84. 股票或者公司债券上市交易的公司，应当向（　　）提交中期报告和年度报告。

A. 证券交易所

B. 国务院证券监督管理机构
C. 证券登记结算机构
D. 证券交易所和国务院证券监督管理机构

85. 我国成立证券公司采取的是（　　）。
A. 登记制
B. 备案制
C. 审查批准制
D. 自由设立制

86. 为证券的发行、上市或者证券交易活动出具审计报告、资产评估报告或者法律意见书等文件的专业机构和人员，应对其所出具报告的真实性、准确性和完整性进行核查和验证，并就其负有责任的部分承担（　　）。
A. 连带责任
B. 有限责任
C. 法律责任
D. 赔偿责任

87. 证券的承销是指（　　）依照协议包销或代销发行人向社会公开发行证券的行为。
A. 证监会
B. 企业主管部门
C. 资产评估机构
D. 证券公司

88. 证券交易活动中，涉及公司的经营、财务或者对该公司证券的市场价格有重大影响且尚未公开的信息，称为（　　）。
A. 重大事件
B. 临时事件
C. 内幕信息
D. 保密信息

89. 证券包销是指（　　）。
A. 证券公司将发行人的证券按照协议全部购入
B. 证券公司代发行人发售证券，在承销期结束时，将未销出的证券全部退还给发行人的承销方式
C. 证券公司在承销期结束时将销后剩余证券全部自行购入的承销方式
D. 证券公司将发行人的证券按照协议全部购入或证券公司在承销期结束时将销后剩余证券全部自行购入的承销方式

90. 下列做法正确的是（　　）。
A. 为股票发行出具审计报告的专业机构，在自开始承销该股票之日第3个月起，买卖该种股票
B. 为上市公司出具资产评估报告文件的人员，自资产评估报告完成并公布后第4日，买卖该种股票
C. 证券公司经客户请求，与客户签订合同，向客户进行融券的证券交易活动
D. 李某原为一私营企业主，后因经验丰富，管理企业有方，被聘为上海证券交易所负责人后，仍持有在上证上市的长虹集团的股票

91. 某公司一董事在董事会议上得知将收购上市公司（甲）计划，便提前购入甲公司股票3500股。收购开始后甲公司股票大幅度上涨，该董事获利。该董事的行为属于（　　）。
A. 不当得利
B. 非法买卖股票
C. 内幕交易
D. 欺诈客户

92. 一家公司经批准发行股票，后与某证券公司签订包销发行协议，因市场认购异常踊跃，该公司后悔包销费用过高，则（　　）。
A. 该公司可以降低包销费
B. 该公司无权降低包销费
C. 该公司可以更换包销公司
D. 该公司有权重谈包销费

93. 小霍向甲证券公司办理委托股票买卖时，甲保证年投资回报率为20%。甲的行为属

于（　　）。

　　A. 信息误导　　　　　　　　　　B. 信托
　　C. 虚假陈述　　　　　　　　　　D. 担保

94. 某上市公司宣布破产，下列人员中对公司财产享有最为优先的索取权的是（　　）。

　　A. 国有股股东　　　　　　　　　B. 社会公众股股东
　　C. 公司债券持有人　　　　　　　D. 优先股股东

95. 某上市公司的股票价格已经连续3个月高于15元，而其发行的可转换债券的转股价格为10元，则该公司可能会行使下列何种条款？（　　）

　　A. 赎回条款　　　　　　　　　　B. 利率条款
　　C. 回售条款　　　　　　　　　　D. 转股价格调整条款

96. 小朱想将其持有的开放式证券投资基金单位卖出去，他可以（　　）。

　　A. 委托证券公司在证券交易所按市价卖出
　　B. 按市价卖给证券公司
　　C. 按基金的报价要求基金管理公司赎回
　　D. 通过协议方式以市价转让给第三人

97. 小王从其持有的证券投资基金中获得的收益形式应当是（　　）。

　　A. 股票　　　　　　　　　　　　B. 现金
　　C. 现金和股票　　　　　　　　　D. 现金和基金单位

98. 下列哪种人员不能在证券交易所进行证券交易？（　　）

　　A. 经纪人　　　　　　　　　　　B. 证券商
　　C. 专业证券商　　　　　　　　　D. 股票发行人

99. 以下选项所列哪一项不适用《保险法》？（　　）

　　A. 海上保险　　　　　　　　　　B. 农业保险
　　C. 财产保险　　　　　　　　　　D. 人身保险

100. 下列不属于商业保险的险种有（　　）。

　　A. 人寿保险　　　　　　　　　　B. 家庭财产保险
　　C. 医疗保险　　　　　　　　　　D. 失业保险

101. 经营有人寿保险业务的保险公司解散的理由包括（　　）。

　　A. 合并、分立或者依法被撤销　　B. 被宣告破产
　　C. 股东大会决议　　　　　　　　D. 被吊销营业执照

102. 因保险经纪人在办理保险业务中的过错，给投保人、被保险人造成损失的，由（　　）承担赔偿责任。

　　A. 保险经纪人　　　　　　　　　B. 保险人
　　C. 保险经纪人的上级主管部门　　D. 保险经纪人与保险人共同

103. 甲公司与某保险公司签订了财产保险合同，对甲公司价值300万元的机器投保，投保的保险金额为500万元。一日，由于地震甲公司厂房倒塌，致使投保的机器全部报废。甲公司向保险公司提出赔偿，则保险公司支付甲公司保险金额最高为（　　）。

　　A. 500万元　　　　　　　　　　　B. 300万元
　　C. 实际损失额　　　　　　　　　D. 保险公司不予赔偿

104. 保险公司在被整顿的过程中，其原有的业务（　　）。

　　A. 暂时停止　　　　　　　　　　B. 继续进行
　　C. 转让给其他保险公司　　　　　D. 由整顿组织决定

105. 我国有资格经营商业保险业务的有（   ）。
   A. 商业银行　　　　　　　　　　　　B. 信托公司
   C. 保险公司　　　　　　　　　　　　D. 证券公司
106. 保险公司对每一危险单位，即对一次保险事故可能造成的最大损失范围所承担的责任，不得超过其实有资本金加公积金总和的（   ）。
   A. 10%　　　　B. 20%　　　　C. 40%　　　　D. 50%
107. 设立保险公司的注册资本最低限额为人民币（   ）元。
   A. 2亿　　　　B. 1亿　　　　C. 3亿　　　　D. 5亿
108. 经营人身保险业务的保险人不得经营（   ）。
   A. 人寿保险　　　　　　　　　　　　B. 健康保险
   C. 意外保险　　　　　　　　　　　　D. 汽车商业保险
109. 经营财产保险业务的保险公司当年自留保险费，不得超过（   ）。
   A. 其公积金的4倍
   B. 其注册资金的4倍
   C. 其实有资本金的4倍
   D. 其实有资本金加公积金总和的4倍
110. 外商投资企业的各项保险，（   ）。
   A. 可由当事人选择向中国或外国的保险公司投保
   B. 应向中国境内的保险公司投保
   C. 可向经中国有关主管部门批准的外国保险公司投保
   D. 应优先向中国境内的保险公司投保
111. 经营下列哪种保险代理业务的个人保险代理人，不得同时接受两个以上保险人的委托？（   ）
   A. 工程保险　　　　　　　　　　　　B. 团体人身保险
   C. 人寿保险　　　　　　　　　　　　D. 责任保险
112. 保险法规定，保险公司违反保险法规定，损害社会公共利益，可能严重危及或者已经危及保险公司的偿付能力的，保险监督管理机构可以对该保险公司实行（   ）。
   A. 接管　　　　　　　　　　　　　　B. 整顿
   C. 暂停营业的处罚　　　　　　　　　D. 合并
113. 基于投保人的利益为投保人与保险人订立保险合同提供中介服务，并依法收取佣金的人被称为（   ）。
   A. 保险代理人　　　　　　　　　　　B. 投保中介人
   C. 保险经纪人　　　　　　　　　　　D. 投保经纪人
114. 公民甲通过保险代理人乙为其5岁的儿子丙投保一份幼儿平安成长险，保险公司为丁。下列有关本事例的哪一表述是正确的？（   ）
   A. 该份保险合同中不得含有以丙的死亡为给付保险金条件的条款
   B. 受益人请求丁给付保险金的权利自其知道保险事故发生之日起5年内不行使而消灭
   C. 当保险事故发生时，乙与丁对给付保险金承担连带赔偿责任
   D. 保险代理人乙只能是依法成立的公司，不能是个人
115. 李某为其子投保了以死亡为给付保险金条件的人身保险，期限五年，保费已一次性缴清。两年后其子因抢劫罪被判处死刑并已执行。李某要求保险公司履行赔付义务。对此，保险公司应如何处理？（   ）

A. 依照合同规定给付保险金

B. 根据李某已付保费，按照合同约定退还保单的现金价值

C. 可以不承担给付保险金的义务，也不返还保险费

D. 可以解除合同，但应全额返还保险费

116. 以出让方式取得土地使用权的，转让房地产后，其土地使用权的年限是（　　）。

A. 由转让双方具体约定

B. 按原土地出让合同约定的使用年限计算

C. 按该类土地用途的法定最高使用年限计算

D. 按原土地使用权出让合同约定的使用年限减去原土地使用者已经使用年限后的剩余年限计算

117. 房地产抵押合同签订后，土地上新增的房屋如何处理？（　　）

A. 应认定其为抵押财产，抵押权实现时，与抵押财产一同拍卖

B. 应认定其不属于抵押财产，抵押权实现时，不与抵押财产一同拍卖

C. 应认定其属于抵押财产，但抵押权实现时，不与抵押财产一同拍卖

D. 应认定其不属于抵押财产，可以依法将土地上新增的房屋与抵押财产一同拍卖，但对拍卖新增房屋所得，抵押权人无权优先受偿

118. 某发展商以出让方式取得一宗国有土地使用权，其超过出让合同约定的动工开发期限满2年未动工开发，政府（出让方）可依法采取哪项措施？（　　）

A. 征收相当于土地使用权出让金20%以下的土地闲置费

B. 征收相当于土地使用权出让金20%以上的土地闲置费

C. 无偿收回土地使用权

D. 退还出让金，收回土地使用权

119. 依据《城市房地产管理法》，下列关于房屋的定义正确的是（　　）。

A. 地上附着物　　　　　　　　B. 土地上的建筑物

C. 土地上的构筑物　　　　　　D. 土地上的建筑物及构筑物

120. 土地使用权出让合同由谁与土地使用者签订？（　　）

A. 市、县人民政府

B. 省、自治区、直辖市人民政府

C. 市、县人民政府土地管理部门

D. 省、自治区、直辖市人民政府土地管理部门

121. 以出让方式取得土地使用权进行房地产开发的，超过出让合同约定的动工开发期限满1年未动工开发的，如何处置？（　　）

A. 可以征收相当于土地使用权出让金20%以下的土地闲置费

B. 可以征收相当于土地使用权出让金20%以上的土地闲置费

C. 可以无偿收回土地使用权

D. 可以处以行政罚款

122. 政府房产管理部门对房屋租赁合同如何实施管理？（　　）

A. 依法批准　　　　　　　　　B. 依法登记公示

C. 依法登记备案　　　　　　　D. 依法确定租金标准

123. 房屋交付使用应具备下列哪项条件？（　　）

A. 房地产开发项目封顶

B. 房地产开发项目完成土建工程和配套设施工程

C. 房地产开发项目完成装修、装饰工程
D. 房地产开发项目经竣工验收合格

124. 设定房地产抵押权的土地使用权是以划拨方式取得的，应当（　　）。
A. 先办理出让手续并补交出让金，然后再设定抵押
B. 经过有审批权的政府批准
C. 在抵押权实现时，从拍卖所得款项中优先缴纳出让金
D. 再设定其他担保

125.《城市房地产管理法》的适用范围是（　　）。
A. 城市市区的土地
B. 城市市区和城市郊区的土地
C. 城市规划区的国有土地
D. 国有土地

126. 未取得营业执照擅自从事房地产开发业务的，由哪一机构处理？（　　）
A. 县级以上人民政府
B. 县级以上人民政府土地行政主管部门
C. 县级以上人民政府房产管理部门
D. 县级以上人民政府市场监督管理部门

127. 土地使用权出让的年限（　　）。
A. 由国务院统一规定
B. 由出让方与受让方约定
C. 由出让方确定
D. 由出让方与受让方在法定最高年限以下约定

128. 下列各项中不适用土地使用权划拨的情形是（　　）。
A. 国家机关用地　　　　　　　　B. 大学校园用地
C. 国有商业企业用地　　　　　　D. 军队营房用地

129. 房屋所有权人以营利为目的，将以划拨方式取得使用权的国有土地之上建成的房屋出租，其租金中所含土地收益依法应如何处理？（　　）
A. 租金中所含土地收益归承租人
B. 应当将租金中所含的土地收益上缴国家
C. 租金中所含土地收益归出租人
D. 应当在租金中扣除所含土地收益

130. 甲企业将其房屋一幢转让于乙企业，由此发生的土地使用权转移，应通过何种方式实现？（　　）
A. 当事人之间进行土地使用证交付
B. 当事人之间进行土地使用证交付，并经公证机关公证
C. 到土地管理部门备案，并在土地使用证上作变更记载
D. 到土地管理部门申请土地使用权变更登记，并更换土地使用证

131. 根据我国现行法律的规定，以行政划拨方式取得的土地使用权发生转让时，必须先（　　）。
A. 报规划部门批准　　　　　　　B. 报有批准权的人民政府审批
C. 报原批准机关批准　　　　　　D. 向政府补交出让金

132. 根据我国现行有关法律的规定，房屋产权的取得、转移、变更和他项权利设定的法定生

效要件是（　　）。

　　A. 签订书面合同　　　　　　　　B. 经有关主管部门批准
　　C. 办理房屋产权登记　　　　　　D. 办理公证

133. 书面租赁合同签订后，向房产管理部门办理登记备案手续的人是（　　）。

　　A. 出租人　　　　　　　　　　　B. 承租人
　　C. 出租人和承租人　　　　　　　D. 出租人或承租人

134. 申请不动产登记时，下列哪一情形应由当事人双方共同申请？（　　）

　　A. 赵某放弃不动产权利，申请注销登记
　　B. 钱某接受不动产遗赠，申请转移登记
　　C. 孙某将房屋抵押给银行以获得贷款，申请抵押登记
　　D. 李某认为登记于周某名下的房屋为自己所有，申请更正登记

135. 某镇拟编制并实施镇总体规划，根据《城乡规划法》的规定，下列哪一说法是正确的？（　　）

　　A. 防灾减灾系镇总体规划的强制性内容之一
　　B. 在镇总体规划确定的建设用地范围以外，可设立经济开发区
　　C. 镇政府编制的镇总体规划，报上一级政府审批后，再经镇人大审议
　　D. 建设单位报批公共垃圾填埋场项目，应向国土部门申请核发选址意见书

多项选择题

1. 国务院银行业监督管理机构的从业人员应遵守以下哪几项从业规范？（　　）

　　A. 不得利用职务便利牟取不正当的利益
　　B. 应当具备与其任职相适应的专业知识和业务工作经验
　　C. 保守国家秘密
　　D. 不在企业中兼任职务

2. 以下关于国务院银行业监督管理机构履行监管职责的几项表述，哪些是错误的？（　　）

　　A. 国务院银行业监督管理机构应当对银行业金融机构的业务活动及其风险状况进行非现场监管，建立银行业金融机构监督管理信息系统，分析、评价其风险状况
　　B. 为了不妨碍银行业金融机构的业务活动，国务院银行业监督管理机构对其只进行非现场监管，不进行现场监管
　　C. 由于监管职能的分离，中国人民银行无权对银行业金融机构进行检查、向国务院银行业监督管理机构提出建议
　　D. 国务院银行业监督管理机构应当建立银行业金融机构监督管理评级体系、风险预警机制、突发事件报告责任制度、突发事件处置制度和统一的统计制度等

3. 国务院银行业监督管理机构应当在规定的期限内对决定不批准应当说明理由的申请事项有（　　）。

　　A. 银行业金融机构的设立，自收到申请文件之日起6个月内
　　B. 银行业金融机构的变更、终止，以及业务范围和增加业务范围内的业务品种，自收到申请文件之日起6个月内
　　C. 审查董事和高级管理人员的任职资格，自收到申请文件之日起30日内
　　D. 银行业金融机构的变更、终止，以及业务范围和增加业务范围内的业务品种，自收到申请文件之日起3个月内

4. 商业银行违反《商业银行法》规定的，国务院银行业监督管理机构可以禁止以下哪些人员

一定期限直至终身从事银行业工作？（　　）

  A. 直接负责的董事　　　　　　　　B. 商业银行的行长

  C. 其他直接负责的人员　　　　　　D. 商业银行的监事

 5. 国务院银行业监督管理机构可以采取以下哪些强制整改措施？（　　）

  A. 责令暂停部分业务、停止批准开办新业务

  B. 限制分配红利和其他收入

  C. 责令银行业金融机构裁员

  D. 责令调整董事、高级管理人员或者限制其权利

 6. 银行业金融机构违反法律、行政法规以及国家有关银行业监督管理规定的，银行业监督管理机构可以区别不同情形，采取下列哪些补充性制裁措施？（　　）

  A. 责令银行业金融机构对直接负责的董事、高级管理人员和其他直接责任人员给予纪律处分

  B. 取消直接负责的董事、高级管理人员一定期限直至终身的任职资格

  C. 银行业金融机构的行为尚不构成犯罪的，对直接负责的董事、高级管理人员和其他直接责任人员给予警告，处以一定数额的罚款

  D. 禁止直接负责的董事、高级管理人员和其他直接责任人员一定期限直至终身从事银行业工作

 7. 下列哪些机构和人员能够成为承担《银行业监督管理法》规定的法律责任的主体？（　　）

  A. 银行业金融机构

  B. 银行业金融机构的高级管理人员

  C. 非法从事银行业金融业务的非银行金融机构

  D. 银行业监督管理机构从事监管工作的人员

 8. 下列哪些方面的情况是银行业监督管理机构应当责令银行业金融机构如实向社会公众披露的重大事项？（　　）

  A. 财务会计报告

  B. 风险管理状况

  C. 控股股东转让股份

  D. 董事和高级管理人员的变更

 9. 银行业监督管理机构依法对银行业金融机构进行检查时，经设区的市一级以上银行业监督管理机构负责人批准，可以对与涉嫌违法事项有关的单位和个人采取下列哪些措施？（　　）

  A. 询问有关单位或者个人，要求其对有关情况作出说明

  B. 查阅、复制有关财务会计、财产权登记等文件与资料

  C. 对涉嫌转移或者隐匿违法资金的账户予以冻结

  D. 对可能被转移、隐匿、毁损或者伪造的文件与资料予以先行登记保存

 10. 根据《商业银行法》，关于商业银行分支机构，下列哪些说法是错误的？（　　）

  A. 在中国境内应当按行政区划设立

  B. 经地方政府批准即可设立

  C. 分支机构不具有法人资格

  D. 拨付各分支机构营运资金额的总和，不得超过总行资本金总额的70%

 11. 根据《商业银行法》，关于商业银行的设立和变更，下列哪些说法是正确的？（　　）

  A. 国务院银行业监督管理机构可以根据审慎监管的要求，在法定标准的基础上提高商业银行设立的注册资本最低限额

B. 商业银行的组织形式、组织机构适用《公司法》

C. 商业银行的分立、合并不适用《公司法》

D. 任何单位和个人购买商业银行股份总额 5% 以上的，应事先经国务院银行业监督管理机构批准

12. 某商业银行决定推出一批新型理财产品，但该业务品种在已获批准的业务范围之外。该银行在报批的同时要求下属各分行开展试销。对此，下列哪些选项是正确的？（　　）

A. 该业务品种应由国家金融监督管理总局审批

B. 该业务品种应由中国人民银行审批

C. 因该业务品种在批准前即进行试销，有关部门有权对该银行进行处罚

D. 该业务品种在批准前进行的试销交易为效力待定的民事行为

13. 某商业银行违反审慎经营规则，造成资本和资产状况恶化，严重危及稳健运行，损害存款人和其他客户合法权益。对此，银行业监督管理机构对该银行依法可采取下列哪些措施？（　　）

A. 限制分配红利和其他收入

B. 限制工资总额

C. 责令调整高级管理人员

D. 责令减员增效

14. 某市商业银行 2010 年通过实现抵押权取得某大楼的所有权，2013 年卖出该楼获利颇丰。2014 年该银行决定修建自用办公楼，并决定入股某知名房地产企业。该银行的下列哪些做法是合法的？（　　）

A. 2010 年实现抵押权取得该楼所有权

B. 2013 年出售该楼

C. 2014 年修建自用办公楼

D. 2014 年入股某房地产企业

15. 某商业银行推出"校园贷"业务，旨在向在校大学生提供额度不等的消费贷款。对此，下列哪些说法是错误的？（　　）

A. 银行向在校大学生提供"校园贷"业务，须经国务院银监机构审批或备案

B. 在校大学生向银行申请"校园贷"业务，无论资信如何，都必须提供担保

C. 银行应对借款大学生的学习、恋爱经历、父母工作等情况进行严格审查

D. 银行为提高"校园贷"业务发放效率，审查人员和放贷人员可同为一人

16. 某商业银行的流动性比率低于 20%，银行业监督管理机构责令其限期改正。某商业银行认为其流动性并不影响正常经营，逾期未进行改正。对此，银行业监管机构有权对该商业银行采取哪些措施？（　　）

A. 暂停其部分业务

B. 限制其新设分支机构

C. 限制其董事和高管人员的权利

D. 限制其对外转让资产

17. 下列哪些人员不得担任商业银行的高级管理人员？（　　）

A. 因犯有贪污、贿赂、侵占财产、挪用财产罪或者破坏社会经济秩序罪，被判处刑罚，或者因犯罪被剥夺政治权利的

B. 担任因经营不善破产清算的公司、企业的董事或者厂长、经理，并对该公司、企业的破产负有个人责任的

C. 担任因违法被吊销营业执照的公司、企业的法定代表人，并负有个人责任的

D. 个人所负数额较大的债务到期未清偿的

18. 商业银行发放贷款的条件是（　　）。

A. 借款人必须提供担保

B. 必须在中国人民银行规定的利率幅度内确定贷款利率

C. 必须订立书面借款合同

D. 期限不能超过 20 年

19. 下列各项中，属于对商业银行进行接管的条件的有（　　）。

A. 出现信用危机

B. 严重影响存款人利益

C. 由国务院银行业监督管理机构对该银行实行接管

D. 资不抵债

20. 商业银行是依照商业银行法和公司法的规定设立的从事（　　）等业务的法人。

A. 吸收公众存款　　　　　　　　　B. 发放贷款

C. 办理结算　　　　　　　　　　　D. 执行货币政策

21. 为了适应市场竞争的需要，某商业银行与当地经营额达到一定规模的公司达成协议，可以承诺在同等条件下，优先为这些公司提供下列业务：（　　）。

A. 为客户指名的公司发放委托贷款

B. 为客户出口产品提供买方信贷

C. 为客户投资市场公认的绩优上市公司提供信贷

D. 为客户进口产品提供信用证服务

22. 根据《商业银行法》的规定，商业银行可以根据市场形势的需要，自行决定信贷资产业务，但是由于防范金融风险的要求，不得向关系人发放下列哪些贷款？（　　）

A. 比市场同类贷款利率低的优惠贷款

B. 期限超过 5 年的长期贷款

C. 无须借款人提供担保的信用贷款

D. 非国家计划内项目的外汇贷款

23. 《商业银行法》规定商业银行应当具备基本的偿付能力，所以对存款人应当采取具体的保护措施，下列哪些规定是对存款人的保护措施？（　　）

A. 对单位的存款，商业银行有权拒绝任何单位或者个人查询，但法律、行政法规另有规定的除外

B. 对单位的存款，商业银行有权拒绝任何单位或者个人冻结、扣划，但法律另有规定的除外

C. 商业银行应当按照中国人民银行规定的存款利率的上下限，确定存款利率，并予以公告

D. 商业银行应当按照中国人民银行的规定，向中国人民银行交足 5% 的存款准备金，以应付可能发生的偿付风险

24. 根据《公司法》和《商业银行法》的规定，商业银行是一个独立承担民事责任，自负盈亏的独立法人，所以有权自行决定发放贷款的对象，任何单位和个人都不得强行要求商业银行向特定的人发放贷款。如果你是商业银行的法律顾问，你认为下列哪些说法不符合《商业银行法》的规定？（　　）

A. 任何单位和个人不得强令商业银行发放贷款或者提供担保，但是承办银行的上级银行或者银行所在地的政府不在此列

B. 经国务院批准的特定贷款项目，国有独资商业银行应当发放贷款，由此造成的损失，由该银行以其他盈利弥补

C. 国有独资商业银行发放特定贷款造成的损失，由国务院采取相应补救措施

D. 经商业银行审查、评估，确认借款人资信良好，确能偿还贷款的，可以不用提供担保

25. 商业银行经营须以安全为第一要旨，其资产业务要遵守商业银行法和国务院银行业监督管理机构的有关规定，包括下列内容：（　　）。

　　A. 商业银行贷款，借款人应当提供担保，商业银行应当对保证人的偿还能力、抵押物、质物的权属和价值以及实现抵押权、质权的可行性进行严格的审查

　　B. 商业银行因行使抵押权、质权而取得的不动产或者股票，应当自取得之日起3年内予以处分

　　C. 商业银行在中华人民共和国境内不得从事信托投资和股票业务，不得投资于非自用不动产

　　D. 商业银行不可以向企业投资，但是可以根据需要向非银行金融机构投资

26. 我国的《商业银行法》规定的商业银行是指依照商业银行法和公司法规定的程序而设立的企业法人，其主要业务是放款资产业务、存款负债业务和下列哪些中间业务？（　　）

　　A. 办理票据业务　　　　　　　　B. 办理银行汇兑业务

　　C. 发放贷款　　　　　　　　　　D. 办理外汇收支业务

27. 根据《商业银行法》和《贷款通则》的规定，商业银行在发放贷款时，应当根据下列规定进行（　　）。

　　A. 对借款人的借款用途、偿还能力、还款方式进行严格审查

　　B. 实行审贷分离、分级审批的制度

　　C. 借款人应当提供以不动产为主的担保

　　D. 应当按中国人民银行规定的贷款利率的上下限确定贷款利率

28. 根据《商业银行法》的规定，商业银行的工作人员应当遵守法律、行政法规和其他各项业务管理的规定，不得有下列行为：（　　）。

　　A. 向亲属、朋友提供担保

　　B. 利用职务上的便利，贪污、挪用、侵占本行或者客户的资金

　　C. 在其他经济组织兼职

　　D. 投资于其他商业银行

29. 根据《商业银行法》的规定，下列哪些事项的变动应当经国务院银行业监督管理机构批准？（　　）

　　A. 行长的更换　　　　　　　　　B. 变更持有股份总额5%的股东

　　C. 业务范围的调整　　　　　　　D. 分支行所在地的变更

30. 根据《商业银行法》的规定，下列关于分支机构的表述哪些是正确的？（　　）

　　A. 商业银行可以在境内外设立分支机构

　　B. 商业银行的分支机构没有法人资格

　　C. 商业银行的分支机构的设立必须经过国务院银行业监督管理机构批准

　　D. 商业银行的分支机构自取得经营许可证之日起6个月未开业的，国务院银行业监督管理机构可以吊销其经营许可证

31. 下列选项关于对商业银行接管的表述中哪些是正确的？（　　）

　　A. 接管是用来挽救经营出现问题的银行的法律措施

　　B. 接管由国务院银行业监督管理机构组织实施

　　C. 接管是商业银行破产之前的必经程序，未经接管国务院银行业监督管理机构不得同意商业银行破产

　　D. 被接管商业银行的债权债务关系不因接管而发生任何变化

32. 下列表述中符合《商业银行法》规定的是（　　）。
A. 商业银行的经营范围由商业银行章程规定，报国务院银行业监督管理机构批准
B. 未经国务院银行业监督管理机构批准，任何单位和个人不得从事商业银行业务
C. 变更持有商业银行资本总额或者股份总额 10% 以上的股东应当报经国务院银行业监督管理机构批准
D. 商业银行不能支付到期债务，经国务院银行业监督管理机构同意，由人民法院依法宣告其破产

33. 商业银行用于同业拆借的拆出资金限于（　　）。
A. 归还中国人民银行到期贷款之后的闲置资金
B. 留足备付金
C. 交足存款准备金
D. 留足当月到期的偿债资金

34. 下列关于银行分支机构的正确表述有：（　　）。
A. 商业银行分支机构不具有法人资格
B. 商业银行分支机构有法人资格
C. 商业银行分支机构不能承担民事责任
D. 商业银行分支机构不具有法人资格，在总行授权范围内依法开展业务，其民事责任由总行承担

35. 商业银行用于同业拆借的拆入资金限用于（　　）。
A. 解决临时性周转资金的需要
B. 弥补票据结算、联行汇差头寸的不足
C. 发放固定资产贷款
D. 投资政府债券

36. 依照我国现行法律的规定，下列行政机关中，哪些具有通知金融机构冻结、扣划存款人存款的权力？（　　）
A. 税务部门　　　　　　　　　B. 行政监察部门
C. 市场监督管理部门　　　　　D. 海关

37. 丁公司是由甲银行行长投资成立的，甲银行向丁公司提供了一笔 300 万元的贷款用于尚未获得批准的房产项目建设，并且没有要求丁公司提供担保。甲银行的行为违反了（　　）。
A. 银行不能向关系人发放贷款的规定
B. 银行不能向未取得批准的建设项目发放贷款的规定
C. 银行不能向关系人发放信用贷款的规定
D. 银行一次贷款的金额不能超过 200 万元的规定

38. 某商业银行因经营管理不善而被关闭，国务院银行业监督管理机构可能采取下列何种方式进行处理？（　　）
A. 追加资本金　　　　　　　　B. 直接进入清算程序
C. 托管　　　　　　　　　　　D. 接管

39. 以下表述，哪几项是错误的？（　　）
A. 银行业金融机构违反平等、自愿和诚实原则的，国务院银行业监督管理机构应当责令其限期改正
B. 银行业金融机构整改后，应当向同级银行业监督管理机构提交报告
C. 银行业监督管理机构对银行业金融机构验收通过后，应在 10 日内解除对银行业金融机构

采取的有关整改措施

D. 国务院银行业监督管理机构可以采取限制资产转让、限制有关股东权利等强制整改措施

40. 商业银行出现下列哪些行为时，中国人民银行有权建议银行业监督管理机构责令停业整顿或吊销经营许可证？（   ）

A. 未经批准分立、合并的

B. 未经批准发行、买卖金融债券的

C. 提供虚假财务报告、报表和统计报表的

D. 违反规定同业拆借的

41. 一般而言，下列股票交易行为所得收益应归该公司所有的是（   ）。

A. 股份有限公司的总经理、总会计师在其任期内将其持有的该股份有限公司的股票卖出的

B. 持有一个股份有限公司已发行的股份达5%的股东，将其所持有的该公司的股票在买入后6个月内又卖出的

C. 持有一个股份有限公司已发行的股份达5%的股东，将其所持有的该公司的股票在卖出后6个月内又买入的

D. 股份有限公司的董事、监事在其任期届满后1年内将其持有的该股份有限公司的股票卖出的

42. 下列机构中，应接受国家审计机关依法进行审计监督的是（   ）。

A. 证券监督管理机构　　　　　　　B. 证券登记结算机构

C. 证券交易所　　　　　　　　　　D. 证券公司

43. 下列人员中，在任期或者法定限期内，不得直接或者以化名、借他人名义持有、买卖股票的有（   ）。

A. 证券交易所从业人员

B. 证券公司从业人员

C. 证券监督管理机构工作人员

D. 保险公司从业人员

44. 持有同一个公司已发行股票的5%的股东，将其所持有的该公司的股票在买入后6个月内卖出，或者在卖出后6个月内又买入，应如何处理？（   ）

A. 由此所得的收益归该公司所有，公司董事会应当收回该股东所得收益

B. 如果董事会不将该股东的收益收归公司，其他股东有权要求董事会执行

C. 如果董事会不将该股东的收益收归公司，致使公司遭受损害的，负有责任的董事依法承担连带赔偿责任

D. 由此所得的收益归该股东所有

45. 以下各项中哪些是公司债券上市交易的公司可以用于信息披露的文件？（   ）

A. 中期报告书　　　　　　　　　　B. 年度报告书

C. 上市报告书　　　　　　　　　　D. 重大事件的临时报告书

46. 甲股份有限责任公司发行股票公告的招股说明书中遗漏了拖欠其巨额债务的乙公司宣告破产致使该巨额债务无法收回的内容；丙证券公司以包销的方式为甲公司发售股票，该股票上市后不久，有关媒体披露乙公司上述情况，致使甲公司的股票行情大跌，投资者遭受了损失。投资者的这些损失应当由谁来承担？（   ）

A. 甲股份有限责任公司

B. 丙证券公司

C. 甲、丙两公司的董事经理承担连带赔偿责任

D. 甲、丙两公司负有责任的董事、监事、经理承担连带赔偿责任

47. 法律禁止证券公司及其从业人员从事下列哪些行为？（　　）

A. 挪用客户所委托买卖的证券或者客户账户上的资金

B. 违背客户的委托为其买卖证券向其提供招募说明书

C. 利用传播媒介或者通过其他方式提供，传播虚假或者误导投资者信息

D. 不在规定的时间内向客户提供证券买卖书面确认文件

48. 下列选项中符合证券法有关要约收购规定的有（　　）。

A. 采取要约收购方式的，收购人在收购要约期限内，不得采取要约规定以外的形式和超出要约的条件买卖被收购公司的股票

B. 收购人经股东大会同意可以变更要约中的事项

C. 收购人需要变更收购要约中事项的，必须及时公告，载明具体变更事项

D. 收购人可根据情况以超出要约的条件买卖被收购公司的股票

49. 下列关于证券交易所交易规则的表述中正确的有（　　）。

A. 进入证券交易所参与集中竞价交易的，必须是具有证券交易所会员资格的证券公司

B. 证券公司受投资者的委托，按照价格优先的规则提出交易申报，参与证券交易所场内的集中竞价交易

C. 证券公司接受委托当日买入的证券，不得在当日再行卖出

D. 投资者只能委托为其开户的证券公司代其在交易所买卖

50. 下列哪些人不能担任海天证券公司的董事？（　　）

A. 张某，家福证券公司职员

B. 曾某，3年前任证券登记结算机构的负责人，因违法行为而被解除职务

C. 王某，原某会计师事务所注册会计师，3年前因违法行为而被撤销资格

D. 李某，退休干部，年近80岁

51. 国务院证券监督管理机构在对证券市场实施监督管理时，要履行哪些职责？（　　）

A. 制定从事证券业务人员的资格标准和行为准则

B. 审批证券交易所的设立和解散

C. 制定有关证券市场监督管理的规章、规则

D. 对证券交易所的证券业务活动进行监督管理

52. 国务院证券监督管理机构依法履行职责时，可以采取下列哪些措施？（　　）

A. 进入涉嫌违法行为发生场所调查取证

B. 查询当事人和与被调查事件有关的单位和个人，要求其对与被调查事件有关的事项作出说明

C. 查阅、复制当事人和与被调查事件有关的单位和个人的证券交易记录、登记过户记录、财务会计资料及其他相关文件和资料

D. 查询、冻结当事人和被调查事件有关的单位和个人的资金账户、证券账户

53. 当事人对证券监督管理机构或者国务院授权的部门处罚决定不服的，如何处理？（　　）

A. 可以依法直接向人民法院提起诉讼

B. 可以依法申请复议

C. 先申请复议，对复议决定不服的可提起诉讼

D. 先执行处罚决定，再提起诉讼

54. 在以下各项中，哪些符合证券法中有关上市公司收购的规定？（　　）

A. 在收购要约的有效期限内，收购人不得撤回其收购要约

B. 收购要约中提出的各项条件，适用于被收购公司所有的股东

C. 收购要约的期限不得少于 30 日，并不得超过 60 日

D. 采取要约收购方式的，收购人在收购期限内，不得采取要约规定以外的形式和超出要约的条件买入被收购公司的股票

55. 下列关于证券公司的表述中，哪些是正确的？（　　）

A. 进入证券交易所参与集中竞价交易的，必须是证券交易所会员

B. 证券公司应当加入证券业协会

C. 国家工作人员不得在证券公司中兼任职务

D. 证券公司的从业人员在证券交易活动中，利用职务违反交易规则的，由所属的证券公司承担全部责任

56. 下列关于证券交易所的表述中哪些是正确的？（　　）

A. 证券交易所本身不参与证券的交易

B. 证券交易所对在交易所进行的证券实行实时监控，并按照证券监管机构的要求，对异常的交易情况提出报告

C. 证券交易所应当对上市公司信息披露进行监督，发现披露内容有重大遗漏，可采取停牌的措施

D. 证券交易所有权对违反交易所交易规则的人员给予纪律处分

57. 以下所列各项中，哪些是证券业协会的职责？（　　）

A. 制定会员应遵守的规则

B. 对会员之间、会员与客户之间发生的纠纷进行调解、仲裁

C. 组织会员拟定证券交易的规则

D. 组织会员就证券业的发展、运作及有关内容进行研究

58. 在下列关于证券交易的表述中，哪些是错误的？（　　）

A. 国有独资企业不得买卖上市交易的股票

B. 证券投资咨询机构应对其咨询对象证券交易的损失负赔偿责任

C. 经依法核准的上市交易的股票、公司债券及其他证券，应当在证券交易所挂牌交易

D. 为股票发行出具审计报告、法律意见书等文件的专业机构和人员，不得买卖股票

59. 下列选项哪些是证券登记结算机构应当履行的职能？（　　）

A. 接受投资者的委托代为买卖证券

B. 证券的托管

C. 向投资者提供证券的投资咨询服务

D. 受发行人的委托派发证券权益

60. 下列关于证券承销的表述中，哪些是正确的？（　　）

A. 证券承销有期限的限制，最长不得超过 90 日

B. 从事证券承销的证券公司只能是综合类证券公司

C. 向社会公开发行的证券票面总值超过人民币 5000 万元的，应当由承销团承销

D. 证券公司承销证券时应对公开募集文件的真实性、准确性、完整性进行核查，发现含有误导性陈述的，不得进行销售活动

61. 李某是证券市场上的一般投资者，现持有甲公司已发行的股份达 5%，此时李某应如何做才合法？（　　）

A. 因李某是一般投资者，并没有收购意图，故可以继续自由买卖甲公司的股票

B. 李某应在 3 日内通知甲公司

C. 李某应在 3 日内报告证券监督管理机构和证券交易所
D. 李某不得将其持有的甲公司的股票在买入后 6 个月内卖出

62. 依据《证券法》，下列哪些人员不得被招聘为证券交易所的从业人员？（　　）
A. 赵某，原为某商业银行的行长，曾因受贿被判处有期徒刑 3 年，现已刑满释放
B. 黄某，原为某税务局的干部，因违纪被开除
C. 曾某，原为证券公司的职员，因合同期满被解雇
D. 刘某，原为证券登记结算机构的从业人员，因严重违反单位内部的规章制度给单位造成了巨额损失被开除

63. 依照《证券法》的规定，下列哪些是操纵市场的行为？（　　）
A. 以自己为交易对象，进行不转移所有权的自买自卖，影响证券交易价格或者证券交易量
B. 与他人串通，以事先约定的时间、价格和方式相互进行证券交易或者相互买卖并不持有的证券，影响证券交易价格或者证券交易量
C. 通过单独或者合谋，集中资金优势、持股优势或者利用信息优势联合或者连续买卖、操纵证券交易价格
D. 以其他方式操纵证券市场价格

64. 证券公司代理买卖证券，以下表述正确的是（　　）。
A. 须按委托进行，并制作买卖成交报告单交付客户
B. 对账单内容必须核实
C. 审核人员须逐笔审核账单
D. 要保证账面证券余额与实际持有的证券相一致

65. 证券法规定的证券服务机构包括（　　）。
A. 证券登记结算机构　　　　　　B. 证券投资咨询机构
C. 资信评估机构　　　　　　　　D. 证券业协会

66. 强制收购的条件是（　　）。
A. 收购要约的期限届满
B. 被收购公司股权分布已不符合上市条件
C. 收购人以外持有该上市公司股票的股东要求收购人收购其所持股票
D. 收购须以收购要约中的同等条件进行

67. 根据《证券法》的规定，内幕交易行为具体包括（　　）。
A. 内幕人员利用内幕信息买卖证券，或根据内幕信息建议他人买卖证券
B. 内幕人员向他人泄露内幕信息，使他人利用该信息买卖证券
C. 非内幕人员通过不正当手段或者其他途径获得内幕信息，并根据该信息买卖证券或建议他人买卖证券
D. 非内幕人员通过不正当手段或者其他途径获得内幕信息，并向他人泄露该信息，使他人利用该信息买卖证券

68. （　　）在任期或法定期限内，不得直接或者以化名、借他人名义持有、买卖股票，也不得收受他人赠送的股票。
A. 证券交易所从业人员　　　　　B. 证券公司从业人员
C. 证券登记结算机构从业人员　　D. 证券监督管理机构工作人员

69. 要约收购的条件是（　　）。
A. 通过证券交易所进行证券交易
B. 投资者持有一个上市公司已发行股份的 30%

C. 投资者继续收购

D. 国务院证券监督管理机构免除投资者发出收购要约义务的，可不发出收购要约

70. 证券公司从业人员任职消极资格为（   ）。

A. 被开除的证券交易所从业人员

B. 被开除的证券登记结算机构从业人员

C. 被开除的证券公司从业人员

D. 被开除的国家机关工作人员

71. 下列属于证券登记结算机构职能的是（   ）。

A. 证券的存管、过户

B. 证券账户、结算账户的设立

C. 证券持有人名册登记

D. 证券交易的清算和交收

72. 证券公司出现以下哪些法定事由，必须经国务院证券监督管理机构批准？（   ）

A. 破产
B. 变更业务范围

C. 变更主要股东
D. 合并、分立、变更公司形式或解散

73. 根据《证券法》的规定，下列哪些机构对客户开立的账户负有保密义务？（   ）

A. 资产评估机构
B. 证券公司

C. 证券交易所
D. 律师事务所

74. 依我国有关股票发行的规定，股票发行可以（   ）。

A. 原价发行
B. 溢价发行

C. 折价发行
D. 降价发行

75. 下列哪些属于法律禁止的证券交易行为？（   ）

A. 发起人在公司成立之日起 3 年内转让其所持股票

B. 公司董事、经理、监事在任职期间转让其他公司股票

C. 为股票发行出具审计报告的专业人员在该股票承销期内买卖该种股票

D. 为上市公司出具法律意见书的律师在该文件公开后 5 日内买卖该公司股票

76. 证券发行中因虚假陈述致使投资者在证券投资中遭受损失的，发行人、承销商应承担赔偿责任，下列哪些人应负连带赔偿责任？（   ）

A. 发行人的董事、监事、经理

B. 承销商的董事、监事、经理

C. 出具证券投资咨询意见的咨询机构

D. 出具法律意见书的律师事务所

77. 关于证券投资基金运用基金财产进行投资的范围，下列哪些选项是正确的？（   ）

A. 可以买卖该基金管理人发行的债券

B. 可以买卖上市交易的股票、债券

C. 不得从事承担无限责任的投资

D. 不得用于承销证券

78. 甲公司持有乙上市公司 30% 的股份，现欲继续收购乙公司的股份，遂发出收购要约。甲公司发出的下列收购要约，哪些内容是合法的？（   ）

A. 甲公司收购乙公司的股份至 51% 时即不再收购

B. 甲公司将在 45 日内完成对乙公司股份的收购

C. 本收购要约所公布的收购条件适用于乙公司的所有股东

D. 在收购要约的有效期限内，甲公司视具体情况可以撤回收购要约

79. 根据《证券法》关于上市公司及时向社会披露信息的规定，下列哪些表述是正确的？（　　）

A. 公司应在当年 8 月底以前向证监会和交易所报送中期报告，并予以公告

B. 公司应在 4 月底以前向证监会和交易所报送上一年的年度报告，并予以公告

C. 公司的中期报告和年度报告都必须记载公司财务会计报告和经营状况

D. 公司的中期报告和年度报告都必须记载持有公司股份最多的前 10 名股东的名单和持股数额

80. 某上市公司招股说明书中列明的募集资金用途是环保新技术研发。现公司董事会决议将募集资金用于购置办公大楼。对此，下列哪些选项是正确的？（　　）

A. 未经股东大会决议批准，公司董事会不得实施此项购置计划

B. 如果股东大会决议不批准，公司董事会坚持此项购置计划，证券监督管理机构有权责令该公司改正

C. 证券监督管理机构有权对擅自改变募集资金用途的该公司责任人员处以罚款

D. 在未经股东大会批准而实施了此项购置计划的情况下，该公司可以通过发行新股来解决环保新技术研发的资金需求

81. 某上市公司董事吴某，持有该公司 6% 的股份。吴某将其持有的该公司股票在买入后的第 5 个月卖出，获利 600 万元。关于此收益，下列哪些选项是正确的？（　　）

A. 该收益应当全部归公司所有

B. 该收益应由公司董事会负责收回

C. 董事会不收回该收益的，股东有权要求董事会限期收回

D. 董事会未在规定期限内执行股东关于收回吴某收益的要求的，股东有权代替董事会以公司名义直接向法院提起收回该收益的诉讼

82. 证券公司的下列行为，哪些是《证券法》所禁止的？（　　）

A. 为客户买卖证券提供融资融券服务

B. 有偿使用客户的交易结算资金

C. 将自营账户借给他人使用

D. 接受客户的全权委托

83. 根据保险利益原则，下列哪些当事人的投保行为无效？（　　）

A. 某甲为自己购买的一注彩票投保

B. 某乙为自己即将出生的女儿购买人寿险

C. 某丙为屋前的一棵国家一级保护树木投保

D. 某丁为自己与女友的恋爱关系投保

84. 外资保险公司是指依照中华人民共和国有关法律、行政法规的规定，经批准在中国境内设立和营业的（　　）。

A. 合资保险公司　　　　　　　　B. 合作保险公司

C. 独资保险公司　　　　　　　　D. 外国保险公司分公司

85. 保险公司的资金运用限于下列哪些形式？（　　）

A. 银行存款　　　　　　　　　　B. 买卖股票

C. 买卖国债　　　　　　　　　　D. 买卖企业债券

86. 依据《保险法》规定，保险公司应提取哪些款项以使保险公司稳健经营，同时保护被保险人、投保人和受益人的利益？（　　）

A. 责任准备金 B. 未决赔款准备金
C. 公积金 D. 保证金

87. 下列关于保险合同原则的哪些表述是错误的？（　　）
A. 自愿原则是指保险当事人双方可以自由决定保险范围和保险费率
B. 保险利益原则的根本目的是有效弥补投保人的损失
C. 近因原则中的近因是指造成保险标的损害的主要的、决定性的原因
D. 最大诚信原则对保险人的主要要求是及时全面地赔付保险金

88. 设立房地产开发企业，应当具备下列哪些条件？（　　）
A. 有符合国务院规定的注册资本
B. 有自己的名称、组织机构和固定的经营场所
C. 有符合国务院规定的投资总额
D. 有足够的专业技术人员

89. 下列哪些房地产权利可用于设定抵押？（　　）
A. 房屋所有权连同房屋占用范围内的划拨土地使用权
B. 以出让方式取得的土地使用权
C. 房屋所有权连同房屋占用范围内的出让土地使用权
D. 以划拨方式取得的土地使用权

90. 以出让方式取得的土地使用权转让时，应同时符合哪些条件？（　　）
A. 按照出让合同的约定已经支付全部土地使用权出让金
B. 取得土地使用权证书
C. 按照出让合同约定进行投资开发，属于房屋建设工程的，完成开发投资总额的25%以上
D. 按照出让合同约定进行投资开发，属于房屋建设工程的，完成开发投资总额的20%以上

91. 某发展商以出让方式取得一宗国有土地使用权，其超过出让合同约定的动工开发期限满2年未动工开发，如何处置？（　　）
A. 由出让方征收相当于土地使用权出让金20%以下的土地闲置费
B. 由出让方无偿收回土地使用权
C. 因不可抗力造成动工开发迟延，给予宽免
D. 因政府有关部门的行为造成动工开发迟延，给予宽免

92. 哪些房地产权利可用于设定抵押？（　　）
A. 未建地上建筑物的出让土地使用权
B. 房屋所有权连同房屋占用范围内的划拨土地使用权
C. 未建地上建筑物的划拨土地使用权
D. 房屋所有权连同房屋占用范围内的出让土地使用权

93. 出让土地使用权可因哪些原因而终止？（　　）
A. 土地灭失
B. 国家根据需要提前收回土地使用权
C. 土地使用权年限届满土地使用者未申请续期
D. 土地使用权年限届满土地使用者申请续期未获批准

94. 房屋建设完成后进行房地产转让时，应如何办理产权变更登记？（　　）
A. 同时办理土地使用权和房屋所有权变更登记
B. 先办理土地使用权变更登记，再办理房屋所有权变更登记
C. 先办理房屋所有权变更登记，再办理土地使用权变更登记

D. 在实行房地统管的行政区域，统一办理房地产权利变更登记

95. 下列哪些房地产不得转让？（　　）
A. 国家依法收回土地使用权的
B. 权属有争议的
C. 未依法登记领取权属证书的
D. 行政机关依法查封的

96. 以划拨方式取得土地使用权的，转让房地产时，应当（　　）。
A. 报有批准权的人民政府批准
B. 由转让方向市、县人民政府土地管理部门交纳土地使用权出让金并办理出让手续
C. 由受让方向市、县人民政府土地管理部门交纳土地使用权出让金并办理土地使用权出让手续
D. 由转让方将转让房地产所获收益中的土地收益上缴国家

97. 以出让方式取得土地使用权的，转让房地产后，受让人改变原土地使用权出让合同约定的土地用途的，应当具备哪些条件？（　　）
A. 取得原出让方同意
B. 取得市、县人民政府城市规划行政主管部门的同意
C. 取得市、县人民政府土地行政主管部门的同意
D. 签订土地使用权出让合同变更协议或者重新签订土地使用权出让合同，相应调整土地使用权出让金

98. 土地使用者未按出让合同约定支付土地使用权出让金的，出让方有权（　　）。
A. 对土地使用者处以罚款　　　　B. 解除出让合同
C. 没收定金　　　　　　　　　　D. 请求违约赔偿

99. 以出让方式取得土地使用权进行房地产开发的，必须按照土地使用权出让合同约定的土地用途、动工开发期限开发土地，若满两年未动工开发的，可以无偿收回土地使用权，但有下列哪些情形的除外？（　　）
A. 不可抗力
B. 政府、政府有关部门的行为
C. 动工开发必需的前期工作造成动工开发迟延的
D. 因资金不到位无法启动而申请延期的

100. 下列哪些机构属于房地产中介服务机构？（　　）
A. 房地产咨询机构　　　　　　　B. 房地产经纪机构
C. 房地产职业培训机构　　　　　D. 房地产价格评估机构

101. 根据《城市房地产管理法》的规定，该法所称的房地产交易包括哪些内容？（　　）
A. 房地产转让　　　　　　　　　B. 房地产抵押
C. 房地产开发　　　　　　　　　D. 房屋租赁

102. 房地产开发公司预售商品房应当具备的条件是（　　）。
A. 已交付全部土地使用权出让金，取得土地使用权证书
B. 持有建设工程规划许可证
C. 按提供预售的商品房计算，投入开发建设的资金达到工程建设总投资的25%以上，并已经确定施工进度和竣工交付日期
D. 向县级以上人民政府房地产管理部门办理预售登记，取得商品房预售许可证明

103. 甲企业欲将其房屋一幢转让给乙企业。下列有关土地使用权转移的方式中，哪些是不符

合法律规定的？（　　）

　　A. 当事人之间直接进行土地使用证交付
　　B. 当事人之间直接进行土地使用证交付，并到公证机关公证
　　C. 到土地部门备案，并在土地使用证上作变更记载
　　D. 到土地部门申请土地使用权变更登记，并更换土地使用证

104. 关于以划拨方式取得土地使用权的房地产转让时适用的《城市房地产管理法》特殊规定，下列哪些表述是正确的？（　　）

　　A. 应当按照国务院规定，报有批准权的人民政府审批
　　B. 有批准权的人民政府准予转让的，可以决定由受让方办理土地使用权出让手续，也可以允许其不办理土地使用权出让手续
　　C. 办理土地使用权出让手续的，受让方应缴纳土地使用权出让金
　　D. 不办理土地使用权出让手续的，受让方应缴纳土地使用权转让费，转让方应当按规定将转让房地产所获收益中的土地收益上缴国家

105. 某市政府在土地管理中的下列哪些行为违反了《土地管理法》的规定？（　　）

　　A. 甲公司在市郊申请使用一片国有土地修建经营性墓地，市政府批准其以划拨方式取得土地使用权
　　B. 乙公司投标取得一块商品房开发用地的出让土地使用权，市政府同意其在房屋建成销售后缴纳土地出让金
　　C. 丙公司以出让方式在本市规划区取得一块工业用地，市国土局在未征得市规划局同意的情况下，将该土地的用途变更为住宅建设用地
　　D. 丁公司在城市规划区取得一块临时用地，使用已达6年，并在该处修建了永久性建筑，市政府未收回土地，还为该建筑发放了房屋产权证

106. 甲公司以出让方式取得某地块50年土地使用权，用于建造写字楼。土地使用权满3年时，甲公司将该地块的使用权转让给乙公司，但将该地块上已建成的一幢楼房留作自用。对此，下列哪些选项是正确的？（　　）

　　A. 如该楼房已取得房屋所有权证，则甲公司可只转让整幅地块的使用权而不转让该楼房
　　B. 甲公司在土地使用权出让合同中载明的权利、义务应由乙公司整体承受
　　C. 乙公司若要改变原土地使用权出让合同约定的土地用途，取得原出让方的同意即可
　　D. 乙公司受让后，可以在其土地使用权的使用年限满46年之前申请续期

107. 甲企业将其厂房及所占划拨土地一并转让给乙企业，乙企业依法签订了出让合同，土地用途为工业用地。5年后，乙企业将其转让给丙企业，丙企业欲将用途改为商业开发。关于该不动产权利的转让，下列哪些说法是正确的？（　　）

　　A. 甲向乙转让时应报经有批准权的政府审批
　　B. 乙向丙转让时，应已支付全部土地使用权出让金，并取得国有土地使用权证书
　　C. 丙受让时改变土地用途，须取得有关国土部门和规划部门的同意
　　D. 丙取得该土地及房屋时，其土地使用年限应重新计算

108. 在加大房地产市场宏观调控的形势下，某市政府对该市房地产开发的管理现状进行检查，发现以下情况，其中哪些做法是需要纠正的？（　　）

　　A. 房地产建设用地的供应，在充分利用现有建设用地的同时，放宽占用农用地和开发未利用地的条件
　　B. 土地使用权出让，符合土地利用总体规划、城市规划或年度建设用地计划之一即可
　　C. 预售商品房，要求开发商交清全部土地使用权出让金，取得土地使用权证书，并持有建设

工程规划许可证等
- D. 采取税收减免等方面的优惠措施，鼓励房地产开发企业开发建设商业办公类住宅，方便市民改作居住用途

109. 甲房地产开发公司从某市政府以出让方式获得一地块的土地使用权，进行商品房开发，楼盘建设过半投入约2亿元，甲房地产开发公司因资金链断裂无以为继，无奈将此土地使用权及地上建筑一并转给乙房地产开发公司。下列说法错误的是（   ）。
- A. 乙房地产开发公司获得土地使用权后需重新与某市政府签订土地使用权出让合同
- B. 某市政府可向甲房地产开发公司收取不超过2亿元的土地闲置费
- C. 乙房地产开发公司获得土地使用权后可经甲房地产开发公司同意改变土地用途
- D. 甲房地产开发公司应缴纳全部的土地出让金并获得土地使用权证书，才可转让土地使用权

110. 甲公司于2023年1月1日通过出让方式获得某地块土地使用权，出让协议约定：土地使用权出让金总价款10亿元，并于2023年2月1日前动工开发。甲公司于2025年4月1日动工，后欲将土地使用权转让给丙公司，房屋开发投资总额10亿元，此时甲公司已投入资金2亿元。下列选项正确的是哪些？（   ）
- A. 丙公司不能取得土地的使用权
- B. 政府可以无偿收回
- C. 甲公司支付的闲置费不超过2亿元
- D. 丙公司需要重新与有关部门签订土地使用权出让合同

111. 根据土地利用总体规划，某镇A地块为工业用地，并登记为集体经营性建设用地。天地化工厂欲在该地块建设酒精生产项目，对此，下列说法正确的是哪些？（   ）
- A. 镇集体可以通过出让方式交由天地化工厂使用，并收取土地出让金
- B. 镇集体若将该A地块出让给天地化工厂，应当经本集体经济组织成员的村民会议2/3以上成员或者2/3以上村民代表的同意
- C. 天地化工厂若以出让方式自镇集体获得A地块土地使用权，使用期限不受限制
- D. 天地化工厂若以出让方式自镇集体获得A地块土地使用权，若无特别约定，可以再进行转让、互换、出资、赠与或者抵押

不定项选择题

1. 关于国务院银行业监督管理机构依法通过接管组织对商业银行实施的接管，以下说法正确的有（   ）。
- A. 接管的实质是暂停被接管人管理层的经营管理权
- B. 被接管的商业银行的债权债务关系因接管而发生变化
- C. 被接管的商业银行在接管前的债权债务关系由接管组织负责
- D. 被接管的商业银行在接管期间的债权债务关系由接管组织负责

2. 国务院银行业监督管理应当遵循的原则有（   ）。
- A. 依法、公开、公正和效率原则
- B. 独立性原则
- C. 协同原则
- D. 垂直领导原则

3. 以下关于国务院银行业监督管理机构可以采取的强制信息披露措施的几项表述，正确的有（   ）。
- A. 国务院银行业监督管理机构有权要求银行业金融机构按照规定报送资产负债表、利润表和其他财务会计、统计报表、经营管理资料以及注册会计师出具的审计报告
- B. 在任何情况下，银行业金融机构都无权拒绝国务院银行业监督管理机构对其检查

C. 国务院银行业监督管理机构无权要求银行业金融机构的董事、高级管理人员就银行业金融机构的业务活动和风险管理的事项作出说明

D. 国务院银行业监督管理机构无权要求银行业金融机构的工作人员对有关检查事项作出说明

4. 下列对于银行业金融机构实行强制整改、接管、重组和撤销的表述中，正确的有（　　）。

A. 有权采取强制整改措施的只有国务院银行业监督管理机构

B. 银行业金融机构已经或者可能发生信用危机，严重影响存款人和其他客户合法权益的，国务院银行业监督管理机构可以依法对该银行业金融机构实行接管，但不得促成机构重组

C. 银行业金融机构有违法经营、经营管理不善等情形，不予撤销将严重危害金融秩序、损害公众利益的，国务院银行业监督管理机构或者省一级派出机构有权予以撤销

D. 在接管、机构重组或者撤销清算期间，经国务院银行业监督管理机构负责人批准，对相关人员可以申请司法机关禁止其转移、转让财产或者对其财产设定其他权利

5. 某城市商业银行系在合并多家城市信用社的基础上设立，其资产质量差、经营队伍弱，长期以来资本充足率、资产流动性、存贷款比例等指标均不能达到监管标准。请根据有关法律规定，回答下列题目。

（1）某日，该银行行长卷款潜逃。事发后，大量存款户和票据持有人前来提款。该银行现有资金不能应付这些提款请求，又不能由同行获得拆借资金。根据相关法律，下列判断正确的是（　　）。

A. 该银行即将发生信用危机

B. 该银行可以由国务院银行业监督管理机构实行接管

C. 该银行可以由中国人民银行实施托管

D. 该银行可以由当地人民政府实施机构重组

（2）在作出对该银行的行政处置决定后，负责处置的机构对该银行的人员采取了以下措施，其中符合法律规定的是（　　）。

A. 对该行全体人员发出通知，要求各自坚守岗位，认真履行职责

B. 该副行长邱某、薛某持有出境旅行证件却拒不交出。对此，通知出境管理机关阻止其出境

C. 该行董事范某欲抛售其持有的一批股票。对此，申请司法机关禁止其转让股票

D. 该行会计师余某欲将自己的一处房屋转让给他人。对此，通知房产管理部门停止办理该房屋的过户登记

（3）经采取处置措施，该银行仍不能在规定期限内恢复正常经营能力，且资产情况进一步恶化，各方人士均认为可适用破产程序。如该银行申请破产，应当遵守的规定是（　　）。

A. 该银行应当证明自己已经不能支付到期债务，且资产不足以清偿全部债务

B. 该银行在提出破产申请前应当成立清算组

C. 该银行在向法院提交破产申请前应当得到国务院银行业监督管理机构的同意

D. 该银行在向法院提交破产申请时应当提交债务清偿方案和职工安置方案

6. 下列有关房地产抵押的表述，不正确的是（　　）。

A. 房地产抵押是指抵押人以其合法的房地产以转移占有的方式向抵押权人提供债务履行担保的行为

B. 债务人不履行债务时，抵押权人既可以依法就抵押的房地产拍卖所得的价款优先受偿，也可以将抵押的房地产转归自己所有以冲抵债务

C. 以出让方式取得的土地使用权，不可以设定抵押权

D. 依法取得的房屋所有权与该房屋占用范围内的土地使用权，可以设定抵押权

7. 金泰公司以出让方式获得大连市中心一块黄金地段的土地使用权。双方在出让合同中约定，金泰公司将该土地用于公共娱乐设施及公园建设。2025 年 4 月，由于商品房市场行情看涨，该公司决定将该黄金地段土地用于商品房开发建设。下列表述正确的是（　　）。

　　A. 必须征得大连市人民政府同意

　　B. 必须征得大连市人民政府城市规划行政主管部门的同意

　　C. 该公司应与大连市政府签订土地使用权出让合同变更协议

　　D. 该黄金地段的土地使用权出让金应该相应调整

8. 万文房地产开发公司与长城机电公司签订房地产合作开发协议，由长城公司出资金，利用万文公司已依法缴纳全部出让金并领取土地使用权证书的一宗土地使用权，合作开发一项低密度住宅项目。请根据下列各题中给定的条件回答问题：

　　(1) 该开发项目具备哪些条件，才能预售商品房？（　　）

　　A. 持有建设工程规划许可证

　　B. 按提供预售的商品房计算，投入开发建设的资金达到工程建设总投资的 25% 以上

　　C. 已经确定施工进度和竣工交付日期

　　D. 向县级以上人民政府房产管理部门办理预售登记，取得商品房预售许可证

　　(2) 假设该项目已具备法定可预售条件，且已与 128 位预购人签订了商品房预售合同，那么应将该合同向有关部门登记进行备案的法定义务人是谁？（　　）

　　A. 预售人　　　　　　　　　　　　B. 预购人

　　C. 预售人与预购人　　　　　　　　D. 预售人或预购人

9. 某市人民政府土地管理部门欲出让一幅位于该市北区的土地，志远房地产公司因拟开发商品住宅小区而需用土地。请根据下列各题中给定的条件回答问题：

　　(1) 志远房地产公司欲取得该幅土地的使用权，可以通过下列何种方式取得？（　　）

　　A. 由市人民政府划拨取得

　　B. 由志远公司与市人民政府土地管理部门协商取得

　　C. 由市人民政府土地管理部门招标，志远公司参加投标取得

　　D. 由市人民政府土地管理部门拍卖，志远公司参加竞买取得

　　(2) 假设志远公司已取得该幅土地的使用权，土地使用权期限为 70 年，其将来可采取以下何种方式处分其土地使用权？（　　）

　　A. 因借款而抵押给甲公司　　　　　B. 无偿赠与乙公司

　　C. 将土地使用权出租给丙公司　　　D. 与丁公司的土地使用权交换

　　(3) 假设志远公司与甲公司签订土地使用权转让合同，但尚未办理土地使用权变更登记。1 年后，在合同约定的转让金支付期到来之前，志远公司又与不知情的乙公司签订土地使用权转让协议，双方办理土地使用权变更登记。甲公司提出异议。对此情况的下列判断正确的是（　　）。

　　A. 因甲公司与志远公司的土地使用权转让合同签订在先，故乙公司不能取得土地使用权

　　B. 因甲公司对土地使用权属提出异议，故乙公司的土地使用权变更登记应予撤销，待查清事实后再予确认登记

　　C. 乙公司已有效取得土地使用权

　　D. 甲公司现在只能主张债权保护，而不能取得土地使用权

10. 2025 年 1 月，高某与某房地产开发公司签订了一份《预售商品房认购书》。该认购书约定，公司为高某预留所选房号，双方于公司取得商品房预售许可证时正式签订商品房预售合同。该认购书还约定，认购人于签订认购书时缴纳"保证金" 1 万元，该款于双方签订商品房预售合同时自动转为合同定金，如认购人接到公司通知后 7 日内不签订商品房预售合同，则该款不予退

还。同年 2 月，高某接到公司已经取得商品房预售许可证的通知，立即前往公司签订了商品房预售合同，并当场缴纳了首期购房款 80 万元。同年 5 月，高某接到公司通知：房屋预售合同解除。经了解，该套房屋已经被公司以更高价格出售给第三人。双方发生争议。请回答下列问题：

（1）公司主张，双方在签订《预售商品房认购书》时，公司尚未取得商品房预售许可证，故该认购书无效，以此为基础订立的商品房预售合同也应无效。对此，下列判断正确的是（　　）。

　　A. 法律规定，取得商品房预售许可证是商品房预售的必备条件之一
　　B. 《预售商品房认购书》不是商品房预售合同，不以取得商品房销售许可证为条件
　　C. 双方签订商品房预售合同时，公司已具备商品房预售的法定条件，该合同有效
　　D. 因施工进度及竣工交付日期变化的，房屋可另售他人

（2）公司还主张，公司在解除商品房预售合同时，该合同尚未报区政府房地产管理局备案，故不受法律保护。对此，下列判断正确的是（　　）。

　　A. 登记备案是商品房预售合同的法定生效要件，该合同未经登记备案不受法律保护
　　B. 登记备案是商品房预售人的法定义务，但不是合同的生效条件，该合同应受法律保护
　　C. 登记备案是商品房预售合同当事人的权利，未登记备案不影响该合同的效力
　　D. 商品房预售合同无须登记备案，当事人在房屋交付时办理产权登记即可

（3）经双方协商，高某同意解除商品房预售合同。但在款项支付问题上，双方发生分歧。高某要求返还 80 万元首期房款本息并双倍返还定金。公司主张只退还 80 万元首期房款和 1 万元"保证金"。对此，下列判断正确的是（　　）。

　　A. 商品房预售合同无约束力，只能按公司的意见办理退款
　　B. 商品房预售合同有效，但《预售商品房认购书》无效，故应按公司的意见办理退款
　　C. 《预售商品房认购书》和商品房预售合同均有效，应该支持高某的主张
　　D. 开发商违约，高某有权请求赔偿损失

名词解释

1. 商业银行的接管制度
2. 商业银行资产负债比例控制
3. 内幕交易
4. 强制要约收购
5. 证券发行注册制
6. 保险人偿付能力
7. 土地使用权出让
8. 土地使用权划拨

简答题

1. 简述我国针对商业银行贷款行为的规制制度。
2. 简述我国针对商业银行高风险资产业务的规制制度。
3. 简述证券法的信息披露制度。
4. 简述公开发行公司债券的条件。
5. 简述我国针对保险公司的风险管理制度。
6. 简述我国能源市场化改革的基本内容。

案例分析题

1. 2023年4月，甲商业银行因行使对某公司的抵押权而折价800万元取得作为抵押物的一幢大楼，过户手续已经办理完毕。2024年9月，该银行将大楼以900万元的价格出售给乙公司。见房地产业利润丰厚，该银行立即斥资5000万元收购了丙房地产股份公司51%的股份，成为其第一大股东。同时，证券市场正处于牛市，该银行为获取高额收益，也将1亿元资金投入股市。

请结合《商业银行法》的有关规定，指出上述案例中的违法之处。

2. 甲市某机械生产企业在一周内分三次从同一商业银行设在该市的三家支行各获得200万元、300万元、400万元的贷款，并从该银行设在乙市的分行再获得100万元贷款。这些贷款到期后经商业银行多次催还，均无着落，该商业银行诉至法院。经查，这些贷款中的一半已被该企业投资于房地产，另一半则转贷给房地产公司，以牟取高额利息，现因房地产不景气，资金无法收回。商业银行在发放贷款时，也未要求该企业提供任何担保，贷款手续亦由各分、支行长一手办理，也未按规定向有关机构报备贷款情况。

问：（1）借款企业存在哪些违法行为？

（2）商业银行在发放贷款时存在哪些违法行为？

3. 某股份有限公司在沪市交易所临近收市时通过4个A字头个人账户进行连续交易，以不转让证券所有权的方式虚假买卖，抬高本公司股票的价格，致使该公司股票当日收盘价比前日上涨100%。此后1个月中，该公司证券部先后动用资金近2000万元，买入本公司股票398.12万股。后来，该公司证券部将上述股票及此前所存股票全数抛出，共获利587.97万元。

问题：本案应当如何处理？

4. 赵某为某证券公司的董事，2024年3月至2025年5月，赵某多次将公司对股市的分析预测告知其妻孙某。孙某在此期间通过购买相应的股票，获利3万余元。

问题：对赵某的行为应如何定性？

5. 原告：甲、乙；被告：丙

2025年1月，甲与被告丙签订一商品房预售合同，规定甲购买被告商品房30套共2000平方米，售价300万元，交付日期为2024年12月。合同签订后，甲支付了全部房价款，但合同签订时被告丙尚未交付土地使用权出让金，未取得建设工程规划许可证，开发建设资金尚未实际投入，未取得预售许可证，该预售合同亦未办理登记。

2024年1月，被告丙又与乙签订了一商品房预售合同，由乙购买同一标的商品房，售价500万元，交付日期为2024年12月。合同签订后，乙按合同规定交付了定金及首期房款共200万元，此时，被告丙已交付了全部土地使用权出让金，建设投资已达50%，取得了预售许可证，并在有关部门办理了预售合同登记。

2024年11月，两原告得知被告丙"一房卖二家"的做法后，均向被告丙主张权利，协商不成，两原告于2025年3月分别向法院起诉，法院决定合并审理。

试分析：（1）本案两个合同的效力如何？

（2）本案应如何处理？

综合测试题一

☑ 单项选择题（共10题，每题2分，共20分）

1. 世界上第一部反垄断法是（　　）。
  A. 德国的《反限制竞争法》
  B. 日本的《禁止私人垄断法》
  C. 美国的《谢尔曼法》
  D. 英国的《垄断与限制性行为（调查与控制）法》

2. 甲欲买"全聚德"牌的快餐包装烤鸭，临上火车前误购了商标不同而外包装十分近似的显著标明名称为"金聚德"的烤鸭，遂向"全聚德"公司投诉。"全聚德"公司发现，"金聚德"烤鸭的价格仅为"全聚德"的三分之一。如果"全聚德"起诉"金聚德"，其纠纷的性质应当是下列哪一种？（　　）
  A. 诋毁商誉   B. 低价倾销
  C. 市场混淆   D. 企业名称侵权

3. 吴某与张某于2024年10月2日举行结婚典礼。同日吴某将拍摄婚礼活动的一卷胶卷交给某彩色扩印公司冲洗，并预交冲洗费24元，彩色扩印公司开出一张印单交给吴某，印单上事先印好了"如遇意外损坏或遗失，本店赔偿同类同号胶卷一卷或相当价值的现金"的字样。后彩色扩印公司将该胶卷遗失。吴某要求赔偿精神损失，彩色扩印公司引用前述免责条款，只同意赔偿一个彩色胶卷的钱。下列哪一种观点是正确的？（　　）
  A. 彩色扩印公司应承担支付退换扩印费和赔偿同类同号胶卷或相当价值现金的责任
  B. 应按照《消费者权益保护法》的规定，认定印单上的责任条款无效
  C. 应按照《民法典》合同编的规定确认印单上的责任条款显失公平，予以撤销
  D. 彩色扩印公司违约，且遗失的是有珍贵纪念意义的照片，应赔偿吴某精神损失

4. 甲公司在网络电商平台注册一店铺，公司设置专项资金派发给员工，要求员工用此项资金在其网络店铺购买商品，公司的客服再根据下单的地址，给员工邮寄空的包裹，通过这种方式来提高公司在电商平台的销量。下列有关该公司行为的说法正确的是？（　　）
  A. 互联网新型不正当竞争行为   B. 虚假宣传行为
  C. 商业贿赂行为   D. 混淆行为

5. 关于产品缺陷责任，下列哪一选项符合《产品质量法》的规定？（　　）
  A. 基于产品缺陷的更换、退货等义务属于合同责任，因产品缺陷致人损害的赔偿义务属于侵权责任
  B. 产品缺陷责任的主体应当与受害者有合同关系
  C. 产品缺陷责任一律适用过错责任原则
  D. 产品质量缺陷责任一律适用举证责任倒置

6. 根据《反垄断法》的规定，下列情形不能推定经营者具有市场支配地位的情形是？（　　）
  A. 一个经营者在相关市场的市场份额达到1/3
  B. 一个经营者在相关市场的市场份额达到1/2

C. 两个经营者在相关市场的市场份额合计达到2/3，且每个经营者的市场份额都超过10%

D. 三个经营者在相关市场的市场份额合计达到3/4，且每个经营者的市场份额都超过10%

7. 根据《反垄断法》的规定，国务院反垄断执法机构认为经营者集中具有或者可能具有排除、限制竞争效果，但是经营者能够证明该集中对竞争产生的有利影响明显大于不利影响。此时，国务院反垄断执法机构可以作出的决定是？（　　）

A. 不予禁止决定　　　　　　　　B. 暂停集中决定

C. 附条件的不予禁止决定　　　　D. 禁止集中决定

8. 下列哪一选项不属于国务院银行业监督管理机构职责范围？（　　）

A. 审查批准银行业金融机构的设立、变更、终止以及业务范围

B. 受理银行业金融机构设立申请或者资本变更申请时，审查其股东的资金来源、财务状况、诚信状况等

C. 审查批准或者备案银行业金融机构业务范围内的业务品种

D. 接收商业银行交存的存款准备金和存款保险金

9. 下列情形属于尊重消费者公平交易权的是（　　）。

A. 超市推出买一送一的活动

B. 乳业公司采用环保的包装材料

C. 药厂提供通俗易懂的药品说明

D. 农贸市场设立标准秤窗口

10. 根据个人所得税法律制度的规定，下列免征个人所得税的是？（　　）

A. 张某取得所在单位发放的年终奖

B. 钱某获得省政府颁发的科学方面的奖金

C. 刘某取得所在公司发放的销售业绩奖金

D. 赵某获得县教育部门颁发的教育方面的奖金

☑ 多项选择题（共10题，每题2分，共20分）

1. 根据《反不正当竞争法》的规定，下列行为中属于不正当竞争行为的是（　　）。

A. 一个人明知是他人窃取的商业秘密而有偿取得并使用

B. 甲和乙就一项技术签订了一份技术转让合同，同时约定不论该转让协议是否达成，只要受让方接触到了该技术的核心部分，合同中的保密条款永久有效。而在合同未达成的情况下，受让方即将该技术的核心部分全部泄露给自己的亲属

C. 使用人不知道自己取得并使用的技术是他人骗取来的

D. 使用人窃取来的技术是早已公之于世的技术

2. 某家用电器厂生产的一种微型家用面包机，成品出厂前经检验员的严格检测，将有严重缺陷的产品存入废品库房。该库房的管理员从废品库房中私自拿了一件面包机送给了其朋友，其朋友在正常使用的情况下因产品缺陷造成了严重损害。对该损害的处理，以下说法正确的是（　　）。

A. 家用电器厂对受害人的损害不承担任何责任，库房管理员承担责任

B. 家用电器厂承担主要责任，库房管理员承担次要责任

C. 家用电器厂和库房管理员承担连带责任

D. 家用电器厂如果能举出充分证据证明受害者的产品不是在市场上购买的就免责

3. 以下政府采取的措施中，属于国家通过经济政策间接影响市场主体经济行为的有（　　）。

A. 国家通过制定和实施反不正当竞争法来依法禁止市场主体在交易活动中的不正当竞争行

为，以确保公平的市场竞争环境
B. 国家通过制订指导性计划来引导市场主体的投资行为
C. 国家通过设立消费者权益保护委员会，来保护消费者权益，规范市场交易主体的行为
D. 国家通过实行政府指导价和对少数商品实行政府定价，来稳定市场价格总水平

4. 下列属于《价格法》明令禁止经营者的不正当价格行为的是（　　）。
A. 捏造散布涨价信息，哄抬价格
B. 鲜活、季节性商品、积压类商品降价
C. 提供商品与服务方面的价格歧视
D. 变相提高或压低价格以牟取暴利

5. 下列哪些行为构成不正当竞争行为？（　　）
A. 甲厂产品发生质量事故，舆论误指为乙厂产品，乙厂公开说明事实真相
B. 甲汽车厂不满乙钢铁厂起诉其拖欠货款，散布乙厂产品质量低劣的虚假事实
C. 甲冰箱厂散布乙冰箱厂售后服务差的虚假事实，虽未指名，但一般人可以推知
D. 甲灯具厂捏造乙灯具厂偷工减料的虚假事实，但只告诉了乙厂的几家客户

6. 根据法律规定，下列选项中属于界定相关市场的维度的是？（　　）。
A. 时间　　　　　B. 地域　　　　　C. 数量　　　　　D. 商品

7. 依据《保险法》的规定，保险公司应提取哪些款项以使保险公司稳健经营，同时保护被保险人、投保人和受益人的利益？（　　）
A. 责任准备金　　　　　　　　　　B. 未决赔款准备金
C. 公积金　　　　　　　　　　　　D. 保证金

8. 在下列哪些情形下，税务机关有权核定纳税人的应纳税额？（　　）
A. 应当设置账簿但未设置账簿的
B. 未取得营业执照从事经营的
C. 账目混乱的
D. 企业与其关联企业之间不按照独立企业之间的业务往来收取或者支付价款、费用的

9. 在下列哪些情况下，政府可以依照土地管理法的规定，收回国有土地使用权？（　　）
A. 某房地产开发公司有偿取得土地使用权后，因资金困难无力偿债，向人民法院提出破产申请
B. 原用地单位系国有企业，现已通过股份制改造，被一家私营企业控股
C. 县政府超越批准权限，将一片农用地批给某外商用于建设别墅区
D. 某工厂的自用铁路，因该厂转产，长期弃置失修，现已经核准报废

10. 下列哪些行为属于混淆行为？（　　）
A. 甲食品厂在其生产的汉堡的包装盒上印有麦当劳特有的红色"M"
B. 乙奶茶店在开业之初出钱雇人排队抢购，营造销售火爆的现象
C. 丙酒厂将其在当地评奖会上的获奖证书复印在其所有产品的包装上
D. 丁酱菜厂产品包装瓶的标签上印有"老干妈"字样，而该厂与老干妈毫无关系

名词解释（共4题，每题2.5分，共10分）

1. 社会利益本位
2. 消费者
3. 相关市场
4. 预算调整

简答题（共3题，每题10分，共30分）

1. 简述经济法上惩罚性赔偿的功能。
2. 简述混淆行为的含义及其表现形式。
3. 简述中央银行法在金融调控法中的地位。

论述题（共1题，共20分）

试述滥用市场支配地位。

综合测试题二

☑ **单项选择题**（共 10 题，每题 2 分，共 20 分）

1. 下列不属于经济法基本原则的是？（　　）
   A. 有效调制原则
   B. 社会利益本位原则
   C. 可持续发展原则
   D. 经济安全原则

2. 爱美公司、茵美公司在婴幼儿奶粉的相关市场各持60%和30%的市场份额，爱美公司、茵美公司约定婴幼儿I段配方奶粉（600g装）最低销售价为450元，实际成本为250元。关于两公司的行为，下列哪一说法是正确的？（　　）
   A. 推定爱美公司和茵美公司具有市场支配地位
   B. 若茵美公司主动向反垄断执法机构报告并反映该行为，则应免受处罚
   C. 爱美公司被举报后，主动将产品定价降至300元，应免受处罚
   D. 如果爱美公司尚未实施定价行为，应当免予罚款

3. 预算活动的基础是（　　）。
   A. 预算执行
   B. 预算监督
   C. 预算调整
   D. 预算编制

4. 大学教授张某从企业取得的下列收入中，应按"稿酬所得"计缴个人所得税的是？（　　）
   A. 作品参展收入
   B. 出版书画作品收入
   C. 学术报告收入
   D. 审稿收入

5. 根据《中国人民银行法》，下列属于中国人民银行法定职责的是？（　　）
   A. 对银行业金融机构的业务活动及其风险状况进行现场检查
   B. 审批银行业金融机构的设立、变更、终止
   C. 经理国库
   D. 监督管理证券市场

6. 根据《产品质量法》规定，下列哪一说法是正确的？（　　）
   A. 《产品质量法》对生产者、销售者的产品缺陷责任均实行严格责任
   B. 《产品质量法》对生产者产品缺陷实行严格责任，对销售者实行过错责任
   C. 产品缺陷造成损害要求赔偿的诉讼时效期间为两年，从产品售出之日起计算
   D. 产品缺陷造成损害要求赔偿的请求权在缺陷产品生产日期满十年后丧失

7. 甲公司通过其注册持有的微信公众号、头条号等，发布比较实验文章，通过设置不合理的比较条件，得出对某生物科技有限公司不利的检测结果，进而丑化该生物科技公司销售商品的商品形象。该生物科技公司的声誉因此受到损害，销量剧减。下列关于甲公司行为的表述，正确的是？（　　）
   A. 比较广告
   B. 侵犯商业秘密
   C. 诋毁商誉
   D. 虚假宣传

8. 红心地板公司在某市电视台投放广告，称"红心牌原装进口实木地板为你分忧"，并称"强化木地板甲醛含量高、不耐用"。此后，本地市场上的强化木地板销量锐减。经查明，该公司生产的实木地板是用进口木材在国内加工而成。关于该广告行为，下列哪一选项是正确的？（　　）

A. 属于正当竞争行为

B. 仅属于诋毁商誉行为

C. 仅属于虚假宣传行为

D. 既属于诋毁商誉行为，又属于虚假宣传行为

9. 有关互联网不正当竞争行为，下列说法错误的是？（　　）

A. 某电脑安全卫士软件在某日更新后，强制用户卸载其他杀毒类软件否则不提供相关服务的行为，可能构成不正当竞争

B. 甲将某知名网站的域名主体部分作为自己的网站名称，应当由《反不正当竞争法》第13条进行规制

C. 某网站恶意利用安全风险提示，误导、欺骗、强迫用户，可能构成不正当竞争

D. 网络经营者意为推广自身网站，借用互联网技术手段，误导、强迫用户更改原本的主页，可能构成不正当竞争

10. 下列商品中，经营者采用网络、电视、电话、邮购等方式销售商品，消费者有权自收到商品之日起七日内退货，且无须说明理由的是？（　　）

A. 打折的毛皮大衣　　　　　　　　B. 定做的纪念相册

C. 鲜花花束　　　　　　　　　　　D. 知名歌手的实体专辑

多项选择题（共10题，每题2分，共20分）

1. 根据《反垄断法》规定，关于经营者集中的说法，下列哪些选项是正确的？（　　）

A. 经营者集中就是指企业合并

B. 经营者集中实行事前申报制，但允许在实施集中后补充申报

C. 经营者集中被审查时，参与集中者的市场份额及其市场控制力是一个重要的考虑因素

D. 经营者集中如被确定为可能具有限制竞争的效果，可能会被禁止

2. 甘泉公司为某市65%的用户提供城市用水，甘泉公司与岳峰公司签订房地产项目供水合同时，指定由顺清公司负责该项目的给水工程设计，并直接将顺清公司作为乙方的格式合同交给岳峰公司签字，对此下列说法正确的是？（　　）

A. 甘泉公司构成拒绝交易

B. 反垄断执法机构仅能向该市水务局提出依法处理的建议

C. 相关市场应确定为市公共自来水供水服务市场

D. 可推定甘泉公司具有市场支配地位

3. 在家家福超市离纳税期限还有1个月时，税务机关发现其有逃避纳税的行为。于是税务机关责令家家福超市在15天内，缴纳应缴税款；但在此限期内又发现家家福超市有明显转移其应纳税收入的迹象，税务机关便责成家家福超市提供纳税担保。家家福超市不能提供。在此情况下，税务机关经市税务局局长批准，可以对该纳税人采取下列哪些措施？（　　）

A. 书面通知纳税人开户行冻结该纳税人的金额相当于应纳税款的存款

B. 书面通知该纳税人的开户行扣缴该纳税人的金额相当于应纳税款的存款

C. 扣押、查封、拍卖该纳税人的价值相当于应纳税款的商品

D. 扣押、查封该纳税人的价值相当于应纳税款的商品

4. 商业银行违反《商业银行法》规定的，国务院银行业监督管理机构可以禁止以下哪些人员

一定期限直至终身从事银行业工作？（　　）

　　A. 直接负责的董事　　　　　　　　B. 商业银行的行长
　　C. 其他直接负责的人员　　　　　　D. 商业银行的监事

5. 李某因为小孩考上重点大学，决定请家人一起吃饭，遂在某饭店预订了一个包厢。结账时，却被服务员告知，包厢内必须消费满 1200 元才行，但是李某没有达到所谓"最低消费"，要求李某加菜或者购买酒水，直至满 1200 元。经查，服务员事先并未告知包厢有"最低消费"，饭店内也未采取店堂告示等方式告知，那么上述案例中，饭店的行为侵犯了消费者的哪些权利？（　　）

　　A. 安全保障权　　　　　　　　　　B. 知情权
　　C. 自主选择权　　　　　　　　　　D. 公平交易权

6. 李某在 J 公司组织的"超级城市"活动中，使用 19999 超级币抢兑了一张某店铺"满 299 减 299"优惠券。后在使用优惠券过程中，其被告知仅适用于涉案店铺内 2 件固定尺码的短袖。超级币是其每日做半小时以上的任务积累的，并非无偿赠送。在优惠券兑换前与兑换过程中，J 公司没有做出任何限制消费的提示，且无法查看优惠券详细内容。下列说法正确的有？（　　）

　　A. J 公司主观上存在虚假宣传、以次充好的故意

　　B. J 公司的行为构成欺诈

　　C. 公司未履行真实、全面告知消费者商品信息的责任

　　D. 确定涉案优惠券价值，是赔偿李某经济损失的前提条件

7. 下列产品中适用《产品质量法》的有哪些？（　　）

　　A. 大地牌面粉　　　　　　　　　　B. 光明牌牛奶
　　C. 长江大桥　　　　　　　　　　　D. 长江大桥上所用的水泥

8. 根据个人所得税法律制度规定，下列应当缴纳个人所得税的有？（　　）

　　A. 单位发给甲的薪金收入

　　B. 乙的一人公司的经营所得

　　C. 丙开办乡镇企业的生产、经营所得

　　D. 丁把个人的商铺出租所收取的租金

9. 下列消费行为适用《消费者权益保护法》的有（　　）。

　　A. 企业购买生产消费商品

　　B. 居民为生活消费需要购买商品

　　C. 房地产商向消费者提供其建造的商品房

　　D. 农民购买直接用于农业生产的生产资料

10. 农民集体所有的农用地可以如何处置？（　　）

　　A. 由本集体经济组织的成员承包经营

　　B. 经村民委员会讨论决定由本集体经济组织以外的单位和个人承包经营

　　C. 经村民会议 2/3 以上成员或者 2/3 以上村民代表的同意由本集体经济组织以外的单位和个人承包经营

　　D. 经村民会议 1/2 以上成员或者 1/2 以上村民代表的同意由本集体经济组织以外的单位和个人承包经营

名词解释（共 4 题，每题 2.5 分，共 10 分）

1. 经营者集中

2. 存款准备金

3. 税收特别措施
4. 商业秘密

简答题（共3题，每题10分，共30分）

1. 简述经济法与行政法的区别。
2. 简述经营者的信息提供义务。
3. 简述构成承担产品瑕疵担保责任的条件。

论述题（共1题，共20分）

试述经济法责任的独立性。

综合测试题三

名词解释（共5题，每题4分，共20分）

1. 轴辐协议
2. 公平竞争审查
3. 实质课税
4. 证券信息披露
5. 产品责任

简答题（共5题，每题6分，共30分）

1. 结合《民营经济促进法》，简述民营经济组织在经济法中的地位。
2. 简述平台经济领域界定相关市场的考虑因素。
3. 简述互联网领域特有的不正当竞争行为。
4. 简述消费者权益争议中网络平台提供者的特殊责任。
5. 简述经济法上民事公益诉讼的基本特征及其表现形式。

论述题（共2题，每题25分，共50分）

1. 材料一：《最高人民法院关于审理食品药品惩罚性赔偿纠纷案件适用法律若干问题的解释》（法释〔2024〕9号）

第十二条 购买者明知所购买食品不符合食品安全标准，依照食品安全法第一百四十八条第二款规定请求生产者或者经营者支付价款十倍的惩罚性赔偿金的，人民法院应当在合理生活消费需要范围内依法支持购买者诉讼请求。

人民法院可以综合保质期、普通消费者通常消费习惯等因素认定购买者合理生活消费需要的食品数量。

生产者或者经营者主张购买者明知所购买食品不符合食品安全标准仍然购买索赔的，应当提供证据证明其主张。

材料二：《最高人民法院关于审理预付式消费民事纠纷案件适用法律若干问题的解释》（法释〔2025〕4号）

第二十三条 经营者收取预付款后终止营业，既不按照约定兑付商品或者提供服务又恶意逃避消费者申请退款，消费者请求经营者承担惩罚性赔偿责任的，人民法院依法予以支持。

经营者行为涉嫌刑事犯罪的，人民法院应当将犯罪线索移送公安机关。

结合消费者保护法基本原理，试论述上述材料蕴含的法理知识。

2. 运用经济法原理和制度相关知识，论述建设全国统一大市场的意义及其实现路径。

附录一：经济法学习所涉及的主要法律文件

1. 《中华人民共和国公司法》（2023 年 12 月 29 日）①
2. 《中华人民共和国民营经济促进法》（2025 年 4 月 30 日）
3. 《中华人民共和国反垄断法》（2022 年 6 月 24 日）
4. 《中华人民共和国反不正当竞争法》（2025 年 6 月 27 日）
5. 《中华人民共和国消费者权益保护法》（2013 年 10 月 25 日）
6. 《中华人民共和国产品质量法》（2018 年 12 月 29 日）
7. 《中华人民共和国食品安全法》（2021 年 4 月 29 日）
8. 《中华人民共和国药品管理法》（2019 年 8 月 26 日）
9. 《中华人民共和国价格法》（1997 年 12 月 29 日）
10. 《中华人民共和国广告法》（2021 年 4 月 29 日）
11. 《中华人民共和国计量法》（2018 年 10 月 26 日）
12. 《中华人民共和国土地管理法》（2019 年 8 月 26 日）
13. 《中华人民共和国城市房地产管理法》（2019 年 8 月 26 日）
14. 《中华人民共和国证券法》（2019 年 12 月 28 日）
15. 《中华人民共和国保险法》（2015 年 4 月 24 日）
16. 《中华人民共和国商业银行法》（2015 年 8 月 29 日）
17. 《中华人民共和国银行业监督管理法》（2006 年 10 月 31 日）
18. 《中华人民共和国电力法》（2018 年 12 月 29 日）
19. 《中华人民共和国煤炭法》（2016 年 11 月 7 日）
20. 《中华人民共和国预算法》（2018 年 12 月 29 日）
21. 《中华人民共和国政府采购法》（2014 年 8 月 31 日）
22. 《中华人民共和国税收征收管理法》（2015 年 4 月 24 日）
23. 《中华人民共和国增值税法》（2024 年 12 月 25 日）
24. 《中华人民共和国个人所得税法》（2018 年 8 月 31 日）
25. 《中华人民共和国企业所得税法》（2018 年 12 月 29 日）
26. 《中华人民共和国企业国有资产法》（2008 年 10 月 28 日）
27. 《中华人民共和国中国人民银行法》（2003 年 12 月 27 日）
28. 《最高人民法院关于审理垄断民事纠纷案件适用法律若干问题的解释》（2024 年 6 月 24 日）
29. 《最高人民法院关于适用〈中华人民共和国反不正当竞争法〉若干问题的解释》（2022 年 3 月 16 日）
30. 《最高人民法院关于审理食品药品纠纷案件适用法律若干问题的规定》（2021 年 11 月 18 日）

---

① 本附录法律文件的日期为公布时间或最后一次修订、修正日期。

附录二：参考文献及推荐书目

1. 《经济法学》编写组编：《经济法学》（第三版），高等教育出版社 2022 年版。
2. 张守文主编：《经济法学》（第八版），北京大学出版社 2024 年版。
3. 张守文：《经济法原理》（第二版），北京大学出版社 2020 年版。
4. 杨紫烜主编：《经济法》（第五版），北京大学出版社、高等教育出版社 2014 年版。
5. 李昌麒主编：《经济法学》（第三版），法律出版社 2016 年版。
6. 李昌麒、卢代富主编：《经济法学》，厦门大学出版社 2016 年版。
7. 漆多俊：《经济法基础理论》（第五版），法律出版社 2017 年版。
8. 刘文华主编：《经济法》（第六版），中国人民大学出版社 2019 年版。
9. 刘文华、史际春、徐孟洲主编：《经济法》（第七版），中国人民大学出版社 2024 年版。
10. 刘大洪主编：《经济法》（第三版），中国人民大学出版社 2021 年版。
11. 肖江平：《中国经济法学史研究》，人民法院出版社 2002 年版。
12. 冯果主编：《经济法——制度·学说·案例》，武汉大学出版社 2012 年版。
13. 教学法规中心编：《商法、经济法（学生常用法规掌中宝 2021—2022）》，中国法制出版社 2021 年版。
14. 《中华人民共和国经济法律法规全书（含相关政策及典型案例）》，中国法治出版社 2025 年版。
15. 施正文、翁武耀主编：《中华人民共和国增值税法条文理解与法律适用》，中国法治出版社 2025 年版。
16. 法规应用研究中心编：《反不正当竞争法一本通》，中国法治出版社 2025 年版。

第12版

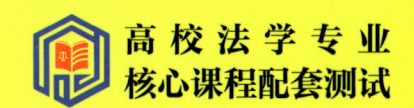

高校法学专业
核心课程配套测试

经济法配套测试

解析

教学辅导中心 / 组编　编委会主任 / 张旭

课堂巩固・期末通关・考研备战・法考训练
一本速通，全程护航！

超值附赠 课程配套思维导图

中国法治出版社
CHINA LEGAL PUBLISHING HOUSE

第12版

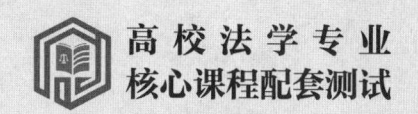

高校法学专业
核心课程配套测试

经济法
配套测试

解析

教学辅导中心 / 组编　编委会主任 / 张旭

中国法治出版社
CHINA LEGAL PUBLISHING HOUSE

目 录

第一章　经济法的概念和历史 ·· 1
第二章　经济法的体系和地位 ·· 11
第三章　经济法的宗旨和原则 ·· 14
第四章　经济法的主体和行为 ·· 17
第五章　经济法主体的权利（力）、义务和责任 ······························· 18
第六章　经济法的制定和实施 ·· 21
第七章　宏观调控法的基本理论与制度 ··· 23
第八章　财政调控法律制度 ··· 26
第九章　税收调控法律制度 ··· 31
第十章　金融调控法律制度 ··· 54
第十一章　规划调控法律制度 ·· 57
第十二章　市场规制法的基本理论与制度 ······································ 60
第十三章　反垄断法律制度 ··· 61
第十四章　反不正当竞争法律制度 ·· 69
第十五章　消费者保护法律制度 ·· 82
第十六章　质量、价格、广告和计量监管法律制度 ··························· 99
第十七章　特别市场规制制度 ·· 116
综合测试题一 ··· 152
综合测试题二 ··· 157
综合测试题三 ··· 164

第一章 经济法的概念和历史

单项选择题

1. **答案**：A。"经济法"这一概念是18世纪法国空想共产主义的著名代表人物之一摩莱里在1755年出版的《自然法典》一书中首先提出来的。
2. **答案**：D。经济法以特定经济关系为调整对象并与其他部门法相区别。
3. **答案**：B。现代经济法概念的形成，肇端于第一次世界大战前后的德国。当时德国颁布了一系列国家干预社会经济的法律，有的还直接冠以"经济法"的名称，如1919年颁布的《碳酸钾经济法》《煤炭经济法》等。这些法律都有一个共同特点，即都是国家干预社会经济的法律。
4. **答案**：B。现代经济法产生的标志是1890年美国的《谢尔曼法》。该法规定：凡以托拉斯形式订立契约、实行合并或阴谋限制贸易的行为，旨在垄断州际商业和贸易的任何一部分的垄断或试图垄断、联合或共谋犯罪的行为，均属违法；违反该法的个人或组织，将受到民事的或刑事的制裁。

名词解释

1. **答案**：经济关系，是指通过物而形成的人与人之间的关系，简称物质关系或物质利益关系，属于经济基础的范畴。它和思想关系或思想意志关系是整个社会关系的两大组成部分。经济法意义上的经济关系不是一切经济关系，而是在国家协调经济运行过程中发生的特定的经济关系。
2. **答案**：经济法律关系，是指根据经济法的规定发生的权利义务关系。经济法律关系的发生以经济法律规范存在为前提。由主体、客体和内容三要素构成。主体包括国家、国家机关、法人、非法人组织、个体工商户、农村承包经营户、公民和外国经营者。内容包括经济权利和经济义务。其客体是指经济法律关系主体享有的经济权利和承担的经济义务所共同指向的对象，包括物、行为和无形财产等。
3. **答案**：国家干预，是指为了弥补市场缺陷，国家机关（主要是经济司法部门和政府的经济执法部门）运用法律和非法律手段对国民经济进行管理、强制矫正、协调和监督。
4. **答案**：经济法是调整宏观调控关系和市场规制关系的法律规范的总称。经济法的调整对象分为两类，一类是宏观调控关系，一类是市场规制关系，可以分别简称为调控关系和规制关系，或者合称为"调制关系"。宏观调控关系可以分为财税调控关系、金融调控关系和规划调控关系，也可以分别简称为财税关系、金融关系和规划关系，它们同各国在宏观调控方面通常采行的财税、金融和计划三大手段是一致的；由于市场规制主要涉及反垄断、反不正当竞争、消费者保护等领域，体现的是对市场主体的市场行为的专门规制，因而市场规制关系也可以分为反垄断关系、反不正当竞争关系和消费者保护关系等。

论述题

1. **答案**：市场失灵是指利用市场法则，结果却造成对市场发展的阻碍。造成市场失灵的直接原因是市场机制在配置资源过程中存在：（1）自发性。（2）滞后性。各个市场主体接受市场信息反馈已是在交换之后的事了，此时再行调整，一方面已发生了供应不足或供过于求的状况，另一方面这时的调整也不能及时满足供求平衡的需要。市场机制自身不具备预见经济变化的功能。（3）不稳定性。即使市场机制的作用使社会总供给与总需求达到平衡，市场也不会因此而稳定下来。各企业从自身利益出发,还会将资源从效益低下的部门向效益相对较高的部门转移,同时造成这一部门供求不平衡的损害。市场机制的竞争是各企业为追求自身利益最大化,哪个部门获利相对丰厚就会调动自己的资源要素向哪一部门转移,从而造成供需平衡的不稳定性。而从根本上说,造成市场失灵的原因是对市场行为的过分依赖与放纵。

市场机制配置资源的缺陷具体表现在下列方面:(1)收入与财富分配不公;(2)外部负效应问题;(3)竞争失败和市场垄断的形成;(4)失业问题;(5)区域经济发展不协调问题;(6)公共产品供给不足;(7)公共资源的过度使用。

经济法具有矫正市场失灵的特殊功能。首先,经济法可以直接限制市场主体私权。近代以来,尤其是"二战"以后,国家的经济职能在整个国家职能中发挥着越来越重要的作用,也受到越来越多国家的关注。国家是能够合法运用强制力干预私权的唯一组织。对私权的剥夺使国家获得相应的干预能力,这使经济法对私权的剥夺意义不仅限于私权本身,也扩展到了公权层面,因为这种私权的被剥夺直接导致了公权的增加,从而增强经济法对市场失灵的克服能力,达到传统的行政法和民法所不能达到的效果。

其次,经济法通过其特有的调整手段,可以直接改变市场主体的利益结构。经济人是市场经济条件下人性的最恰当表述,一般而言,法律不应该从根本上改变经济人对利益的追求,但是一旦经济人对利益的追求损害了国家和社会公共利益的时候,国家就必须实施必要的干预。经济法则可以通过直接改变经济人的利益结构以达到干预的目的。

最后,经济法具有公共利益优势和远视优势。国家是各市场主体利益的代表,它以追求公共利益和长远利益为己任,以适当抑制市场的自利和克服市场盲目性弱点为目的,使市场能够健康、有效运行。国家的这种特性是其他任何主体都不可能具备的。现有的民法体系由于只涉及个人利益,无法形成一个高于私权主体之上的主体存在,也不存在把众多的个体利益汇集成公共利益的程序,所以民法对自身所确认的私权主体的自利性和放任的私权主体的盲目性是难以进行适当抑制或克服的。因此,经济法是调整市场失灵最有效的法律规范。

2. **答案**:政府失灵是指政府的活动或干预措施缺乏效率,或者说,政府作出了降低经济效率的决策或不能实施改善经济效率的政策。政府失灵主要表现在短缺和过剩、信息不足、官僚主义、缺乏市场激励、政府政策的频繁变化等方面。

经济法在克服政府失灵中的作用主要体现在:

(1)对干预程序的规范。政府的干预行为,绝不是行政首长的随意行为,而必须是在法律规定的程序范围内的政府行为,这既包括抽象的政府行为,也包括具体的政府行为。

(2)对干预方法的规范。可以大致分为公权介入和私权介入两种方法。公权介入的调整方法,是指国家以公权者的身份,依法对各种经济关系进行调整的措施或手段的总和,包括强制性调整方法和指导性调整方法;私权介入的调整方法,是指国家使用非权力的、私法的手段直接介入经济生活的一种干预方式。例如,国债制度、政府采购制度等。

(3)对干预领域和干预方面的规范。这是国家干预法治化最实质的部分。包括两个方面:一是政府干预权在政府内部的合理分配,既包括纵向的中央和地方的分配,也包括横向的同级政府各部门间的分配;二是排除可能存在的不适当扩大干预范围以及部门和地方保护主义的倾向。

(4)对干预责任的规范。引入对滥用干预权的问责机制,可以有效地对政府的干预权进行限制。

3. **答案**:经济政策是经济立法的前提,经济法是经济政策的法律化,是对经济政策有效实施的法律保障。这就是说,经济法只是经济政策整个内容的一部分,是通过法律表现出来的经济政策。经济政策除了通过经济法表现以外,还有其他表现方式,如国家和政府的经济决定、经济通知、经济发展建议等。它们是统一于一个国家总政策和基本经济政策的。经济法与其他经济政策表现形式常常是你中有我，我中有你。也就是说，经济法与经济政策的其他表现形式经常是难以分开的。所以，政策性是经济法的本质特征。经济法的其他一切表现，基本上都是围绕着政策性展开的，如灵活性、多样性、实践性等。具体而言，经济法的政策性主要表现在以下几个方面：

第一，经济政策决定经济法的基本内容。一般认为，经济政策是指经济政策主体在某种特定的经济秩序和经济结构的基础上，采用经济政策手段，去实现某种经济政策目标的行动或者行动方针。经济法中往往规定了某经济政策的目标、对象、实施政策的机关及实施政策的手段。例如，《中小企业促进法》的政策目标就是在激烈竞争的市场经济中扶植、促进中小企业生存和发展，保障其合法权益。各国的中小企业促进法基本上都规定了相关部门的权利、义务和责任以及促进中小企业发展必要的手段，如财政金融支持、工商管理支持。这些规定就是经济政策，只不过是通过《中小企业促进法》加以固定化了，以利于在法律上有力地促进和保障中小企业的发展。在这一点上，各国的产业政策法更为突出。

第二，经济政策的倾向性决定了经济法的倾向性及实施力度。政策是政策主体在一定时期采取的调动或约束社会力量，以实现预期目标的行为。因此，从本质上说，政策是对社会利益的权威性分配。也就是说，政策具有极强的倾向性，政策过程是一个价值、目标的选择过程。作为经济政策立法的经济法就不可避免地受到政策目的的影响。它"随着国家行为所依据的原则的重大波动而波动"。它不是中性的东西，而是倾向于给予"个人总的行动方针，这是让经济朝所希望的方向发展所需要的方针"。这不但体现在经济立法目的性极强，而且体现在随着经济政策目标的变化使经济法已经确立的目标减弱或加强。

第三，在经济法中，"法"是从属于经济政策的手段。这就是说，经济法作为法律首先是实现经济政策的工具，其次才具有"法"的性质，因此经济法的工具性十分浓厚。而民商法则是目的性的东西，蕴含着市场经济中社会公众的平等精神和理念；传统行政法也蕴含着一种精神和目的，即平衡、约束行政权力。作为工具的经济法其首要目的不是平衡和约束行政权力，而是如何调动一切有利的因素，在赋予经济行政机关尽量充分的经济行政权下，保证国家经济政策目标的实现，同时也要防止"政府失败"。所以，经济法中"法"的因素是从属于经济政策目的的手段，经济法只不过是经济政策的法律化，它是为经济政策服务的，是国家整个经济政策体系中的一环。

第四，市场经济基本的经济政策决定着现代经济法基本体系。市场经济的核心是自由竞争，国家对市场的干预则仅为补充和纠正市场经济自身的不足，为自由竞争创造必要的条件和环境。可以说，现代国家基本上都奉行这样的基本经济政策，即自由竞争和国家一定的调节。我们这里说的"一定的调节"是因国情而异的，一般而言，发达国家调节程度相对较低，而发展中国家则要强一些。但有一点是共同的，那就是各国基本上都认识到，国家对经济的调节必须适可而止，绝不能包办企业、个人力所能及的事情。自由竞争是市场经济活力的根本所在。基于此认识，美国、德国、日本等国基本已形成以竞争法为核心、以调控法和市场管理法为侧翼的经济法律体系。调控法与市场管理法的基本理念是为企业、个人经营活动服务，努力营造市场中自由、公平的竞争所需环境。

第五，从某种意义上说，那些未上升为法律的基本经济政策的措施也是经济法体系中的一部分，甚至是十分重要的部分。并非所有的经济政策都要通过经济法的形式表现出来。一般而言，只有基本经济政策与某些具体经济政策才会通过立法形式表现。那些未被上升为立法的经济政策是不在经济法体系之内的，尽管这些经济政策会影响到经济法的执行和实施。但是，现代社会联系的紧密化和一体化要求某些基本的经济政策成为现行经济法体系中的一部分，以使这些政策具有立法般的功能。这些基本的经济政策，如国民经济发展计划，其内容本身无法通过立法形式加以表达，而往往由国家最高权力机构（如我国的全国人民代表大会）或立法机构（如某些国家的国会）以决定或指示形式表达，它们制约和决定着相应经济政策行动和立法，相应行政机构必须执行和实施。例如，在法国，学者认为经济法首先是描述经济中期发展的整个前景的方法，因此它体现在计划之中。而计划却难以归入众所周知的法律门类。从实质上讲，它并不具有直接的规范性质。从形式上讲，它诚然是国会通过的，但无法律的性质。它仅仅是"投资计划的轮廓"和"指导经济发展与社会进步的工具"。但是，只要计划属于法律的范围，它便会是经济法的一个因素。在我国，全国人民代表大会通过的中长期国民经济发展规划在我国的经济法体系中具有举足轻重的地位，相应的经济政策和经济立法是围绕其制定并执行的。因此，在我国，研究相应的经济法时必须同时注意国民经济发展规划等政策。

4. **答案**：凡是具有经济内容的社会关系都是经济关系。它包括三种情况：一是并非为了直接实现一定的发展国民经济目标而形成的经济行政关系，这类关系需要由行政法调整，成为行政法律关系的一部分；二是平等主体之间发生的平等经济关系，这类经济关系需要由民法调整，成为民事法律关系；三是出于直接发展国民经济之目的，需要由国家干预的经济关系，这部分经济关系需要由经济法调整，形成经济法律关系。

经济法是调整在现代国家进行宏观调控和市场规制过程中发生的社会关系的法律规范的总称。市场失灵随着经济结构、经济规模及市场成熟度的变化而逐步凸显，从而使经济体制经历了一个由纯粹市场经济到市场体制与国家干预相结合的混合体制的转变，这个转变的过程也是经济法逐步产生和嬗变的过程。市场失灵的形式主要有：（1）市场的不完全；（2）市场的不普遍；（3）信息不充分；（4）外部性问题；（5）公共产品提供不足；（6）存在经济周期。市场失灵是民法和行政法所无法克服的，而经济法在克服市场失灵过程中具有行政法和民法不具有的独特优势。市场失灵内在于市场机制，与市场机制共存亡。要让市场机制本身来对市场失灵加以克服是不现实的，因此国家运用公权力以经济法的形式对市场失灵进行干预，以使市场获得最理想的资源配置效率。具体言之，国家运用反不正当竞争法对不正当竞争行为加以禁止，使竞争主体的竞争行为限制在合理的范围内；运用反垄断法对垄断行为加以矫正，以在市场中恢复有效竞争，进而确立良好的市场竞争秩序；运用自然资源法、环境法等法律形式，在资源领域和环境领域引入市场机制，以克服环境公害等负外部性，并改变资源被滥用和环境被破坏的现象；通过政府投资，提供市场所不能或不愿提供的公共产品；运用计划法提供有效信息，以弥补市场提供信息不足的缺陷；运用广告法、消费者权益保护法等法律形式赋予广告主、经营者提供生产、经营及产品信息的义务，以改变信息偏差问题；运用税法、金融法及其他宏观调控法律制度，引导经济人的个人理性与集体理性相一致，使市场在微观和宏观都有序的基础上运行。

从另一角度来说，经济法最基本的属性是它体现了国家运用法律对社会经济生活的干预。经济法并不调整所有的经济关系，而仅仅是调整具有全局性和社会公共性的经济关系，并不是所有的全局性和社会公共性的经济关系都需要由国家进行干预，这取决于国家需要。需要由经济法调整的社会经济关系包括市场主体调控关系、市场秩序调控关系、宏观经济调控和可持续发展保障关系以及社会分配关系。这些社会经济关系之所以需要由经济法来进行调整，是由它们自身的性质决定的。具体而言：

（1）市场主体调控关系，是指国家为了维护社会公共利益，在对市场主体的组织和行为进行必要干预过程中而发生的社会关系，是确认市场主体的法律地位所产生的经济关系。市场主体是一个内涵丰富的范畴，是指市场生产经营活动的参与者、财产责任的承担者，包括经济组织和个人。市场主体的法律地位，是指市场主体参加市场活动时在法律上所享有的主体资格。要确立和完善市场经济体制，推动市场经济的健康发展，首先就必须在法律上确认市场主体的地位，使其能够成为独立的商品生产者和经营者，具有自我改造和自我发展能力。

（2）市场秩序调控关系，是指国家在培育和发展市场体系过程中，为了维护国家、生产经营者和消费者的合法权益而对市场主体的市场行为进行必要干预而发生的社会关系。调节市场、维护市场秩序是国家干预经济的重要内容之一。正常的市场秩序有利于鼓励市场主体去参加各项经济活动、扩大经营行为，同时还有利于发展和完善市场、发挥市场机制的作用。

（3）宏观经济调控和可持续发展保障关系。前者是指国家从全局和社会公共利益出发，对关系国计民生的重大经济因素实行全局性调控的过程中与其他社会组织所发生的关系，主要包括产业调节、计划、财政、金融、投资、国有资产管理等方面的关系。后者是指国家在经济发展中，在平衡本代人和后代人的利益过程中发生的人与人之间的关系，主要包括人口、环境、资源等方面的关系。市场调节本身不是万能的，它有许多缺陷：它不能做到经济效益与社会效益的完全统一；它不能自觉地防止不正当竞争和垄断；它不可能实现社会收入公平分配；它具有盲目性；等等。因此，国家的宏观调控就成为非常必要的手段。

（4）社会分配关系，是指在国民收入的初次分配和再分配过程中所发生的关系。社会分配是指对物质生产部门的劳动者所创造的国民收入进行分配，它是社会再生产过程中的一个重要环节。国家对国民收入的分配是通过初次分配和再分配而实现的。经济法对社会分配关系的调整，主要是通过工资法、财政税收法以及企业法等法律来实现的。

上述几个作为经济法调整对象的经济关系具有与国家利益和社会公共利益的直接关联性、全局性和社会公共性，以个人为本位的民法和以国家为本位的行政法无法调整它们，只有以社会为本位的经济法才能通过国家干预，将国家利益、集体利益和个人利益界定在合理的范围之内，并使其受到充分的保护。

5. 答案：人们对"管理关系"的范围有着不同的理解，因而在经济法的概念界定上逐渐形成了以下各种观点。

（1）国家协调论。这一观点认为，经济法是调整在国家协调本国经济运行过程中发生的经济关系的法律规范总称。经济运行需要国家协调；在国家协调本国经济运行过程中发生的经济关系应该由经济法调整；它是一个独立的法律部门。

（2）国家调节论。这一观点认为，经济法是调整在国家调节社会经济运行过程中发生的各种社会关系，以保障国家调节，促进社会经济协调、稳定发展的法律规范的总称。它是一个独立的法律部门。

（3）政府干预论。这一观点认为，经济法是国家为了克服市场调节的盲目性和局限性而制定的调整需要由政府干预的具有全局性和社会公共性的经济关系的法律规范的总称，或者简言之，经济法是调整需要由政府干预的经济关系的法律规范的总称。它是一个独立的法律部门。

（4）管理协作说。这一观点有一个逐步发展、不断完善的过程，认为"经济法是调整经济管理关系、维护公平竞争关系、组织管理性的流转和协作关系的法"。

（5）社会公共性论。这一观点认为，经济法是调整以社会公共性为根本特征的经济管理关系的法律规范的总称；它是一个法律部门。王保树教授认为，经济法是调整发生在政府、政府经济管理机关和经济组织、公民之间的以社会公共性为根本特征的经济管理关系的法律规范的总称。

（6）宏观调控说。这一观点认为，经济

法是调整国家作为经济管理主体与市场主体之间间接宏观调控性经济关系的法律规范的总称。

（7）行政管理说。这一观点认为，经济法是指调整国家在调控社会经济运行、管理社会经济活动的过程中，在政府机关与市场主体之间发生的经济关系的法律规范的总称。

（8）公法论。这一观点认为，经济法作为一个法律部门，"就其性质而言，它是公法，也就是经济行政法"。

（9）兼顾公法私法论。这一观点认为，"经济法是'以公为主、公私兼顾'的法，是独立于公法、私法之外的，并对二者进行平衡协调的一个新的法系"。这也称为第三法域论。

（10）管理和协调说。这一观点认为，经济法是伴随着某些新的社会经济关系产生和发展的一个新的法律部门，是调整国民经济的管理和协调关系的法律规范的总称。

6. 答案：市场失灵，无论是缘于经济领域的垄断、外部效应，以及公共物品、信息偏在，还是缘于社会分配不公等，其带来的各类经济问题都会产生巨大的负面影响。从宏观的角度看，市场失灵会造成产业失衡，并由此导致结构失衡；而各类经济结构的失衡，则会引发总量失衡，因而必须依据一定的经济目标和社会目标，进行有效的宏观调控；而在宏观层面对经济运行进行调节和控制的主体是广义的政府，由于诸多原因，在调控方面可能会出现政府失灵的问题，只有依法调控，才可能在一定程度上解决这些问题。而要依法调控，就必须有宏观调控法，并运用宏观调控法来调整政府与国民之间存在的宏观调控关系。上述由市场失灵引发的问题及其解决途径之间的内在关联，可大体表示如下：市场失灵—结构失衡—经济失衡—宏观调控—政府失灵—依法调控—宏观调控法。

此外，市场失灵不仅需要宏观层面上的调控，也需要微观层面上的规制。从微观的角度看，市场失灵会导致竞争失效，并影响整体的市场秩序，因而需要加强市场规制，即对相关市场主体的市场行为进行规范和制约，以保障良好的市场竞争环境，解决市场失序的问题。同上述的宏观调控一样，市场规制也是由政府实施的，因而在市场规制领域同样会存在政府失灵的问题。要解决此类政府失灵问题，政府必须以相关法律为圭臬，依法进行市场规制，为此，就需要有相关的市场规制法。上述由市场失灵引发的问题及其解决途径之间的关联，可大体表示如下：市场失灵—竞争失效—市场失序—市场规制—政府失灵—依法规制—市场规制法。

上述宏观层面和微观层面的分析，起点都是现实存在的市场失灵问题，正是为了解决此问题，才需要现代国家履行两个经济职能，即宏观调控职能和市场规制职能，而调控和规制都是广义的政府作出的，且都会存在政府失灵的问题。要解决上述的"两个失灵"问题，需要有不同于以往法律制度的宏观调控法和市场规制法。应当说，解决"两个失灵"带来的重要制度创新，就是宏观调控法和市场规制法的产生，以及整体经济法体系的形成。

7. 答案：经济法产生的社会根源是市场缺陷的存在、社会经济结构的变化和国家的能动反应。

一、市场缺陷的存在

资产阶级革命胜利后，建立了资本主义制度，崇尚自由、平等。在自由资本主义时期，国家的经济发展充分发挥价值规律的作用，国家并不怎么介入经济生活，而是充分发挥市场主体的积极性、创造性，再加上产业革命的完成，自由资本主义制度使社会经济发展发生了前所未有的、不可想象的变化，极大地促进了社会经济的发展和社会财富的增加。但随着周期性经济危机的爆发、社会矛盾的激化和其他社会问题的产生，人们发现，市场不是万能的，国家应转变职能，不能只是充当守护神，应对国家经济的发展承担起监督、管理的职责。市场的缺陷具体表现为三个方面：

（1）市场障碍的存在

所谓市场障碍是指市场调节机制作用的障碍。主要指竞争秩序的问题。竞争是市场不可缺少的因素，是市场机制发挥作用的前提和基础；没有竞争，市场就没有动力，价值规律和市场机制便不能启动。但竞争必然包含限制竞争和不正当竞争这两件副产品。竞争的过程加快了部分经营者扩大其资本与经营规模的进程，以致形成对市场的支配地位和垄断，导致部分限制竞争行为的产生；追求利益的心理驱使某些竞争者采取各种不正当的竞争行为。这两种行为的后果是使某些竞争者获得超额利润，正当竞争者的利益受到损害，市场调节机制不能充分有效地发挥作用。

（2）市场的唯利性

市场的唯利性是指投资经营者所关注的是经济利益，并往往表现为眼前可实现的利益；对于当前盈利率低或无利可图甚至亏本或者投资期限长、风险大的行业或产品，人们往往不愿投资。而在这些领域中，有些如公共和公益事业、新技术和新产品开发以及其他与国计民生关系密切或可能制约国民经济长远发展和总体效益的行业，即使不能盈利或亏损，也应当进行适度投资。而这显然是不能指望市场机制发挥作用的。

（3）市场调节机制的被动性及滞后性

市场调节是一种事后调节。从投资、生产运营到市场价格形成和信息反馈，需要经过一段时间。各个企业和个人掌握的信息不足和滞后，不能适时调整其投资经营决策，往往等到市场供求严重失调、产品大量滞销过剩时才做出反应。

二、社会经济结构的变化——大型组织的产生及其影响

现代的商业组织起源于中世纪的庄园以及17世纪初期的殖民公司，真正将企业发展起来的则是现代的运输业和通信业，尤其是铁路行业。现代企业的规模扩大、不断一体化，仅有不到200年的历史。

这个变化是一个渐进的过程，直到19世纪中期，受到技术、交易和制度的限制，不存在大型企业，主要的交易结构是生产商和代理商之间的联系，合伙公司仍然是商业企业的标准合法形式。而到了19世纪末期，随着科学技术的应用和管理技术的改进，企业内部交易的成本降低了，促使以前不能涉足的大型项目成了人们的投资重点。融资的需要促进了金融市场、资本市场的发展，会计和信用制度也发展起来，这进一步加剧了资本集中。另外，为了应付由社会整体生产缺乏计划所带来的危机对产业的冲击，巨型企业开始出现，这种巨型企业采用各种形式组织起来，如托拉斯、辛迪加、康采恩等。

在大型企业形成垄断的同时，小企业也不甘示弱，它们组成行业协会，寻求政府和社会的支持，工人、农民等也组织起来，如1886年美国劳工联合会成立、1870年农民协进会成立。越来越多的大型组织逐渐成为社会发展的主导性力量，导致社会结构发生了根本性变化，由原来的二元结构发展到"私人—组织—国家"的三元结构。企业组织的扩大，首先对私人权利造成了损害。表现之一是垄断的形成，导致消费者利益受损和经济生活中的公平竞争弱化。另外，大型组织通过对市场份额的占有和对生产的独占，在向他人提供产品的时候，导致契约双方的谈判实力处于不平等的地位。"契约自由"导致了卡特尔协议、滥用权利等行为的膨胀，这些行为的目的在于限制竞争，从而损害了小企业和消费者的利益。而企业扩大之后，权力出现了。这不仅仅存在于企业的上下级关系、雇佣关系中，也存在于企业和个人、大型企业和小型企业之中。组织扩大之后，首先在生产领域获得了权力，包括控制权，改变了生产者和消费者之间的关系。在竞争机制中，消费者通过价格机制来控制经济体系，而在组织扩大之后，公司日益进入非竞争性的定价活动之中，越来越多的格式合同使市场交易发生了变化，非垄断方的自由和权利变成了"Yes or No"的选择权。大型企业同样对国家提出了挑战，它们在政治上通过操纵选举和国家政策财团、财阀、富有的家族逐步控制了国家，自然包括立法、司法，首先是对内控制，然后是对外影响政治生活。

三、国家的能动反应

基于市场缺陷的存在和大型组织的挑战，国家作出了相应的反应，如美国在罗斯福执

政后，变自由放任的经济政策为国家干预政策。美国在制定《谢尔曼法》的过程中，一位参议员对经济权力集中发表了猛烈的批评："如果这种结合导致的集中权力被赋予一个人，那么这是一种君王般的特权；这与我们的政府形式是相矛盾的，应当遭到州和全国当局的强烈抵制。如果有什么错误，这就是错误所在。如果我们不能忍受一个拥有政治权力的君主，我们同样不能忍受一个对生产、运输、生活必需品的销售拥有权力的君王；如果我们不能服从任何帝王，同样也不应当服从任何在贸易方面阻碍竞争和固定任何商品价格的独裁者。"经济权力的集中和国家对不正当经济权力的打击，这两个步骤几乎是同时发生的，用"道高一尺，魔高一丈"来形容这个过程是最恰当不过了。在这个过程延续了 100 年以后，我们可以看出，国家是从以下几方面来作出反应的：

（1）消除市场竞争的障碍，阻止组织的扩大，限制组织的成长。这是国家的最早反应，由此出现了反垄断法、反不正当竞争法等新型法律。例如，美国的大型企业组织起源于铁路和通信业，国家的第一个反应也在于此。1870 年伊利诺伊州在宪法中要求政府"通过各项法律去矫正铁路的弊端，防止在客货运费方面不公正的区别对待和敲诈行为"。1890 年通过的《谢尔曼法》明确表示："任何以契约、托拉斯或其他形式的联合、共谋、垄断而限制贸易的行为都是违法或犯罪的行为。"

（2）针对市场普通主体不愿介入的公共、公益事业等行业和产品，国家所有权大规模发展，同时也是为了解决微观上自由竞争和私人行为的无序性。国家自觉或不自觉地通过国有产业来替代私有组织，一来可以提高现代企业的生产效率，二来可以填补空白，三来可以避免私人挑战国家和大型企业侵犯私人权利。

（3）调整总量平衡、保持社会均衡发展成了国家的核心职责，这促使大批新型法律规范的产生。以往的私法仅仅调整微观主体和微观行为，竞争的宏观无序性往往导致总量失衡，导致经济危机的频繁发生。以往的法律无能为力。而新的法律规范的制定，则是以政府的有形之手来引导市场这只无形之手。当然这方面政府的管理受制于市场的规律，而不是政府的意志，如格林斯潘任美联储主席期间，美联储降息，表面看取决于格林斯潘，实际上格林斯潘决定是否降息，取决于商业银行之间的贴现率，他是被动的。

（4）企业内部的结构设置、权利安排、财务事宜等，成为法律规范的对象。在自由经济时期，这些问题由企业自主安排，国家法律不予干涉。而今公司法、会计法、税法、审计法等的颁布，使这些社会关系纷纷被披上法律的外衣。

8. **答案**：美国并没有"经济法"这个法律概念，但学界公认 1890 年美国国会出台的《反对不法限制和垄断，保护交易和通商的法律》（即《谢尔曼法》）即属经济法。1914 年又颁布了《克莱顿法》和《联邦贸易委员会法》，这些法律的特点就是突破了私域独立、私法自治的传统民法的原则，是一种规定由国家直接介入私人经济的新型法律，可以说这是经济法独立的先声，也是现代经济法最早的法律表现形式。但是美国的经济立法仅限于反垄断和限制竞争领域，而且也不注重从法理上对法的体系构成加以区分，所以在当时对其他国家的影响并不大。

对经济法在世界范围内的传播和发展影响最大的是德国。德国是世界上第一个以经济法为名称颁布法律、法规，并确认经济法是法学领域中一个新范畴的国家。第一次世界大战期间，德国需要调整经济部署和发展生产以支持战争。战时的德国又大力推行经济管制，将国家资本主义发展到顶峰。"二战"后，德国作为战败国，国内的经济处于崩溃的边缘，为了应对战后的危机、重建经济，德国的立宪会议首先通过了《魏玛宪法》，并根据这个宪法的精神先后颁布了一系列政府干预经济的法律、法规。其中 1919 年颁布的对钾和煤炭工业实行社会化的《钾经济法》和《煤炭经济法》被认为是世界上最早以经济法命名的法规。与美国的情况不同，德国干预经济的方式表现为：一是涉及的领域广，不像美国仅仅限于垄断领域；二是所采取的措施多样，直接、间接、立法、行政等手段并用，特别是出台了大量的经济立法，但这些经济立法大多与战争有关，所以非经济性色彩比较重；三是对待垄断的态度与美国截然不同。德国政府当时对垄断行为主要不是禁止和限制，而是鼓励、扶持甚至参与某些垄断，只是在战后采取过一些限制卡特尔的措施。

"一战"以后，各国政府对经济的干预曾一度有所放松，但1929—1933年，资本主义国家爆发了经济危机。危机充分暴露出资本主义社会所奉行的自由放任主义的弊端以及生产社会化同无政府状态的矛盾，它使得许多国家的经济面临崩溃。于是，资本主义国家开始思考并转而对国民经济逐渐进行更为全面的总体性调节。这一阶段国家对社会经济干预管理的特点表现为：一是实行资本主义的国有化，国家垄断资本主义出现并得到发展，国家不仅以政权的身份对私人经济进行干预，而且开始以资本所有者的身份直接参与生产经营领域的活动。二是国家经济职能的全面强化，运用包括财政分配和经济计划在内的多种手段，对经济进行全面的、综合性和经常性的调节。最典型的就是美国的"罗斯福新政"。"罗斯福新政"的核心就是根据当时美国垄断资本主义发展的需要，通过政府颁布大量的经济法律、法规等法律手段干预经济生活，解决经济危机带来的矛盾，发展美国的垄断资本主义。可以说，"新政"主要的手段就是国家干预。

第二次世界大战结束以后，各国为恢复战后经济，始终未放弃国家干预经济的政策，并在经济体制上实现了现代市场经济。现代市场经济的本质就是国家干预之下的市场经济，在立法上则是体现国家干预特征的经济立法内容和领域的大大扩展。其中以日本为主要代表。日本在战败和接受"波茨坦协定"以后，进入被美军占领和控制时期，经济体制所发生的重大变化就是实行经济非军事化，确立和平经济和民主化经济的目标，经济法的立法也围绕着这些变革进行，由此日本经济得到迅速发展。与此同时，这个时期各国经济法的发展在特点上也发生了一些重要的变化：一是各国经济经过"二战"以后的恢复、重建，进入了和平发展时期，各国政府逐渐把经济发展放在了重要地位，国家的经济管理职能进一步深化，经济法的立法进一步加强并日益完善。二是经济法逐渐从其立法中剔除了非经济性因素，即过去各国颁布经济立法主要是为了战争的需要或是为了恢复战争后的创伤，这种立法带有临时性、针对性和补救性。现在各国开始自觉运用经济法来维护经济的运转和协调发展，即开始真正发挥经济法本身所具有的调节、管理、协调等职能。特别是"二战"以后经过了几十年的经济和平进程，经济法得到了更为全面的发展和完善。

从历史上看，经济法从产生到确立，最直接、最明显的动因是战争和经济危机。而经济法的全面发展则是以现代市场经济为基础的。

第一，现代战争是需要动员国内所有经济力量的总体战，因此凡是准备或进行战争的国家都必然需要制定大量的战时经济法，对经济实行全面控制，从而形成战时经济体制。如前所述，德国在第一次世界大战期间，政府为了适应战争的要求，先后颁布了大量的涉及经济领域的单行立法，以加强对重要物资的控制。

第二，经济危机的发生是各国迫不得已加强经济干预的又一重要原因。经济危机是资本主义经济带有规律性的现象。经济危机给各资本主义国家带来的创伤和代价是惨重的，而这种危机的消除和解决又是它自身所无能为力、无可奈何的，必须依靠外部力量的作用。而这一外部力量就是政府强有力的干预措施。因此，经济危机的发生迫使资本主义国家对经济生活采取大量的干预措施，危机对策中的经济法也就随之出现。

第三，市场经济的核心是市场在资源配置中起决定性作用，而资源配置的目的是解决有限资源与无限需求之间的矛盾。在自由市场经济时期，经济生活依靠"看不见的手"维持运转，但是竞争机制、价格机制等带来的"市场失灵"导致了经济生活秩序的紊乱。于是自由市场经济为现代市场经济所代替。现代市场经济的特点是市场在国家的宏观调控下对资源进行配置。反映在法律上就是经济法对私法领域的干预，这就使经济法在现代市场经济条件下产生与发展成为必然。

第二章 经济法的体系和地位

单项选择题

1. 答案：D。经济法和行政法各有特定的调整对象，但它们调整的都是以服从为特征的社会关系，因而属于公法的范围。

2. 答案：B。划分部门法的标准是唯一的，即调整对象。因为，如果在同一次划分法的部门时，交叉地使用调整对象、调整方法等不同的标准，就会使划分出来的各个法的部门的外延相互交叉，界限不清。

多项选择题

1. 答案：ACD。经济法的协调主体包括国家机关和国家授权的组织。国家机关包括国家权力机关和行政机关。行政相对人是行政法的主体。

2. 答案：ABCD。经济法的渊源有制定法渊源和非制定法渊源。制定法渊源包括宪法、法律和有关规范性文件、行政法和有关规范性文件、部委规章和有关规范性文件及地方性法规和有关规范性文件等；非制定法渊源包括习惯法和判例法。

名词解释

1. 答案：经济法的地位也就是经济法在法的体系中的地位，是指在整个法的体系中，经济法是不是一个独立的法的部门、其重要性如何。经济法作为调整宏观调控关系和市场规制关系（简称"调制关系"）的法律规范的总称，是一种市场经济之法、国家干预之法、社会本位之法。建立健全市场体制的侧重面和着力点，是依法确立和规范国家干预，建立法治政府，实现国家干预的法治化，使国家干预更好地建基于、服务于市场调节。可以说，没有法治化的国家干预，就无法建立市场调节和市场体制。而这方面的法律主要就是经济法。经济法是国家干预之法，其宗旨是确立和规范国家干预，实现国家干预的法治化，这就决定了经济法对于市场经济、市场体制的建立健全具有重大意义。

2. 答案：经济法的法域属性是指经济法应当纳入何种法域，即公法还是私法，甚至是第三法域。经济法律规范是以在国家协调本国经济运行过程中发生的经济关系为调整对象的，这种经济关系具有特殊性，因此关于经济法的法域属性也存在争议。有主张"公法"的，有主张"社会法"的，还有主张不同于"社会法"的第三法域的。

论述题

1. 答案：（1）两者的调整对象不同。民商法调整的是平等主体之间的人身关系和财产关系，这种社会关系具有平等性、私人性、自治性和微观性；而经济法调整的是宏观调控关系和市场规制关系，这种社会关系具有差异性、公共性、干预性和宏观性。

（2）两者的主体性质不同。民商法的主体主要是自然人、法人和非法人组织，它们本质上都是私人；而经济法的主体是与宏观调控和市场规制有关的当事人，包括宏观调控机构和市场规制机构，以及与其相关的市场主体等各类主体，且以宏观调控机构和市场规制机构为主，它们本质上是国家机构。

（3）两者的权利（力）范畴不同。民商法上的权利范畴包括人格权、身份权、物权、债权、知识产权等，它们是一种私权利，当事人可以自行约定，自由行使，有的还可以放弃或转让；而经济法上的权力主要是宏观调控权和市场规制权，它们是一种公权力，要依法规定，有序行使，不可放弃或转让。

（4）两者的构成要素不同。民商法包括物权法、债权法、知识产权法、亲属法，以及公司法、破产法、海商法等；而经济法主要由发展规（计）划法、财政法、金融法和产业政策法组成的宏观调控法和由反不正当竞争法、反垄断法等组成的市场规制法所构成。

（5）两者的法律属性不同。民商法是一种典型的私法，它以私人为主体，以私权为本位，以意思自治为圭臬，以保护私权为目的，本质上是一种自主调整机制的法；而经济法具有公法的属性，它以公职机构为主体，以宏观整体为本位，以社会协调为宗旨，以促进社会公共利益为目的，本质上是一种社会整体调制的法。

2. **答案**：市场经济发展史早已证明，市场也会失灵。历史上从来没有完全信赖市场调节的自由经济。良好的市场经济秩序，是经济发展的基础和前提。经济法以社会利益为本位，在规范我国社会主义市场经济秩序中起着不可或缺的作用，具体来说主要体现在以下方面：

（1）规范和促进我国当前市场经济的转型，为建立良好的市场经济秩序提供基础的保障。我国当前的经济转型首先是经济资源配置方式的转换，即使市场在资源配置中起决定性作用、更好发挥政府作用。与此相联系的必然是经济管理者——政府的角色和职能转变，即由经济建设型政府向公共服务型政府转变，由主要直接参与经济竞争转向为经济和社会的协调发展提供基本而有保障的公共产品和有效的公共服务。上述转型的成功推进必然带来经济活动的主体——企业生存方式的彻底转变，即从听命于行政机关、被动执行政府计划的附属机构转变为以市场为导向、自主经营、自负盈亏的独立的市场经济主体。经济转型也包含经济增长方式转变，即从片面强调量的扩张转为重视质的提高，从单纯追求经济效益转向实现人、社会、环境的协调发展，实现可持续增长。市场本身不能自动产生良好的秩序，秩序作为一种公共产品，必须也只能由政府来提供。企图单纯依靠民事法律制度，依赖市场主体的自我约束就能达到良好的市场经济秩序，是对市场迷信式的崇拜。营造良好的经济秩序必须依靠政府的力量，而政府也必须改变以往行政命令式的管理方式，采用经济法的调整手段。

（2）经济法是规范市场经济秩序的具体方法。经济法主要由市场主体规制法、市场秩序规制法、宏观经济调控法和社会分配法这几个部分组成。每一个部分都能起到规范市场经济秩序的作用。首先，市场主体规制法。市场主体是进行经济活动的基础性单位，经济法通过规范市场主体的组织形态、市场主体的准入制度，规定市场主体的社会责任，同时通过对市场主体运行过程中同社会整体经济利益紧密相关的活动的干预达到规范市场主体的目的。其次，市场秩序规制法。市场经济是竞争的经济，良好的竞争秩序是市场经济保持持续、健康、快速增长的必要条件，但竞争也会带来一些消极影响，如不正当竞争、垄断、倾销等。经济法通过反不正当竞争法惩罚不正当竞争行为，通过反垄断法杜绝垄断行为，通过反倾销法制裁倾销行为，通过消费者权益保护法和产品质量法保护消费者利益，从而防止和减少因竞争行为带来的负面影响，推动良好市场竞争秩序的建立。再次，宏观经济调控法。宏观经济调控法是从国家经济运行的全局出发，运用各种宏观经济调控手段，对国民经济总体的供求关系进行调节和控制。经济法从整个国民经济运行的全局出发，通过产业调解法、固定资产投资法、金融法、国有资产管理法、价格法、环境保护法、自然资源法等，引导整个经济的发展。最后，社会分配法。社会分配法所涉及的对象，主要是国民收入初次分配过程中所形成的部分分配关系和再分配过程中所形成的所有分配关系。社会分配法规范政府的财政收入和支出，调整劳动者之间的收入分配，为个人提供各种社会保障。经济法的这几个组成部分，是经济法在调整市场经济秩序中发挥重要作用的体现。

3. **答案**：经济法体系是指由多层次的、门类齐全的经济法部门组成的有机联系的统一整体。经济立法体系是指列入经济立法规划的规范性文件体系。经济法学体系是指由多层次的、门类齐全的经济法学分支学科组成的有机联系的统一整体。它们既有区别也有联系。

主要区别：经济法体系的构成要素是经济法部门（也只能是经济法部门），经济立法体系的构成要素是调整经济关系的规范性文件，而经济法学体系的构成要素则是经济法学分支学科，经济法学分支学科中除了与各个经济法部门相对应的经济法学分支学科以外，还包括经济法基本理论、经济法制史学等学科；组成经济法部门的都是国家创制的具有法律约束力的法律规范，组成经济立法体系的规范性文件中的法律规范不一定是经济法律规范，而经济法学分支学科的观点和内容不是国家创制的，没有法律约束力；组成经济法体系的经济法部门的法律规范是现行的，而作为经济立法体系构成要素的规范性文件中的法律规范是计划制定的（只有执行经济立法规划，已经制定并开始施行的规范性文件中的法律规范，才是现行的）。

主要联系：组成一国经济法体系的经济法部门，是该国经济法学研究的主要内容，它制约着这个国家经济法学体系的形成；一国经济法学的发展及其体系的形成，特别是经济法基本理论研究的开展和深入，又会影响该国经济法体系和经济立法体系的建立和发展。

第三章 经济法的宗旨和原则

📝 简答题

1. **答案**：经济法宗旨的具体内容可以界定为：经济法应当依法运用国家调制手段解决市场失灵问题，保障经济与社会中普遍公正价值的实现，维护社会公共利益，促进经济与社会的良性运行与协调发展。概括而言，对经济法宗旨的理解主要包括经济法的实施与目标两方面的内容，前者是经济法宗旨的客观方面，后者是经济法宗旨的主观方面。

2. **答案**：经济法的基本原则可以概括为有效调制原则、社会利益本位原则和经济安全原则三项。前者包括市场决定性原则，以及调制法定、调制适度、调制绩效原则（简称"调制三原则"）两方面的内容；中者则包括综合效益原则和实质公正原则两方面的内容；后者则包括宏观经济安全原则和经济发展原则两方面的内容。

3. **答案**：调制适度原则是有效调制的一项弹性原则，是指政府调制经济的范围和目的要合理，调制行为要符合客观实际，同时兼顾调制的需要及可能，保障各类主体的基本权利。政府机关此时就应根据实际情况和对经济法基本原则的合理解释，采取具体的适度性措施。此外，调制必须符合社会公共利益，而社会公共利益的概念和外延都是随着社会经济条件的不断变化而发展的。调制适度的重要表现之一就是自由裁量权的合理运用，政府机关应根据实际情况和对经济法基本宗旨的合理解释，采取具体措施对经济生活进行适度调制。

4. **答案**：基于市场经济、市场机制与资源配置之间的应然和实然状态，现代市场经济条件下的国家调制，只能是一种在充分尊重私权基础之上的范围有限的国家调制，其在资源配置中的地位和作用，只能从属于市场的自由调节。只有在市场失灵的领域，经济法上的国家调制才可能发挥作用，即国家权力为克服市场调节机制缺陷对社会经济生活的有限渗透，为遏制极端个人主义、利己主义思潮给社会带来的危害，消除生产和竞争的无政府状态，以及通过分配的公平合理来调节社会各阶层的利益关系，而进行的对具有私权特征的经济关系的直接干预。

市场决定性原则的基本内涵有以下三个方面：其一，在任何经济领域都应当优先发挥市场机制的调节作用，国家调制应局限于市场失灵的边界当中，在不存在市场失灵的场合，不应当有国家对经济的调制。其二，即使在市场失灵的场合，国家对经济的调制也要恪守谦抑，即一方面应优先鼓励内嵌于市场机制的调制措施，从而达到辅助市场机制恢复发挥作用的目的；另一方面当某一领域的市场机制已然恢复作用，即市场失灵已克服时，国家调制手段应弱化或退出。其三，在既有经验和理性无法判断某一领域是否市场失灵时，应优先假设市场未发生失灵，而暂不进行国家调制。

💬 论述题

1. **答案**：社会利益本位原则是经济法的基本原则之一，其子原则之一是实质公正原则。经济法的各种具体制度和理论探讨体现出了经济法对社会的深切关爱和对实质正义的终极追求。

（1）社会利益本位

社会利益本位要求立法和司法实践均应以社会整体利益为出发点，在尊重个体利益基础上将整体利益作为衡量行为之标准。一般认为，社会利益的主体是"社会"或"社会公众""公共社会"，其内容是依赖于个体利益需求的绝大多数社会主体共同的欲求。社会公共利益具有整体性与公益性两大特性，即为了满足社会全体成员之需要，建立在个人利益基础之上的关系大多数社会成员福利的一种利益。在经济法视域下，社会公共利益的具体体现包括如下几个方面：一为自由竞争秩序，自由竞争是经济秩序的基础；二为对特殊群体人格的限定和保护，如对消费者、中小企业、农民利益的保护；三为维护和发展对社会持续发展有利的和谐稳定的社会关系，比如，通过宏观调控法来实现协调稳定的宏观经济秩序，通过市场规制法来规范市场经营行为，营造诚实守信的竞争环境。

社会利益本位原则要求，对产业调节、固定资产投资、货币发行、价格水平、垄断和不正当竞争行为、产品质量控制以及消费者权益保护等关系进行调整时，都必须以社会公共利益为本位，一方面为国家公权力的行使设置栅栏，另一方面也为私权利的行使划定边界；国家在制定经济法规范时，以维护和实现社会公共利益为出发点和根本归宿；市场主体在进行市场交易行为时，不能一味地追求自身利益的最大化而忽视对社会公共利益的关注，否则，其行为就会受到经济法的否定和制裁。

社会利益本位原则是对传统个人主义的法律体系的改进和超越，在后者语境下的利益观，其本质上是一种个人主义或自由主义的利益观，即对微观法律主体形式公正和纯粹效益的追寻。但在经济法视野下，尤其是基于社会利益本位原则下的公正和效益观，展现出了与传统私法体系完全不同的新内涵。

（2）实质公正

经济法的公正观，是一种实质公正观，它不同于形式公正理念中的起点公正、机会公正、代内公正，而是更强调结果公正、分配公正和代际公正。经济法剥去了人格抽象平等、权利机会平等的"外衣"，而对"人"进行真实具体的价值关怀，如强调对消费者、被限制自由竞争的经营者等具体人格的保护。这种实质的、结果的公正观念要求尽量排除社会历史和自然因素对于人们生活前景的影响。

经济法的实质公正观在内容上主要体现于资源、地区、产业、竞争四个方面。在资源方面，经济法要解决的是资源稀缺性和开发利用的无限性之间的矛盾冲突。经济法的法律使命是对单一的、个体发展模式的放弃和对多元的、整体的发展模式的确认和保障，实现经济效益、社会效益与生态效益兼顾的可持续发展。在地区发展方面，地区发展失衡不仅是一个经济分配政策问题，而且是法律问题，比如，"二元经济结构"与"二元法律结构"往往是相辅相成、互为因果的。克服地区发展失衡，实现地区间发展公正，需要经济法运用实质公正观、整体调整方法对地区经济关系、部门经济关系、企业集团经济关系进行规范化、系统化。在产业结构方面，基于保证经济稳定增长的前提，实现"调结构"和"优结构"并重是经济法所追求的具体目标。经济法可以通过有选择性的限制、扶持、鼓励等措施，来调整和规范生存权、发展权在优势产业与弱势产业、传统产业与新兴产业间的公平配置。在竞争领域，竞争公正的实现有赖于市场主体公平竞争权的行使和保护。竞争主体主要为了交易机会和交易条件而展开竞争，政府实施调制行为的条件、程序、效果、责任等，都必须切实有利于营造良好的竞争氛围，保障所有参与竞争的各方享有公平的竞争权。

2. **答案**：经济安全是指政府依照既定的法律程序，履行一定的经济职能，实现经济危机和经济不景气的克服，促进经济持续稳定发展，熨平经济周期，增加国民经济在国际市场中的竞争力的一种过程或状态。经济法上的经济安全原则的着眼点是国家整体经济安全。经济法通过设定国家宏观调控和市场规制的权限、条件、方式和内容，调适国家与国家之间、国家与个人之间、国家与经济投资者之间的诸种经济关系，实现国家经济主权的独立性、预防和处理危机的有效性、经济发展的可持续性、增强国民经济的国际竞争性、维护基本经济秩序的有序性及强化对经济主体利益的保障性。具体而言，经济法的经济安全原则由静态层面的宏观经济安全原则和动态层面的经济发展原则构成。

（1）经济法以宏观经济安全为其安全理

念，在宏观调控法方面，通过"稳增长、调结构"的法律制度供给，合理配置与市场相适应的国家经济资源，通过运用财政、金融、规（计）划等手段，营造国民经济持续、健康、稳定增长的宏观经济环境。在市场规制法方面，既要规制跨国公司等国外资本对国家经济安全的威胁，也要规制国内垄断、不正当竞争和限制竞争行为对国家经济安全的可能威胁；在外贸管制中适时地采用反倾销和反补贴政策保持贸易收支平衡；关注和解决关系民生的粮食、食品、药品、房地产等市场安全问题。总而言之，宏观经济安全原则具体作用的领域涉及对外贸易安全、投资安全、金融安全、财政安全、产业安全等。

（2）经济法的经济发展原则强调经济的整体发展、协调发展与可持续发展。①经济法通过下列机制促进经济整体发展：一是通过宏观调控法克服市场的外部性，提供经济发展必需的宏观经济环境；通过市场规制法解决市场经济体制中的阻滞因素，充分发挥市场对资源配置的基础性作用。二是经济法通过对社会利益本位的保护，体现对经济整体发展的价值追求。三是经济法通过对增量经济利益的调整实现共同富裕的目的。②经济法可以通过对自身法律制度的协调和外部法律制度的协调来实现经济协调发展的目标。例如，运用经济规划的制定与调整、产业结构的优化与布局、财政税收与货币金融的合作与配合等宏观调控法调整手段，经济法能够化解经济危机，防止经济动荡，抑制通货膨胀，缩小地区经济鸿沟，并在此过程中加强部门协调、区域协调和国家协调，促进经济的协调发展。同时，经济法各项法律制度和国际经济法律制度之间的有效衔接，有助于共同保障我国的国家经济安全，实现国内市场和国际市场的同步发展。③经济可持续发展是经济发展原则的最终目标。市场规制法中的竞争法律制度就是通过消除阻碍市场有效竞争的不正当竞争和垄断，为市场主体个体可持续发展提供良好的外部竞争环境。宏观调控法各项制度本身就是从国家经济总量调整出发而设计的，目的是实现各经济总量的动态平衡，推进国家经济可持续发展。

第四章 经济法的主体和行为

简答题

1. 答案：经济法主体是依据经济法享有权利（力）并承担义务的主体。在经济法主体中，宏观调控机构和市场规制机构居于重要地位。经济法主体主要包括两类：宏观调控行为和市场规制行为的机构，即宏观调控机构和市场规制机构；另一类是接受宏观调控和市场规制的主体，主要是各类市场主体等。接受宏观调控和市场规制的主体，在经济法上可以多种形式存在，如经营者、纳税人、商业银行、证券公司、政府机构等。

2. 答案：宏观调控涉及宏观全局，关系国计民生，影响国泰民安，非私人所能为，非私力所能及。它要求公权力介入、公权力干预，这就决定了宏观调控主体不是私人而主要是有关国家，具体而言是履行宏观调控职责的相关国家机构，如国家发展和改革委员会、财政部、国家税务总局、中国人民银行等，它们都属于宏观调控机构。

垄断（限制竞争）和不正当竞争会损害经营者、消费者的合法权益，垄断和不正当竞争几乎会遭到每个人的反对，每个人都可能成为反垄断者和反不正当竞争者。但垄断是一个强有力的组织，不正当竞争扰乱市场竞争秩序，因此，要真正反垄断和反不正当竞争主要不是靠个人，而要靠以国家公权力为后盾的国家专门机构。这里所说的市场规制机构主要是国家机构，具体包括反垄断机构、反不正当竞争机构和其他市场规制机构。如美国的反托拉斯局、联邦贸易委员会，德国的联邦卡特尔局、垄断委员会，日本的公正交易委员会，英国的公平贸易总局、垄断和合并委员会，法国的竞争委员会，我国的国家市场监督管理总局、国家金融监督管理总局、证券监督管理委员会，等等。

论述题

答案：第一，无论是宏观调控行为还是市场规制行为都是国家干预行为。这些行为不是私人行为，私人不可能从事和完成宏观调控行为和市场规制行为，宏观调控行为和市场规制行为是有关国家机构依据法定职权和法定程序所实施的行为。它们不同于市场机制的自发调节，如果市场调节有效的话，那就无须宏观调控行为和市场规制行为存在，恰恰是因为市场失灵，出现了许多制约市场机制、扰乱市场秩序的行为，而市场本身又无法调节，才需要国家干预，其中就包括宏观调控行为和市场规制行为。

第二，无论是宏观调控行为还是市场规制行为都是法定行为。它们不是私人个人行为，也不是私人组织行为，不是私权行为，不能意思自治，而是法定国家机构依据法定权限和法定程序为合法目的实施的行为。宏观调控行为和市场规制行为均必须依法行使，无论是行为的依据、目的、内容还是程序和形式均应合法化、法治化，法定性、法治化是其重要特征。从法治的要求来说，宏观调控行为和市场规制行为都应当是合法行为。

第三，无论是宏观调控行为还是市场规制行为都是公共行为、公职行为、公权行为，为公是它们的唯一宗旨。无论是调控宏观经济运行还是规制微观市场竞争行为，都旨在维护市场秩序，促进社会公共利益。

第五章　经济法主体的权利（力）、义务和责任

简答题

1. 答案：宏观调控权是国家调制权的重要组成部分。通过国家规（计）划、货币政策、财税政策等方式，宏观调控权的享有主体对经济运行和发展实行总体指导和调控，有助于实现经济发展、熨平经济周期、平衡总供给与总需求的关系、调节国家产业经济结构，主要包括规划调控权、货币政策调控权、财政税收调控权等内容。

2. 答案：市场规制权是国家调制权的重要组成部分，是指国家市场规制主体依法享有直接限制经营主体权利，或者增加经营主体义务的权力。在内容上，市场规制权通常包含三个层次：第一层次为对所有市场统一适用的规制，这主要是指对竞争行为的规制，如不正当竞争行为规制权、限制竞争行为规制权；第二层次为基于社会公益性目的所实施的规制权，即社会性规制权，如产品标准化规制、食品安全规制；第三层次为基于效益和倾斜性规制目的所实施的规制权，即经济性规制权，通常表现为对特殊经济行业的规制，如银行业规制、电力行业规制、房地产行业规制。

论述题

1. 答案：作为一项国家公权力，宏观调控权具有国家权力的一般特征，但除此之外还具有自身的独特性质，具体体现为：（1）宏观调控权配置上的中央属性，宏观调控权的享有主体是中央一级国家机关。（2）宏观调控权实施目标上的公共物品属性，对宏观调控权实施目标的界定，通常认为包括促进经济增长、增加就业、稳定物价和保持国际收支平衡四个方面。从实施目标的内容来看，宏观调控权的实施以强烈的公共物品属性为特征。（3）宏观调控权的间接性、诱导性和长期性。宏观调控权不存在明确的行政相对人，其以影响宏观经济变量为目的，并不会对微观的个人或企业直接产生具体的刚性效果。宏观调控权以诱导性而非命令性的规范进行落实。宏观调控权不同于一般的行政权力，后者具有"立竿见影"的功效，而前者则具有明显的长期性。（4）宏观调控权的弱可诉性。若宏观调控权决策和执行出现失误，宏观调控权具有有限的可诉性，即弱可诉性。宏观调控权的弱可诉性根源于宏观调控执行上的间接性、诱导性和长期性，间接性使得宏观调控权不具有明确的具体相对人，难以寻得具有诉讼利益的起诉权主体；诱导性使得宏观调控权即使对逆调控情势而行的经营者也不能实施处罚，使宏观调控权经常不具有起诉的价值；长期性使得宏观调控权在未达目标的情况下，难以确定调制主体是否存在过错，也难以确定谁是应当受到起诉的主体。

2. 答案：第一，市场规制权实施主体的独立性。市场规制权的落实通常涉及某一领域或行业的具体经营行为，规制者在未具备相应知识储备的情况下，极易导致市场规制权的缺位或偏位，因此，将市场规制权配置给独立主体行使的方式是现代国家对市场经济进行调制的普遍做法，如，市场监管局之于竞争规制。

第二，市场规制权的直接性、强制性和短期性。与宏观调控权的间接性、诱导性和长期性不同，市场规制权更类似于传统的行政职权，它本质上是行政管理职权在社会经济领域的延伸。与宏观调控权相比，市场规制权具有明确的调制受体，并且其职权行使过程会即时地对受体的权利义务配置产生直接影响。

第三，市场规制权实施过程的"品"字

形结构。市场规制权具有明确的调制受体，但这并不意味着它要与行政法上的行政权相等同，与行政法上典型的"行政主体—行政相对人"的纵向行政关系相异，市场规制权的实施是一种独特的"品"字形结构。处于结构下端的两个主体是市场经营过程中的法律主体双方，它有时候表现为"经营者—消费者"结构，如《消费者权益保护法》所规制的市场经营关系；有时候则表现为"经营者—经营者"结构，如《反不正当竞争法》所规制的市场竞争关系；而市场规制主体处于该结构的上端，根据市场经营中的具体权利和义务结构，来落实相关强制性的市场规制措施。

第四，市场规制权实施方式的谦抑性。市场规制权的产生源于市场失灵的客观存在，构成一种并非源自市场机制本身的外部性干涉力量，因此，市场规制的边界应限制在市场失灵的范围之内，在市场仍然能够发挥作用的场合则要保持必要的抑制，否则将构成对市场在资源配置中发挥决定性作用的侵扰。为此，应确定精准的规制边界，对规制工具依照刚性程度的不同进行类型化，避免对低层级的市场失灵状况施加高层级的规制手段。

3. 答： 经济法责任的独立性，是指经济法责任作为经济法中的有机构成，能够在内涵、功能、目的和价值方面符合经济法独立体系的要求，并因之与传统的民事责任、行政责任和刑事责任相区别、相并列。经济法责任的独立与否，对经济法责任问题至关重要。考察经济法责任的独立性问题，具有两个要点：澄清经济法责任与传统法律责任的关系，明确经济法责任的具体形态。

（一）与传统法律责任的关系

从法律责任产生的本源来看，特定的责任形式被划分为民事责任、行政责任或刑事责任，这本身即是一种主观建构的框架划分法律责任类型的其实并不是承担责任的方法，而是法律主体承担责任时所依托的法律关系的部门法属性，如拘留作为一种责任形式，并非固定属于行政法或刑法，而是根据其所依附的法律关系的部门法属性被分别纳入行政责任或刑事责任。因此，在经济法制度中所规定的各种责任，都因为依托于经济法关系而属于经济法上的责任，不能因为它们在经济法产生之前更符合传统认识上的"民事责任"或"刑事责任"，就认为没有独立的经济法责任。

在经济法中，由于调整领域的复杂性而造成了责任形式的更加多样化，其他法律部门的法律责任形式均在经济法上有所体现，经济法责任是对传统法律责任形式的一种质变式的"整合"而非"组合"。不仅如此，经济法责任还在实务中开创出三大传统法律部门均不具有的独创性责任形式，比如，《产品质量法》中的产品召回责任，正是基于风险预防的考虑，在真正产生产品责任之前即对经营者施加积极性的责任，这种新创的责任类型便难以被三大传统法律责任所纳入。

另外，承担经济法责任时的独特诉讼机制也能佐证经济法责任相较三大传统法律责任的独立性。即便至今仍未建立起经济法独立的诉讼体系，但经济法领域的民事赔偿责任追究机制，都通过相应的方式相对独立出来，主要表现为赋予了各调制主体准司法性的权力，从而能在一定程度上代行诉讼机制中的责任追究权。此外，与经济法领域有关的反垄断诉讼、消费者诉讼、纳税人诉讼等，在国际上都不同程度地表现出了单设或特设法庭予以处理的趋势。

（二）经济法责任的特殊性

责任承担的非过错性。在经济法领域，基于对信息不对称和经济外部性等现实状况的关注，传统私法基于形式理性所建立的以过错为基准判定责任的逻辑在很大程度上被打破，无过错责任或过错推定责任不再是个别适用的情况，这在若干市场规制立法中体现得尤为明显。这是典型的基于实质正义和社会本位的要求对责任承担的过错性所做的突破。

责任追究的积极性。传统法律责任遵循着"行为—损害结果—法律责任"的基本逻辑，一般情况下，在没有损害结果或行为与损害结果没有因果关系的情况下，无法律责任可言；甚至在判明了损害结果与因果关系的情况下，责任的承担通常还基于行为人存在过错这一重要前提。但是，现代社会是一个风险社会，潜在风险无处不在的逻辑启示着人们，由于经济社会发展的复杂化，因果关系经常难以推定，待损害结果发生后再行挽救则为时已晚。因此，立足于社会整体利益的经济法确立了适度的积极责任，即尽管损害结果尚未发生或处于不确定状态，仍然可以对相关的责任主体追究法律责任。这种积极的经济法责任具有如下特点：其一，依主体地位而非行为过错为标准判断责任的产生。在以主体地位判断责任的逻辑下，法律责任的承担更有可能是以何者最具有控制风险和减少损失的能力为标准，而不考虑其是否真正实施了造成损失的违法行为。其二，依现实风险而非损害结果判断责任的内容。经济法责任的产生并不再仅仅立足于现实损害的发生，而是基于预防风险的要求，很可能在损害结果真正产生之前就被施加了需要积极履行的法律责任。其三，依调制机关的积极执法而非司法机关的消极裁判为平台促导责任的实现。为了在损害真正产生前预防风险，恪守消极中立的司法机关便难以真正起到促导积极责任履行的作用，因此，在经济法领域，通常依照调制主体的积极执法而非司法机关的消极裁判为平台促导责任的实现。

责任主体的绝对性。传统法律责任从静态的社会关系出发，法律责任的承担对象通常只限于在法律上受违法行为损害的人。但是，当今社会的如下事实很大程度上颠覆了这种责任的相对性：首先，经济社会中的危害具有很强的传导性和连锁性。其次，在经济法领域，受害人与违法行为人的关系有时候很难再以传统私法或公法上的法律关系进行判断。最后，某些行为甚至不存在传统法律关系上的相对方。上述问题表明，如果以传统的责任相对性原理追究经济法责任，将无法符合现实社会的要求。在经济法上，为了保证社会公共利益的实现，责任的承担会呈现出一种对社会整体负责的绝对性。

责任内容的惩罚性。经济法上的责任突破了承担民事责任的"填平"原则，突出表现在如下两点：第一，即使是在传统上被视为"民事"赔偿责任的领域，责任主体也通常被施加了高于补偿标准的法律责任，其目的在于奖励提起诉讼的通常处于弱势地位的受害人，并对违法行为人形成重要的威慑作用，其典型即为《消费者权益保护法》《食品安全法》等规定的经营者对消费者承担的惩罚性赔偿。第二，在对直接受害人承担赔偿责任后，责任主体通常还面临着来自调制机关的处罚，且这种处罚经常被课以较高数额，比如，《反垄断法》对经营者达成垄断协议或实施滥用市场支配地位所施加的巨额罚款。

(三) 经济法责任的具体形态

惩罚性赔偿。传统的民事责任与民法调整方法的平等与等价有偿相一致，其目的在于对已经造成的权利侵害和财产损失给予填补和救济，使其恢复到未受损害时的形态。故民事责任的形式大多不具有惩罚性，如停止侵害、排除妨害、消除危害、返还财产等，都是如此。可见，传统私法中适用惩罚性赔偿的情况非常少见，而扩大适用惩罚性赔偿的趋势恰恰是经济法责任形式的一个重要表现。惩罚性赔偿的功能有四：一是赔偿功能；二是制裁功能；三是遏制功能；四是鼓励功能。

产品召回。所谓产品召回是指产品的生产商、销售商或进口商对于其生产、销售或进口的产品存在危及消费者人身、财产安全缺陷的，依法将该产品从市场上收回，并免费对其进行修理或更换。

资格减免与信用减等。在资格减免方面，国家可以通过对经济法主体的资格的减损或免除，对其作出惩罚。在市场经济条件下，主体的资格异常重要，它同主体的存续、行为、收益等息息相关。因此，取消各种资格，使其失去某种活动能力，特别是进入某种市场、某种行业的能力，就是对经济法主体的一种重要惩罚。在信用减等方面，因为在某种意义上，市场经济是一种信用经济，所以对某类主体进行信用减等，同上述的资格减免一样是一种惩罚。

第六章　经济法的制定和实施

单项选择题

1. **答案**：A。经济法的制定，是指国家机关依照法定的职权和程序制定经济法律规范的活动。狭义的国家机关指最高国家权力机关及其常设机关；广义的国家机关指最高国家权力机关及其常设机关和其他有关国家机关。
2. **答案**：A。狭义的经济执法的主体指国家行政机关。
3. **答案**：A。立足现实是经济立法的出发点。

多项选择题

1. **答案**：ABCD。影响经济法实施的重要因素包括，经济法的制定是否科学、经济法的实施机构是否独立、经济法的实施机构是否健全、经济法的实施程序是否完善、经济法实施人员的素质、经济法的实施监督是否到位等。故选项A、B、C、D均正确。
2. **答案**：ABCD。广义的经济法的制定是指最高国家权力机关及其常设机关和其他有关国家机关依照法定的职权和程序制定经济法律、经济法规、经济规章等规范性文件的活动。
3. **答案**：BCD。经济立法中的"法律规范"包括调整各种经济关系的法律规范。经济法立法不仅包括经济法的立法，而且包括其他经济立法。

论述题

1. **答案**：第一，职权立法与授权立法相结合。国家权力机关是专门的立法机关，其立法为职权立法。为了保证经济法的权威性、统一性和完善性，经济法的制定应主要是职权立法，即由国家权力机关来制定基本的和主要的经济法法律，包括发展规（计）划法、财政法、金融法、产业政策法、反垄断法、反不正当竞争法等方面的法律，但由于现代社会经济关系充满知识性、专业性、技术性的特点和要求，而且纷繁复杂、变动不居，故国家权力机关采用授权立法，即授权相应的其他机关主要是国家行政机关进行经济法的制定便非常必要，也切实可行。在实践中，授权国家行政机关进行经济法制定的现象极为普遍。经济法的制定应当将职权立法与授权立法相结合，职权立法是授权立法的基础和原则，没有职权立法，授权立法就难免失控失范，经济法也很难具有权威性和统一性；授权立法是职权立法的深化、细化和强化，没有授权立法，职权立法就难免粗疏漏洞，不易操作，不便实施。

第二，经济法总则或通则与单行经济法相并存。经济法作为一个独立的法律部门，有自己独特的调整对象，并自成体系，但由于经济法纷繁复杂，种类繁多，制定经济法法典尚有困难。但由于经济法所调整的社会关系内容庞杂、包罗万象、各具特色、相对独立、因应现实、灵活多变，因此，为了使经济法的制定细致周详、因事制宜、及时便捷、灵活有效，可以制定单行经济法。经济法的制定，应当考虑经济法总则或通则与单行经济法并存，前者是对单行经济法的统筹总领、协调整合，没有经济法总则或通则，单行经济法就难免精神涣散、难以协调统一、不易互相配合。制定经济法总则或通则只是时机成熟与否的问题，而不是可能与否的问题。单行经济法是对经济法总则或通则的具体化、系统化，没有单行经济法，经济法的制定就不能具体细致、及时应急、灵活有效。

第三，中央经济法制定与地方经济法制定相并举。为了缔造和维护市场开放和市场统一，需要统一经济法的制定，即由中央进行经济法的制定。但由于我国幅员辽阔、民族众多、地区各异、经济水平参差不齐，加上市场情况纷繁复杂、变化多端，在这种情况下，经济法的制定不能一刀切，不能强求统一，必须因地制宜，由地方权力机关在一定程度上享有经济法的制定权，以便结合本地区的具体情况有针对性地制定有关经济法规范。中央制定基本经济法有利于维护市场的开放和统一，也有利于保证经济法体系的内在统一性，还有利于地方经济法的制定并保证其统一协调；地方经济法的制定是对中央经济法制定的补充和细化，使中央经济法的制定更具针对性、灵活性和可行性，也有利于为中央经济法的制定先行先试、积累经验。

第四，政策性与规律性相统一。经济法是政策性很强的一个法律部门，国家经济政策对经济法的制定具有重要影响，在某种意义上可以说，经济法的制定是把国家经济政策上升为经济法。经济法的制定应把合政策性与合规律性统一起来，规律性是统一或统率经济法制定的基础，因为无论是国家的经济法律还是国家的经济政策，都必须合乎客观经济规律，政策性以规律性为统帅、为依归，并服从和服务于规律性。政策性使经济法制定具有灵活性，国家经济政策比经济法更具灵活性，这种灵活性表现在对客观经济规律反映和体现的主动、灵敏和及时上，这对于经济法的制定来说是一种补充和补救，经济法的制定没有政策性，难免僵化刻板、不能与时俱进。

2. 答案：第一，经济法的实施具有明显的综合性。经济法的实施主要依靠经济法的守法、执法和司法三条途径来共同完成。经济法的遵守，对于经济法调整目标的实现非常重要。经济法执法，是国家行政机关的重要职能。一方面，国家行政机关在依法管理社会经济时就是在进行经济法的实施，另一方面，国家行政机关通过对违反经济法的行为予以宏观调控和市场规制，保证经济法的实施。经济法司法是国家司法机关通过对违反经济法的行为进行侦查、起诉、审判、追究法律责任，进行经济法的实施。

第二，经济法的实施具有独特的行政性。国家行政机关的经济法执法不是一般的行政行为或行政干预，而有其独特性。这种独特性表现在经济法执法机关相对于其他行政机关来说具有较大的独立性，只有这样，才不至于把经济法执法蜕变为行政干预，也只有这样，才能同时监督、制约经济法执法。

第三，经济法的实施具有高度的专业性。经济法是具有高度专业性、技术知识性、政策性的法律部门，因此，经济法的实施具有高度的专业性，只有具有专业技术和专业知识的人员和机构才能从事经济法的实施。

第四，经济法的实施有严格的程序性。由于经济法是国家干预社会经济之法，无论是宏观调控法的实施还是市场规制法的实施，都涉及国家（政府）权力的运用，而国家（政府）权力的正当行使，必须严格依循法定程序进行。

第七章 宏观调控法的基本理论与制度

不定项选择题

1. 答案：BD。宏观调控关系是指国家对国民经济总体活动进行调节和控制过程中发生的经济关系。

2. 答案：AC。市场经济固有的盲目性、无序性，导致市场失灵。市场失灵引发经济波动和经济危机，给经济社会发展造成严重危害，但市场本身无法完全克服市场失灵，而必须诉诸国家宏观调控，宏观调控是市场经济的内在要求，市场失灵要求政府行使宏观调控权，市场失灵理论也成为宏观调控法的理论基础之一。故选项A、C正确。由于信息不足、权力滥用、腐败寻租、体制不健、机制不畅诸多原因，政府在资源配置上也可能低效甚至无效，从而会形成政府失灵问题。只有依法调控，才可能在一定程度上确保"相机抉择"的准确性和合理性。而要依法调控，就必须有宏观调控法，并运用宏观调控法来调整政府与国民之间存在的宏观调控关系。故选项B、D是"政府失灵理论"的相关内容，不当选。

3. 答案：ABCD。宏观调控的目标，主要包括以下四个方面：总量均衡、结构优化、充分就业、国际收支平衡。故选项A、B、C、D正确。

4. 答案：C。反经济周期政策是一种通过逆向操作平滑经济波动的政策，即在经济过热时紧缩（如加息、加税、减支），在经济衰退时扩张（如降息、减税、增支），目标是抵消经济周期的自发波动，维持稳定增长。反经济周期政策常通过相机抉择实现，但也可通过自动稳定器（如累进税制）执行。故选项C正确。

5. 答案：AD。合法性原则主要表现在调控主体的资格合法和调控的程序合法两方面。

名词解释

答案：宏观调控，是指一个国家或地区经济运行的总量、结构状况，包括国内生产总值（GDP）、国民收入、国家预算收支、货币的供给与需求、社会商品服务供给与需求、外贸进出口、外汇收支和资本的出入等各方面总量及其比例关系"调控"，是指国家对宏观经济运行进行调节、控制的行为。

简答题

1. 答案：宏观调控行为，包括财政调控行为、税收调控行为、金融调控行为和计划调控行为等；相应地，分别产生财政调控关系、税收调控关系、金融调控关系和计划调控关系等；调整这些经济关系的法律规范，分别为财政调控法规范、税收调控法规范、金融调控法规范和计划调控法规范等。上述各类调控规范，分别总称为财政调控法、税收调控法、金融调控法和计划调控法。

2. 答案：宏观调控法是国家调整经济整体发展的重要法律，是经济法的重要组成部分。宏观调控法是指调整在宏观调控过程中发生的经济关系的法律规范的总称。宏观调控关系，是指国家对国民经济总体活动进行调节和控制过程中发生的经济关系。

制定宏观调控法的必要性主要体现在：

（1）是保障社会公平与正义的需要。市场机制具有自身无法克服的局限性，需要国家的介入，以国家干预的形式避免此类现象的出现，但国家的干预不是无序和随意的，干预的决策及实施都需要法治化，否则就有可能出现行政行为恣意等政府失灵情况，损害市场经济。因此，进行宏观调控立法是国家防止市场失控，保障社会公平与正义的需要。

（2）是社会主义法治原则的需要。宏观调控是国家权力的行使，权力应当受到法律规制，在法治条件下，国家的全部公权力都必须有法律依据、有法律的授权。建立完善的宏观调控法律体系，使各层次、各领域的法律法规及规章等规范性文件相互补充、相互配合，共同为社会主义市场经济服务。

（3）是规范政府行为的需要。宏观调控的目标是实现社会总供给和总需求的平衡，是防止市场失控与政府失灵的经济失衡，它决定了在市场经济条件下，宏观调控是必要的但并非万能的、无所不包的，它只能在市场对资源配置起基础性作用的基础上为弥补市场缺陷所必需的限度内发挥作用。同时，在市场经济体制下，政府不直接干预企业内部经营活动或充当经营者，它所采取的调控措施是从企业外部进行间接的干预，并且主要是通过利用利益机制引导企业实现的。因此，在经济活动变化异常迅速的经济波动期，必须有这样的法律为此提供明确的依据和有力的保障，从而使宏观调控主体根据自身的职责权限，按照宏观调控的指导思想、目标、原则、手段，依据宏观调控立法的相关程序，完成相关立法。

（4）是适应市场经济国际化、全球化的需要。宏观调控和宏观调控立法是直接关系到社会经济宏观、全局和总体的一种国家调节活动和立法，随着科学技术飞速发展及生产进一步社会化，国民经济更加融为一体，并更加国家化、全球化，国家本国经济的调节比以往任何时候更加需要从全局和总体上把握经济运行的状况和特点，需要统筹兼顾，才能进行有效的调节。

宏观调控法正在成为当代各国经济法的核心。我国也应尽快建立起完善的宏观调控法律体系。

3. **答案**：宏观调控法的初级宗旨可以概括为：规范和保障国家宏观调控行为，预防和克服市场失灵，实现国民经济总量的均衡和结构的优化，实现物价平稳、就业充分和国际收支平衡，促进国民经济的有序运行和持续增长。宏观调控法的终极宗旨可以概括为：在实现初级宗旨的基础上，协调和解决国家整体利益和经济个体利益的矛盾，实现经济和社会的良性运行和协调发展。宏观调控法的初级宗旨和终极宗旨之间的关系在于，初级宗旨是终极宗旨的基础，终极宗旨是初级宗旨的导向和根本目的。

具体到我国当前，宏观调控的主要任务是保持经济总量平衡，促进重大经济结构协调和生产力布局优化，减缓经济周期波动影响，防范区域性、系统性风险，稳定市场预期，实现经济持续健康发展。

论述题

1. **答案**：宏观调控法的原则，是宏观调控法所规范的宏观调控行为应遵循的根本准则。宏观调控法原则统率所有的宏观调控法规范，同时又是经济法原则在宏观调控领域的体现，并与市场监管法原则相区别。可以将宏观调控法的原则提炼为：调控法定原则、调控绩效原则、调控公平原则和调控适度原则。

（1）调控法定原则

调控法定原则的基本要求是，国家介入市场、调控宏观经济运行的行为必须有法律的明确授权，并受宏观调控法实体性、程序性规范的约束。由法律明确规定宏观调控的主体、行为及其程序，有助于规范宏观调控行为、实现宏观调控法的价值、促进国家经济协调行为的法治化。

（2）调控绩效原则

调控绩效原则的基本要求是，国家宏观调控行为应当以提高经济运行的宏观效率、促进国民经济持续增长为目标。强调并坚持调控绩效原则，有助于规范国家宏观调控行为、有效引导市场主体的经营行为，有助于节约经济资源、优化调控行为，防范和克服国家宏观调控行为和市场主体的经营行为的一切非效率化倾向。因此，在制定和实施宏观调控法规范时，都应当将提高调控绩效作为基本准则之一。

（3）调控公平原则

调控公平原则的基本要求是，国家宏观调控行为应当兼顾效率与公平，增进经济资源配置在地区、产业和国民分配上的公平。制定和实施宏观调控法,规范宏观调控行为,就在于通过兼具效率与公平价值的宏观调控行为,矫正市场在配置资源过程中的不公平现象,实现分配在形式公平与实质公平、机会公平与结果公平上的平衡。

(4) 调控适度原则

调控适度原则的基本要求是,在法律实体性和程序性规定的范围内,国家宏观调控行为,应当以量化的、最佳的效率和公平状态为目标,统筹宏观经济运行各变量之间的关系,兼顾宏观调控的各项目标,准确、有效地运用各相关的宏观调控手段,努力实现宏观调控综合效果的最优化。宏观调控就是通过调节和控制其中某一或几个因素,使其他一个或几个因素朝着既定的目标运行。宏观调控的目标,既是质,也是量。从质上看,须为总量均衡、结构优化、就业充分、国际收支平衡。从量上看,所有的平衡、优化、充分,都是一系列特定的数值,如物价指数、就业指数、经济增长指数。经济指标,没有达到或者超出了预期的或理想的幅度,既是量上的变化,更是质上的变化。将宏观经济运行调控在最佳区间或幅度内,是宏观调控法律制度的设计和实施应当遵循的基本准则之一。

2. **答案**:宏观经济调控法是指调整国家在宏观经济调控过程中与其他社会组织所发生的各种社会经济关系的法律规范的总称。宏观调控法的法律体系是指调整宏观调控关系的规范性文件体系。我国建立和完善宏观调控法律体系,应由两部分规范性文件组成:规范指导性宏观调控关系的法律和法规;规范调节性宏观调控关系的法律和法规。

(1) 财政调控法:调整财政关系的法律规范的总称,其主要内容包括国家预算法律制度、财政收入法律制度、财政支出法律制度;

(2) 税收调控法:调整税收关系的法律规范的总称,其主要内容包括商品和服务税法律制度、所得税法律制度、财产税法律制度;

(3) 金融调控法:调整金融调控关系的法律规范的总称,包括中央银行法、商业银行法等;

(4) 规划调控法:调整国家制定和实施规划调控过程中发生的社会关系的法律规范总称。

第八章 财政调控法律制度

✕ 不定项选择题

1. **答案**：B。"公共需要说"倡导公共财政，强调财政是为社会提供公共物品以及为公共生产提供财力，保证满足社会公共需要，彰显财政调控的公共性。

2. **答案**：ABCD。预算法以规范政府收支行为，强化预算约束，加强对预算的管理和监督，建立健全全面规范、公开透明的预算制度，保障经济社会的健康发展为目的，是贯彻国家财政政策、管理财政收支的重要法律手段。

3. **答案**：ACD。实行分税制的直接目的是增强中央财政能力、规范央地财政关系、建立稳定的财政分配机制，深层目标在于优化资源配置、强化宏观调控、推动市场化改革。故选项A、C、D正确。

4. **答案**：AD。立法机关可就预算决算的特定问题（如教育资金使用、政府债务）开展专项调查或质询，政府部门须如实答复。

5. **答案**：CD。在我国预算监督体系中，财政部门和审计部门是政府内部监督的核心主体，分别从预算管理和独立审计的角度对预算编制、执行和决算进行监督，确保财政资金合法、合规、高效使用。

6. **答案**：ABCD。选项A正确。根据《预算法》第5条的规定，复式预算将政府财政收支按资金性质和用途划分为四类预算，实行分类编制、分别管理。选项B正确。根据《预算法》第35条的规定，一般公共预算要求"量入为出、收支平衡"，不得列赤字。选项C正确。根据《预算法》第36条，预算编制应当根据年度经济社会发展目标、国家宏观调控总体要求和跨年度预算平衡的需要，参考上一年预算执行情况、本年度收支预测，依照法律、法规规定，真实、准确、完整地编制。选项D正确。根据《预算法》第35条的规定，预算编制应当统筹兼顾、勤俭节约、量力而行、讲求绩效，明确要求优化支出结构，严格控制一般性支出。

7. **答案**：A。国债反映的是以国家或政府为债务人或债权人的借贷关系，以政府信誉作担保，其信用度高，流动性更好，变现力、担保力更强。

8. **答案**：ABC。在现代市场经济条件下，发行国债已是满足公共支出需要、弥补财政赤字的重要途径，具有重要的宏观调控功能。国债的宏观调控功能是对金融、财政功能的深化运用。一方面，国债通过中央银行公开市场操作，调控基础货币供给量，贯彻实施货币政策，保障金融市场有序运行。另一方面，通过发行国债可以有效调动社会闲散资金，弥补财政赤字，筹集基础设施建设资金，有利于我国经济社会发展。

9. **答案**：AB。按照发行对象的特定性范围不同，国债发行可分为私募发行和公募发行。前者是面向少数特定的投资者发行债券，一般以少数特定单位和个人为发行对象，不面向所有的投资者出售；后者是指公开向广泛的不特定的投资者发行债券，该债券信用度高，可上市转让，主要采用代销、余额包销、全额包销等方式销售。

📚 名词解释

1. **答案**：财政收支平衡原则要求在确定一定时期的财政分配总规模时，需考虑政府实现其各项职能所需资金数量与财政承受能力，在兼顾量出为入和量入为出的基础上，科学确定财政分配规模，实现收支平衡。

2. **答案**：预算法是调整预算关系的法律规范的总称，它是依据宪法制定的，并由国家强制力保证实施的，通常规定预算收支范围、预算管理职权和预算程序及法律责任等内容。预算法以规范政府收支行为，强化预算约束，加强对预算的管理和监督，建立健全全面规范、公开透明的预算制度，保障经济社会的健康发展为目的，是贯彻国家财政政策、管理财政收支的重要法律手段。此外，预算是政府的基本财政收支计划，在我国财政体系中居于重要地位，具有法律强制力和约束力。预算由各级政府财政部门依法编制，经权力机关审批，最终由各级行政机关予以执行。作为国家的基本财政计划，预算是实施宏观调控的重要方式之一，是国家筹措、分配、使用和管理财政资金的主要工具。

3. **答案**：预算调整是指法定的预算案在执行中因为特殊情况而需要作出变动，从而打破已经批准的收支平衡状态，或者增加原有的举债数额和调减预算安排的重点支出项目的措施。经全国人民代表大会批准的中央预算和经地方各级人民代表大会批准的地方各级预算，在执行中需要增加或者减少预算总支出、调入预算稳定调节基金、调减预算安排的重点支出数额与增加举借债务数额等情形时，应依法进行预算调整。在预算执行过程中，各级政府一般不制定新的增加财政收入或者支出的政策和措施，也不制定减少财政收入的政策和措施。

4. **答案**：预算执行是指各级财政部门和其他预算主体组织预算收入和划拨预算支出的活动，是将经过批准的预算付诸实施的重要阶段。在我国，各级预算由本级政府组织执行，具体工作由本级政府财政部门负责，由各部门、各单位担任本部门、本单位的预算执行主体，负责本部门、本单位的预算执行，并对执行结果负责。

5. **答案**：国债，即国家公债，是国家为了满足财政支出的需要，以按期还本付息为条件，通过借款或发行有价证券等方式向社会筹集资金所形成的债务。在现代市场经济条件下，发行国债已是满足公共支出需要、弥补财政赤字的重要途径，具有重要的宏观调控功能。国债的宏观调控功能是对金融、财政功能的深化运用。一方面，国债通过中央银行公开市场操作，调控基础货币供给量，贯彻实施货币政策，保障金融市场有序运行。另一方面，通过发行国债可以有效调动社会闲散资金，弥补财政赤字，筹集基础设施建设资金，有利于我国经济社会发展。

6. **答案**：政府采购是指各级国家机关、事业单位和团体组织，使用财政性资金采购依法制定的集中采购目录以内的或者采购限额标准以上的货物、工程和服务的行为。政府采购，不仅指具体的采购过程，而是采购政策、采购程序、采购过程及采购管理的概括，既是一种对公共采购管理的制度，也是一种政府行为。政府采购的基本功能是为了满足政府履行职能的需要，但是由于采购的数量大、集中度高，对市场产生了引导作用，从而派生出宏观调控的职能。

7. **答案**：广义上的转移支付，是指政府为实现特定的政策目标，通过一定的渠道或者形式，将一部分财政资金无偿地转移给社会经济组织、居民及其他受益者，表现为社会保障支出、财政补贴支出（如价格补贴、职工生活补贴、财政贴息等）、捐赠支出等形式。狭义上的转移支付，是指政府之间财政资金的转移和拨付，尤其是上级政府对下级政府的纵向转移支付。转移支付的目标应为：逐步调整各地区之间的横向不平衡、缩小地区间经济发展的差距，促进区域间的均衡发展，重点关注贫困和边远地区的医疗、卫生、教育、运输等基础设施的建设。

简答题

1. **答案**：政府采购的当事人主要包括采购人、供应商和采购代理机构。采购人是依法进行政府采购的国家机关、事业单位和团体组织。供应商则是平等地参与政府采购活动，提供合格的采购对象的一方。采购代理机构是必须取得政府采购代理机构资格，在采购代理协议授权的权限范围进行采购行为的一方当事人。

2. **答案**：在市场经济条件下，政府是最大的消费者，其采购支出的数额巨大，作为财政制度重要组成部分的政府采购制度，已经在国际贸易领域产生了重要的影响。各国纷纷建立政府采购制度是因为该制度具有以下作用：第一，它能够强化对财政支出的管理，提高财政资金流向的透明度和财政资金的使用效率。第二，它同相关的经济政策和社会政策相配合，能够调节国民经济的运行，影响经济结构的调整和经济总量的平衡，能够保护民族经济，提高国际竞争力，能够通过存货吞吐来弥补市场缺陷，维护企业和消费者的合法权益，能够促进充分就业和环境保护。第三，它能够加强财政监督，促进反腐倡廉。

3. **答案**：预算管理职权，即预算权，是指确定和支配国家预算的权力以及对于国家预算的编制、审查、批准、执行、调整、监督权力的总称。预算管理职权具有以下特征：（1）预算权发生于国家预算收支管理领域，体现国家的财政分配关系，是国家财政权的主要组成部分。（2）预算权的主体只能是国家权力机关、国家行政机关和列入部门预算的其他国家机关。社会团体和其他组织、任何公民或非预算单位都不得享有预算权。（3）预算权是一种经济权利，而不是一种纯粹的行政权，它具有经济内容。（4）预算权的确定具有严格的法律规定性，不能由当事人约定。（5）预算权和预算年度紧密联系，具有严格的周期性。例如，我国预算年度自公历1月1日算起，至12月31日止。（6）预算权体现的利益归于国家，归于全体人民。

4. **答案**：政府采购基本特征如下：

一是资金来源的公共性。政府采购的资金来源为财政拨款和需要由财政偿还的公共借款，其最终来源为纳税人的税收和政府公共服务收费。

二是采购主体的特定性。政府采购的主体是依靠国家财政资金运作的政府机关、事业单位和社会团体等。

三是采购活动的非商业性。政府采购不以营利为目的，也不是为卖而买，而是通过买为政府部门提供消费品或向社会提供公共利益。

四是采购对象的广泛性。政府采购的对象既可以是标准产品，也可以是非标准产品；既可以是有形产品，也可以是无形产品；既可以是价值低的产品，也可以是价值高的产品；既可以是军用产品，也可以是民用产品。

为了便于管理和统计，国际上通行的做法是按性质将政府采购对象分为货物、工程和服务三大类。

五是政策性。政府采购的主体在采购时不能体现个人偏好，必须遵循国家政策的要求，包括最大限度地节约支出，购买本国产品等。

六是规范性。政府采购要按有关政府采购的法规，根据不同的采购规模、采购对象及采购时间要求等，采用不同的采购方式和采购程序，每项活动都要规范运作，体现公开、竞争的原则，接受社会监督。

七是影响力大。相对于企业和个人而言，政府的购买力巨大，在很多国家，政府采购的金额一般占国内生产总值的10%以上，对社会经济发展状况、产业结构以及公众的生活环境都有着十分明显的影响。

5. **答案**：（1）预算编制

预算编制应当按照预算管理职权和收支范围的规定，参考上一年度预算执行情况和本年度收支预测进行编制。各政府、各部门、各单位应当按照国务院规定的时间编制预算草案。中央预算和地方各级政府预算按照复式预算编制。复式预算是与单式预算相对应而言的。单式预算是指将预算年度内全部收入汇集编入一个总预算内，不按各类收支的性质分编制，而复式预算则是按收入或支出的经济性质的不同，分别编成两个或两个以上的财政预算。这种预算方法明确地反映了各项财政收支的性质和来源，便于国家分门别类地掌握总体收支情况，提高国家预算的透明度。

（2）预算审查和批准

我国《预算法》明确规定，国务院在全国人民代表大会举行会议时，向大会作关于中央和地方预算草案的报告。地方各级政府在本级人民代表大会举行会议时，向大会作关于本级总预算草案的报告。中央预算由全国人民代表大会审查和批准。地方各级政府预算由本级人民代表大会审查和批准。

（3）预算执行和调整

国家预算经审查批准后，即具有了法律

效力,各地区、各部门、各单位必须认真执行。国家预算的执行,是组织完成预算收支任务的活动。具体地说,预算由本级政府组织执行,具体工作由本级政府财政部门负责。

论述题

1. 答案:在公共财政阶段,国家积极地运用财政手段干预经济,财政调控职能得到充分发挥。此时,财政主要有三个基本职能:(1)资源配置职能。根据政府职能范围确定财政收入规模,在优化财政支出结构基础上,合理安排政府投资的规模和结构,辅之以政策性补贴等措施,促进经济社会发展。(2)收入分配职能。通过财政转移支付,如社会保障支出、救济支出、补贴等,使人们得以维持基本的生活福利水平。(3)经济稳定职能。若社会需求过旺、经济过热,通过压缩财政支出等方式可调节社会总需求,从而使社会供求趋于平衡;若社会需求不足、经济萧条,通过增加财政支出等方式来刺激投资与消费,提高社会总需求。

在现代社会,财政宏观调控和公共服务的功能已经确立且不断强化。公共财政要求我国的国家财政收支活动应当从计划经济体制下的以指令性计划等行政手段直接干预微观经济活动为主的做法,转到以间接的宏观调控手段为重点的轨道上来,以充分发挥市场机制的基础调节作用为基本着眼点,以为社会提供必要的、无差别的公共产品和社会服务为己任,充分凸显政府的"社会性"和财政的"公共性"。为此,财政必须坚持"有所为,有所不为":一方面,应当从纯粹的经营性和竞争性领域中退出,从而更多地让市场发挥资源配置的决定性作用;另一方面,则要强化其在社会资源配置、收入分配调节和宏观调控等方面的应有职能,保证国防、治安、环境保护等公共产品和公共服务的有效供给。

2. 答案:政府采购可以采用以下方式:(1)公开招标;(2)邀请招标;(3)竞争性谈判;(4)单一来源采购;(5)询价;(6)国务院政府采购监督管理部门认定的其他采购方式。其中,公开招标是政府采购最主要的方式。

公开招标是指需要采购人按照法定程序,向全社会发布招标公告,邀请所有潜在的不确定的供应商参加招标,由采购人通过事先确定的需求标准从所有投标人中择优选出中标供应商,并与之签订政府采购合同的一种采购方式。

邀请招标指采购人因采购需求的专业性较强,有意识地向具备一定资信和业绩的特定供应商发出招标邀请书,由被邀请的供应商参与投标竞争,从中选择中标者的招标方式。

竞争性谈判是指采购人通过与三家以上的供应商就有关采购事项(如价格、技术规格、设计方案、服务要求等)进行谈判,然后就谈判确定的事项要求供应商限时报价,最后按照预先规定的采购需求、质量和服务相等且报价最低的原则,从参加谈判的供应商中确定最优中标人的一种采购方式。

单一来源采购,可概括为采购人向唯一供应商进行采购的一种方式。它仅适用于如下情形:只能从唯一供应商处采购的;发生了不可预见事件导致紧急情况,不能从其他供应商处采购的;必须保证原有采购项目一致性或服务配套的要求,需要继续从原供应商处采购,且添购资金不超过原合同采购10%的。

询价则是采购人向三家以上供应商发出询价单让其报价,然后对各供应商的一次性报价进行比较,最后按照符合采购需求、质量和服务相等且报价最低的原则,从中选出最优的供应商的一种采购方式。它适用于采购人采购的货物规格、标准统一,现货货源充足且价格变化幅度小的政府采购项目。

3. 答案:一般性转移支付,又称体制性转移支付,是上级政府依法将其财政资金转作下级政府财政收入的一种补助方式,是政府间财政关系的重要组成部分。一般性财政转移支付是为弥补财政实力薄弱地区的资金缺口,由中央财政安排给地方财政的补助支出,目的是缩小地区间贫富差异。一般性转移支付可细分为纵向转移支付和横向转移支付,前者以弥补财政收支差额为目的，后者以提高贫困地区财政服务水平为目的。

专项转移支付，是中央财政为实现特定的宏观政策及事业发展战略目标而设立的补助资金，重点用于基础设施建设、天然林保护工程、退耕还林还草工程、贫困地区义务教育工程、社会保障制度建设、公共卫生体系建设等经济、社会业发展等事关民生的领域。专项转移支付应当按照法律、行政法规和国务院规定办理特定事项，最终实现专款专用。同时，上级政府在安排专项转移支付时，不可强行让下级政府承担配套资金。

第九章 税收调控法律制度

☑ 单项选择题

1. **答案**：D。根据《税收征收管理法》第 38 条的规定，A、B、C 项均是税务机关可以采取的强制措施。至于 D 项，税务机关可以书面通知开户行或其他金融机构暂停支付纳税人的金额应相当于应纳税款的存款，而不是冻结其存款。故 D 项错误。

2. **答案**：D。根据《增值税法》①第 3 条的规定，在我国境内销售货物、服务、无形资产、不动产，以及进口货物的单位和个人（包括个体工商户），为增值税的纳税人。

3. **答案**：A。《增值税法》第 24 条第 1 款规定："下列项目免征增值税：（一）农业生产者销售的自产农产品，农业机耕、排灌、病虫害防治、植物保护、农牧保险以及相关技术培训业务，家禽、牲畜、水生动物的配种和疾病防治；（二）医疗机构提供的医疗服务；（三）古旧图书，自然人销售的自己使用过的物品；（四）直接用于科学研究、科学试验和教学的进口仪器、设备；（五）外国政府、国际组织无偿援助的进口物资和设备；（六）由残疾人的组织直接进口供残疾人专用的物品，残疾人个人提供的服务；（七）托儿所、幼儿园、养老机构、残疾人服务机构提供的育养服务，婚姻介绍服务，殡葬服务；（八）学校提供的学历教育服务，学生勤工俭学提供的服务；（九）纪念馆、博物馆、文化馆、文物保护单位管理机构、美术馆、展览馆、书画院、图书馆举办文化活动的门票收入，宗教场所举办文化、宗教活动的门票收入。"

4. **答案**：A。《增值税法》第 10 条第（4）项规定："纳税人出口货物，税率为零；国务院另有规定的除外。"

5. **答案**：D。根据《企业所得税法》第 1 条的规定，在我国境内，企业和其他取得收入的组织为企业所得税的纳税人，依法缴纳企业所得税。个人独资企业、合伙企业不适用《企业所得税法》。

6. **答案**：D。《个人所得税法》第 2 条第 1 款规定，下列各项个人所得，应当缴纳个人所得税：（1）工资、薪金所得；（2）劳务报酬所得；（3）稿酬所得；（4）特许权使用费所得；（5）经营所得；（6）利息、股息、红利所得；（7）财产租赁所得；（8）财产转让所得；（9）偶然所得。第 4 条第 1 款规定，下列各项个人所得，免征个人所得税：（1）省级人民政府、国务院部委和中国人民解放军军以上单位，以及外国组织、国际组织颁发的科学、教育、技术、文化、卫生、体育、环境保护等方面的奖金；（2）国债和国家发行的金融债券利息；（3）按照国家统一规定发给的补贴、津贴；（4）福利费、抚恤金、救济金；（5）保险赔款；（6）军人的转业费、复员费、退役金；（7）按照国家统一规定发给干部、职工的安家费、退职费、基本养老金或者退休费、离休费、离休生活补助费；（8）依照有关法律规定应予免税的各国驻华使馆、领事馆的外交代表、领事官员和其他人员的所得；（9）中国政府参加的国际公约、签订的协议中规定免税的所得；（10）国务院规定的其他免税所得。因此，A、B、C 三项不征个人所得税，D 项应征个人所得税。D 项当选。

7. **答案**：D。《个人所得税法》第 2 条第 2 款规定，居民个人取得前款第一项至第四项所得（综合所得），按纳税年度合并计算个人所得税。纳税人取得前款第五项至第九项所得，

---

① 《增值税法》已由中华人民共和国第十四届全国人民代表大会常务委员会第十三次会议于 2024 年 12 月 25 日通过，自 2026 年 1 月 1 日起施行。

依法分别计算个人所得税。

8. 答案：D。《个人所得税法》第1条第1款规定，在中国境内有住所，或者无住所而一个纳税年度内在中国境内居住累计满一百八十三天的个人，为居民个人。

9. 答案：A。《税收征收管理法》第50条规定，欠缴税款的纳税人因怠于行使到期债权，或者放弃到期债权，或者无偿转让财产，或者以明显不合理的低价转让财产而受让人知道该情形，对国家税收造成损害的，税务机关可以依照《合同法》第73条、第74条①的规定行使代位权、撤销权。税务机关依照前款规定行使代位权、撤销权的，不免除欠缴税款的纳税人尚未履行的纳税义务和应承担的法律责任。由此可见，本题的正确选项应为A。

10. 答案：C。《税收征收管理法》第20条规定："从事生产、经营的纳税人的财务、会计制度或者财务、会计处理办法和会计核算软件，应当报送税务机关备案。纳税人、扣缴义务人的财务、会计制度或者财务、会计处理办法与国务院或者国务院财政、税务主管部门有关税收的规定抵触的，依照国务院或者国务院财政、税务主管部门有关税收的规定计算应纳税款、代扣代缴和代收代缴税款。"

11. 答案：D。《税收征收管理法》第22条规定："增值税专用发票由国务院税务主管部门指定的企业印制；其他发票，按照国务院税务主管部门的规定，分别由省、自治区、直辖市国家税务局、地方税务局指定企业印制。未经前款规定的税务机关指定，不得印制发票。"

12. 答案：D。《税收征收管理法》第88条规定："纳税人、扣缴义务人、纳税担保人同税务机关在纳税上发生争议时，必须先依照税务机关的纳税决定缴纳或者解缴税款及滞纳金或者提供相应的担保，然后可以依法申请行政复议；对行政复议决定不服的，可以依法向人民法院起诉。当事人对税务机关的处罚决定、强制执行措施或者税收保全措施不服的，可以依法申请行政复议，也可以依法向人民法院起诉。当事人对税务机关的处罚决定逾期不申请行政复议也不向人民法院起诉，又不履行的，作出处罚决定的税务机关可以采取本法第四十条规定的强制执行措施，或者申请人民法院强制执行。"

13. 答案：D。《税收征收管理法》第32条规定："纳税人未按照规定期限缴纳税款的，扣缴义务人未按照规定期限解缴税款的，税务机关除责令限期缴纳外，从滞纳税款之日起，按日加收滞纳税款万分之五的滞纳金。"

14. 答案：B。《个人所得税法》第2条规定："下列各项个人所得，应当缴纳个人所得税……经营所得……"

15. 答案：A。《税收征收管理法》第45条规定："税务机关征收税款，税收优先于无担保债权，法律另有规定的除外；纳税人欠缴的税款发生在纳税人以其财产设定抵押、质押或者纳税人的财产被留置之前的，税收应当先于抵押权、质权、留置权执行。纳税人欠缴税款，同时又被行政机关决定处以罚款、没收违法所得的，税收优先于罚款、没收违法所得。税务机关应当对纳税人欠缴税款的情况定期予以公告。"依此，B、C、D项的说法都是不正确的，只有A项为正确答案。

16. 答案：A。《个人所得税法》第3条规定，个人所得税的税率：（1）综合所得，适用百分之三至百分之四十五的超额累进税率；（2）经营所得，适用百分之五至百分之三十五的超额累进税率；（3）利息、股息、红利所得，财产租赁所得，财产转让所得和偶然所得，适用比例税率，税率为百分之二十。详细的税率表附在该法之后。

17. 答案：C。《税收征收管理法》第17条第1款：从事生产、经营的纳税人应当按照国家有关规定，持税务登记证件，在银行或者其他金融机构开立基本存款账户和其他存款账户，并将其全部账号向税务机关报告。

---

① 《合同法》已废止，分别对应《民法典》第535条、第539条。本章以下不再提示。

18. **答案**：D。《税收征收管理法实施细则》第 29 条第 2 款：账簿、记账凭证、报表、完税凭证、发票、出口凭证以及其他有关涉税资料应当保存十年；但是，法律、行政法规另有规定的除外。

19. **答案**：A。《税收征收管理法》第 31 条第 2 款：纳税人因有特殊困难，不能按期缴纳税款的，经省、自治区、直辖市国家税务局、地方税务局批准，可以延期缴纳税款，但是最长不得超过三个月。

20. **答案**：C。《税收征收管理法》第 38 条："……个人及其所扶养家属维持生活必需的住房和用品，不在税收保全措施的范围之内。"

21. **答案**：B。《税收征收管理法》第 45 条：税务机关征收税款，税收优先于无担保债权，法律另有规定的除外；纳税人欠缴的税款发生在纳税人以其财产设定抵押、质押或者纳税人的财产被留置之前的，税收应当先于抵押权、质权、留置权执行。

22. **答案**：B。《税收征收管理法》第 52 条：因税务机关的责任，致使纳税人、扣缴义务人未缴或者少缴税款的，税务机关在三年内可以要求纳税人、扣缴义务人补缴税款，但是不得加收滞纳金。

    因纳税人、扣缴义务人计算错误等失误，未缴或者少缴税款的，税务机关在三年内可以追征税款、滞纳金；有特殊情况的，追征期可以延长到五年。

    对偷税、抗税、骗税的，税务机关追征其未缴或者少缴的税款、滞纳金或者所骗取的税款，不受前款规定期限的限制。

23. **答案**：B。《税收征收管理法》第 2 条：（适用范围）凡依法由税务机关征收的各种税收的征收管理，均适用本法。《关税法》①第 2 条："中华人民共和国准许进出口的货物、进境物品，由海关依照本法和有关法律、行政法规的规定征收关税。"因此，关税征收管理由《关税法》规范，不受《税收征收管理法》规范。

24. **答案**：A。《个人所得税法》第 3 条规定，个人所得税的税率：（1）综合所得，适用百分之三至百分之四十五的超额累进税率；（2）经营所得，适用百分之五至百分之三十五的超额累进税率；（3）利息、股息、红利所得，财产租赁所得，财产转让所得和偶然所得，适用比例税率，税率为百分之二十。详细的税率表附在该法之后。

25. **答案**：D。《税收征收管理法》第 52 条规定，因纳税人、扣缴义务人计算错误等失误，未缴或者少缴税款的，税务机关在 3 年内可以追征税款、滞纳金；有特殊情况的，追征期可以延长到 5 年。

26. **答案**：C。《税收征收管理法》第 31 条规定："……纳税人因有特殊困难，不能按期缴纳税款的，经省、自治区、直辖市国家税务局、地方税务局批准，可以延期缴纳税款，但是最长不得超过三个月。"

27. **答案**：D。选项 A 正确。根据《契税法》第 1 条的规定，承受土地、房屋权属的买方，为契税的纳税人。选项 B、C 正确。根据《契税法》第 6 条第 1 款的规定，婚姻关系存续期间夫妻之间变更土地、房屋权属，法定继承人通过继承承受土地、房屋权属，属于法定的免税情形。选项 D 错误。根据第 10、11 条的规定，纳税人应当在依法办理土地、房屋权属登记手续前申报缴纳契税。纳税人办理纳税事宜后，税务机关应当开具契税完税凭证。纳税人办理土地、房屋权属登记，不动产登记机构应当查验契税完税、减免税凭证或者有关信息。未按照规定缴纳契税的，不动产登记机构不予办理土地、房屋权属登记。

28. **答案**：A。A 为商品税的特点，B 为所得税的特点，C 为财产税的特点。

29. **答案**：B。《个人所得税法》第 6 条规定："应纳税所得额的计算……（六）利息、股息、红利所得和偶然所得，以每次收入额为

---

① 《中华人民共和国关税法》已由中华人民共和国第十四届全国人民代表大会常务委员会第九次会议于 2024 年 4 月 26 日通过，自 2024 年 12 月 1 日起施行。

应纳税所得额……"

30. 答案：C。《城镇土地使用税暂行条例》第3条第1款规定，土地使用税以纳税人实际占用的土地面积为计税依据，依照规定税额计算征收。

31. 答案：C。《城镇土地使用税暂行条例》第2条第1款规定，在城市、县城、建制镇、工矿区范围内使用土地的单位和个人，为城镇土地使用税的纳税人。《土地增值税暂行条例》第2条规定，转让国有土地使用权、地上的建筑物及其附着物并取得收入的单位和个人，为土地增值税的纳税义务人。《耕地占用税法》第2条第1款规定，在我国境内占用耕地建设建筑物、构筑物或者从事非农业建设的单位和个人，为耕地占用税的纳税人。《资源税法》第1条规定，在我国领域和我国管辖的其他海域开发应税资源的单位和个人，为资源税的纳税人。

32. 答案：C。根据《消费税税目税率表》，液体应税消费品从量征收消费税，如汽油、啤酒等。其他应税消费品基本实行从价征收消费税。

33. 答案：B。《增值税法》第21条规定，当期进项税额大于当期销项税额的部分，纳税人可以按照国务院的规定选择结转下期继续抵扣或者申请退还。

34. 答案：A。根据《契税法》第2条的规定，契税的征税范围所指的"转移土地、房屋权属"包括：①土地使用权出让；②土地使用权转让，包括出售、赠与、互换，不包括土地承包经营权和土地经营权的转移；③房屋买卖、赠与、互换；④以作价投资（入股）、偿还债务、划转、奖励等方式转移土地、房屋权属。

35. 答案：D。根据《城镇土地使用税暂行条例》第2条第1款规定，城镇土地使用税的征税范围，包括在城市、县城、建制镇和工矿区内的国家所有和集体所有的土地。第6条规定，下列土地免缴土地使用税：(1) 国家机关、人民团体、军队自用的土地；(2) 由国家财政部门拨付事业经费的单位自用的土地；(3) 宗教寺庙、名胜古迹自用的土地；(4) 市政街道、广场、绿化地带等公共用地；(5) 直接用于农、林、牧、渔业的生产用地；(6) 经批准开山填海整治的土地和改造的废弃土地，从使用的月份起免缴土地使用税5年至10年；(7) 由财政部另行规定免税的能源、交通、水利设施用地和其他用地。

36. 答案：C。《印花税法》第12条第1款规定："下列凭证免征印花税：（一）应税凭证的副本或者抄本；（二）依照法律规定应当予以免税的外国驻华使馆、领事馆和国际组织驻华代表机构为获得馆舍书立的应税凭证；（三）中国人民解放军、中国人民武装警察部队书立的应税凭证；（四）农民、家庭农场、农民专业合作社、农村集体经济组织、村民委员会购买农业生产资料或者销售农产品书立的买卖合同和农业保险合同；（五）无息或者贴息借款合同、国际金融组织向中国提供优惠贷款书立的借款合同；（六）财产所有权人将财产赠与政府、学校、社会福利机构、慈善组织书立的产权转移书据；（七）非营利性医疗卫生机构采购药品或者卫生材料书立的买卖合同；（八）个人与电子商务经营者订立的电子订单。"

37. 答案：C。根据《企业所得税法》第1条的规定，在中华人民共和国境内，企业和其他取得收入的组织为企业所得税的纳税人，依照本法的规定缴纳企业所得税。个人独资企业、合伙企业不适用本法。一般而言只有具有独立的主体资格（主要是法人资格）的企业或组织才会是企业所得税的纳税主体，合伙企业和个人独资企业不具有独立于投资者的人格，对投资者征收个人所得税即可。故正确答案应当是C。

38. 答案：A。根据《企业所得税法》第30条的规定，企业的下列支出，可以在计算应纳税所得额时加计扣除：(1) 开发新技术、新产品、新工艺发生的研究开发费用；(2) 安置残疾人员及国家鼓励安置的其他就业人员所支付的工资。A项支出可以加计扣除；B项不是法定的安置残疾人员的工资，不能加计扣除；C项属于《企业所得税法》第10条第(6)项明确规定不允许扣除的项目；D

项同样不属于法定允许加计扣除的支出。故正确答案为 A。

39. **答案**：A。《税收征收管理法》第 44 条规定，欠缴税款的纳税人或者他的法定代表人需要出境的，应当在出境前向税务机关结清应纳税款、滞纳金或者提供担保。未结清税款、滞纳金，又不提供担保的，税务机关可以通知出境管理机关阻止其出境。首先，李某未按期缴纳而申请延期缴纳，依然属于欠缴税款，故 B 项说法错误。欠税人只有在不结清税款、滞纳金或提供担保的前提下，税务机关才能通知出境管理机关阻止其出境，故 C 和 D 项说法都是错误的。又由于税务机关已经批准李某延期缴纳，所以只能要求其出境前提供担保，故正确答案应当是 A。

40. **答案**：A。选项 A 正确。监考费属于劳务报酬所得，应与稿酬所得作为综合所得合并计算缴纳个人所得税。选项 B 错误。张老师从任职受雇的学校获得"最佳教师"称号的奖金，属于工资、薪金所得的一部分，而非偶然所得。选项 C 错误。张老师中彩票获得的奖金属于偶然所得，适用 20% 的比例税率，而非超额累进税率。选项 D 错误。根据《个人所得税法》第 4 条第 1 款的规定，省级人民政府、国务院部委和中国人民解放军军以上单位，以及外国组织、国际组织颁发的科学、教育、技术、文化、卫生、体育、环境保护等方面的奖金，免征个人所得税。张老师从任职受雇的学校获得的科研奖金，不属于免征所得税的收入范畴。

41. **答案**：C。选项 A 正确。《企业所得税法》第 1 条第 1 款规定，在中华人民共和国境内，企业和其他取得收入的组织为企业所得税的纳税人，依照本法的规定缴纳企业所得税。选项 B 正确。《企业所得税法》第 1 条第 2 款规定，个人独资企业、合伙企业不适用本法。选项 C 错误。《企业所得税法》第 4 条规定，企业所得税的税率为 25%。非居民企业在中国境内未设立机构、场所的，或者虽设立机构、场所但取得的所得与其所设机构、场所没有实际联系的，适用税率为

20%。据此可知，非居民企业中"在中国境内未设立机构、场所的，或者虽设立机构、场所但取得的所得与其所设机构、场所没有实际联系的"，才适用 20% 的税率，除上述情况外是适用 25% 税率的。因此，二者的适用税率不是完全不同。选项 D 正确。《企业所得税法》第 22 条规定，企业的应纳税所得额乘以适用税率，减除依照本法关于税收优惠的规定减免和抵免的税额后的余额，为应纳税额。第 26 条规定，企业的下列收入为免税收入：（1）国债利息收入；（2）符合条件的居民企业之间的股息、红利等权益性投资收益；（3）在中国境内设立机构、场所的非居民企业从居民企业取得与该机构、场所有实际联系的股息、红利等权益性投资收益；（4）符合条件的非营利组织的收入。据此可知，企业所得税的税收优惠，居民企业和非居民企业都有权享受。

42. **答案**：A。根据《个人所得税法》第 4 条第 1 款的规定，省级人民政府、国务院部委和中国人民解放军军以上单位，以及外国组织、国际组织颁发的科学、教育、技术、文化、卫生、体育、环境保护等方面的奖金，免征个人所得税。甲因发明净水装置解决缺水地区饮水问题获得的各类奖金、实物，属于技术领域的公益性奖金。但只有国际组织奖励的奖金符合颁发主体的级别要求，可以免征个人所得税。故选项 A 正确，选项 B、C 错误。根据《企业所得税法》第 10 条的规定，乙公司给予甲 10 万元人民币奖励，与乙公司取得收入无关，故不得在计算应纳税所得额时予以扣除。

43. **答案**：D。根据《税收征收管理法》第 4 条第 2 款的规定，法律、行政法规规定负有代扣代缴、代收代缴税款义务的单位和个人为扣缴义务人。故 A 项说法正确。根据《税收征收管理法》第 25 条第 2 款的规定，扣缴义务人必须依照法律、行政法规规定或者税务机关依照法律、行政法规的规定确定的申报期限、申报内容如实报送代扣代缴、代收代缴税款报告表以及税务机关根据实际需要要求扣缴义务人报送的其他有关资料。故

B项说法正确。根据《税收征收管理法》第27条第1款的规定，纳税人、扣缴义务人不能按期办理纳税申报或者报送代扣代缴、代收代缴税款报告表的，经税务机关核准，可以延期申报。故C项说法正确。根据《税收征收管理法》第26条的规定，纳税人、扣缴义务人可以直接到税务机关办理纳税申报或者报送代扣代缴、代收代缴税款报告表，也可以按照规定采取邮寄、数据电文或者其他方式办理上述申报、报送事项。故D项说法错误。

44. 答案：B。根据《税收征收管理法》第45条的规定，税务机关征收税款，税收优先于无担保债权，法律另有规定的除外；纳税人欠缴的税款发生在纳税人以其财产设定抵押、质押或者纳税人的财产被留置之前的，税收应当先于抵押权、质权、留置权执行。纳税人欠缴税款，同时又被行政机关决定处以罚款、没收违法所得的，税收优先于罚款、没收违法所得。根据该条规定，税款与银行贷款、罚款的清偿顺序应当是：发生在抵押权、质权、留置权之前的欠缴税款——抵押权、质权、留置权——发生在抵押权、质权、留置权之后的欠缴税款——一般民事赔偿及债权——行政罚款。由于本题开头就说明了该企业由于流动资金匮乏，一直拖欠缴纳税款，因而可以推论其欠缴税款发生于抵押贷款之前，故B项说法正确。

45. 答案：B。居民税收管辖权是以国家主权国籍原则为依据行使的一种税收管辖权。这一管辖权要求纳税人的所得不论其来源于境内还是境外，只要其是本国居民，其所在国就有权对其征税。所以，A选项错误。

  各国在解决彼此间居民税收管辖权冲突问题时，一般采取在双边协定中确定某种所能共同接受的冲突规范。所以，B选项正确。

  国际重叠征税又称"国际双层征税"，是指两个以上的国家对不同的纳税人就同一课税对象或同一税源在同一期间内课征相同或类似性质的税收。所以，C选项错误。

  所得来源地税收管辖权，是征税国基于有关收益或所得来源于境内的法律事实，针对非居民行使的征税权，是按照属地原则确立的税收管辖权。所以，D选项错误。

46. 答案：C。根据课税对象形态的不同，我国征收的各税种可以分为商品税、所得税、财产税。个人所得税属于所得税，不属于财产税。故A项说法错误。《个人所得税法》第1条规定："在中国境内有住所，或者无住所而一个纳税年度内在中国境内居住累计满一百八十三天的个人，为居民个人。居民个人从中国境内和境外取得的所得，依照本法规定缴纳个人所得税。在中国境内无住所又不居住，或者无住所而一个纳税年度内在中国境内居住累计不满一百八十三天的个人，为非居民个人。非居民个人从中国境内取得的所得，依照本法规定缴纳个人所得税……"因而，是否为居民纳税人的判断标准不是国籍，而是以在中国境内居住时间为依据的。故B项说法错误。同样根据上述规定，C项说法正确。D项说法错误。《个人所得税法》经2018年修正后已取消了加成征收制度，且适用比例税率的只有利息、股息、红利所得，财产租赁所得，财产转让所得和偶然所得。

47. 答案：B。《个人所得税法》经2018年修正后已取消了加成征收制度，且适用比例税率的只有利息、股息、红利所得，财产租赁所得，财产转让所得和偶然所得，故A项说法错误。根据《个人所得税法》第17条的规定，对扣缴义务人按照所扣缴的税款，付给百分之二的手续费。故B项正确。C项说法错误，根据《个人所得税法》第4条的规定，保险赔款免纳个人所得税。故在中国境内无住所又不居住的个人（非居民纳税人）虽然保险赔款收入来自中国境内，但是由于是保险赔款，属于免税范畴。D项说法错误，我国尚未实施以家庭为单位的所得税制，每个纳税人应当单独计算工资薪金收入及其起征点。

48. 答案：C。根据《个人所得税法》第11条规定，办理汇算清缴的时间为取得所得的次年3月1日至6月30日。A项中的汇算清缴期间是正确的。根据《个人所得税法实施条例》第 25 条规定："取得综合所得需要办理汇算清缴的情形包括：（一）从两处以上取得综合所得，且综合所得年收入额减除专项扣除的余额超过 6 万元……"从题干可知，李某只从甲公司获得工资收入，没有其他收入所得，故其不属于需要汇算清缴的情形，A 项错误。

《个人所得税法》第 9 条规定："个人所得税以所得人为纳税人，以支付所得的单位或者个人为扣缴义务人。纳税人有中国公民身份号码的，以中国公民身份号码为纳税人识别号；纳税人没有中国公民身份号码的，由税务机关赋予其纳税人识别号。扣缴义务人扣缴税款时，纳税人应当向扣缴义务人提供纳税人识别号。"据此，李某作为纳税义务人，有自己的纳税人识别号，其个人所得税应当由甲公司代扣代缴。故 B 项错误。

《个人所得税法》第 1 条规定："在中国境内有住所，或者无住所而一个纳税年度内在中国境内居住累计满一百八十三天的个人，为居民个人……"据此，李某在北京有住所，尽管其被甲公司派往德国工作，仍属于中国居民纳税人。故 D 项错误。

另根据《个人所得税法》第 2 条规定，居民个人综合所得包括：（1）工资、薪金所得；（2）劳务报酬所得；（3）稿酬所得；（4）特许权使用费所得。根据该法第 11 条规定，居民个人取得综合所得，按年计算个人所得税；有扣缴义务人的，由扣缴义务人按月或者按次预扣预缴税款。因此，李某取得的工资作为综合所得，应当按年计税，按月预扣预缴。故 C 项正确。

49. **答案**：B。《个人所得税法》第 3 条规定："个人所得税的税率：（一）综合所得，适用百分之三至百分之四十五的超额累进税率……"据此，稿酬属于综合所得之一，合并计算个人所得税，适用 3%—45% 的超额累进税率，并非比例税率。故 A 项错误。

《个人所得税法》第 4 条规定："下列各项个人所得，免征个人所得税：（一）省级人民政府、国务院部委和中国人民解放军军以上单位，以及外国组织、国际组织颁发的科学、教育、技术、文化、卫生、体育、环境保护等方面的奖金……"据此，外国组织发放的文化方面的奖金，属于法定免税范围，无须缴纳个人所得税。故 B 项正确。

《车船税法》第 4 条规定："对节约能源、使用新能源的车船可以减征或者免征车船税；对受严重自然灾害影响纳税困难以及有其他特殊原因确需减税、免税的，可以减征或者免征车船税。具体办法由国务院规定，并报全国人民代表大会常务委员会备案。"小汽车并非法定免税范围，也不属于酌定免税范围。故 C 项错误。

《个人所得税法》第 1 条第 1 款规定："在中国境内有住所，或者无住所而一个纳税年度内在中国境内居住累计满一百八十三天的个人，为居民个人。居民个人从中国境内和境外取得的所得，依照本法规定缴纳个人所得税。"第 2 条规定："下列各项个人所得，应当缴纳个人所得税……（三）稿酬所得；（四）特许权使用费所得……居民个人取得前款第一项至第四项所得（以下称综合所得），按纳税年度合并计算个人所得税；非居民个人取得前款第一项至第四项所得，按月或者按次分项计算个人所得税。纳税人取得前款第五项至第九项所得，依照本法规定分别计算个人所得税。"程某作为我国作家，在没有特别说明的情况下应认定为居民纳税人，应就其取得的境内外所得缴纳个人所得税，所以程某在国内获得的稿酬、国外获得的特许权使用费应缴纳个人所得税。故 D 项错误。

50. **答案**：D。《增值税法》第 5 条规定："有下列情形之一的，视同应税交易，应当依照本法规定缴纳增值税：（一）单位和个体工商户将自产或者委托加工的货物用于集体福利或者个人消费；（二）单位和个体工商户无偿转让货物；（三）单位和个人无偿转让无形资产、不动产或者金融商品。"据此，选项 A、B 均属于将自产的货物用于集体福利，应视同增值税应税交易。选项 C 属于无偿转让货物，同样应视同增值税应税交易。选项 D 属于将外购的货物用于集体福利，在购入货物时已经作为终端消费由销售方缴纳了增值税，无须再次视同应税交易，故选项 D 错误。

多项选择题

1. **答案**：ABCD。选项 A 正确。《增值税法》第 9 条第 1 款规定："本法所称小规模纳税人，是指年应征增值税销售额未超过五百万元的纳税人。"选项 B 正确。《增值税法》第 8 条第 2 款规定："小规模纳税人可以按照销售额和征收率计算应纳税额的简易计税方法，计算缴纳增值税。"第 9 条第 2 款规定："小规模纳税人会计核算健全，能够提供准确税务资料的，可以向主管税务机关办理登记，按照本法规定的一般计税方法计算缴纳增值税。"选项 C 正确。《增值税法》第 9 条第 3 款规定："根据国民经济和社会发展的需要，国务院可以对小规模纳税人的标准作出调整，报全国人民代表大会常务委员会备案。"选项 D 正确。《增值税法》第 23 条第 1 款规定："小规模纳税人发生应税交易，销售额未达到起征点的，免征增值税；达到起征点的，依照本法规定全额计算缴纳增值税。"

2. **答案**：ABCD。《增值税法》第 3 条规定："在中华人民共和国境内……销售货物、服务、无形资产、不动产……以及进口货物的单位和个人（包括个体工商户），为增值税的纳税人，应当依照本法规定缴纳增值税。销售货物、服务、无形资产、不动产，是指有偿转让货物、不动产的所有权，有偿提供服务，有偿转让无形资产的所有权或者使用权。"

3. **答案**：ABCD。《消费税暂行条例》第 4 条第 1 款："纳税人生产的应税消费品，于纳税人销售时纳税。纳税人自产自用的应税消费品，用于连续生产应税消费品的，不纳税；用于其他方面的，于移送使用时纳税。"

4. **答案**：AD。《税收征收管理法》第 38 条规定："税务机关有根据认为从事生产、经营的纳税人有逃避纳税义务行为的，可以在规定的纳税期之前，责令限期缴纳应纳税款；在限期内发现纳税人有明显的转移、隐匿其应纳税的商品、货物以及其他财产或者应纳税的收入的迹象的，税务机关可以责成纳税人提供纳税担保。如果纳税人不能提供纳税担保，经县以上税务局（分局）局长批准，税务机关可以采取下列税收保全措施：（一）书面通知纳税人开户银行或者其他金融机构冻结纳税人的金额相当于应纳税款的存款；（二）扣押、查封纳税人的价值相当于应纳税款的商品、货物或者其他财产。纳税人在前款规定的限期内缴纳税款的，税务机关必须立即解除税收保全措施；限期期满仍未缴纳税款的，经县以上税务局（分局）局长批准，税务机关可以书面通知纳税人开户银行或者其他金融机构从其冻结的存款中扣缴税款，或者依法拍卖或者变卖所扣押、查封的商品、货物或者其他财产，以拍卖或者变卖所得抵缴税款。个人及其所扶养家属维持生活必需的住房和用品，不在税收保全措施的范围之内。"

5. **答案**：ABCD。《税收征收管理法》第 54 条规定："税务机关有权进行下列税务检查：（一）检查纳税人的帐簿、记帐凭证、报表和有关资料，检查扣缴义务人代扣代缴、代收代缴税款帐簿、记帐凭证和有关资料；（二）到纳税人的生产、经营场所和货物存放地检查纳税人应纳税的商品、货物或者其他财产，检查扣缴义务人与代扣代缴、代收代缴税款有关的经营情况；（三）责成纳税人、扣缴义务人提供与纳税或者代扣代缴、代收代缴税款有关的文件、证明材料和有关资料；（四）询问纳税人、扣缴义务人与纳税或者代扣代缴、代收代缴税款有关的问题和情况；（五）到车站、码头、机场、邮政企业及其分支机构检查纳税人托运、邮寄应纳税商品、货物或者其他财产的有关单据、凭证和有关资料；（六）经县以上税务局（分局）局长批准，凭全国统一格式的检查存款帐户许可证明，查询从事生产、经营的纳税人、扣缴义务人在银行或者其他金融机构的存款帐户。税务机关在调查税收违法案件时，经设区的市、自治州以上税务局（分

6. **答案**：BD。《个人所得税法》第2条第1款："下列各项个人所得，应当缴纳个人所得税：（一）工资、薪金所得；（二）劳务报酬所得；（三）稿酬所得；（四）特许权使用费所得；（五）经营所得；（六）利息、股息、红利所得；（七）财产租赁所得；（八）财产转让所得；（九）偶然所得。"《个人所得税法》第4条第1款："下列各项个人所得，免征个人所得税：（一）省级人民政府、国务院部委和中国人民解放军军以上单位，以及外国组织、国际组织颁发的科学、教育、技术、文化、卫生、体育、环境保护等方面的奖金；（二）国债和国家发行的金融债券利息；（三）按照国家统一规定发给的补贴、津贴；（四）福利费、抚恤金、救济金；（五）保险赔款；（六）军人的转业费、复员费、退役金；（七）按照国家统一规定发给干部、职工的安家费、退职费、基本养老金或者退休费、离休费、离休生活补助费；（八）依照有关法律规定应予免税的各国驻华使馆、领事馆的外交代表、领事官员和其他人员的所得；（九）中国政府参加的国际公约、签订的协议中规定免税的所得；（十）国务院规定的其他免税所得。"因此，A、C项应征个人所得税，B、D项免征个人所得税。

7. **答案**：AB。《个人所得税法》第6条："应纳税所得额的计算……劳务报酬所得、稿酬所得、特许权使用费所得，以每次收入额为应纳税所得额……利息、股息、红利所得和偶然所得，以每次收入额为应纳税所得额……劳务报酬所得、稿酬所得、特许权使用费所得以收入减除百分之二十的费用后的余额为收入额。稿酬所得的收入额减按百分之七十计算……"由此可见，A、B项不减除其他费用，而C、D项应当减除。

8. **答案**：ACD。广义的课税要素，也被称为税法构成要素，既包括课税实体要素，也包括课税程序要素。其中，课税实体要素包括税法主体（国家和纳税人）、征税客体（也称征税对象或课税对象，指商品、所得和财产）、税目与计税依据、税率、税收特别措施。课税程序要素包括纳税期限、纳税地点等。

9. **答案**：CD。《个人所得税法》第1条规定："在中国境内有住所，或者无住所而一个纳税年度内在中国境内居住累计满一百八十三天的个人，为居民个人。居民个人从中国境内和境外取得的所得，依照本法规定缴纳个人所得税。在中国境内无住所又不居住，或者无住所而一个纳税年度内在中国境内居住累计不满一百八十三天的个人，为非居民个人。非居民个人从中国境内取得的所得，依照本法规定缴纳个人所得税……"

10. **答案**：BC。《个人所得税法》第3条："个人所得税的税率：（一）综合所得，适用百分之三至百分之四十五的超额累进税率……（二）经营所得，适用百分之五至百分之三十五的超额累进税率……（三）利息、股息、红利所得，财产租赁所得，财产转让所得和偶然所得，适用比例税率，税率为百分之二十。"

11. **答案**：ABCD。《税收征收管理法实施细则》第8条："税务人员在核定应纳税额、调整税收定额、进行税务检查、实施税务行政处罚、办理税务行政复议时，与纳税人、扣缴义务人或者其法定代表人、直接责任人有下列关系之一的，应当回避：（一）夫妻关系；（二）直系血亲关系；（三）三代以内旁系血亲关系；（四）近姻亲关系；（五）可能影响公正执法的其他利害关系。"

12. **答案**：BCD。《税收征收管理法》第17条："从事生产、经营的纳税人应当按照国家有关规定，持税务登记证件，在银行或者其他金融机构开立基本存款帐户和其他存款帐户，并将其全部帐号向税务机关报告。银行和其他金融机构应当在从事生产、经营的纳税人的帐户中登记税务登记证件号码，并在税务登记证件中登记从事生产、经营的纳税人的帐户帐号。税务机关依法查询从事生产、经营的纳税人开立帐户的情况时，有关银行和其他金融机构应当予以协助。"

13. 答案：ACD。《税收征收管理法》第 15 条："企业，企业在外地设立的分支机构和从事生产、经营的场所，个体工商户和从事生产、经营的事业单位（以下统称从事生产、经营的纳税人）自领取营业执照之日起三十日内，持有关证件，向税务机关申报办理税务登记。税务机关应当于收到申报的当日办理登记并发给税务登记证件。工商行政管理机关应当将办理登记注册、核发营业执照的情况，定期向税务机关通报。本条第一款规定以外的纳税人办理税务登记和扣缴义务人办理扣缴税款登记的范围和办法，由国务院规定。"

14. 答案：ABD。《税收征收管理法》第 31 条："纳税人、扣缴义务人按照法律、行政法规规定或者税务机关依照法律、行政法规的规定确定的期限，缴纳或者解缴税款。纳税人因有特殊困难，不能按期缴纳税款的，经省、自治区、直辖市国家税务局、地方税务局批准，可以延期缴纳税款，但是最长不得超过三个月。"《税收征收管理法实施细则》第 37 条："纳税人、扣缴义务人按照规定的期限办理纳税申报或者报送代扣代缴、代收代缴税款报告表确有困难，需要延期的，应当在规定的期限内向税务机关提出书面延期申请，经税务机关核准，在核准的期限内办理。纳税人、扣缴义务人因不可抗力，不能按期办理纳税申报或者报送代扣代缴、代收代缴税款报告表的，可以延期办理；但是，应当在不可抗力情形消除后立即向税务机关报告。税务机关应当查明事实，予以核准。"

15. 答案：ABD。《税收征收管理法》第 35 条："纳税人有下列情形之一的，税务机关有权核定其应纳税额：（一）依照法律、行政法规的规定可以不设置帐簿的；（二）依照法律、行政法规的规定应当设置帐簿但未设置的；（三）擅自销毁帐簿或者拒不提供纳税资料的；（四）虽设置帐簿，但帐目混乱或者成本资料、收入凭证、费用凭证残缺不全，难以查帐的；（五）发生纳税义务，未按照规定的期限办理纳税申报，经税务机关责令限期申报，逾期仍不申报的；（六）纳税人申报的计税依据明显偏低，又无正当理由的。税务机关核定应纳税额的具体程序和方法由国务院税务主管部门规定。"

16. 答案：ABC。根据《税收征收管理法》第 50 条的规定，欠缴税款的纳税人因怠于行使到期债权，或者放弃到期债权，或者无偿转让财产，或者以明显不合理的低价转让财产而受让人知道该情形的，对国家税收造成损害的，税务机关可以依法行使代位权、撤销权。税务机关依法行使代位权、撤销权的，不免除欠缴税款的纳税人尚未履行的纳税义务和应承担的法律责任。

17. 答案：ACD。选项 A、C、D 属于偷税情形。根据《税收征收管理法》第 63 条的规定，纳税人伪造、变造、隐匿、擅自销毁账簿、记账凭证，或者在账簿上多列支出或者不列、少列收入，或者经税务机关通知申报而拒不申报或者进行虚假的纳税申报，不缴或者少缴应纳税款的，是偷税。选项 B 属于抗税情形。根据《税收征收管理法》第 67 条的规定，以暴力、威胁方法拒不缴纳税款的，是抗税。

18. 答案：AC。《税收征收管理法》第 69 条："扣缴义务人应扣未扣、应收而不收税款的，由税务机关向纳税人追缴税款，对扣缴义务人处应扣未扣、应收未收税款百分之五十以上三倍以下的罚款。"

19. 答案：ACD。《税收征收管理法》第 45 条："税务机关征收税款，税收优先于无担保债权，法律另有规定的除外；纳税人欠缴的税款发生在纳税人以其财产设定抵押、质押或者纳税人的财产被留置之前的，税收应当先于抵押权、质权、留置权执行。纳税人欠缴税款，同时又被行政机关决定处以罚款、没收违法所得的，税收优先于罚款、没收违法所得。"

20. 答案：BCD。《税收征收管理法》第 40 条："从事生产、经营的纳税人、扣缴义务人未按照规定的期限缴纳或者解缴税款，纳税担保人未按照规定的期限缴纳所担保的税款，由税务机关责令限期缴纳，逾期仍未缴纳的，经县以上税务局（分局）局长批准，税务机关可以采取下列强制执行措施……"

21. **答案**：BCD。《税收征收管理法》第 40 条："从事生产、经营的纳税人、扣缴义务人未按照规定的期限缴纳或者解缴税款，纳税担保人未按照规定的期限缴纳所担保的税款，由税务机关责令限期缴纳，逾期仍未缴纳的，经县以上税务局（分局）局长批准，税务机关可以采取下列强制执行措施……"第 55 条："税务机关对从事生产、经营的纳税人以前纳税期的纳税情况依法进行税务检查时，发现纳税人有逃避纳税义务行为，并有明显的转移、隐匿其应纳税的商品、货物以及其他财产或者应纳税的收入的迹象的，可以按照本法规定的批准权限采取税收保全措施或者强制执行措施。"第 88 条："……当事人对税务机关的处罚决定逾期不申请行政复议也不向人民法院起诉、又不履行的，作出处罚决定的税务机关可以采取本法第四十条规定的强制执行措施，或者申请人民法院强制执行。"

22. **答案**：ABD。《增值税法》第 22 条："纳税人的下列进项税额不得从其销项税额中抵扣：（一）适用简易计税方法计税项目对应的进项税额；（二）免征增值税项目对应的进项税额；（三）非正常损失项目对应的进项税额；（四）购进并用于集体福利或者个人消费的货物、服务、无形资产、不动产对应的进项税额；（五）购进并直接用于消费的餐饮服务、居民日常服务和娱乐服务对应的进项税额；（六）国务院规定的其他进项税额。"由此可见，A、B、D 项当选，C 项不选。

23. **答案**：ACD。《增值税法》第 3 条规定，在我国境内销售货物、服务、无形资产、不动产，以及进口货物的单位和个人（包括个体工商户），为增值税的纳税人，应当依法缴纳增值税。

24. **答案**：ABD。《个人所得税法》第 1 条规定："在中国境内有住所，或者无住所而一个纳税年度内在中国境内居住累计满一百八十三天的个人，为居民个人。居民个人从中国境内和境外取得的所得，依照本法规定缴纳个人所得税……"第 4 条第 1 款："下列各项个人所得，免征个人所得税：（一）省级人民政府、国务院部委和中国人民解放军军以上单位，以及外国组织、国际组织颁发的科学、教育、技术、文化、卫生、体育、环境保护等方面的奖金；（二）国债和国家发行的金融债券利息；（三）按照国家统一规定发给的补贴、津贴；（四）福利费、抚恤金、救济金；（五）保险赔款；（六）军人的转业费、复员费、退役金；（七）按照国家统一规定发给干部、职工的安家费、退职费、基本养老金或者退休费、离休费、离休生活补助费；（八）依照有关法律规定应予免税的各国驻华使馆、领事馆的外交代表、领事官员和其他人员的所得；（九）中国政府参加的国际公约、签订的协议中规定免税的所得；（十）国务院规定的其他免税所得。"

25. **答案**：ABC。选项 A、B、C 属于税收核定情形。《税收征收管理法》第 35 条第 1 款："纳税人有下列情形之一的，税务机关有权核定其应纳税额：（一）依照法律、行政法规的规定可以不设置帐簿的；（二）依照法律、行政法规的规定应当设置帐簿但未设置的；（三）擅自销毁帐簿或者拒不提供纳税资料的；（四）虽设置帐簿，但帐目混乱或者成本资料、收入凭证、费用凭证残缺不全，难以查帐的；（五）发生纳税义务，未按照规定的期限办理纳税申报，经税务机关责令限期申报，逾期仍不申报的；（六）纳税人申报的计税依据明显偏低，又无正当理由的。"选项 D 属于特别纳税调整情形。《税收征收管理法》第 36 条："企业或者外国企业在中国境内设立的从事生产、经营的机构、场所与其关联企业之间的业务往来，应当按照独立企业之间的业务往来收取或者支付价款、费用；不按照独立企业之间的业务往来收取或者支付价款、费用，而减少其应纳税的收入或者所得额的，税务机关有权进行合理调整。"

26. **答案**：BCD。根据《税收征收管理法》第 40 条第 1 款的规定，从事生产、经营的纳税人、扣缴义务人未按照规定的期限缴纳或者解缴税款，纳税担保人未按照规定的期限缴纳所担保的税款，由税务机关责令限期缴纳，逾期仍未缴纳的，经县以上税务局（分局）局长批准，税务机关可以扣押、查封、依法拍卖或者变卖其价值相当于应纳税款的商品、货物或者其他财产，以拍卖或者变卖所得抵缴税款。

27. **答案**：CD。《个人所得税法》第2条第1款规定，下列各项个人所得，应当缴纳个人所得税：（1）工资、薪金所得；（2）劳务报酬所得；（3）稿酬所得；（4）特许权使用费所得；（5）经营所得；（6）利息、股息、红利所得；（7）财产租赁所得；（8）财产转让所得；（9）偶然所得。第4条第1款规定，下列各项个人所得，免征个人所得税：（1）省级人民政府、国务院部委和中国人民解放军军以上单位，以及外国组织、国际组织颁发的科学、教育、技术、文化、卫生、体育、环境保护等方面的奖金；（2）国债和国家发行的金融债券利息；（3）按照国家统一规定发给的补贴、津贴；（4）福利费、抚恤金、救济金；（5）保险赔款；（6）军人的转业费、复员费、退役金；（7）按照国家统一规定发给干部、职工的安家费、退职费、基本养老金或者退休费、离休费、离休生活补助费；（8）依照有关法律规定应予免税的各国驻华使馆、领事馆的外交代表、领事官员和其他人员的所得；（9）中国政府参加的国际公约、签订的协议中规定免税的所得；（10）国务院规定的其他免税所得。因此，A、B项应征个人所得税，C、D项免征个人所得税。故C、D项当选。

28. **答案**：CD。《税收征收管理法》第40条第1款规定，从事生产、经营的纳税人、扣缴义务人未按照规定的期限缴纳或者解缴税款，纳税担保人未按照规定的期限缴纳所担保的税款，由税务机关责令限期缴纳，逾期仍未缴纳的，经县以上税务局（分局）局长批准，税务机关可以采取下列强制执行措施：（1）书面通知其开户银行或者其他金融机构从其存款中扣缴税款；（2）扣押、查封、依法拍卖或者变卖其价值相当于应纳税款的商品、货物或者其他财产，以拍卖或者变卖所得抵缴税款。据此，选项A、B采用的措施是正确的，不当选。C选项中的注销税务登记不是一种行政处罚行为，而是税务管理的一项措施，是征收税款时不能采用的，因此当选。税务机关在采取税收强制措施时不需要借助于法院，《税收征收管理法》赋予了税务机关扣划存款、查封、扣押、拍卖或变卖一定数额财产的权利，因此D也当选。

29. **答案**：BD。《增值税法》第22条："纳税人的下列进项税额不得从其销项税额中抵扣：（一）适用简易计税方法计税项目对应的进项税额；（二）免征增值税项目对应的进项税额；（三）非正常损失项目对应的进项税额；（四）购进并用于集体福利或者个人消费的货物、服务、无形资产、不动产对应的进项税额；（五）购进并直接用于消费的餐饮服务、居民日常服务和娱乐服务对应的进项税额；（六）国务院规定的其他进项税额。"选项A、C属于纳税人为生产经营目的而购进应税商品、服务，包含的进项税额应予抵扣。选项B属于购进并直接用于消费的餐饮服务，选项D属于购进并用于集体福利的货物，包含的进项税额不得抵扣。

30. **答案**：ACD。选项A、D正确。根据《税收征收管理法》第37、38条，税收保全、税收强制措施采取的程序经县以上税务局（分局）局长审批即可实施。选项B错误，选项C正确。根据《税收征收管理法》第54条的规定，经县以上税务局（分局）局长批准，凭全国统一格式的检查存款帐户许可证明，查询从事生产、经营的纳税人、扣缴义务人在银行或者其他金融机构的存款帐户。税务机关在调查税收违法案件时，经设区的市、自治州以上税务局（分局）局长批准，可以查询案件涉嫌人员的储蓄存款。

31. **答案**：ABC。《契税法》第2条："本法所称转移土地、房屋权属，是指下列行为：（一）土地使用权出让；（二）土地使用权转让，包括出售、赠与、互换；（三）房屋买卖、赠与、互换。前款第二项土地使用权转让，不包括土地承包经营权和土地经营权的转移。以作价投资（入股）、偿还债务、划转、奖励等方式转移土地、房屋权属的，应当依照本法规定征收契税。"

32. **答案**：ABCD。《关税法》第 3 条第 1 款："进口货物的收货人、出口货物的发货人、进境物品的携带人或者收件人，是关税的纳税人。"第 5 条第 1、2 款："个人合理自用的进境物品，按照简易征收办法征收关税。超过个人合理自用数量的进境物品，按照进口货物征收关税。个人合理自用的进境物品，在规定数额以内的免征关税。"

33. **答案**：AB。选项 A 错误，当选。税收保全、税收强制措施如果是针对纳税人，只能对从事生产经营的纳税人采用，而不能对所有的纳税人采用。选项 B 错误，当选。税收强制执行措施包括从纳税义务人的存款中扣缴税款。选项 C 正确，不当选。税务机关采取税收保全措施和强制执行措施必须依照法定权限和法定程序，不得查封、扣押纳税人个人及其所扶养家属维持生活必需的住房和用品。选项 D 正确，不当选。税收保全并非税收强制措施的必经前置程序。若纳税期到来前，纳税义务人不存在逃税行为，但纳税期满后不按期缴纳税款，则其不会被采取税收保全措施，而会直接面临税收强制执行措施。

34. **答案**：ABD。《企业所得税法》第 26 条规定，企业取得的国债利息收入免税，故选项 A 正确。《企业所得税法》第 27 条规定："企业的下列所得，可以免征、减征企业所得税：（一）从事农、林、牧、渔业项目的所得；（二）从事国家重点扶持的公共基础设施项目投资经营的所得；（三）从事符合条件的环境保护、节能节水项目的所得；（四）符合条件的技术转让所得；（五）本法第三条第三款规定的所得。"故选项 B 正确，选项 C 由于没有国家扶持，因此错误。《企业所得税法》第 30 条规定："企业的下列支出，可以在计算应纳税所得额时加计扣除：（一）开发新技术、新产品、新工艺发生的研究开发费用；（二）安置残疾人员及国家鼓励安置的其他就业人员所支付的工资。"故选项 D 正确。

35. **答案**：ABCD。选项 A 正确。纳税人、扣缴义务人享有秘密权。税务机关应当依法对纳税人、扣缴义务人的情况保密。选项 B 正确。纳税人享有信息权。纳税人、扣缴义务人有权向税务机关了解国家税务法律、行政法规的规定以及与纳税程序有关的情况。选项 C 正确。纳税人、扣缴义务人享有申请行政复议、提起行政诉讼、请求国家赔偿权。选项 D 正确。纳税人、扣缴义务人享有控告和检举权。除以上四项权利外，还享有：申请减、免、退税的权利；陈述权、申辩权；奖励权、请求回避权。

36. **答案**：ACD。选项 A 正确。《企业所得税法》第 25 条规定，国家对重点扶持和鼓励发展的产业和项目，给予企业所得税优惠。选项 B 错误。《企业所得税法》第 28 条第 2 款规定，国家需要重点扶持的高新技术企业，减按 15% 的税率征收企业所得税。选项 C 正确。《企业所得税法》第 27 条第（1）项规定，企业从事农、林、牧、渔业项目的所得，可以免征、减征企业所得税。选项 D 正确。《企业所得税法》第 30 条第（2）项规定，企业安置残疾人员及国家鼓励安置的其他就业人员所支付的工资，可以在计算应纳税所得额时加计扣除。

37. **答案**：ABCD。根据《税收征收管理法实施细则》第 23 条的规定，生产、经营规模小又确无建账能力的纳税人，可以聘请经批准从事会计代理记账业务的专业机构或者财会人员代为建账和办理账务，故 A 项说法正确。根据《税收征收管理法实施细则》第 24 条第 2 款的规定，纳税人使用计算机记账的，应当在使用前将会计电算化系统的会计核算软件、使用说明书及有关资料报送主管税务机关备案。故 B 项说法正确。《税收征收管理法实施细则》第 26 条第 1 款规定，纳税人、扣缴义务人会计制度健全，能够通过计算机正确、完整计算其收入和所得或者代扣代缴、代收代缴税款情况的，其计算机输出的完整的书面会计记录，可视同会计账簿。故 C 项说法正确。根据《税收征收管理法实施细则》第 29 条第 2 款的规定，账簿、记账凭证、报表、完税凭证、发票、出口凭证以及其他有关涉税资料应当保存 10 年；但是，法律、行政法规另有规定的除外。故 D 项说法正确。

38. **答案**：ABCD。根据《税收征收管理法》第 50 条的规定，欠缴税款的纳税人因怠于行使到期债权，或者放弃到期债权，或者无偿转让财产，或者以明显不合理的低价转让财产而受让人知道该情形，对国家税收造成损害的，税务机关可以依法行使代位权、撤销权。税务机关依照前款规定行使代位权、撤销权的，不免除欠缴税款的纳税人尚未履行的纳税义务和应承担的法律责任。只有在甲公司怠于行使或放弃到期债权的行为，且对债权人（税务局）造成损害的情况下，才会构成代位权，故 A 项说法不正确。根据《民法典》的规定，代位权需要通过法院诉讼的方式行使，故税务局不能直接向乙公司行使，更不能责令乙公司缴纳，故 B、C、D 项错误。

39. **答案**：ABC。根据《税收征收管理法》第 52 条第 2 款的规定，因纳税人、扣缴义务人计算错误等失误，未缴或者少缴税款的，税务机关在 3 年内可以追征税款、滞纳金；有特殊情况的，追征期可以延长到 5 年。故正确选项为 A、B、C。根据《税收征收管理法》第 52 条第 3 款的规定，对偷税、抗税、骗税的，税务机关追征其未缴或者少缴的税款、滞纳金或者所骗取的税款，不受前款规定期限的限制。故选项 D 错误。

40. **答案**：ABCD。首先，约翰 2020 年来到中国，至今一直居住在北京，根据《个人所得税法》第 1 条的规定，其在中国境内有住所，属于中国居民个人，从中国境内和境外取得的所得，依法缴纳个人所得税。其次，约翰从合资企业领取的薪金属于个人所得税"工资、薪金所得"，出租其在华期间购买的房屋获得的租金属于个人所得税"财产租赁所得"，在中国某大学开设讲座获得的酬金属于个人所得税"劳务报酬所得"，在美国杂志上发表文章获得的稿酬属于个人所得税"稿酬所得"。故本题正确答案为 A、B、C、D。

41. **答案**：BC。根据《消费税暂行条例》第 1 条的规定，在中华人民共和国境内生产、委托加工和进口本条例规定的消费品的单位和个人，以及国务院确定的销售本条例规定的消费品的其他单位和个人，为消费税的纳税人，应当依照本条例缴纳消费税。因而，个人同样属于消费税的纳税人，只要不是在税法所规定的合理自用范围内，就需要缴纳消费税。同时，高档化妆品属于消费税税目税率表中的应税消费品，属于应税范围，故 A 项说法错误。根据《车船税法》第 3 条的规定，下列车船免征车船税……（二）军队、武装警察部队专用的车船……因此 B 项正确。根据《企业所得税法》第 27 条的规定，企业的下列所得，可以免征、减征企业所得税：（一）从事农、林、牧、渔业项目的所得；（二）从事国家重点扶持的公共基础设施项目投资经营的所得；（三）从事符合条件的环境保护、节能节水项目的所得；（四）符合条件的技术转让所得；（五）本法第三条第三款规定的所得。故 C 项说法正确。根据《增值税法》第 24 条的规定，农业生产者销售的自产农产品免征增值税，故 D 项说法错误，农民张某销售的不是自产的农产品。①

42. **答案**：AB。A 项说法正确，税收法定原则禁止类推适用方法。根据《增值税法》第 8 条第 2 款、第 11 条的规定，小规模纳税人可以按照销售额和征收率计算应纳税额的简易计税方法，计算缴纳增值税，适用的征收率为百分之三，故 B 项说法正确。C 项说法错误，根据《消费税暂行条例》，木制一次性筷子和实木地板是消费税的征税对象，竹制一次性筷子和复合地板不是消费税的征税对象。根据《车船税法》第 8 条的规定，车

---

① 【提示】考生在记忆一些重要法条时一定要关注特殊的限定词语，本题中 D 选项针对有关增值税免税的规定，特意设计出非自产农产品的措辞，从而使得只记忆"农产品"免税的考生产生错误认识。

船税纳税义务发生时间为取得车船所有权或者管理权的当月，故 D 项说法错误。

43. 答案：ABCD。根据《企业所得税法》第 2 条的规定，居民企业，是指依法在中国境内成立，或者依照外国（地区）法律成立但实际管理机构在中国境内的企业。本法所称非居民企业，是指依照外国（地区）法律成立且实际管理机构不在中国境内，但在中国境内设立机构、场所的，或者在中国境内未设立机构、场所，但有来源于中国境内所得的企业。A 基金注册在境外某群岛并在当地设置总部，实际管理机构不在中国境内，因而系非居民企业。D 公司是注册在中国境内的，因而系居民企业。A、B 项说法正确。由于 A 基金转让 F 公司股权实质上是转让 D 公司股权，因而应当向我国税务机关进行纳税申报，故 C 项说法正确。根据《企业所得税法》第 47 条的规定，企业实施其他不具有合理商业目的的安排而减少其应纳税收入或者所得额的，税务机关有权按照合理方法调整。题述案例通过转让海外空壳公司股权的方式来实质转让境内公司的权益，当其适用的税率较低时，可以判定其不具有合理的商业目的，对其进行纳税调整，故 D 项说法正确。

44. 答案：ACD。根据《税收征收管理法》第 14 条的规定，本法所称税务机关是指各级税务局、税务分局、税务所和按照国务院规定设立的并向社会公告的税务机构。另根据《税收征收管理法实施细则》第 9 条第 1 款的规定，税收征管法第 14 条所称按照国务院规定设立的并向社会公告的税务机构，是指省以下税务局的稽查局。稽查局专司偷税、逃避追缴欠税、骗税、抗税案件的查处。因而 A 项说法正确。根据《税收征收管理法》第 35 条第 1 款规定："纳税人有下列情形之一的，税务机关有权核定其应纳税额：……（六）纳税人申报的计税依据明显偏低，又无正当理由的。"据此，仅存在纳税人申报的计税依据明显偏低的情形，尚不能启动税收核定程序，仍需允许纳税人就申报计税依据明显偏低情形是否存在正当理

由作出解释说明，故 B 项说法错误。由于昌昌公司没有逃税、骗税的行为，因而税务机关也没有理由加收其滞纳金，故 C 项说法正确。根据《税收征收管理法》第 88 条第 1、2 款的规定，纳税人、扣缴义务人、纳税担保人同税务机关在纳税上发生争议时，必须先依照税务机关的纳税决定缴纳或者解缴税款及滞纳金或者提供相应的担保，然后可以依法申请行政复议；对行政复议决定不服的，可以依法向人民法院起诉。当事人对税务机关的处罚决定、强制执行措施或者税收保全措施不服的，可以依法申请行政复议，也可以依法向人民法院起诉。由于题述稽查局作出的税务处理决定不属于行政处罚、强制执行措施或税收保全措施，因而必须先经过行政复议方可行政诉讼。故 D 项说法正确。

45. 答案：BD。选项 B 正确，选项 A、C 错误。《税收征收管理法》第 51 条的适用限于因理解税法错误、计算错误、错用税率、调高税额或财务技术处理失当等各种原因出现多征多缴税款的情况，即税款缴纳之初就存在错误情形。本题中，生源公司因后期解除房屋预售协议发生退款才导致多缴税款情形，属于在缴纳税款之后课税要素嗣后消灭的情形，故不适用《税收征收管理法》第 51 条"自结算缴纳税款之日起三年内发现的"规定。生源公司缴纳税款之时，并不存在多缴税款的情形，后来由于解除合同退还销售款，才发生退款事由，因此将退款发生的时间 2022 年 7 月作为申请退税的起算点符合法律规定。选项 D 正确。根据《税收征收管理法》第 51 条的规定，纳税人自结算缴纳税款之日起三年内发现的，可以向税务机关要求退还多缴的税款并加算银行同期存款利息。

不定项选择题

1. 答案：（1）D。根据《税收征收管理法》第 38 条的规定：税务机关有根据认为从事生产、经营的纳税人有逃避纳税义务行为的，可以在规定的纳税期之前，责令限期缴纳应

纳税款；在限期内发现纳税人有明显的转移、隐匿其应纳税的商品、货物以及其他财产或者应纳税的收入的迹象的，税务机关可以责成纳税人提供纳税担保。如果纳税人不能提供纳税担保，经县以上税务局（分局）局长批准，税务机关可以采取下列税收保全措施：①书面通知纳税人开户银行或者其他金融机构冻结纳税人的金额相当于应纳税款的存款；②扣押、查封纳税人的价值相当于应纳税款的商品、货物或者其他财产。纳税人在前款规定的限期内缴纳税款的，税务机关必须立即解除税收保全措施；限期期满仍未缴纳税款的，经县以上税务局（分局）局长批准，税务机关可以书面通知纳税人开户银行或者其他金融机构从其冻结的存款中扣缴税款，或者依法拍卖或者变卖所扣押、查封的商品、货物或者其他财产，以拍卖或者变卖所得抵缴税款。个人及其所扶养家属维持生活必需的住房和用品，不在税收保全措施的范围之内。由此可见，本题的 A、B、C 三个选项符合上述法律规定，不当选；只有 D 项错误，当选。

（2）C。根据《税收征收管理法》第 38 条的规定，纳税人在税务机关规定的限期内缴纳税款的，税务机关必须立即解除税收保全措施。由此可见，本题 C 项正确。

（3）ACD。根据《税收征收管理法》第 38 条的规定，税务机关采取保全措施后，纳税人在限期期满后仍未缴纳税款的，经县以上税务局（分局）局长批准，税务机关可以书面通知纳税人的开户银行或者其他金融机构从其冻结的存款中扣缴税款，或者依法拍卖或者变卖所扣押、查封的商品、货物或者其他财产，以拍卖或者变卖所得抵缴税款。由此可见，本题的 A、C、D 三个选项符合上述法律规定，为应选项。

2. **答案：**（1）B。《税收征收管理法》第 44 条规定："欠缴税款的纳税人或者他的法定代表人需要出境的，应当在出境前向税务机关结清应纳税款、滞纳金或者提供担保。未结清税款、滞纳金，又不提供担保的，税务机关可以通知出境管理机关阻止其出境。"由此可见，本题的正确选项应为 B 项。

（2）BC。《税收征收管理法》第 45 条规定："税务机关征收税款，税收优先于无担保债权，法律另有规定的除外；纳税人欠缴的税款发生在纳税人以其财产设定抵押、质押或者纳税人的财产被留置之前的，税收应当先于抵押权、质权、留置权执行。纳税人欠缴税款，同时又被行政机关决定处以罚款、没收违法所得的，税收优先于罚款、没收违法所得。税务机关应当对纳税人欠缴税款的情况定期予以公告。"第 46 条规定："纳税人有欠税情形而以其财产设定抵押、质押的，应当向抵押权人、质权人说明其欠税情况。抵押权人、质权人可以请求税务机关提供有关的欠税情况。"由此可见，本题的正确表述是 B、C 项。

（3）A。《税收征收管理法》第 45 条第 2 款规定："纳税人欠缴税款，同时又被行政机关决定处以罚款、没收违法所得的，税收优先于罚款、没收违法所得。"由此可见，本题的正确选项应为 A。

（4）ABCD。《税收征收管理法》第 50 条规定："欠缴税款的纳税人因怠于行使到期债权，或者放弃到期债权，或者无偿转让财产，或者以明显不合理的低价转让财产而受让人知道该情形，对国家税收造成损害的，税务机关可以依照合同法第七十三条、第七十四条的规定行使代位权、撤销权。税务机关依照前款规定行使代位权、撤销权的，不免除欠缴税款的纳税人尚未履行的纳税义务和应承担的法律责任。"由此可见，本题的正确选项是 A、B、C、D。

3. **答案：**（1）C。《税收征收管理法》第 38 条："税务机关有根据认为从事生产、经营的纳税人有逃避纳税义务行为的，可以在规定的纳税期之前，责令限期缴纳应纳税款；在限期内发现纳税人有明显的转移、隐匿其应纳税的商品、货物以及其他财产或者应纳税的收入的迹象的，税务机关可以责成纳税人提供纳税担保。如果纳税人不能提供纳税担保，经县以上税务局（分局）局长批准，税务机关可以采取下列税收保全措施：（一）书面通知纳税人开户银行或者其他金融机构冻结纳税人的金额相当于应纳税款的存款；（二）扣押、查封纳税人的价值相当于应纳税款的商品、货物或者其他财产。纳税人在前款规定的限期内缴纳税款的，税务机关必须立即解除税收保全措施；限期期满仍未缴纳税款的，经县以上税务局（分局）局长批准，税务机关可以书面通知纳税人开户银行或者其他金融机构从其冻结的存款中扣缴税款，或者依法拍卖或者变卖所扣押、查封的商品、货物或者其他财产，以拍卖或者变卖所得抵缴税款。个人及其所扶养家属维持生活必需的住房和用品，不在税收保全措施的范围之内。"

（2）AC。《税收征收管理法》第38条（见上）。

（3）BD。《税收征收管理法》第38条（见上）。

（4）CD。《税收征收管理法》第38条（见上）。

（5）D。《税收征收管理法》第38条（见上）。

4. **答案**：（1）ABC。《税收征收管理法》第26条规定："纳税人、扣缴义务人可以直接到税务机关办理纳税申报或者报送代扣代缴、代收代缴税款报告表，也可以按照规定采取邮寄、数据电文或者其他方式办理上述申报、报送事项。"由此可见，本题的正确选项是A、B、C。

（2）BCD。《税收征收管理法》第27条规定："纳税人、扣缴义务人不能按期办理纳税申报或者报送代扣代缴、代收代缴税款报告表的，经税务机关核准，可以延期申报。经核准延期办理前款规定的申报、报送事项的，应当在纳税期内按照上期实际缴纳的税额或者税务机关核定的税额预缴税款，并在核准的延期内办理税款结算。"由此可见，本题的正确选项是B、C、D。

（3）BC。《税收征收管理法》第31条规定，纳税人、扣缴义务人按照法律、行政法规规定或者税务机关依照法律、行政法规的规定确定的期限，缴纳或者解缴税款。纳税人因有特殊困难，不能按期缴纳税款的，经省、自治区、直辖市国家税务局、地方税务局批准，可以延期缴纳税款，但是最长不得超过3个月。由此可见，本题的正确选项应为B、C。

（4）C。《税收征收管理法》第32条规定，纳税人未按照规定期限缴纳税款的，扣缴义务人未按照规定期限解缴税款的，税务机关除责令限期缴纳外，从滞纳税款之日起，按日加收滞纳税款万分之五的滞纳金。由此可见，本题的正确选项是C。

5. **答案**：（1）AB。《税收征收管理法》第54条："税务机关有权进行下列税务检查：……（六）经县以上税务局（分局）局长批准，凭全国统一格式的检查存款帐户许可证明，查询从事生产、经营的纳税人、扣缴义务人在银行或者其他金融机构的存款帐户。税务机关在调查税收违法案件时，经设区的市、自治州以上税务局（分局）局长批准，可以查询案件涉嫌人员的储蓄存款。税务机关查询所获得的资料，不得用于税收以外的用途。"

（2）BCD。《税收征收管理法》第54条（见上）。

（3）ABCD。《税收征收管理法》第54条（见上）。

6. **答案**：（1）D。《税收征收管理法》第52条：因税务机关的责任，致使纳税人、扣缴义务人未缴或者少缴税款的，税务机关在三年内可以要求纳税人、扣缴义务人补缴税款，但是不得加收滞纳金。

因纳税人、扣缴义务人计算错误等失误，未缴或者少缴税款的，税务机关在三年内可以追征税款、滞纳金；有特殊情况的，追征期可以延长到五年。

对偷税、抗税、骗税的，税务机关追征其未缴或者少缴的税款、滞纳金或者所骗取的税款，不受前款规定期限的限制。

（2）AD。《税收征收管理法》第52条第2款（见上）。

（3）BCD。《税收征收管理法》第52条第3款（见上）。

7. **答案**：（1）BC。《税收征收管理法》第88

条：纳税人、扣缴义务人、纳税担保人同税务机关在纳税上发生争议时，必须先依照税务机关的纳税决定缴纳或者解缴税款及滞纳金或者提供相应的担保，然后可以依法申请行政复议；对行政复议决定不服的，可以依法向人民法院起诉。

当事人对税务机关的处罚决定、强制执行措施或者税收保全措施不服的，可以依法申请行政复议，也可以依法向人民法院起诉。

当事人对税务机关的处罚决定逾期不申请行政复议也不向人民法院起诉、又不履行的，作出处罚决定的税务机关可以采取本法第四十条规定的强制执行措施，或者申请人民法院强制执行。

（2）B。《行政诉讼法》第46条规定，公民、法人或者其他组织直接向人民法院提起诉讼的，应当自知道或者应当知道作出行政行为之日起六个月内提出。法律另有规定的除外。因不动产提起诉讼的案件自行政行为作出之日起超过二十年，其他案件自行政行为作出之日起超过五年提起诉讼的，人民法院不予受理。

（3）AC。《税收征收管理法》第88条第3款：当事人对税务机关的处罚决定逾期不申请行政复议也不向人民法院起诉、又不履行的，作出处罚决定的税务机关可以采取本法第四十条规定的强制执行措施，或者申请人民法院强制执行。

8. **答案**：（1）B。《税收征收管理法》第51条：纳税人超过应纳税额缴纳的税款，税务机关发现后应当立即退还；纳税人自结算缴纳税款之日起三年内发现的，可以向税务机关要求退还多缴的税款并加算银行同期存款利息，税务机关及时查实后应当立即退还；涉及从国库中退库的，依照法律、行政法规有关国库管理的规定退还。

（2）A。《税收征收管理法》第51条（见上）。

（3）ACD。根据《税收征收管理法》第51条（见上），可知A对，B错。《税收征收管理法实施细则》第78条规定："税务机关发现纳税人多缴税款的，应当自发现之日起10日内办理退还手续；纳税人发现多缴税款，要求退还的，税务机关应当自接到纳税人退还申请之日起30日内查实并办理退还手续。税收征管法第五十一条规定的加算银行同期存款利息的多缴税款退税，不包括依法预缴税款形成的结算退税、出口退税和各种减免退税。退税利息按照税务机关办理退税手续当天中国人民银行规定的活期存款利率计算。"故C、D对。

（4）AD。《税收征收管理法实施细则》第78条（见上）。

9. **答案**：（1）ABCD。根据《税收征收管理法》第63条的规定，纳税人伪造、变造、隐匿、擅自销毁帐簿、记帐凭证，或者在帐簿上多列支出或者不列、少列收入，或者经税务机关通知申报而拒不申报或者进行虚假的纳税申报，不缴或者少缴应纳税款的，是偷税。选项A、D属于隐匿销售收入，选项B属于借用、冒用他人名义（与主播关联的其他企业）分解收入，选项C属于通过提供虚假材料等手段违规享受税收优惠，均属于偷税行为。

（2）ABCD。选项A正确。网络主播从事影视、演出、表演、广告、经纪服务等项目，属于个人所得税法实施条例中列明的劳务报酬的项目。选项B正确。网络主播通过直播平台直接销售货物，根据其业务实质，符合存在合理的成本费用、有雇工等条件，可按经营所得申报纳税，在满足核定征收的其他条件时，可以按照核定征收率进行个人所得税。选项C正确。网络主播获得用户打赏收入，直播平台属于"支付所得"的扣缴义务人，需要代扣代缴个人所得税，并如实向税务机关提供与纳税和代扣代缴税款有关的信息。选项D正确。《税收征收管理法》第69条："扣缴义务人应扣未扣、应收而不收税款的，由税务机关向纳税人追缴税款，对扣缴义务人处应扣未扣、应收未收税款百分之五十以上三倍以下的罚款。"

10. **答案**：（1）BC。根据《企业所得税法》第7条的规定，财政拨款、依法收取并纳入财政管理的行政事业性收费、政府性基金属于不征税收入，故 A 项不属于应税收入。根据《企业所得税法》第 26 条的规定，国债利息收入属于免税收入。销售产品和专利转让（属于转让财产的一种）都是典型的应税收入，故正确答案为 B、C。

（2）BCD。根据《税收征收管理法》第 38 条的规定，如该公司不提供纳税担保，经批准，税务局可以书面通知纳税人开户银行或者其他金融机构冻结纳税人的金额相当于应纳税款的存款，扣押、查封纳税人的价值相当于应纳税款的商品、货物或者其他财产。A 项的用词是"扣缴"，故 A 项错误。B 项说法正确。根据《税收征收管理法》第 88 条的规定，纳税人、扣缴义务人、纳税担保人同税务机关在纳税上发生争议时，必须先依照税务机关的纳税决定缴纳或者解缴税款及滞纳金或者提供相应的担保，然后可以依法申请行政复议；对行政复议决定不服的，可以依法向人民法院起诉。当事人对税务机关的处罚决定、强制执行措施或者税收保全措施不服的，可以依法申请行政复议，也可以依法向人民法院起诉。故 C、D 项说法正确。

名词解释

1. **答案**：税法意义上的课税要素，或称课税要件，它是国家对居民或非居民有效征税的必要条件，是确定纳税人及其权利与义务范围的法律依据。课税要素是税收法定原则的必然要求，某一居民或非居民，只有在符合课税要素的情形下，才是税法上的纳税人，才负有依法纳税的义务，税收机关才可以对其征税。广义的课税要素，也被称为税法构成要素，既包括课税实体要素，也包括课税程序要素。其中，课税实体要素包括税法主体（国家和纳税人）、征税客体（也称征税对象或课税对象，指商品、所得和财产）、税目与计税依据、税率、税收特别措施。课税程序要素包括纳税期限、纳税地点等。

2. **答案**：依据税收与价格的关系，税收可分为价内税和价外税。在征税对象的价格中包含税款的为价内税，如我国现行的消费税；税款独立于征税对象的价格之外的税，为价外税，如我国现行的增值税。这种分类有助于认识税负转嫁和重复征税等问题。

3. **答案**：计税依据，也称计税标准、计税基数，简称税基，是指根据税法规定所取得的用以计算应纳税额的依据，亦即用以计算应纳税额的基数。它是征税对象在量的方面的具体化，直接影响着纳税人最终税负的承担。

4. **答案**：税法主体是在税收法律关系中享有权利和承担义务的当事人。包括征税主体和纳税主体两类。从理论上说，征税主体是国家，征税权是国家主权的一部分；纳税主体又称为纳税义务人，简称纳税人，是依据税法规定直接负有纳税义务的自然人、法人和非法人组织。

5. **答案**：税目是税法规定的征税的具体项目。它是征税对象在质的方面的具体化，反映了征税的广度。

6. **答案**：税率是应纳税额与计税基数之间的数量关系或比率。它是衡量税负高低的重要指标，是税法的核心要素，反映国家征税的深度和国家的经济政策，是极为重要的宏观调控手段。税率可分为比例税率、累进税率和定额税率，这是税率的一种最重要的分类。

7. **答案**：税收特别措施是偏离基准税制的课税要素，是一种税法上的差别待遇，通常基于特殊的经济社会政策而制定。税收特别措施包括两类，即税收优惠措施和税收重课措施。前者以减轻纳税人的税负为主要目标，并与一定的经济政策和社会政策相关；后者则是以加重纳税人的税负为目标而采取的措施，如税款的加成、加倍征收等。

8. **答案**：消费型增值税是指允许纳税人在计算增值税额时，从商品和劳务销售额中扣除当期购进的固定资产总额的一种增值税。也就是说，厂商的资本投入品不算入产品增加值，这样，从全社会的角度来看，增值税相当于只对消费品征税，其税基总值与全部消费品总值一致，故称消费型增值税。从理论上分析，增值税是以商品生产流通各环节或提供劳务的增值额为计税依据而征收的一个税种。增值额是指一定时期内劳动者在生产过程中新创造的价值额,从税收征管实际看,增值额是指商品或劳务的销售额扣除法定外购项目金额之后的余额。

9. **答案:** 财产税是以纳税人所有或属其支配的财产为课税对象的一类税收。它以财产为课税对象,向财产的所有者征收。财产包括一切积累的劳动产品(生产资料和生活资料)、自然资源(如土地、矿藏、森林等)和各种科学技术、发明创作的特许权等。国家可以选择某些财产予以课税。对各种财产课征的税,按一般税收分类方法,统称为财产税。财产税属于对社会财富的存量课税。它通常不是课当年创造的价值,而是课自往年度创造价值的各种积累形式。

10. **答案:** 实质课税原则指对于某种情况不能仅根据其外表和形式确定是否课税,而应该根据实际情况,尤其应当根据其经济目的和经济生活的实质,判断是否符合课税的要素,以求公平、合理、有效地进行课税。

11. **答案:** 所谓税收法定原则,是指由立法者决定全部税收问题的税法基本原则,即如果没有相应法律作前提,国家则不能征税,公民也没有纳税的义务。税收主体必须依且仅依法律的规定征税;纳税主体必须依且仅依法律的规定纳税,税收法定原则是税法中一项十分重要的基本原则。它肇始于英国,现已为当今各国所公认,其基本精神在各国宪法或税法中都有体现。其具体内容包括三个部分:税种法定、税收要素法定、程序法定。我国宪法、税收征收管理法中都有税收法定原则的要求。

简答题

1. **答案:** (1) 平等权:法律面前人人平等,是我国法律制度的一项基本原则。适用"法律面前人人平等"的原则,要求征纳双方平等地遵循国家税收法律、法规,任何一方不得享有法律、法规规定之外的特权。税务机关在从事税务管理、税务检查时,应以事实为依据,以法律为准绳,不因纳税人的地位、财产等而影响税法适用。

(2) 知情权:纳税人、扣缴义务人有权向税务机关了解国家税收法律、行政法规的规定以及与纳税程序有关的情况。

(3) 选择权:纳税人、扣缴义务人有权选择具体申报方式、申报日期(在规定的申报期限内)、记账方式等。

(4) 批评建议权:公民对任何国家机关、工作人员都有提出建议批评的权利。

(5) 申诉举报控告权:纳税人、扣缴义务人有权控告和检举税务机关、税务人员的违法违纪行为。

(6) 请求保密权:纳税人、扣缴义务人有权要求税务机关为纳税人、扣缴义务人的情况保密。

(7) 陈述申辩权:对税务机关作出的行政处理决定,享有陈述权、申辩权。

(8) 要求行政赔偿权:对税务机关违法行政致使合法权益遭受损失的,有权依法提出赔偿请求。

(9) 要求举行听证权:税务机关作出没收违法所得、较大数额罚款等行政处罚决定之前应当告知,当事人有要求听证的权利。

(10) 申请行政复议权:对税务机关做出的行政决定,依法享有申请行政复议的权利。

(11) 提起行政诉讼权:对税务机关做出的行政决定,依法享有提起行政诉讼的权利。

(12) 申请延期申报权:纳税人、扣缴义务人不能按期办理纳税申报或者报送代扣代缴、代收代缴税款报告表的,经税务机关核准,可以延期申报。

(13) 申请延期缴税权:纳税人因有特殊困难,不能按期缴纳税款的,经省、自治区、直辖市税务局批准,可以延期缴纳税款,但是最长不得超过三个月。

(14) 发票领购权:单位、个人在购销商品、提供或者接受经营服务以及从事其他经营活动中,应当按照规定开具、使用、取得发票。依法办理税务登记的单位和个人,在领取税务登记证件后,向主管税务机关申请领购发票。

(15) 申请减免税权:纳税人可以依照

法律、行政法规的规定书面申请减税、免税。

（16）要求退还多缴税款权：纳税人超过应纳税额缴纳的税款，税务机关发现后应当立即退还；纳税人自结算缴纳税款之日起三年内发现的，可以向税务机关要求退还多缴的税款并计算银行同期存款利息，税务机关及时查实后应当立即退还。

（17）委托税务代理权：纳税人、扣缴义务人可以委托税务代理人代为办理税务事宜。

（18）拒绝非法检查权：税务人员进行税务检查时，无税务检查证和税务检查通知书的，纳税人、扣缴义务人及其他当事人有权拒绝检查。

2. **答案**：第一，税收法律关系主体的特定性。税收法律关系有三个构成要素——主体、内容和客体。税收法律关系的主体是指享有征税权利和承担纳税义务的当事人，前者称为征税主体，后者称为纳税主体。根据税法规定，作为征税权利主体的只能是国家，纳税义务主体则是按税法规定的一切应该纳税的单位和个人。两者的关系是固定的。国家是由税务机关作为国家代表参与税收法律关系。征税权利主体通过税收立法贯彻和执行，对纳税义务主体纳税情况的检查、监督和对违章行为实行制裁等保证税收收入的实现。纳税义务主体应按税法规定自觉地履行纳税义务，不能逃避这种纳税义务主体的法律关系。

第二，税收法律关系内容具有单方面性。税收法律关系的内容是指征税主体享有征税权利，纳税主体负有纳税义务。一般来说，这种权利和义务都是单方面具有的，而不是双方权利和义务的相互对等关系。这是由征纳双方的法律地位所决定的，征税主体不同，其权限亦不同，如税法的制定和颁布的税种开征与停征、税目的增减与税率的调整、减税免税的确定、税款的缴解与违章的制裁等。其中，有的权利属于中央，有的属于地方政府，有的属于各级税务机关。征税主体——国家权力的执行者税务机关，必须依照法律规定办事，这既是权利，也是它对国家应尽的义务。

纳税主体应按照税法规定办理税务登记，按照规定的期限和手续办理纳税申报，及时向税务机关提供会计报表及其他资料，缴纳税款，接受税务机关对纳税情况的监督与检查，这些都是纳税主体应尽的义务。同时，也享有一定的权利，如有权享受税法规定的减、免税照顾；有权依法申请退还多缴的税款；有权对税务机关不正确的决定提出申诉；有权对税务人员的不法行为检举控告等。因此，可以认为征税主体主要是行使权利，纳税主体主要是履行义务，所谓"单方面性"并非绝对。

第三，税收法律关系"标的"转移的无偿性。税收法律关系的客体是指征税主体和纳税主体的权利义务所共同指向的对象，法学上称为"标的"。它包括货币和行为。其中常见的是货币资金，税收法律关系"标的"的所有权或支配权系无偿地从纳税人转移给征税人。即应缴纳的税款无偿地从纳税人手里转移到国家预算。这也是其他经济法律关系所不具有的特点。买卖关系要求做到一手交钱、一手交货；借贷关系有借必有还并有利息的收付；合同关系中，支付一定数额的货币或劳务可以取得相应的财产或利益等。而税收法律关系中，"标的"的转移根据税法规定，由纳税义务人无偿地转移给征税机关，形成国家的财政收入，一般不再返还给纳税人。

第四，税收法律关系中征纳双方法律地位上的从属性。税收法律关系的征纳双方当事人在法律地位上表现为从属关系。既然国家是征税主体，那么一切纳税主体相对而言都处于从属地位，也就是说纳税人到税务机关必须如实地办理一切纳税事宜，并接受税务机关的检查监督。如遇征纳双方意见有分歧，仍应先按税务机关的决定缴税，再向有关部门提出申诉。当然，我们说征纳双方在法律地位上有主有从，并不是税务机关、税务人员在执行公务时，要高人一等，以权代法，而是还要贯彻"在法律面前人人平等"的原则。

第五，税收法律关系中"意思"表示的

不一致性。所谓"意思"表示是指将可能发生民事法律后果的"意思"表现于外部的行为，它是经济法律行为的基本特征。如合同关系要建立在平等互利、等价有偿的基础上，需要双方当事人意思表示一致；借贷关系中，要求一方到期还本付息，另一方则获得了经营活动所需资金，都需要合同双方或借贷双方当事人意思表示一致。而这种法律关系或事件的出现，都取决于税法所规定的行为的发生或事件的出现，并不需经过征纳双方当事人的共同意思表示或单方的意思表示。税收法律关系中，无论纳税人意思表示如何，均得向国家履行纳税义务。这也是与其他法律关系不同之处。

3. **答案**：第一，商品税法有助于调节社会总供求的结构。商品税法可根据消费需求和投资需求的不同对象，设置不同的税种、税目，在同一税种中实行差别税率，以控制需求数和调节供求结构。

    第二，商品税法有助于稳定地获取财政收入，增强宏观调控力。与所得税相比，商品税的税收收入较为稳定。这是因为，商品税是只要有应税的市场交易行为就要课税的税种，不受或较少受生产经营成本的影响；而所得税只有在市场交易行为发生后有纯利润时才能课税。因此，国家开征商品税能及时获取稳定的财政收入。

    第三，商品税法可灵活调节课税对象，提高宏观调控的针对性和精准性。商品税的课税对象是商品和劳务的流转额，因此，在商品税法的具体税制设计时，可以选择所有商品和服务进行征税，也可以选择部分商品和服务进行征税；可以选择商品流通的所有环节进行征税，也可以选择其中一个或几个环节进行征税；可以选择商品或劳务流转总额进行征税，也可以选择课税对象的增值额进行征税等。国家通过这种灵活调节课税对象的方式，可以有针对性地对宏观经济进行精准有效的调控。

    第四，商品税法对促进国际收支平衡具有重要的调控作用。为了促进国际贸易和平衡国际收支，国家可以调整关税和船舶吨税的税目、税则号列和税率；规定暂定税率的货物、税率和期限；决定关税配额税率；决定征收反倾销税、反补贴税、保障措施关税、报复性关税以及决定实施其他关税措施。此外，通过调节增值税的出口退税率等，使从事进出口货物、进境物品的企业和个人，承担不同税负，进而可以影响对外贸易和外汇收支，达到促进国际收支保持平衡的宏观调控目标。

4. **答案**：从各国实行的所得税制看，目前所得税法制度可分为三种基本模式或类型，分别是分类所得税制、综合所得税制、混合所得税制。分类所得税制，是指将所得按其来源不同分成若干类别，对不同类别的所得分别计税的所得税制度。综合所得税制，是指将纳税人全年各种不同来源的全部所得汇总在一起，在进行法定扣除后按统一规定的税率征税的所得税制度。混合所得税制，亦称分类综合所得税制，是指分类所得税制和综合所得税制的优点的综合并用，实行对某些所得按类别分别征税，而对其他所得合并综合征税的两制混合的所得税制度。

    我国企业所得税实行的是综合所得税制，即纳税人全年不同来源的所得均按会计上的收入调整税会差异、扣除法定项目后按统一税率征税。我国个人所得税实行的是混合所得税制或分类综合所得税制，即纳税人取得的四类综合所得合并计税（工资、薪金所得，劳务报酬所得，稿酬所得，特许权使用费所得），取得的其他所得单独计税。

案例分析题

1. **答案**：（1）税务机关采取的措施合法。《税收征收管理法》第40条规定，从事生产、经营的纳税人、扣缴义务人未按照规定的期限缴纳或者解缴税款，纳税担保人未按照规定的期限缴纳所担保的税款，由税务机关责令限期缴纳，逾期仍未缴纳的，经县以上税务局（分局）局长批准，税务机关可以采取下列强制执行措施：（一）书面通知其开户银行或者其他金融机构从其存款中扣缴税款；（二）扣押、查封、依法拍卖或者变卖其价值相当于应纳税款的商品、货物或者其他财产，以拍卖或者变卖所得抵缴税款。税务机关采取强制执行措施时，对前款所列纳税人、扣缴义务人、纳税担保人未缴纳的滞纳金同时强制执行。所以根据上述规定，本案例中当地税务机关有权对该游戏厅采取强制执行措施，而且执行措施手续齐全，该税务机关的处罚措施完全正确。

（2）王某可以直接向人民法院起诉。《税收征收管理法》第88条第2款规定，当事人对税务机关的处罚决定、强制执行措施或者税收保全措施不服的，可以依法申请行政复议，也可以依法向人民法院起诉。根据上述规定，该游戏厅老板王某可以直接向人民法院起诉。

2. **答案**：（1）首先，违反了先调查取证后作出处罚决定的原则。根据《行政处罚法》第40条规定，某税务机关在作出罚款决定前必须先查明A企业的偷逃税事实，不能仅仅根据举报材料就作出处罚决定。其次，违反了告知义务。根据《行政处罚法》第44条的规定，某税务机关在作出罚款决定前，应当将罚款决定的事实、理由和证据告知A企业，还应一并告知其享有的陈述、申辩等权利。最后，违反了听证的规定。100万元罚款属于较大数额的罚款，根据《行政处罚法》第63条的规定，某税务机关应当告知A企业有要求举行听证的权利，在其要求听证时，应当组织听证。

（2）由于税务机关作出决定的内容是罚款，按照《税收征收管理法》的规定，该税收争议属于非纳税上发生的争议。对于非纳税上的争议，纳税人有权不先缴纳罚款或提供相应担保就申请行政复议，本案中的上级税务机关应当受理A企业的行政复议申请。

（3）由于A企业与某税务机关之间的争议不属于纳税上的争议，根据《税收征收管理法》第88条第2款规定，A企业可以不通过申请行政复议而直接向人民法院起诉。在本案中，就某税务机关的执法行为来看，其违反了上述法定程序义务，根据《行政诉讼法》第70条的规定，法院可以判决撤销或者部分撤销某税务机关的罚款决定，并可以判决其重新作出处罚决定。

第十章 金融调控法律制度

单项选择题

1. 答案：A。中国人民银行是我国的金融调控主体。国家金融监督机关有配合中央银行实施调控的职责，商业银行和非银行金融机构等有服从法定的金融调控、监管与规制的义务。

2. 答案：D。金融调控的手段以货币政策为核心。制定和实施国家货币政策是中央银行完成其任务和实现其调控职能的核心所在。《中国人民银行法》明确规定，货币政策目标是保持货币币值的稳定，并以此促进经济增长。

多项选择题

1. 答案：BC。中国人民银行进行公开市场操作的工具是国债和外汇。中国人民银行以买卖国债的形式吞吐基础货币，调节商业银行的资金头寸，进而影响货币供应量的增减变化。中国人民银行通过在银行间外汇市场买卖外汇，同样能起到吞吐基础货币的作用。

2. 答案：ABCD。外汇包括：（1）外币现钞，包括纸币、铸币；（2）外币支付凭证或者支付工具，包括票据、银行存款凭证、银行卡等；（3）外币有价证券，包括债券、股票等；（4）特别提款权；（5）其他外汇资产。

名词解释

1. 答案：金融法是调整金融交易关系和金融管理关系的法律规范的总称。金融交易关系主要包括各种融资关系，如证券融资等产生的直接融资关系和商业银行信贷等产生的间接融资关系。有融资等金融活动，就会有基于政府对金融活动的管理而产生的金融管理关系，一般包括金融调控关系和金融规制（或监管）关系。

2. 答案：货币政策，是指中央银行为实现特定的经济目标所采取的各种控制和调节货币供应量或信用量，进而影响宏观经济的方针、政策和措施的总称。货币政策是一种长期性宏观经济政策，是以调整社会总需求为目标的间接性控制措施。制定和实施国家货币政策是中央银行履行其法定职责和实现其调控职能的核心所在。货币政策工具的运用，直接对金融机构的基础货币和短期市场利率水平发生作用，进而影响商业银行的信用扩张能力和货币供应量的变化，实现对以货币为媒介的社会有效需求的调节。

3. 答案：存款准备金制度是指中央银行依据法律所赋予的权力，要求商业银行和其他金融机构按规定的比率在其吸收的存款总额中提取一定的金额缴存中央银行，并借以间接地对社会货币供应量进行控制的制度。提取的金额被称为存款准备金，准备金占存款总额的比率被称为存款准备率或存款准备金率。存款准备金率是现代各国中央银行进行宏观调控的三大货币政策工具之一。

4. 答案：宏观审慎管理是从宏观的、逆周期的视角采取措施，防范由金融体系顺周期波动和跨部门传染导致的系统性风险，维护货币和金融体系稳定的金融管理。宏观审慎包含三个基本要素：以防范系统性风险为目标，以金融系统整体及其与实体经济相互作用为考量范围，以宏观审慎政策工具为主要手段。宏观审慎管理所使用的政策工具，包括要求金融机构实施最低资本要求和资本缓冲、采取稳健的拨备方法、对跨业金融机构和系统重要性金融机构的严格监管等。

5. 答案：公开市场操作是指中央银行为实现货币政策目标而在公开市场上买进或卖出有价证券的行为。根据《中国人民银行法》的规定，中央银行公开市场业务是指中央银行在公开市场上买卖国债、其他政府债券和融债券及外汇，从而控制和调节货币供应量。

6. 答案：基准利率是指利率体系中起主导作用的基础利率，它的水平和变动决定其他各种利率的水平和变动。中国人民银行通过对基准利率的调整来实现紧缩银根或放松银根的目的。中央银行通过提高或降低基准利率中的贷款利率，可起到限制或扩张社会信贷规模，发挥中央银行对信贷资金总量宏观调控的作用。

7. 答案：再贷款即中央银行贷款，是指中央银行对金融机构的贷款，是中央银行调控基础货币的渠道之一。中央银行通过适时调整再贷款的总量及利率，吞吐基础货币，促进实现货币信贷总量调控目标，合理引导资金流向和信贷投向。

8. 答案：再贴现是指商业银行或其他金融机构将贴现所获得的未到期票据向中央银行转让，也就是商业银行和中央银行之间的票据买卖和资金让渡。再贴现政策就是中央银行通过制定或调整再贴现利率来干预和影响市场利率及货币市场的供应与需求，从而调节市场货币供应的一种金融政策。

简答题

1. 答案：金融法中的金融调控法与金融规制法两大制度，体现了国家运用货币政策、宏观审慎政策对经济干预的共性，但二者分属宏观调控领域和微观监管领域。二者的区别：（1）任务不同。金融调控的任务是保持社会总需求与社会总供给之间的平衡，减缓经济周期波动影响，防范区域性、系统性风险；金融规制的任务是管住市场准入、退出市场和监督管理银行等金融机构的合法合规经营活动，维护金融市场的公平竞争秩序和安全运行，控制金融机构风险。（2）主体不同。金融调控的主体主要是中央银行；而金融规制的主体则主要是证监会和银保监会。（3）管理方式方法不同。作为调整金融调控关系的金融调控法是政府实施金融调控的主要法律手段；作为调整金融规制关系的金融规制法对金融调控有重要配合作用。

2. 答案：金融调控法作为经济法系统中的重要制度，其价值目标是防范和化解系统性金融风险，维护金融稳定，实现宏观经济总量平衡。

第一，防范和化解系统性金融风险，维护金融稳定。金融调控法通过确定金融调控机构的性质、地位、职责，明确金融调控的目标与手段及金融调控的原则、工具以及法律责任，促进金融调控目标的达成。如前所述，中国人民银行在国务院领导下，制定和执行货币政策，防范和化解系统性金融风险，维护金融稳定。可见，防范和化解金融风险，维护金融稳定，既是中央银行金融调控的目标，也是金融调控法的作用。

第二，保持社会总需求与总供给的平衡。金融调控可以引导资金流向、控制信用规模，对有关的金融变量实行调节和控制，是国家宏观经济调控的重要组成部分。金融调控法律制度的各项具体制度，如存款准备金制度、公开市场操作制度等，都是从宏观上和总量上对金融市场进行的调控，所以说，金融调控法有助于维持社会总需求与总供给的平衡，以实现国家宏观经济目标，保证国民经济稳定、健康、协调发展。

3. 答案：中央银行法是金融调控法的核心和基础，是依法制定和执行国家货币政策、宏观审慎政策，调控货币流通与信用活动，保障金融调控顺利实施的法律制度。中央银行的金融调控职能，就是通过制定和执行货币信用政策，影响商业银行创造货币的基础和能力，实现货币供应总量的调节与控制，并引导资金的流向，促进产业和产品结构的合理化，为国民经济的持续、健康、稳定、协调发展创造条件。在我国，中国人民银行作为中央银行，确认其法律地位、规范其宏观调控行为的法律是《中国人民银行法》。

论述题

答案：第一，促进金融服务实体经济原则。金融是实体经济的血脉，为实体经济服务是金融的天职，是金融的宗旨，也是防范金融风险的根本举措。金融要把为实体经济服务作为出发点和落脚点，全面提升服务效率和水平，把更多金融资源配置到经济社会发展的重点领域和薄弱环节，更好满足人民群众和实体经济多样化的金融需求。因此，金融调控法必须将有效促进金融服务实体经济作为一项基本原则。根据这项原则，应促进我国银行业、保险业、证券业和信托业等突出主业、强化服务，防止"脱实向虚"，增加对中、小、微企业发展的金融支持力度，落实对实体经济的资金支持。

第二，间接调控原则。间接调控原则，是指金融调控主体适用金融调控法律制度的各项具体制度，通过市场机制引导市场主体的活动，使其符合整个金融调控发展目标。在现代市场经济条件下，金融调控主体主要通过存款准备金制度、公开市场操作制度等对市场金融活动进行间接调控。为了更好地运用这些调控手段，国家还通过经济立法选择了利率、汇率等相应的经济参数，针对不同的经济情况，把各种经济政策和经济参数搭配使用，目的就是使市场主体的行为符合整个国民经济发展的目标。

第三，计划指导原则。计划指导原则，是指政府通过国民经济和社会发展计划和规划，引导市场主体的生产经营活动沿着国家计划指导的方向发展的原则。在社会主义市场经济条件下，计划或规划具有导向作用，是金融调控的重要形式。它不仅确定国民经济发展的重要方向，而且与货币政策协调配合，共同指导和调节国民经济运行，展示国民经济发展走势、方向和国家长期发展战略，引导市场主体的经营思路和投资流向。

第四，相互协调原则。相互协调原则，是指金融调控中的各种调控手段相互配合、形成合力，共同发挥作用的原则。金融调控的目的是实现总需求和总供给的平衡，同时防范和化解金融风险，维护金融稳定。为达到这一调控目的，金融调控主体采用存款准备金制度、基准利率制度、再贴现制度、再贷款制度、公开市场操作制度等手段。每一种调控手段各有特点，在金融调控中各有其优越性和局限性，因此，金融调控主体在依法确定金融调控手段时，应协调各种调控手段，充分发挥其互补功能和组合效应。只有坚持相互协调原则，才能真正实现金融调控的目的。

第十一章 规划调控法律制度

不定项选择题

1. **答案**：A。我国改革开放前的经济体制主要是高度集中的计划经济，国家通过指令性计划控制生产、分配和价格。改革开放以来，我国启动市场化改革，逐步缩小指令性计划范围，当前的经济发展模式实行商品价格主要由市场供需决定，除能源、粮食储备等领域仍保留计划调控外，国家对市场经济的调控方式已从直接指令转为战略规划。

2. **答案**：ABCD。规划调控权是发展规划主体所享有和行使的权力（利），具体应包括对国民经济总量平衡、结构优化、内外贸易以及社会发展目标等方面进行规划或计划的权力（利）。规划调控权一般包括编制权、审批权、执行权、调整权和监督权。

3. **答案**：ABC。产业政策以市场调节手段为主，主要表现为以经济杠杆为主要内容的经济法律规范的设立和运用。这类规范不是过分强调权利和义务的对应关系，而更多地表现为选择性规范。

4. **答案**：C。世界贸易组织规则禁止扭曲贸易的补贴，我国2001年加入世界贸易组织后逐步调整政策，2004年修订《对外贸易法》明确禁止违规出口补贴。

名词解释

1. **答案**：规划调控权是发展规划主体所享有和行使的权力（利），具体应包括对国民经济总量平衡、结构优化、内外贸易以及社会发展目标等方面进行规划或计划的权力（利）。规划调控权一般包括编制权、审批权、执行权、调整权和监督权。我国实行三级三类发展规划管理体系，国民经济和社会发展规划或计划按行政层级分为国家级、省（区、市）级、市县级。国家发展规划根据党中央关于制定国民经济和社会发展五年规划的建议，由国务院组织编制，经全国人民代表大会审查批准，居于发展规划体系最上位，是其他各级各类规划的总遵循。

2. **答案**：规划审批机关是国家权力机关。中央规划由全国人民代表大会及其常务委员会审批，地方规划由地方人民代表大会及其常务委员会审批。对规划审批权限进行法律规定，是确保规划严肃性、规范性，并具有法律效力的重要措施。国家权力机关作为规划的审批机关，其理由主要是：第一，国家规划直接影响到其实施所涉及的区域内公民的利益，因此，规划的内容应当反映该区域内公民的意志，尊重公民依法享有的权利。由该区域内最高权力机关审批是依据宪法规定的保障公民基本权利来制定国家规划的唯一合法途径。第二，国家制定实施规划，是国家对国民经济管理的方式，基于规划的这一性质及其在国家对国民经济和社会事务管理体制中的地位和功能，规划须经权力机构的审批才有效，才能提高规划法律效力层级，对规划执行机关具有约束力，以保证规划的有效实施。

3. **答案**：产业政策是指一个国家或地区为实现其一定时期的经济和社会发展目标，而制定的相应的发展、限制产业的目标以及保障实现这些目标的各项政策所组成的政策体系。产业政策一般以各产业为直接对象，保护和扶植某些产业，调整和整顿产业组织，其目的是改善资源配置、实现经济稳定与增长、增强国际竞争力、改善与保护生态环境等。产业政策是市场经济条件下政府宏观经济调控政策的重要方面。从内容上看，产业调控法不但规定国家产业结构发展的长期措施，如对战略性新兴产业保护和扶持的措施、对衰退产业的调整和援助等，而且规定重点产业中那些需要国家重点扶持或重点限制的具体方法，以及不同产业的管理方针和措施等。由于各国的产业政策，尤其是产业结构政策主要体现在规划调控法当中，所以把产业调控法归属于规划调控法体系是合理的。产业调控法包括产业组织法、产业结构调控法、产业布局调控法、产业技术政策法等。

4. **答案**：政府投资，是指在中国境内使用预算安排的资金进行固定资产投资建设活动，包括新建、扩建、改建、技术改造等。政府投资遵循的原则是：科学决策、规范管理、注重绩效、公开透明；投资与经济社会发展水平和财政收支状况相适应；投资资金按项目安排，以直接投资方式为主；安排政府投资资金要符合推进中央与地方财政事权和支出责任划分的要求；平等对待各类投资主体，不得设置歧视性条件；政府及其有关部门不得违法违规举借债务筹措政府投资资金。

5. **答案**：对外贸易预警应急制度（机制），又称产业损害预警机制，主要是通过对货物进出口、技术进出口和国际服务贸易异常情况的连续性监测，分析其对国内产业的影响，及时发布相关预警信息，为政府相关部门、产业和企业决策服务。对外贸易预警应急制度由预警、预案、应对实施三个部分组成，是国家调控宏观经济的重要制度手段，也是有效运用贸易救济措施的基础性、前瞻性、预防性制度，对维护国内产业安全具有重要的作用。我国《对外贸易法》第48条规定："国务院对外贸易主管部门和国务院其他有关部门应当建立货物进出口、技术进出口和国际服务贸易的预警应急机制，应对对外贸易中的突发和异常情况，维护国家经济安全。"这一规定，强化了政府的预警职能，使我国产业损害预警机制上升为对外贸易的重要法律制度。

简答题

1. **答案**：国家运用发展规划或计划手段实施调控，具有以下三个方面功能：（1）预测引导功能，即国家计划不但预测了未来的发展方向，而且引导市场主体遵从并行动；（2）协调功能，即在实现国家宏观调控目标的过程中，规划调控或计划调控可以协调财政、税收和金融等各种手段，共同作用于宏观调控目标；（3）宏观调控功能，即通过国家发展战略和规划的预测、引导和利益协调功能推动宏观调控目标的实现，是政府履行经济社会调控、市场监管、社会管理、公共服务、生态环境保护职能的重要依据。

2. **答案**：产业调控法是调整基于产业政策调控而发生的社会关系的法律规范的总称。产业调控法，是国家产业政策的法律化，其目的在于通过各种经济手段的综合运用，推进国家产业结构的调整，实现产业结构的优化，进而从供给角度促进国民经济总量的平衡。产业调控法是中央和地方各级政府贯彻国家产业政策的法律依据，它是以国民经济和社会发展规划为基础，以反映供给侧结构性改革、促进产业优化重组、发展战略性新兴产业和现代服务业为要求所进行的专门立法，包括综合立法和单项立法两个方面。

论述题

答案：国家规划调控指标是国家规划调控的内容、目标和任务的量化结果，是对国家未来经济和社会发展的方向、目标、规模、速度、结构、比例、效益以及效率等总体性活动的特征和状况的数量界定。规划调控的各项指标相互联系、相互依存、相互作用，从而构成了一个完整的国家规划调控指标体系。

国家规划调控指标体系可以按照不同的标准进行分类，如：按反映内容可分为数量指标和质量指标；按表现形式可分为实物指标和价值指标；按反映问题的繁简程度可分为综合指标和单项指标；按所起作用可分为考核指标和核算指标；按管理性质可分为指令性规划调控指标和指导性规划调控指标；等等。在新的经济体制之下，国家规划调控指标中的宏观调控指标并不分解下达，但由于要全国人民代表大会审议通过，因此具有法律效力，各级政府部门应努力保证实现。当然，从过去的经验教训看，通过规划调控指标管理国家规划调控的实施是必要的,但需要强调的是,具有政策性特点的国家规划调控不能过分依赖规划调控指标,过多、过繁的规划调控指标容易在国家规划调控制定和执行中出现僵化,结果不利于国家宏观调控目标的实现。

第十二章 市场规制法的基本理论与制度

不定项选择题

1. 答案：ABC。市场管理行为是国家行政机关依照国家法定权力而实施的市场干预活动，具有权威性、强制性和优先性，无须市场管理相对人的意思表示一致，因此是单方的而不是多方的。

2. 答案：ABCD。规制受体主要有经营者及经营者利益的代表者。行业协会的决定和专业工作者协会起草、制定的专业规范（如行业标准、行业惯例等），如果构成垄断协议，它们也就成为市场规制的对象。行政性垄断行为的实施者——地方政府和各级政府部门，本来是规制主体，而不是规制受体，但如果其滥用行政权力限制市场竞争行为构成行政性垄断后，也就成为规制受体。

3. 答案：ABCD。市场结构是分析、判断经营者的市场行为的基础。市场结构形态可分为选项中的四种情形。

名词解释

1. 答案：市场规制权是规制主体依法律的授权而享有的、规制市场竞争的权利。市场规制权具有法定性和一定的强制性，因而也是一种权力。市场规制权包括反垄断权、反不正当竞争权、消费者保护规制权和特别市场规制权。

2. 答案：市场绩效是对市场结构和市场行为的市场效果评价。市场绩效成为研究者政策建议的依据，也是决定反垄断措施的基础。市场绩效的评价，大多集中在资源利用效率、技术进步和分配公平等方面。

简答题

1. 答案：市场规制法的初级宗旨主要是：通过规制垄断行为和不正当竞争行为，调整市场规制关系，恢复和维护公平竞争机制，提高市场配置资源的效率，保护经营者和消费者的权利和利益。

市场规制法的终极宗旨主要是：通过初级宗旨的达成，不断解决个体营利性和社会公益性的矛盾，克服市场失灵，保障社会公益和基本人权，促进经济的稳定增长，实现经济和社会的良性互动和协调发展。

2. 答案：市场规制法的调整方式主要是一般禁止式、积极义务式，辅之以有条件的允许式。

（1）一般禁止式的调整方式：市场规制法是在自由竞争的市场经济后期出现的法现象。自由竞争的市场经济条件下，法律的调整方式以一般允许式为主，积极义务式为辅。当垄断、不正当竞争泛滥，市场机制名存实亡之时，就需要国家"有形之手"介入。其一般倾向当然是划定竞争的边界，禁止市场主体为某些行为。比如，《反垄断法》第16—19条禁止垄断协议，第22条禁止滥用市场支配地位。（2）积极义务式的调整方式：基于一般禁止，市场规制法在某些情况下还会赋予市场主体为特定行为的义务。比如，经营者集中达到申报标准的，参与集中的经营者有申报的义务。（3）有条件的允许式的调整方式：市场规制法是公法，不会有私法的一般允许式。但在一般禁止的前提下，会对特定主体的特定行为予以允许。比如，我国《反垄断法》第68条、第69条对知识产权人、农产品相关经营者设定了有条件的允许。

第十三章 反垄断法律制度

✓ **单项选择题**

1. 答案：D。《反垄断法》第39条规定，行政机关和法律、法规授权的具有管理公共事务职能的组织不得滥用行政权力，限定或者变相限定单位或者个人经营、购买、使用其指定的经营者提供的商品。第41条规定，行政机关和法律、法规授权的具有管理公共事务职能的组织不得滥用行政权力，实施下列行为，妨碍商品在地区之间的自由流通：（1）对外地商品设定歧视性收费项目、实行歧视性收费标准，或者规定歧视性价格；（2）对外地商品规定与本地同类商品不同的技术要求、检验标准，或者对外地商品采取重复检验、重复认证等歧视性技术措施，限制外地商品进入本地市场；（3）采取专门针对外地商品的行政许可，限制外地商品进入本地市场；（4）设置关卡或者采取其他手段，阻碍外地商品进入或者本地商品运出；（5）妨碍商品在地区之间自由流通的其他行为。因此，A、B、C项均是违法的限制竞争行为；D项是合法的有奖销售行为，当选。

2. 答案：B。选项A错误。《反垄断法》第12条规定，国务院设立反垄断委员会，负责组织、协调、指导反垄断工作，履行下列职责：（1）研究拟订有关竞争政策；（2）组织调查、评估市场总体竞争状况，发布评估报告；（3）制定、发布反垄断指南；（4）协调反垄断行政执法工作；（5）国务院规定的其他职责。国务院反垄断委员会的组成和工作规则由国务院规定。从这些职责分析可知，反垄断委员会的定位应该属于调研智囊型宏观协调机构而非直接执法机构。选项C、D错误。本身不是承担反垄断执法职责的法定机构，也不可能授权其他机构执法。《反垄断法》第13条第2款规定，国务院反垄断执法机构根据工作需要，可以授权省、自治区、直辖市人民政府相应的机构，依照本法规定负责有关反垄断执法工作。

3. 答案：D。根据《反垄断法》第18条第1款的规定，禁止经营者与交易相对人达成下列垄断协议：（1）固定向第三人转售商品的价格；（2）限定向第三人转售商品的最低价格；（3）国务院反垄断执法机构认定的其他垄断协议。本题某品牌生产商的行为属于纵向垄断协议行为。

4. 答案：A。根据《反垄断法》第22条的规定，禁止具有市场支配地位的经营者从事下列滥用市场支配地位的行为：……（五）没有正当理由搭售商品，或者在交易时附加其他不合理的交易条件。题述燃气公司的行为涉嫌"在交易时附加其他不合理的交易条件"，但执法过程中认定该违法行为的前提是认定该公司具有市场支配地位。要认定公司是否具有市场支配地位，首先要界定公司所涉的相关市场，再根据市场中竞争格局和竞争态势来判断，不能想当然地看到是燃气公司，就认定其具有市场支配地位。故本题的正确答案为A。

陷阱：由于题述用的是燃气公司的例子，考生可能会想当然地认为它就是一个垄断经营的主体，天然具有市场支配地位，而且大多数情况下燃气公司确实属于当地唯一具有经营燃气业务牌照的公司，因而具有对当地市场的支配地位。但是法律讲究逻辑严密，论证和推理要有章法，不能想当然。认定滥用市场支配地位，必须先认定具有市场支配地位，而认定有市场支配地位必须先划分清楚相关市场。故A项正确、B项错误。C项说法错误，上游气源企业向其收取预付款不是其向客户收取预付气费款的正当理由。D项说法错误，政府规定"一个地域只能有一家燃气供应企业"只能说明其自身经营资格的合法性，并不能说明其所有经营行为的合法性，具有合法的市场支配地位并不意味着它可以滥用这种市场支配地位。

5. **答案**：D。根据《反垄断法》第 17 条的规定："禁止具有竞争关系的经营者达成下列垄断协议：（一）固定或者变更商品价格；（二）限制商品的生产数量或者销售数量；（三）分割销售市场或者原材料采购市场；（四）限制购买新技术、新设备或者限制开发新技术、新产品；（五）联合抵制交易；（六）国务院反垄断执法机构认定的其他垄断协议。"第 20 条规定："经营者能够证明所达成的协议属于下列情形之一的，不适用本法第十七条、第十八条第一款、第十九条的规定：（一）为改进技术、研究开发新产品的；（二）为提高产品质量、降低成本、增进效率，统一产品规格、标准或者实行专业化分工的；（三）为提高中小经营者经营效率，增强中小经营者竞争力的；（四）为实现节约能源、保护环境、救灾救助等社会公共利益的；（五）因经济不景气，为缓解销售量严重下降或者生产明显过剩的；（六）为保障对外贸易和对外经济合作中的正当利益的；（七）法律和国务院规定的其他情形。属于前款第一项至第五项情形，不适用本法第十七条、第十八条第一款、第十九条规定的，经营者还应当证明所达成的协议不会严重限制相关市场的竞争，并且能够使消费者分享由此产生的利益。"根据上述规定，A、B 项说法过于绝对，对于符合《反垄断法》第 20 条规定的行为，可以不适用前述第 17 条的规定。C 项说法错误，即使符合第 20 条第 1 款第（2）项的规定，还需要经营者"证明所达成的协议不会严重限制相关市场的竞争，并且能够使消费者分享由此产生的利益"。因而只有 D 项符合垄断协议构成要件的落脚点，即排除、限制竞争的效果。

6. **答案**：B。《反垄断法》第 26 条第 1 款规定："经营者集中达到国务院规定的申报标准的，经营者应当事先向国务院反垄断执法机构申报，未申报的不得实施集中。"第 58 条规定："经营者违反本法规定实施集中，且具有或者可能具有排除、限制竞争效果的，由国务院反垄断执法机构责令停止实施集中、限期处分股份或者资产、限期转让营业以及采取其他必要措施恢复到集中前的状态，处上一年度销售额百分之十以下的罚款；不具有排除、限制竞争效果的，处五百万元以下的罚款。"据此，本题中，甲公司和乙公司以设立合营企业的方式实施经营者集中，应申报而未申报，应依法予以处罚；丙公司未实施排除限制竞争的行为，没有违法行为，不应予以处罚。故 B 项正确。

7. **答案**：A。根据《反垄断法》第 61 条第 1 款，行政机关和法律、法规授权的具有管理公共事务职能的组织滥用行政权力，实施排除、限制竞争行为的，由上级机关责令改正；对直接负责的主管人员和其他直接责任人员依法给予处分。反垄断执法机构可以向有关上级机关提出依法处理的建议。行政机关和法律、法规授权的具有管理公共事务职能的组织应当将有关改正情况书面报告上级机关和反垄断执法机构。故选项 A 正确。

8. **答案**：D。选项 A 错误。国务院反垄断执法机构决定实施进一步审查的，应当自决定之日起 90 日内审查完毕，作出是否禁止经营者集中的决定，并书面通知经营者。作出禁止经营者集中的决定，应当说明理由。审查期间，经营者不得实施集中。选项 B 错误。《反垄断法》第 33 条规定："审查经营者集中，应当考虑下列因素：（一）参与集中的经营者在相关市场的市场份额及其对市场的控制力；（二）相关市场的市场集中度；（三）经营者集中对市场进入、技术进步的影响；（四）经营者集中对消费者和其他有关经营者的影响；（五）经营者集中对国民经济发展的影响；（六）国务院反垄断执法机构认为应当考虑的影响市场竞争的其他因素。"选项 C 错误。国务院反垄断执法机构应当将禁止经营者集中的决定或者对经营者集中附加限制性条件的决定，及时向社会公布。而《反垄断法》对"不予禁止"的决定没有向社会公布的要求。选项 D 正确。对不予禁止的经营者集中，国务院反垄断执法机构可以决定附加减少集中对竞争产生不利影响的限制性条件。

9. **答案**：B。选项A错误。经营者集中是指下列情形：①经营者合并；②经营者通过取得股权或者资产的方式取得对其他经营者的控制权；③经营者通过合同等方式取得对其他经营者的控制权或者能够对其他经营者施加决定性影响。AXC电池公司与跑跑公司之间签订委托经营协议，使得跑跑公司取得了对AXC电池公司的控制权，若达到规定的申报标准，应当事先进行申报。选项B正确。《反垄断法》第28条规定："经营者向国务院反垄断执法机构申报集中，应当提交下列文件、资料：……（二）集中对相关市场竞争状况影响的说明；（三）集中协议……"选项C、D错误。选项C属于母子公司之间的合并，D选项属于兄弟公司之间的合并，属于《反垄断法》规定的无须申报的情形。

10. **答案**：C。选项A错误。根据题干信息，无法判断"肉鸽交易信息群"在肉鸽交易领域具有市场支配地位，同时王某的行为并不属于"利用平台规则"滥用市场支配地位。选项B错误。纵向垄断协议是经营者与交易相对人之间达成的固定向第三人转售商品的价格或限定向第三人转售的最低价格行为，而各食品厂之间不构成上下游的交易关系，故不属于纵向垄断。选项C正确。王某组织食品厂下调肉鸽的采购价格，属于组织型"轴辐协议"。选项D错误。王某并非行政机关，也非具有管理公共事务职能的组织，并非公平竞争审查的适格主体。

多项选择题

1. **答案**：ABD。根据《反垄断法》第24条规定，有下列情形之一的，可以推定经营者具有市场支配地位：（1）一个经营者在相关市场的市场份额达到1/2的；（2）两个经营者在相关市场的市场份额合计达到2/3的；（3）三个经营者在相关市场的市场份额合计达到3/4的。有前款第2项、第3项规定的情形，其中有的经营者市场份额不足1/10的，不应当推定该经营者具有市场支配地位。被推定具有市场支配地位的经营者，有证据证明不具有市场支配地位的，不应当认定其具有市场支配地位。故A、B、D项符合该条的规定，C项不符合。本题的正确答案应当是A、B、D。

2. **答案**：AD。根据《反垄断法》第39条规定，行政机关和法律、法规授权的具有管理公共事务职能的组织不得滥用行政权力，限定或者变相限定单位或者个人经营、购买、使用其指定的经营者提供的商品。故该行为的主体不限于行政机关，还包括法律、法规授权的具有管理公共事务职能的组织，故A项说法正确。《反垄断法》未对行政机关的范围进行限定，故B项说法错误。C项说法错误，根据《反垄断法》的规定，滥用行政权力排除、限制竞争的表现形式不仅限于商品流通和招投标领域。根据《反垄断法》第61条第1款的规定，行政机关和法律、法规授权的具有管理公共事务职能的组织滥用行政权力，实施排除、限制竞争行为的，由上级机关责令改正；对直接负责的主管人员和其他直接责任人员依法给予处分。反垄断执法机构可以向有关上级机关提出依法处理的建议……故D项说法正确。本题的正确答案应当是A、D。

3. **答案**：ACD。《反垄断法》第17条规定，禁止具有竞争关系的经营者达成下列垄断协议：（1）固定或者变更商品价格；（2）限制商品的生产数量或者销售数量；（3）分割销售市场或者原材料采购市场；（4）限制购买新技术、新设备或者限制开发新技术、新产品；（5）联合抵制交易；（6）国务院反垄断执法机构认定的其他垄断协议。本法所称垄断协议，是指排除、限制竞争的协议、决定或者其他协同行为。第18条第1款规定，禁止经营者与交易相对人达成下列垄断协议：（1）固定向第三人转售商品的价格；（2）限定向第三人转售的最低价格；（3）国务院反垄断执法机构认定的其他垄断协议。第20条规定，经营者能够证明所达成的协议属于下列情形之一的，不适用本法第十七条、第十八条第一款、第十九条的规定：（1）为改进技术、研究开发新产品的；（2）为提高产品质量、降低成本、增进效率，统一产品规格、标准或者实行专业化分工的；（3）为提高中小经营者经营效率，增强中小经营者竞争力的；（4）为实现节约能源、保护环境、救灾救助等社会公共利益的；（5）因经济不景气，为缓解销售量严重下降或者生产明显过剩的；（6）为保障对外贸易和对外经济合作中的正当利益的；（7）法律和国务院规定的其他情形。属于前款第一项至第五项情形，不适用本法第十七条、第十八条第一款、第十九条规定的，经营者还应当证明所达成的协议不会严重限制相关市场的竞争，并且能够使消费者分享由此产生的利益。选项A属于第20条第1款第（6）项规定的"为保障对外贸易和对外经济合作中的正当利益的"情形，不构成垄断协议。选项B属于具有竞争关系的经营者达成的横向垄断协议。选项C不构成垄断协议。对于并非以限制竞争为目的或者为某种公共利益而达成的合意或者一致行动，反垄断法是允许的。选项D属于第20条第1款第（1）项规定的"为改进技术、研究开发新产品的"情形，不构成垄断协议。

4. **答案**：CD。选项A错误。《反垄断法》第25条规定，经营者集中是指下列情形：（1）经营者合并；（2）经营者通过取得股权或者资产的方式取得对其他经营者的控制权；（3）经营者通过合同等方式取得对其他经营者的控制权或者能够对其他经营者施加决定性影响。选项B错误。《反垄断法》第26条第1款规定，经营者集中达到国务院规定的申报标准的，经营者应当事先向国务院反垄断执法机构申报，未申报的不得实施集中。所以不能在实施集中后补充申报。选项C正确。《反垄断法》第33条规定，审查经营者集中，应当考虑下列因素：（1）参与集中的经营者在相关市场的市场份额及其对市场的控制力；（2）相关市场的市场集中度；（3）经营者集中对市场进入、技术进步的影响；（4）经营者集中对消费者和其他有关经营者的影响；（5）经营者集中对国民经济发展的影响；（6）国务院反垄断执法机构认为应当

考虑的影响市场竞争的其他因素。选项D正确。《反垄断法》第34条规定，经营者集中具有或者可能具有排除、限制竞争效果的，国务院反垄断执法机构应当作出禁止经营者集中的决定。但是，经营者能够证明该集中对竞争产生的有利影响明显大于不利影响，或者符合社会公共利益的，国务院反垄断执法机构可以作出对经营者集中不予禁止的决定。

5. **答案**：AB。选项A、B正确。根据《反垄断法》规定，违法进行经营者集中的，反垄断执法机构责令停止实施集中、限期处分股份或者资产、限期转让营业以及采取其他必要措施恢复到集中前的状态，处上一年度销售额百分之十以下的罚款；不具有排除、限制竞争效果的，处五百万元以下的罚款。本题中，两公司实施经营者集中未事先申报，且具有排除、限制竞争的效果，故选项A、B正确。选项C错误。参与经营者集中的经营者应当在实施集中行为前，进行申报，不允许事后补充申报。选项D错误。实施经营者集中后的大鱼科技有限公司在互联网音乐领域市场份额达到80%，可以推定其具有市场支配地位，但题干并未交代其实施了滥用市场支配地位的行为。而对于具有市场支配地位本身，并不具有违法性。

名词解释

1. **答案**：经营者集中，是指经营者通过合并、收购、委托经营、联营或其他方式，集合经营者经济力，提高市场地位的行为。经营者集中的主体是经营者，行为方式属于组织调整行为，包括经营者合并和经营者控制（不形成新经营者的股份或资产收购、委托经营或联营、业务或人事控制等），其目的和后果是迅速集合经济力，提升市场地位。其对市场竞争和经济发展利弊并存。

2. **答案**：市场支配地位，是指经营者在相关市场中对其他经营者的较大影响力。比如，经营者在相关市场内具有对商品价格、数量、品种、品质、付款条件、交付方式、售后服务交易选择、技术约束等交易条件的较强的

影响力，或者能够排除其他经营者进入相关市场，或者延缓其他经营者在合理时间内进入相关市场，或者其他经营者虽能够进入该相关市场，但进入成本大幅提高，难以在市场中开展与在位经营者有效竞争等情形。认定市场支配地位的依据，一般以市场份额为主，兼顾市场行为及其他相关因素。我国《反垄断法》第24条规定，一个经营者市场份额达到1/2，或者两个经营者、三个经营者市场份额合计分别达到2/3、3/4的，可以推定该经营者具有市场支配地位。有相反证据证明的，不应被认定，应分析相关市场竞争状况和其他因素。

3. **答案**：公平竞争审查制度，是指对行政机关和法律法规授权的具有管理公共事务职能的组织制定的市场准入、产业发展、招商引资、招标投标、政府采购、经营行为规范、资质标准等涉及市场主体经济活动的规章、规范性文件和其他政策措施进行审查，评估其对市场竞争的影响，防止排除、限制市场竞争的一种制度。《反垄断法》第5条明确规定：国家建立健全公平竞争审查制度。行政机关和法律、法规授权的具有管理公共事务职能的组织在制定涉及市场主体经济活动的规定时，应当进行公平竞争审查。

4. **答案**：掠夺性定价，是指具有市场支配地位的经营者，没有正当理由，为了排挤竞争对手，以低于成本的价格销售商品的行为。掠夺性定价中的"正当理由"包括：降价处理鲜活商品、季节性商品、有效期限即将到期的商品和积压商品的；因清偿债务、转产、歇业降价销售商品的；在合理期限内为推广新产品进行促销的；能够证明行为具有正当性的其他理由。

5. **答案**：相关市场，是指经营者在一定时期内就特定商品进行竞争的商品范围和地域范围。界定相关市场，要分别界定商品市场和地域市场。商品市场是指经营者在一定时期内就特定商品进行竞争的商品范围，包括同种品和替代品的范围。地域市场是指经营者在一定时期内就特定商品进行竞争的地域范围。

6. **答案**：搭售，是指具有市场支配地位的经营者，没有正当理由，利用其市场支配地位，搭配销售商品的行为。搭售的直接目的可能是扩大市场份额、排挤竞争对手，也可能是扩大销量、获取超额利润。

简答题

1. **答案**：滥用市场支配地位行为，是指具有市场支配地位的经营者，没有正当理由，利用其市场支配地位所实施的排除限制竞争、牟取超额利益的违法行为。受到禁止的滥用市场支配地位主要有以下几种表现形式：

（1）垄断高价和垄断低价。垄断高价，是指具有市场支配地位的经营者，没有正当理由，利用其市场支配地位，使其所销售商品的价格长期、稳定、大幅度地超过平均利润率水平的行为。垄断低价，则是指具有市场支配地位的经营者，没有正当理由，利用其市场支配地位，使其所购买商品价格长期、稳定、大幅度地低于平均利润率水平的行为。

（2）掠夺性定价。掠夺性定价，是指具有市场支配地位的经营者，没有正当理由，为了排挤竞争对手，以低于成本的价格销售商品的行为。掠夺性定价中的"正当理由"包括：降价处理鲜活商品、季节性商品、有效期限即将到期的商品和积压商品的；因清偿债务、转产、歇业降价销售商品的；在合理期限内为推广新产品进行促销的；能够证明行为具有正当性的其他理由。

（3）拒绝交易。拒绝交易，是指具有市场支配地位的经营者，没有正当理由，拒绝与交易相对人进行交易的行为。拒绝交易的行为方式主要有：实质性削减与交易相对人的现有交易数量；拖延、中断与交易相对人的现有交易；拒绝与交易相对人进行新的交易；设置限制性条件，使交易相对人难以继续与其进行交易；拒绝交易相对人在生产经营活动中以合理条件使用其必需设施；通过设定过高的销售价格或者过低的购买价格，变相拒绝交易相对人的交易。

（4）独家交易。独家交易，是指具有市场支配地位的经营者，没有正当理由，限定交易相对人只能与其进行交易或者只能与其指定的经营者进行交易的行为。行为方式包括：限定交易相对人只能与其进行交易，限定交易相对人只能与其指定的经营者进行交易，以及限定交易相对人不得与特定经营者进行交易。

（5）搭售及附加不合理条件的行为。搭售，是指具有市场支配地位的经营者，没有正当理由，利用其市场支配地位，搭配销售商品的行为。《反垄断法》及其配套规章将搭售与附加其他不合理限制一并规定，后者的表现主要有：具有市场支配地位的经营者，对合同期限、支付方式、商品的运输及交付方式或者服务的提供方式等附加不合理的限制，对商品的销售地域、销售对象、售后服务等附加不合理的限制，在价格之外附加不合理的费用，或者附加与交易标的无关的其他交易条件。

（6）差别待遇。差别待遇，是指具有市场支配地位的经营者，没有正当理由，利用市场支配地位，对条件相同的交易相对人设定不同的交易价格等交易条件的行为。价格歧视是最常见的差别待遇。

2. **答案**：反垄断法适用除外，是指在规定反垄断法适用范围和适用反垄断法时，将符合特定条件的领域、事项或行为作为例外而不适用反垄断法基本规定的制度。对某些利大于弊的垄断行为，适用除外的规定，有利于实现反垄断法经济社会效益的最大化，有利于实现反垄断法稳定性与反垄断案件的权变性有效结合，有利于最大限度地体现和维护国家整体利益。《反垄断法》的适用除外规定，集中体现在下列四个方面：

（1）垄断协议的适用除外。《反垄断法》第 20 条规定了垄断协议适用除外的 7 种情形和证明责任。这些垄断是国家在特定时期特定情况下，为实现某一特定目的而实施的，具有国家垄断的性质，如经济不景气时期为调整产业结构而实施的合并、发生严重灾害及战争情况下的垄断行为。对企业间为技术进步与经济发展而实行的协作或联合行为也可予以豁免。

（2）滥用市场支配地位的适用除外。《反垄断法》第 22 条在规定禁止具有市场支配地位的经营者滥用市场支配地位行为时，均设定了"不公平""没有正当理由"等限定。如果行为人能够证明其价格行为"公平"、其他被诉滥用行为有"正当理由"，即可能不构成滥用。

（3）知识产权领域的适用除外。对经营者依照有关知识产权的法律、行政法规规定行使知识产权的行为，不适用《反垄断法》；但是经营者滥用知识产权，排除、限制竞争的行为，适用《反垄断法》。

（4）农业生产者及农村经济组织的特定行为的适用除外。农业生产者及农村经济组织在农产品生产、加工、销售、运输、储存等经营活动中实施的联合或者协同行为，不适用《反垄断法》。

3. **答案**：横向垄断协议，是指在产业链上居于同一环节的两个或两个以上经营者所为的垄断协议。依联合内容的不同，横向垄断协议有下列表现：

（1）固定价格，是指处于产业链同一环节的经营者通过协议、决议或其他协同一致的方式确定、维持或者改变价格的行为。固定价格行为，也称为价格协议、价格联盟。固定价格行为一般适用本身违法原则。

（2）划分市场，是指处于产业链同一环节的经营者通过协议、决议或其他协同一致的方式限定商品的生产数量或者销售数量、分割销售市场或者原材料采购市场的行为。

（3）联合抵制，是处于产业链同一环节的经营者通过协议、决议或其他协同一致的方式拒绝与特定交易相对人交易的行为。

（4）不当技术联合，是指有竞争关系的经营者以排除或限制竞争为目的，制定技术标准、限制购买新技术、新设备，或者限制开发新技术、新产品等行为。

4. **答案**：内国反垄断法效力范围超越国家领土，适用于对内国市场竞争产生影响的垄断行为的现象，称为反垄断法的域外效力。大多数国家采取"以域内效力为基础，域外效力为补充"的原则，使得反垄断法不仅对在国外违反内国反垄断法的国内经营者和在国内违反内国反垄断法的外国经营者发生效力，而且可能对在国外违反内国反垄断法并影响市场竞争的外国经营者发生效力。《反垄断法》第2条明确规定："中华人民共和国境内经济活动中的垄断行为，适用本法；中华人民共和国境外的垄断行为，对境内市场竞争产生排除、限制影响的，适用本法。"

反垄断法的域外效力，源于1945年美国铝公司垄断案。在该案中，法官指出，由于美国铝公司加拿大分公司的限制竞争行为的"意图是影响对美国的出口，而且事实上也影响了对美国的出口"，即使是在境外发生的，也可以适用美国《谢尔曼法》。该"效果原则"所产生的域外效力毕竟对其他国家主权造成直接影响，理所当然地受到了抵制。后来，美国法院创设"合理管辖原则"，不仅要考虑效果，还要考虑国家间的礼让、对竞争行为发生国和诉讼所在国影响的比较、影响的可预见性、域外管辖权发生冲突的可能性等因素。

5. **答案**：行政性垄断，是指行政机关和法律、法规授权的具有管理公共事务职能的组织滥用行政权力、违反法律规定实施的限制市场竞争的行为。其表现形式主要包括：

（1）行政性强制交易。即行政机关滥用行政权力，违反法律规定，限定或者变相限定经营者、消费者经营、购买、使用其指定的经营者提供的商品。

（2）行政性限制市场准入。即行政机关滥用行政权力，违反法律规定，妨碍商品和服务在地区之间的自由流通，排除或限制市场竞争的行为。

（3）行政性强制经营者限制竞争。即行政机关滥用行政权力，违反法律规定，强制经营者从事反垄断法所禁止的排除或者限制市场竞争的行为。

以上三类行为，可能仅是具体行政行为，也可能是抽象行政性垄断行为。行政机关和法律、法规授权的具有管理公共事务职能的组织滥用行政权力，实施排除、限制竞争行为的，由上级机关责令改正；对直接负责的主管人员和其他直接责任人员依法给予处分。

反垄断执法机构可以向有关上级机关提出依法处理的建议，行政机关和法律、法规授权的具有管理公共事务职能的组织应当将有关改正情况书面报告上级机关和反垄断执法机构。

6. **答案**：界定平台经济领域的相关市场，同样要界定相关商品市场和相关地域市场。在界定相关商品市场时，一般基于平台功能、商业模式、应用场景、用户群体、多边市场、线下交易等因素进行需求替代分析；当供给替代对经营者行为产生的竞争约束类似于需求替代时，可以基于市场进入、技术壁垒、网络效应、锁定效应、转移成本、跨界竞争等因素考虑供给替代分析。

在平台经济领域界定相关地域市场时，可以综合考虑多数用户选择商品的实际区域、用户的语言偏好和消费习惯相关法律法规的规定、不同区域竞争约束程度、线上线下融合等因素。一般而言，相关地域市场通常界定为中国市场或者特定区域市场，当然也不排除某些个案需要界定为全球市场的情况。

论述题

1. **答案**：本身违法原则：规制限制竞争行为，适用法律、判断其违法性时，对一旦发生即会对市场竞争造成损害的限制竞争行为，只需确认该行为发生即认定其违法，且不再考虑其他因素，这样的分析思路被称为本身违法原则。"其他因素"，是指行为的目的、行为人的市场支配地位、行为的实际损害是否发生、其他抗辩等。美国的制定法和判例法，逐步明确了比较典型的适用本身违法原则的限制竞争行为，即固定价格、划分市场、联合抵制和限制转售价格等。

合理分析原则：规制限制竞争行为，在适用法律、判断其违法性时，对市场竞争损害的发生与否和损害的大小并不确定的限制竞争行为，既要确认该行为是否发生，还要确认和考量行为人的市场地位、经济实力，行为的目的、方式和对市场竞争所造成的损害后果等诸多因素，这样的分析思路被称为合理分析原则。在适用范围上，不应适用本身违法原则的行为即应适用合理分析原则。合理分析原则有助于准确判断行为的违法性，但单个案件成本较大。

一般认为，美国《谢尔曼法》第 1 条承袭了源于 18 世纪以前的本身违法原则：任何以托拉斯或其他方式限制州际贸易或对外贸易的合同、联合或共谋为非法。美国法院在实施该法的初期，严格按字面意思，体现出"本身违法原则"的精神。后来，一些观点提出对限制贸易协议应当分清合理和不合理，并且只有不合理的协议才需要禁止，美国最高法院在 1911 年对著名的美孚石油公司案的判决采纳了该观点，以促进竞争还是抑制甚至摧毁竞争为标准，只有"不合理地"限制竞争的行为才应当被禁止。这样，美国法院在分析是否构成垄断和适用法律时，形成了本身违法原则和合理原则两种分析方法，并逐步被其他一些国家采用。

以上这两项原则，各自的优点正是另一原则的缺点。实践中应当恰当选择、适用。如我国《反垄断法》第 18 条第 2 款就明确规定："经营者能够证明其不具有排除、限制竞争效果的，不予禁止。"该规定即明确了纵向垄断协议应当适用合理分析原则。

2. **答案**：2022 年修正的《反垄断法》第 60 条第 2 款规定："经营者实施垄断行为，损害社会公共利益的，设区的市级以上人民检察院可以依法向人民法院提起民事公益诉讼。"该条款确立了我国反垄断法上的民事公益诉讼制度。反垄断民事公益诉讼是以司法方式来"执行"反垄断法的体现，是反垄断法的公共实施。提起反垄断民事公益诉讼的前提条件包括：一是经营者实施了垄断行为，包括垄断协议、滥用市场支配地位、经营者集中以及滥用行政权力排除、限制竞争等行为类型。二是该垄断行为侵害了社会公共利益，如损害消费者利益、破坏市场公平竞争秩序、阻碍经济效率提升等。

传统的反垄断执法以行政机关处罚为主，手段较为单一，且在面对复杂的垄断行为时可能存在局限性。民事公益诉讼为反垄断提供了另一种司法救济途径，与行政执法相互补充，共同维护市场竞争秩序。

第十四章 反不正当竞争法律制度

☑ **单项选择题**

1. **答案**：C。《反不正当竞争法》第9条第1款规定，经营者不得对其商品的性能、功能、质量、销售状况、用户评价、曾获荣誉等作虚假或者引人误解的商业宣传，欺骗、误导消费者和其他经营者。本题中，甲超市所称"美国聚酯漆组合家具"明显会引人误解为该批家具系"美国进口"或"美国生产"，但实际上该批家具产于北京。这种宣传行为属于上述规定中的"虚假或者引人误解的商业宣传"，因此构成不正当竞争行为。

2. **答案**：A。《反不正当竞争法》第8条第3款规定，经营者在交易活动中，可以以明示方式向交易相对方支付折扣，或者向中间人支付佣金。经营者向交易相对方支付折扣、向中间人支付佣金的，应当如实入账。接受折扣、佣金的经营者也应当如实入账。据此，本题中的交易所程已明示折扣给付方法，并要求办理完整的财务手续，因此不属于《反不正当竞争法》规定的不正当竞争行为。

3. **答案**：A。《反不正当竞争法》第2条第2、3款规定，本法所称的不正当竞争行为，是指经营者在生产经营活动中，违反本法规定，扰乱市场竞争秩序，损害其他经营者或者消费者的合法权益的行为。本法所称的经营者，是指从事商品生产、经营或者提供服务（以下所称商品包括服务）的自然人、法人和非法人组织。据此，本题中市场监督管理局的行为不构成不正当竞争。

4. **答案**：C。《反不正当竞争法》第10条第1款第1项规定，经营者不得以盗窃、贿赂、欺诈、胁迫、电子侵入或者其他不正当手段获取权利人的商业秘密。本题中，刘大胆和甲厂的行为明显侵犯了香飘厂的商业秘密，其诉讼请求应予支持。

5. **答案**：D。本题的测试点在于商业贿赂和低价倾销。《反不正当竞争法》第8条第3款规定，经营者在交易活动中，可以以明示方式向交易相对方支付折扣，或者向中间人支付佣金。经营者向交易相对方支付折扣、向中间人支付佣金的，应当如实入账。接受折扣、佣金的经营者也应当如实入账。本题中该公司的行为属于正常销售行为。只有D为正确答案。

6. **答案**：B。此题考查欺骗性交易行为。"太月"是知名商品特有的名称，故符合该不正当竞争行为的构成要件，不符合诋毁商誉行为的构成要件。据此D选项是不正确的。低价倾销行为的构成要件必须是低于成本价，但根据题意，C选项也不正确。A选项规定为企业名称侵权纠纷，但根据题意，"大月"与"太月"之争在于商品，与企业名称无直接关联，据此A选项也不正确。故本题的正确选项是B。

7. **答案**：A。世界上最早出现的反不正当竞争专门立法，是德国1896年颁布的《反不正当竞争法》。该法的目的，在于制止市场竞争中某些特别有害的行为，如诋毁竞争对手、假冒商标、窃取商业秘密等。

8. **答案**：B。《反不正当竞争法》第11条规定，经营者进行有奖销售不得存在下列情形：（一）所设奖的种类、兑奖条件、奖金金额或者奖品等有奖销售信息不明确，影响兑奖；（二）有奖销售活动开始后，无正当理由变更所设奖的种类、兑奖条件、奖金金额或者奖品等有奖销售信息；（三）采用谎称有奖或者故意让内定人员中奖等欺骗方式进行有奖销售；（四）抽奖式的有奖销售，最高奖的金额超过五万元。

9. **答案**：A。选项A正确，选项C、D错误。《反不正当竞争法》第7条规定的混淆行为，主要是指擅自使用他人具有一定影响的标识（商品标识、主体标识、互联网领域中的特殊标识）的行为。尽管启飞公司未使用金域公司的域名，但使用了其有一定影响的企业名称，同样构成违反《反不正当竞争法》的混淆行为。选项 B 错误。虚假宣传，是指经营者对其商品的性能、功能、质量、销售状况、用户评价、曾获荣誉等作虚假或者引人误解的商业宣传，欺骗、误导消费者和其他经营者。启飞公司仅使用了他人具有一定影响的标识，并未对其课程进行虚假或引人误解的宣传。

10. 答案：C。选项 A 错误。消费者通过网络交易平台购买商品或者接受服务，其合法权益受到损害的，可以向销售者或者服务者要求赔偿。网络交易平台提供者不能提供销售者或者服务者的真实名称、地址和有效联系方式的，消费者也可以向网络交易平台提供者要求赔偿。快迪平台已经向消费者刘某提供了销售者的真实信息，无需承担赔偿责任。选项 B 错误，选项 C 正确。圆源公司在大豆产品宣传材料上印制了廖某头像并使用"廖公大豆"的名称，构成擅自使用他人具有一定影响的商品标识、主体标识的混淆行为。陈某销售带有导致混淆标识的商品，也构成混淆行为。故圆源公司和陈某均为侵犯廖某权利的责任人。选项 D 错误。圆源公司是大豆产品的生产者，陈某是销售者，合同关系建立在陈某和刘某之间，故刘某若主张违约责任，只能向陈某主张。

11. 答案：C。选项 A 错误，低价销售临期食品属于正常的经营行为，并不违反《反不正当竞争法》，也并未侵犯消费者权利，不属于违法行为。选项 B 错误，经营者在交易活动中以明示方式向交易相对方支付折扣，且如实入账的，并不属于《反不正当竞争法》第 8 条第 3 款规定的商业贿赂行为。选项 C 正确，经营者在提供商品或服务时对消费者提出不公平、不合理的条件，限制了消费者的自由选择权，增加了消费者负担，属于违反《消费者权益保护法》的违法行为。选项 D 错误，《反不正当竞争法》第 10 条第 3 款规定，第三人获取、披露、使用或者允许他人使用商业秘密，构成侵犯商业秘密的前提是"明知或者应知"。该商业秘密系商业秘密权利人的员工、前员工或者其他单位、个人实施违法行为获取的，故第三人不知情披露他人的商业秘密不属于违法行为。

12. 答案：C。《反不正当竞争法》第 22 条第 4 款规定，经营者违反本法第七条、第十条规定（混淆、侵犯商业秘密），权利人因被侵权所受到的实际损失、侵权人因侵权所获得的利益难以确定的，由人民法院根据侵权行为的情节判决给予权利人五百万元以下的赔偿。

13. 答案：C。《反不正当竞争法》第 7 条第 1 款规定，经营者不得实施下列混淆行为，引人误认为是他人商品或者与他人存在特定联系：（一）擅自使用与他人有一定影响的商品名称、包装、装潢等相同或者近似的标识；（二）擅自使用他人有一定影响的名称（包括简称、字号等）、姓名（包括笔名、艺名、网名、译名等）；（三）擅自使用他人有一定影响的域名主体部分、网站名称、网页、新媒体账号名称、应用程序名称或者图标等；（四）其他足以引人误认为是他人商品或者与他人存在特定联系的混淆行为。

14. 答案：D。《反不正当竞争法》第 25 条规定，经营者违反本法第九条规定对其商品作虚假或者引人误解的商业宣传，或者通过组织虚假交易、虚假评价等方式帮助其他经营者进行虚假或者引人误解的商业宣传的，由监督检查部门责令停止违法行为，处一百万元以下的罚款；情节严重的，处一百万元以上二百万元以下的罚款，可以并处吊销营业执照。经营者违反本法第九条规定，属于发布虚假广告的，依照《中华人民共和国广告法》的规定处罚。

15. 答案：C。本题中甲厂的产品在本省具有一定的知名度，应当认定为有一定影响的商品，尽管其外观未申请专利，但依然会受到法律的保护。乙厂由于采用了与甲厂同类商品极为相似的外观装潢，其行为足以造成一般消费者的误认，故其行为已构成不正当竞争。因此，选项 C 的表述是正确的。

16. 答案：A。本题考点是不正当竞争行为。《反不正当竞争法》第9条第1款规定，经营者不得对其商品的性能、功能、质量、销售状况、用户评价、曾获荣誉等作虚假或者引人误解的商业宣传，欺骗、误导消费者和其他经营者。本题中厂方在未获奖的情况下，在瓶颈上虚挂标签，属于对产品质量的虚假宣传，既损害了消费者的利益，也损害了同类产品的其他经营者的利益。据此，选项A是正确的，选项D的表述是错误的。严格意义上讲选项B的表述也没有问题，但选项A的表述更加符合法律的规定，因为这种表示有可能在消费者之间传播开来，所以虚假宣传更加贴切。至于选项C的表述也有不妥之处，因为经营者的这种行为不单纯损害消费者的利益，还同时损害同类经营者的利益，以欺诈的民事行为定性没有能够全面地概括这种违法行为的实质。

17. 答案：B。《反不正当竞争法》第12条规定，经营者不得编造、传播或者指使他人编造、传播虚假信息或者误导性信息，损害其他经营者的商业信誉、商品声誉。构成诋毁商誉有三个要件：一是实施的主体是经营者，非经营者如新闻单位被利用或被唆使的，仅构成一般侵害他人名誉权的行为；二是经营者客观上实施了诋毁商誉的行为，使用户、消费者不明真相产生怀疑的心理，不敢或不再与经营者进行交易活动；三是诋毁行为是针对一个或多个特定的经营者的。本题中诋毁商誉行为的三个构成要件全部具备。只要客观上实施了诋毁商誉的行为，不管是否通过传播媒介，都不影响诋毁商誉的不正当竞争行为的构成，所影响的只是诋毁侵权的程度。另外，名誉是对民事主体的品德、声望、才能、信用等的社会评价，针对名誉权的侵权行为一般是侮辱、诽谤、诬告、新闻报道失实等。荣誉是民事主体获得的荣誉称号，针对荣誉权的侵权行为一般是非法侵占他人荣誉、诋毁贬损他人的荣誉、非法剥夺他人的荣誉等。故选项B的表述是正确的，选项A、C、D的表述是错误的。

18. 答案：D。因外观、色彩相仿，"一按达"与"易安达"名称发音相近，故不属于直接使用他人特有的名称、外观等，而属于易引人误解的不正当竞争行为。

19. 答案：D。折扣并如实记账是合法商业竞争手段，回扣是暗中支付并没有入账，是不正当竞争行为。

20. 答案：D。经营者销售商品，不得违背购买者的意愿搭售商品或者附加其他不合理的条件。本题中是以优惠的价格说服消费者购买，而非违背消费者的意愿，故属正当销售行为。

21. 答案：D。《反不正当竞争法》第8条第3款规定，经营者在交易活动中，可以以明示方式向交易相对方支付折扣，或者向中间人支付佣金。经营者向交易相对方支付折扣、向中间人支付佣金的，应当如实入账。接受折扣、佣金的经营者也应当如实入账。本题中，经营者是A公司而非王某，A公司作为经营者，其是按2000元的价格销售健身器材且已经依法入账。而王某给予B公司50元补贴的行为是其对自己财产权的合法处分行为和正当的竞争手段，因此并不构成不正当竞争。故应选D。

22. 答案：B。关于A项，甲厂在其产品说明书中作夸大其词的说明，是虚假宣传的表现之一，并不是混淆行为。因此A项不选。关于B项，乙厂的矿泉水使用"清凉"商标，擅自使用他人的企业名称，引人误认为是他人的商品，构成了混淆行为，因此B项正确。关于C项，构成不正当的有奖销售行为，并不构成混淆行为。关于D项，是正当的竞争行为，不构成不正当竞争行为，当然也就构不成混淆行为。

23. 答案：A。《反不正当竞争法》第9条第2款规定，经营者不得通过组织虚假交易、虚假评价等方式，帮助其他经营者进行虚假或者引人误解的商业宣传。甲网店的行为是互联网刷单炒信行为，对自己的用户评价作虚假宣传，属于违反《反不正当竞争法》的虚假宣传行为。

24. 答案：A。选项A正确。田某以盗窃方式获得光明公司商业秘密，构成侵犯光明公司的商业秘密。选项 B 错误。超越公司由田某创立，且田某担任高级管理人员，故应当推定超越公司对于田某以不正当手段获取光明公司商业秘密是知情的。超越公司在知情的情况下仍然使用上述客户联系方式，构成侵犯光明公司的商业秘密。选项 C、D 错误。客户虽然是基于对田某的信任，在田某自光明公司离职后，与田某所在的新单位超越公司自愿进行交易。但田某的窃取行为、超越公司明知田某以不正当手段获取他人商业秘密，已经构成侵犯商业秘密。

25. 答案：D。本题的关键点有两个方面：第一个方面是，红心地板公司宣传自己的地板是"原装进口实木地板"，而实际情况是"该公司生产的实木地板是用进口木材在国内加工而成"，其宣传行为容易让消费者产生该地板是国外生产的，因而属于违反《反不正当竞争法》第 9 条的规定，是对商品的产地、生产者作引人误解的虚假宣传的行为；第二个方面是，该公司在广告中宣称"强化木地板甲醛含量高、不耐用"，并且造成了当地市场上强化木地板销量锐减的情况，该行为对当地所有生产"强化木地板"的生产企业的商业信誉、商品声誉带来了不利影响，违反《反不正当竞争法》第 12 条的规定。故本题的正确答案为 D，其行为既构成虚假宣传行为，又构成诋毁商誉行为。

26. 答案：A。选项 A 正确，选项 B、C 错误。《反不正当竞争法》第 13 条规定，"妨碍、破坏其他经营者合法提供的网络产品或者服务正常运行的行为"，包括未经其他经营者同意，在其合法提供的网络产品或者服务中，插入链接、强制进行目标跳转。幸运 86 公司通过技术手段，强制进行目标跳转，属于互联网领域的不正当竞争行为。选项 D 错误。根据《消费者权益保护法》的规定，广告经营者、发布者设计、制作、发布关系消费者生命健康商品或者服务的虚假广告，造成消费者损害的，应当与提供该商品或者服务的经营者承担连带责任。幸运 86 公司作为广告发布者，原则上无需就经营者提供的虚假宣传广告的商品或服务承担责任，除非相关商品或服务"关系消费者生命健康商品或者服务"。

27. 答案：D。"聚合"App 利用互联网技术，恶意冲击共享单车行业的正常经营秩序，使得共享单车品牌无法从中获得应得利益，构成"其他妨碍、破坏其他经营者合法提供的网络产品或者服务正常运行"的互联网不正当竞争行为。

28. 答案：C。混淆行为需要造成消费者对实际生产者、服务者的误认，故 B 项不正确。题述案例并不是针对交易对方单位或有影响力的个人的贿赂行为，故 D 项不正确。题述案例经营者雇人排队抢购的行为营销了一种销售火爆的虚假信息，并通过媒体进行宣传，这符合《反不正当竞争法》第 9 条有关虚假宣传行为的构成要件。故 C 项说法正确。

29. 答案：C。《反不正当竞争法》第 13 条第 2 款规定："经营者不得利用数据和算法、技术、平台规则等，通过影响用户选择或者其他方式，实施下列妨碍、破坏其他经营者合法提供的网络产品或者服务正常运行的行为：（一）未经其他经营者同意，在其合法提供的网络产品或者服务中，插入链接、强制进行目标跳转……"本案中，乙公司未经甲网站同意，擅自在其提供的搜索引擎服务中强行插入广告，构成了互联网不正当竞争行为，违反了上述第 1 项规定，故 A、D 项错误，C 项正确。《反不正当竞争法》第 9 条第 1 款规定，经营者不得对其商品的性能、功能、质量、销售状况、用户评价、曾获荣誉等作虚假或者引人误解的商业宣传，欺骗、误导消费者和其他经营者。本题中，乙公司的宣传内容并未体现出虚假或误导的情形，故不构成虚假宣传，B 项错误。

多项选择题

1. 答案：CD。依《反不正当竞争法》第 10 条规定，以利诱等不正当方法获取权利人的商业秘密并使用该商业秘密的，构成不正当竞争行为。本题中巧媳妇有限公司的点心配方、经营方法均可视为商业秘密。

2. 答案：ABC。A项表述中的情形虽以明示的方法给购买者折扣，但没有入账，这种行为属于不正当竞争行为。B项表述属于不正当竞争行为，《反不正当竞争法》第9条第1款规定，经营者不得对其商品的性能、功能、质量、销售状况、用户评价、曾获荣誉等作虚假或者引人误解的商业宣传，欺骗、误导消费者和其他经营者。据此，B项表述中未经授权即让销售人员都身穿百货大楼的工作服并佩戴百货大楼的营业标志，属于引人误解的虚假宣传。C项表述属于不正当竞争行为，根据《反不正当竞争法》第7条第（2）项规定，经营者不得擅自使用他人有一定影响的名称（包括简称、字号等），引人误认为是他人商品或者与他人存在特定联系。C项表述中的张聪慧擅自以夏娃服装厂的名义直销"夏娃"牌衬衣，已构成不正当竞争行为。D项表述不属于不正当竞争行为，《反不正当竞争法》第11条规定："经营者进行有奖销售不得存在下列情形：……（三）抽奖式的有奖销售，最高奖的金额超过五万元。"D项表述属于正常的商业竞争行为。

3. 答案：ABCD。《反不正当竞争法》第10条第1款规定，经营者不得实施下列侵犯商业秘密的行为：（一）以盗窃、贿赂、欺诈、胁迫、电子侵入或者其他不正当手段获取权利人的商业秘密；（二）披露、使用或者允许他人使用以前项手段获取的权利人的商业秘密；（三）违反保密义务或者违反权利人有关保守商业秘密的要求，披露、使用或者允许他人使用其所掌握的商业秘密；（四）教唆、引诱、帮助他人违反保密义务或者违反权利人有关保守商业秘密的要求，获取、披露、使用或者允许他人使用权利人的商业秘密。该条第3款规定，第三人明知或者应知商业秘密权利人的员工、前员工或者其他单位、个人实施本条第一款所列违法行为，仍获取、披露、使用或者允许他人使用该商业秘密，视为侵犯商业秘密。

4. 答案：ABD。不正当竞争的法律责任包括民事责任、行政责任、刑事责任。宣告合同无效属于民事制裁，是承担民事责任的一种方式。

5. 答案：ABCD。与不正当竞争行为的法律责任相对应的三种监督形式为：受害人追究经营者民事责任；监督检查机关依职权主动查处或根据举报查处；司法机关追究刑事责任。

6. 答案：ABC。《反不正当竞争法》第7条规定，经营者不得实施下列混淆行为，引人误认为是他人商品或者与他人存在特定联系：（一）擅自使用与他人有一定影响的商品名称、包装、装潢等相同或者近似的标识；（二）擅自使用他人有一定影响的名称（包括简称、字号等）、姓名（包括笔名、艺名、网名、译名等）；（三）擅自使用他人有一定影响的域名主体部分、网站名称、网页、新媒体账号名称、应用程序名称或者图标等；（四）其他足以引人误认为是他人商品或者与他人存在特定联系的混淆行为。擅自将他人注册商标、未注册的驰名商标作为企业名称中的字号使用，或者将他人商品名称、企业名称（包括简称、字号等）、注册商标、未注册的驰名商标等设置为搜索关键词，引人误认为是他人商品或者与他人存在特定联系的，属于前款规定的混淆行为。经营者不得帮助他人实施混淆行为。

7. 答案：BCD。《反不正当竞争法》第2条第3款规定，本法所称的经营者，是指从事商品生产、经营或者提供服务（以下所称商品包括服务）的自然人、法人和非法人组织。本题中该厂没有办理注册手续，但已经从事生产，应属经营者。

8. 答案：AC。如果配方构成商业秘密，根据公共利益原则，工程师的行为的违法性受到法律强制性的阻却，不构成侵权。

9. 答案：ABD。《反不正当竞争法》第10条第3款规定，本法所称的商业秘密，是指不为公众所知悉、具有商业价值并经权利人采取相应保密措施的技术信息、经营信息等商业信息。本题中，商业秘密可以是经营信息，故客户名单属于商业秘密。

10. 答案：ABD。因国有公路运输公司占据垄断性的优势地位，乘客缺乏选择其他公路客运公司的可能性，同时因属格式合同，无法讨价还价。根据《价格法》第 23 条的规定，制定关系到群众切身利益的公用事业价格、公益性服务价格等，应当建立听证制度。

11. **答案**：ABCD。选项中的行为违反了《反不正当竞争法》第 7 条和第 9 条，构成混淆行为和虚假宣传行为。

12. **答案**：ACD。《反不正当竞争法》第 12 条规定，经营者不得编造、传播或者指使他人编造、传播虚假信息或者误导性信息，损害其他经营者的商业信誉、商品声誉。本题中，诋毁商誉的对象可以是一个或多个特定竞争对手，包括以同行业所有经营者为竞争对手而进行贬低宣传的对比性广告。

13. **答案**：ABC。《反不正当竞争法》第 7 条第 1 款规定，经营者不得实施下列混淆行为，引人误认为是他人商品或者与他人存在特定联系：（一）擅自使用与他人有一定影响的商品名称、包装、装潢等相同或者近似的标识；（二）擅自使用他人有一定影响的名称（包括简称、字号等）、姓名（包括笔名、艺名、网名、译名等）；（三）擅自使用他人有一定影响的域名主体部分、网站名称、网页、新媒体账号名称、应用程序名称或者图标等；（四）其他足以引人误认为是他人商品或者与他人存在特定联系的混淆行为。

14. **答案**：ABCD。《反不正当竞争法》第 16 条规定了询问权、查询复制权和检查权，23 条至第 31 条、第 35 条都规定了行政处罚权。

15. **答案**：ACD。《反不正当竞争法》第 8 条规定，经营者不得采用给予财物或者其他手段贿赂下列单位或者个人，以谋取交易机会或者竞争优势：（一）交易相对方的工作人员；（二）受交易相对方委托办理相关事务的单位或者个人；（三）利用职权或者影响力影响交易的单位或者个人。前款规定的单位和个人不得收受贿赂。经营者在交易活动中，可以以明示方式向交易相对方支付折扣，或者向中间人支付佣金。经营者向交易相对方支付折扣、向中间人支付佣金的，应当如实入账。接受折扣、佣金的经营者也应当如实入账。经营者的工作人员进行贿赂的，应当认定为经营者的行为；但是，经营者有证据证明该工作人员的行为与为经营者谋取交易机会或者竞争优势无关的除外。

16. **答案**：ABC。《反不正当竞争法》第 22 条第 3、4 款规定，因不正当竞争行为受到损害的经营者的赔偿数额，按照其因被侵权所受到的实际损失或者侵权人因侵权所获得的利益确定。经营者故意实施侵犯商业秘密行为，情节严重的，可以在按照上述方法确定数额的一倍以上五倍以下确定赔偿数额。赔偿数额还应当包括经营者为制止侵权行为所支付的合理开支。经营者违反本法第七条、第十条规定，权利人因被侵权所受到的实际损失、侵权人因侵权所获得的利益难以确定的，由人民法院根据侵权行为的情节判决给予权利人五百万元以下的赔偿。

17. **答案**：CD。《反不正当竞争法》第 2 条规定，本法所称的不正当竞争行为，是指经营者在生产经营活动中，违反本法规定，扰乱市场竞争秩序，损害其他经营者或者消费者的合法权益的行为。《反不正当竞争法》是用来规制经营者的经营行为的，这里的经营者是指处在同一领域中的经营者，分处不同领域的经营者不存在彼此之间竞争的问题，不受《反不正当竞争法》的限制。据此，选项 C、D 涉及的行为是不正当竞争行为。注意：不同领域的经营者、新闻媒体客观上即使实施了一些损害经营者利益的行为，构成的仅仅是民事侵权，如侵犯名誉权、荣誉权等，但并不构成不正当竞争。

18. **答案**：ABC。《反不正当竞争法》第 9 条第 4 款规定，本法所称的商业秘密，是指不为公众所知悉、具有商业价值并经权利人采取相应保密措施的技术信息、经营信息等商业信息。

19. **答案**：BCD。垄断行为是《反垄断法》调整的范畴，因此 A 不选。

20. **答案**：AD。选项 A 正确。《反不正当竞争法》第 9 条第 1 款规定，经营者不得对其商品的性能、功能、质量、销售状况、用户评价、曾获荣誉等作虚假或者引人误解的商业宣传，欺骗、误导消费者和其他经营者。选项B错误。广告经营者、发布者设计、制作、发布关系消费者生命健康商品或者服务的虚假广告，造成消费者损害的，应当与提供该商品或者服务的经营者承担连带责任。选项C错误，选项D正确。社会团体或者其他组织、个人在关系消费者生命健康商品或者服务的虚假广告或者其他虚假宣传中向消费者推荐商品或者服务，造成消费者损害的，应当与提供该商品或者服务的经营者承担连带责任。

21. **答案**：BD。《反不正当竞争法》第12条规定，经营者不得编造、传播或者指使他人编造、传播虚假信息或者误导性信息，损害其他经营者的商业信誉、商品声誉。诋毁行为是针对一个或多个特定竞争对手的行为，故A项说法错误，由于甲公司在宣传中不仅诋毁了乙公司，还诋毁了其他公司的同类软件，因而这些公司都可以起诉。B项说法正确，因为诋毁商誉必须捏造并散布虚伪信息，故主观状态必然是故意。C项说法错误，不正当竞争行为的主体是市场经营活动中的经营者，新闻单位被利用和被唆使的，仅构成一般的侵害他人名誉权行为，而非不正当竞争行为。一般而言，《反不正当竞争法》规范的是有竞争关系的经营者之间的关系，非经营者的主体（或没有竞争关系的经营者）是否与经营者共同构成不正当竞争行为一定要严格依照法律的规定，如虚假宣传中的广告的经营者、侵犯商业秘密中的个人。D项说法正确，捏造和散布虚假事实是该行为的构成要件。本题的正确答案应当是B、D。

22. **答案**：AD。《反不正当竞争法》第12条规定，经营者不得编造、传播或者指使他人编造、传播虚假信息或者误导性信息，损害其他经营者的商业信誉、商品声誉。A项符合上述诋毁商誉行为的构成要件。B项行为属于正当的市场竞争行为，选项中也未提及侵犯商业秘密等行为，故不属于不正当竞争行为。C项中甲电器厂产品具有严重瑕疵，但误报道为乙电器厂，甲电器厂并没有故意捏造或散布关于乙电器厂产品的虚伪事实，故

不属于不正当竞争行为。根据《反不正当竞争法》第7条的规定，擅自使用与他人有一定影响的商品名称、包装、装潢等相同或者近似的标识，引人误认为是他人商品或者与他人存在特定联系，属于混淆行为。D项中甲厂产品与乙厂商品相似，并使得消费者仔细辨别才能区别，因而构成了不正当竞争行为。

23. **答案**：BC。根据《劳动合同法》第23条的规定，用人单位与劳动者可以在劳动合同中约定保守用人单位的商业秘密和与知识产权相关的保密事项。对负有保密义务的劳动者，用人单位可以在劳动合同或者保密协议中与劳动者约定竞业限制条款，并约定在解除或者终止劳动合同后，在竞业限制期限内按月给予劳动者经济补偿。劳动者违反竞业限制约定的，应当按照约定向用人单位支付违约金。故单纯的保密义务本身并不需要支付保密费用，只有在约定了竞业限制的情况下才需要支付补偿，而竞业限制的义务只有在双方约定的情况下才存在。故A项说法错误，B项说法正确。C项说法正确，江某违反保密协议披露保密技术的行为构成侵犯商业秘密。根据《反不正当竞争法》第10条的规定，就算乙厂没有采取利诱等手段从江某处获取保密技术，但它明知或者应知江某披露行为是违法的，那么它还是获取、使用了该商业秘密的话，也视为侵犯商业秘密。故D项说法错误。

24. **答案**：ABD。根据《反不正当竞争法》第7条的规定，擅自使用与他人有一定影响的商品名称、包装、装潢等相同或者近似的标识，引人误认为是他人商品或者与他人存在特定联系，属于混淆行为。由此可以看出，混淆行为并不要求被仿冒的他人一定影响的商品取得外观设计专利，A项判断错误。混淆的要素不仅限于厂名、厂址和商标，图案、色彩等因素也可能成为混淆的对象，故B项判断错误。一般的消费者能够分辨二者的区别，不会导致"混淆"的结果，就不会构成混淆行为，因而C项判断正确、D项判断错误。

25. 答案：ABC。根据《商标法》第 57 条第 7 项及《最高人民法院关于审理商标民事纠纷案件适用法律若干问题的解释》第 1 条第 1 项的规定，将与他人注册商标相同或者相近似的文字作为企业的字号在相同或者类似商品上突出使用，容易使相关公众产生误认的，构成侵犯商标权的行为。故 A 项说法正确。《反不正当竞争法》第 7 条第 1 款规定，经营者不得实施下列混淆行为，引人误认为是他人商品或者与他人存在特定联系：（一）擅自使用与他人有一定影响的商品名称、包装、装潢等相同或者近似的标识；（二）擅自使用他人有一定影响的名称（包括简称、字号等）、姓名（包括笔名、艺名、译名等）；（三）擅自使用他人有一定影响的域名主体部分、网站名称、网页、新媒体账号名称、应用程序名称或者图标等；（四）其他足以引人误认为是他人商品或者与他人存在特定联系的混淆行为。故乙公司的行为会使得他人误认为是甲公司的酱油产品，造成混淆，属于不正当竞争行为。B 项说法正确。《反不正当竞争法》第 22 条第 3、4 款规定，因不正当竞争行为受到损害的经营者的赔偿数额，按照其因被侵权所受到的实际损失或者侵权人因侵权所获得的利益确定。经营者故意实施侵犯商业秘密行为，情节严重的，可以在按照上述方法确定数额的一倍以上五倍以下确定赔偿数额。赔偿数额还应当包括经营者为制止侵权行为所支付的合理开支。经营者违反本法第七条、第十条规定，权利人因被侵权所受到的实际损失、侵权人因侵权所获得的利益难以确定的，由人民法院根据侵权行为的情节判决给予权利人五百万元以下的赔偿。故 C 项说法正确。从乙公司的使用与甲公司注册商标字样同样的商号，并在广告、企业厂牌、商品上突出使用的行为，可以看出其有造成他人的混淆的故意，从而起到"搭便车"的不正当竞争的效果，故乙公司不仅应当停止在广告、企业厂牌、商品上突出使用相关字样的行为，也应该变更企业名称，不再使他人造成误认。故 D 项说法错误。

26. 答案：AD。《反不正当竞争法》第 2 条第 1 款规定，经营者在生产经营活动中，应当遵循自愿、平等、公平、诚信的原则，遵守法律和商业道德，公平参与市场竞争。乙县善福公司并未因为自身的经营，而使得善福公司本身成为知名商品的商号，而陈某是通过继承祖业的方式获得老字号及商业标识，进而在不同地区注册同一商号的公司，并未侵犯他人的权益，符合诚实信用原则，故 A 项说法正确。B 项说法错误，乙公司登载善福铺历史及标注字样的行为并未诋毁善福铺的商誉（编造不实内容打击对手）。C 项说法错误，善福公司作为商号与"善福 100"商标并不存在冲突。D 项说法正确，《反不正当竞争法》第 9 条第 1 款规定，经营者不得对其商品的性能、功能、质量、销售状况、用户评价、曾获荣誉等作虚假或者引人误解的商业宣传，欺骗、误导消费者和其他经营者。由于乙公司登载善福铺历史及标注字样的行为会让消费者误认为其生产者为善福铺，从而购买其商品，进而构成了虚假宣传行为。

27. 答案：AC。《反不正当竞争法》第 13 条第 2 款规定："经营者不得利用数据和算法、技术、平台规则等，通过影响用户选择或者其他方式，实施下列妨碍、破坏其他经营者合法提供的网络产品或者服务正常运行的行为：……（四）其他妨碍、破坏其他经营者合法提供的网络产品或者服务正常运行的行为。"本题甲开发广告屏蔽软件，破坏乙网站合法提供的完整服务的正常运行，影响了乙网站"广告"加"免费视频"的完整商业模式，属于互联网领域的不正当竞争行为。故 A 项正确，B 项错误。《反不正当竞争法》第 22 条第 3 款规定，因不正当竞争行为受到损害的经营者的赔偿数额，按照其因被侵权所受到的实际损失或者侵权人因侵权所获得的利益确定。经营者故意实施侵犯商业秘密行为，情节严重的，可以在按照上述方法确定数额的一倍以上五倍以下确定赔偿数额。赔偿数额还应当包括经营者为制止侵权行为所支付的合理开支。本题中乙网站实际损失无法确定时，应以侵权人甲因侵权所获得的利益即其收取的广告费用计算赔偿数额。另外，侵权人应当赔偿的不是被侵权人支付的"所有费用"，而应当是"合理费用"，故C项正确，D项错误。

28. 答案：BD。《反不正当竞争法》第2条第1款规定，经营者在生产经营活动中，应当遵循自愿、平等、公平、诚信的原则，遵守法律和商业道德，公平参与市场竞争。据此，"公平、诚信、法律和商业道德"是区分不正当竞争和正当经营的关键。本题中，赵某的行为损害了甲公司产品的正常运营，且获取了经济利益，不能以"有利于消费者"来掩盖这一不公平、不道德的行为，所以赵某的行为已经构成了不正当竞争，而非合法行为。故A项错误。《反不正当竞争法》第13条第2款规定："经营者不得利用数据和算法、技术、平台规则等，通过影响用户选择或者其他方式，实施下列妨碍、破坏其他经营者合法提供的网络产品或者服务正常运行的行为：……（四）其他妨碍、破坏其他经营者合法提供的网络产品或者服务正常运行的行为。"本题中，赵某开发广告屏蔽软件并提供专门下载通道，妨碍、破坏了甲公司对热门电视剧提供的独家网络直播服务。故B项正确。《反不正当竞争法》第2条第3款规定："本法所称的经营者，是指从事商品生产、经营或者提供服务（以下所称商品包括服务）的自然人、法人和非法人组织。"本题中，赵某利用其软件播放公司广告获取收益，属于经营者，故C项错误。《反不正当竞争法》第22条第3款规定，因不正当竞争行为受到损害的经营者的赔偿数额，按照其因被侵权所受到的实际损失或者侵权人因侵权所获得的利益确定。经营者故意实施侵犯商业秘密行为，情节严重的，可以在按照上述方法确定数额的一倍以上五倍以下确定赔偿数额。赔偿数额还应当包括经营者为制止侵权行为所支付的合理开支。当甲公司的实际损失难以计算的时候，可按赵某的侵权所得，即其向乙公司收取的报酬确定赔偿金额，故D项正确。

第十四章 反不正当竞争法律制度

名词解释

1. **答案**：混淆行为，是指经营者通过擅自使用他人具有一定影响的标识等方式，引人误认为其生产、经营的商品是他人商品或者与他人存在特定联系的行为。我国《反不正当竞争法》第6条规定的混淆行为，包括以下两类：一类是擅自使用他人具有一定影响的标识（商品标识、主体标识、互联网领域中的特殊标识）的行为，一类是擅自使用他人具有一定影响的标识之外其他足以引人误认为是他人商品或者与他人存在特定联系的所有混淆行为。

2. **答案**：商业秘密，是指不为公众所知悉、具有商业价值并经权利人采取相应保密措施的技术信息、经营信息等商业信息。商业秘密的特征包括：（1）秘密性。秘密性是商业秘密最基本的特征。商业秘密应当是不为公众所知悉、处于保密状态、一般人不易通过正当途径或者方法获得的信息。其中，主观秘密性是指信息的持有者具有的对该信息予以保密的主观愿望，客观秘密性是指有关信息在客观上没有被公众所了解以及不能从公开渠道直接获取。（2）非物质性。即无体性、无形性。商业秘密包括技术信息、经营信息等商业信息，这些信息往往通过设计图纸、配方、公式、操作指南、实验报告、技术记录、经营策略、方案、计划等形式表现出来。它的载体可能是有形的，但其内容则是无形的。因此，与工业产权一样，商业秘密实际上是一种无形资产，具有非物质性的特征。（3）商业价值性。即商业秘密必须是不为公众所知悉而具有现实的或者潜在的商业价值的商业信息。商业秘密的商业价值性，具体表现为商业秘密的权利人能够作营利性使用并给其带来经济利益，或者体现为能够维持、提升商业秘密的权利人的竞争优势。

3. **答案**：诋毁他人商誉行为又称商业诽谤行为、商业诋毁行为，是指经营者通过编造、传播虚假信息或者误导性信息，损害竞争对手的商誉，以削弱其竞争力，由此获取不正当利益的行为。商誉包括商业信誉和商品声誉，是指经营者在生产、流通和与此有直接联系的经济行为中逐渐形成的,反映社会对其生产、产品、销售、服务等多方面的综合评价。

简答题

1. 答案：虚假或者引人误解的商业宣传行为,是指经营者为了谋取交易机会或者竞优势,对商品（含服务）进行虚假或者引人误解的商业宣传,导致或者足以导致消费者和其他经营者对商品产生错误认识的不正当竞争行为。对商品作虚假或者引人误解的商业宣传,是指对商品的性能、功能、质量、销售状况、用户评价、曾获荣誉等与商品有关的信息作虚假或者引人误解的商业宣传。虚假或者引人误解的商业宣传构成不正当竞争,除要求行为人实施了虚假或者引人误解的商业宣传行为外,还必须以欺骗、误导了消费者和其他经营者或者具有欺骗、误导消费者和其他经营者的可能性为要件。近年来在电子商务领域,一些经营者雇用他人为其"刷单炒信"（即通过网络虚构交易量、用户好评等方式炒作商家信用）以吸引消费者购买商品,进而不当谋取交易机会或者竞争优势的现象十分普遍,因此,《反不正当竞争法》第9条第2款还专门规定：经营者不得通过组织虚假交易、虚假评价等方式,帮助其他经营者进行虚假或者引人误解的商业宣传。

2. 答案：反垄断法与反不正当竞争法的联系主要表现在：

一是反垄断法与反不正当竞争法同属竞争法范畴。二是两法的目的一致,都是促进和保护竞争,规范市场竞争秩序,保护消费者的合法权益。三是垄断和不正当竞争也存在转化和因果关系,如不正当竞争行为可能会使竞争得到恶性发展,从而产生垄断,制止不正当竞争行为可以将一些垄断行为消灭在萌芽状态。或许正是由于终极目的的统一性和行为的关联性,个别国家和地区如澳大利亚、匈牙利将反垄断和反不正当竞争合并立法。反垄断法解决的是有无竞争的问题,目的在于通过消除限制竞争的现象,为经营者的自由竞争提供一个舞台；反不正当竞争法主要是维护商业伦理和公平竞争。

反垄断法与反不正当竞争法的主要区别表现在：

（1）从法律关系主体的权利义务内容上看,反垄断法律关系的主体有依法自由参与竞争并抗拒垄断的权利和不从事垄断行为的义务；反不正当竞争法律关系的主体则有依法从事正当竞争、抵制不正当竞争的权利和不从事不正当竞争行为的义务。

（2）从行为方式上看,垄断主要是企业（厂商）以独占、寡占及联合行为等控制市场,排斥或限制竞争,各种形式的垄断协议或垄断组织（托拉斯、卡特尔、辛迪加、康采恩等）是设置市场壁垒,阻碍他人进入市场的通常表现形式,因而垄断常表现为一种合同行为；不正当竞争行为的形式多种多样,常表现为一种侵权行为。

（3）从行为的救济和制裁看,反垄断法自其诞生之初就强调国家或行政机关的主动干预,而无论大陆法系国家还是英美法系国家,对不正当竞争行为主要采取私法救济,国家对其采取不告不理的态度。不正当竞争行为相对于垄断行为来说,前者主要是侵害私人的利益,因而主要是通过私人诉讼来制止不正当竞争行为,而后者主要侵害的是公共利益,常通过行政程序来制止垄断行为,甚至用刑罚来惩罚严重垄断行为。

（4）从法理的正义性及其具体规定的变化看,不正当竞争行为本身的违法性是永恒的,在人类法律哲学和道德规范中永远也不会有正名的时候。而垄断等一些限制竞争行为的违法性是会反复的,体现的是国家在产业政策上的变化。这就决定了反垄断法律制度是相对多变、需要经常修正的,而且这样的修正并非只增不改,常常会改变原本违法的一些行为的性质,对它们放宽限制。

（5）从立法必要性及两法在法律体系中的地位和关系看,反垄断法从其调整对象和担负的责任角度应该自成体系,单独立法。反垄断法是调整涉及市场支配地位企业之间的竞争关系的,担负着维持企业自由和规范市场竞争秩序的双重保护任务,需要由专门机构和专门程序来适用它。因此，它需要不同于反不正当竞争法那样的独特的执法体系和机构，单独立法的做法更好些。反不正当竞争法虽可以单独立法，但民法中的侵权法、商标法、广告法、产品责任法等都可以成为反不正当竞争法的主要法律渊源。

（6）从性质上看，反垄断法属于公法范畴，主要维护自由竞争的市场结构和公平竞争的机制，反不正当竞争法属于私法范畴，主要维护商业伦理道德和保护经营者的合法权益。反垄断立法与执法具有宏观特点和政策性，反不正当竞争立法与执法则属于微观领域，限于经营者或消费者。

3. **答案**：不当有奖销售，又称为不当附奖赠促销，是指经营者违反诚信和公平竞争的原则，利用物质、金钱或者其他经济利益引诱购买者与之交易，损害竞争对手的公平竞争权行为。《反不正当竞争法》第11条将不当有奖销售划分为以下两类：（1）欺骗性有奖销售。即经营者采用欺骗购买者的方式实施有奖销售的行为。它包括以下行为：第一，所设奖的种类、兑奖条件、奖金金额或者奖品等有奖销售信息不明确，影响兑奖；第二，有奖销售活动开始后，无正当理由变更所设奖的种类、兑奖条件、奖金金额或者奖品等有奖销售信息；第三，采用谎称有奖或者故意让内定人员中奖等欺骗方式进行有奖销售。（2）巨额抽奖式有奖销售。这是指最高奖的金额超过5万元的抽奖式有奖销售。巨额抽奖式有奖销售一般中奖概率低，却能吸引大量存在侥幸心理的顾客，从而严重影响其他经营者的正常经营活动，破坏公平竞争秩序。

4. **答案**：互联网领域特有的不正当竞争行为，是指经营者利用网络专业技术手段，通过影响用户选择或者其他方式实施的妨碍、破坏其他经营者合法提供的网络产品或者服务正常运行的行为。《反不正当竞争法》第13条第2款规定，"妨碍、破坏其他经营者合法提供的网络产品或者服务正常运行的行为"，具体包括以下几种：（1）未经其他经营者同意，在其合法提供的网络产品或者服务中，插入链接、强制进行目标跳转。（2）误导、欺骗、强迫用户修改、关闭、卸载其他经营者合法提供的网络产品或者服务。（3）恶意对其他经营者合法提供的网品或者服务实施不兼容。（4）其他妨碍、破坏其他经营者合法提供的网络产品或者服务正常运行的行为。此外，《反不正当竞争法》第13条第3、4款规定，经营者不得以欺诈、胁迫、避开或者破坏技术管理措施等不正当方式，获取、使用其他经营者合法持有的数据，损害其他经营者的合法权益，扰乱市场竞争秩序。经营者不得滥用平台规则，直接或者指使他人对其他经营者实施虚假交易、虚假评价或者恶意退货等行为，损害其他经营者的合法权益，扰乱市场竞争秩序。《反不正当竞争法》第14条规定，平台经营者不得强制或者变相强制平台内经营者按照其定价规则，以低于成本的价格销售商品，扰乱市场竞争秩序。

5. **答案**：为了强化对商业秘密的法律保护，我国《反不正当竞争法》对侵犯商业秘密的民事审判程序中的举证责任作了如下倾斜性规定：（1）关于是否构成商业秘密的举证规则。商业秘密权利人负有划定其主张的商业秘密的具体范围和内容的责任，并证明对此商业秘密享有权利。在此基础上，权利人仅需提供初步证据，证明其已经对所主张的商业秘密采取保密措施，且合理表明商业秘密被侵犯，此时举证责任将转移给涉嫌侵权人，由其证明权利人所主张的商业秘密不属于《反不正当竞争法》规定的商业秘密。（2）关于涉嫌侵权人是否存在商业秘密侵权的举证规则。商业秘密权利人提供初步证据合理表明商业秘密被侵犯，且提供以下证据之一的，应由涉嫌侵权人证明其不存在侵犯商业秘密的行为：第一，有证据表明涉嫌侵权人有渠道或者机会获取商业秘密，且其使用的信息与该商业秘密实质上相同；第二，有证据表明商业秘密已经被涉嫌侵权人披露、使用或者有被披露、使用的风险；第三，有其他证据表明商业秘密被涉嫌侵权人侵犯。

论述题

答案：作为竞争法调整对象的竞争关系，是指市场主体（经营者）在竞争过程中所形成的社会关系。竞争关系发生在营利性的市场主体之间，属于平等主体之间的经济关系，并且以谋取交易机会或者竞争优势为目的。竞争关系原本由民法来调整，并且民法的诚实信用等基本原则和侵权责任等制度对制止不正当竞争行为具有一定的积极作用，但是，单纯通过民法调整竞争关系，难以营造公平竞争的环境。究其原因在于：

（1）市场主体之间的竞争除了会导致垄断并最终妨碍自由竞争和否定竞争自身以外，还可能引发不正当竞争。无论是经营者实施的垄断还是不正当竞争，都会损害其他经营者、消费者的权益和社会整体利益。与反垄断一样，反不正当竞争也难以仅仅通过奉行意思自治、契约自由等原则的民法来实现。

（2）民法不足以制止所有的不正当竞争行为。例如，巨额有奖销售行为虽然有损于公平竞争，但从民法的角度看，又属于行为人的处分行为和自由契约行为，民法难以提供充分的处理依据。

（3）对于不正当竞争行为给特定经营者造成的损害，虽然可以按照民法的相关规定进行救济，但民法并不直接从宏观上维持竞争秩序，尤其当不正当竞争行为侵害的是不特定经营者的公平竞争权，以及未给特定经营者造成直接损失时，由经营者通过主张民法上的权利来制止不正当竞争行为，是不现实的。

（4）民法中的民事责任制度可以在一定程度上对不正当竞争行为的处理提供依据，但不能确立行政责任、刑事责任等制裁不正当竞争行为的手段。因此，在民法之外制定和实施反不正当竞争法来对竞争关系进行调整，是很有必要的。

案例分析题

1. 答案：（1）应责令乙厂停止播放或刊登广告，并消除影响，同时根据情节处以罚款。《反不正当竞争法》第9条第1款规定，经营者不得对其商品的性能、功能、质量、销售状况、用户评价、曾获荣誉等作虚假或者引人误解的商业宣传，欺骗、误导消费者和其他经营者。乙厂为打开市场，利用广告宣传，使消费者误以为乙厂的产品是新一代产品，致使甲厂的产品滞销，乙厂的行为构成不正当竞争，有权机关可根据《反不正当竞争法》第25条的规定，责令乙厂停止播放或刊登广告，通过各种途径说明事实真相，消除虚假广告的影响，并根据其情节处100万元以下的罚款。

（2）甲厂的要求是正确的，可要求乙厂赔偿损失。《反不正当竞争法》第22条第3、4款规定，因不正当竞争行为受到损害的经营者的赔偿数额，按照其因被侵权所受到的实际损失或者侵权人因侵权所获得的利益确定。经营者故意实施侵犯商业秘密行为，情节严重的，可以在按照上述方法确定数额的一倍以上五倍以下确定赔偿数额。赔偿数额还应当包括经营者为制止侵权行为所支付的合理开支。经营者违反本法第七条、第十条规定（混淆、侵犯商业秘密），权利人因被侵权所受到的实际损失、侵权人因侵权所获得的利益难以确定的，由人民法院根据侵权行为的情节判决给予权利人五百万元以下的赔偿。根据上述的法律规定，甲厂有权要求乙厂赔偿损失，赔偿数额按照甲厂因被侵权所受到的实际损失或者乙厂因侵权所获得的利益确定。如果甲厂因调查乙厂的侵权行为而支付了合理的费用，此费用应由乙厂承担。

2. 答案：（1）商业秘密是指不为公众所知悉，能为权利人带来经济利益，具有实用性并经权利人采取保密措施的技术信息和经营信息。根据《反不正当竞争法》第10条第1款规定，经营者不得实施下列侵犯商业秘密的行为：（一）以盗窃、贿赂、欺诈、胁迫、电子侵入或者其他不正当手段获取权利人的商业秘密；（二）披露、使用或者允许他人使用以前项手段获取的权利人的商业秘密；（三）违反保密义务或者违反权利人有关保守商业秘密的要求，披露、使用或者允许他人使用其所掌握的商业秘密；（四）教唆、引诱、帮助他人违反保密义务或者违反权利人有关保守商业秘密的要求，获取、披露、使用或者允许他人使用权利人的商业秘密。该条第3款规定，第三人明知或者应知商业秘密权利人的员工、前员工或者其他单位、个人实施本条第一款所列违法行为，仍获取、披露、使用或者允许他人使用该商业秘密的，视为侵犯商业秘密。太阳公司所有的该型输纱器生产用图、销售档案、综合计划系公司的技术、经营信息，是不为公众所知悉，能为公司带来经济效益，并已采取保密措施的商业秘密。同城的机床厂以利诱手段非法获取太阳公司的商业秘密情况属实，已构成侵犯他人商业秘密的不正当竞争行为，违反了《反不正当竞争法》的规定。

（2）鉴于机床厂尚未使用该项商业秘密，没有造成太阳公司的经济损失，有权机关应根据《反不正当竞争法》第26条的规定，作出如下处罚：责令机床厂立即停止侵犯商业秘密的违法行为，没收违法所得，处10万元以上100万元以下的罚款；情节严重的，处100万元以上500万元以下的罚款。

3. **答案**：（1）多数情况下，广告内容简短而概括，应归属于要约邀请。但是，如果广告的内容明确、具体，被广告接受者看作可以并且应该实现的许诺，那么该广告内容构成合同条款。只有如此，才符合要约与承诺的本意。此案中，开发商对绿地、会所的说明是具体而明确的，并且在小区沙盘模型中亦有准确的展示，购房者因此而选择在该小区买房。如果机械地套用"所有广告都是要约邀请"的论断，将会在开发商和购房者之间造成不公平的利益分配状态，这是不合理的，应当将广告内容视作合同的一部分并要求开发商承担违约责任。

（2）只要证明购房者的身份和行为符合《消费者权益保护法》所说的个人生活消费，就应考虑优先适用。不能因为房产交易数额较大，就成为拒绝适用的理由。特别是在期房交易中，由于看不到所购房屋及其周围环境和配套设施，购房者只有相信广告和沙盘。如同购买家具，可以根据展示的样品质量要求卖方送货上门的家具必须达到同等质量，

购房者有权要求开发商按照广告和沙盘提供房屋和各项配套设施。如有违背，都是对明示担保义务的违反，都是对消费者权益的侵害。是否适用《消费者权益保护法》规定的双倍赔偿，取决于能否证明开发商存在欺诈。经营者故意在提供的商品或服务中，以虚假陈述或者其他不正当手段欺骗、误导消费者，致使消费者权益受到损害的行为。下列事实存在可认定经营者构成欺诈：①经营者对其商品或服务的说明行为是虚假的，足以使一般消费者受到欺骗或误导；②经营者的虚假说明与消费者的消费行为之间存在因果关系。

（3）该广告是虚假广告，有关部门的处罚是正确的。《广告法》第28条规定，广告以虚假或者引人误解的内容欺骗、误导消费者的，构成虚假广告。第55条规定，违反本法规定，发布虚假广告的，由市场监督管理部门责令停止发布广告，责令广告主在相应范围内消除影响，处广告费用三倍以上五倍以下的罚款，广告费用无法计算或者明显偏低的，处二十万元以上一百万元以下的罚款；两年内有三次以上违法行为或者有其他严重情节的，处广告费用五倍以上十倍以下的罚款，广告费用无法计算或者明显偏低的，处一百万元以上二百万元以下的罚款，可以吊销营业执照，并由广告审查机关撤销广告审查批准文件、一年内不受理其广告审查申请。

4. **答案**：（1）该行为不是不正当竞争行为，属于折扣，即让利。这是在成交的付款上给对方以一定比例的减让而返还给对方的一种交易上的优惠。但该款项并不能支付给当事人一方的经办人或代理人。

（2）两厂支付的是佣金，是具有独立地位的中间人提供介绍而得到的报酬，可由买卖双方给付。

（3）回扣是一种商业贿赂的不正当竞争行为。回扣的主要特征是在"账外暗中"给付。折扣和回扣的显著不同在于折扣以明示的方式给付对方，双方都如实入账。佣金的给付也须以明示方式进行，同时都要如实入账，A、B两厂即是。

第十五章 消费者保护法律制度

✓ **单项选择题**

1. **答案**：A。消费者，是指为生活消费需要而购买、使用商品或者接受服务的个人。《消费者权益保护法》是保护消费者合法权益的法律规范的总称，其所调整的对象是消费者为生活消费需要购买、使用商品或者接受服务而发生的法律关系。

2. **答案**：B。《消费者权益保护法》第2条规定："消费者为生活消费需要购买、使用商品或者接受服务，其权益受本法保护；本法未作规定的，受其他有关法律、法规保护。"《消费者权益保护法》第62条规定："农民购买、使用直接用于农业生产的生产资料，参照本法执行。"据此，B项表述正确。

3. **答案**：B。《消费者权益保护法》第36条规定："消费者协会和其他消费者组织是依法成立的对商品和服务进行社会监督的保护消费者合法权益的社会组织。"

4. **答案**：B。《消费者权益保护法》第40条第2款规定："消费者或者其他受害人因商品缺陷造成人身、财产损害的，可以向销售者要求赔偿，也可以向生产者要求赔偿。属于生产者责任的，销售者赔偿后，有权向生产者追偿。属于销售者责任的，生产者赔偿后，有权向销售者追偿。"

5. **答案**：D。《消费者权益保护法》第23条第1款规定："经营者应当保证在正常使用商品或者接受服务的情况下其提供的商品或者服务应当具有的质量、性能、用途和有效期限；但消费者在购买该商品或者接受该服务前已经知道其存在瑕疵，且存在该瑕疵不违反法律强制性规定的除外。"第40条第3款规定："消费者在接受服务时，其合法权益受到损害的，可以向服务者要求赔偿。"

6. **答案**：D。《消费者权益保护法》第48条第1款第4项规定："经营者提供商品或者服务有下列情形之一的，除本法另有规定外，应当依照其他有关法律、法规的规定，承担民事责任：……（四）不符合商品说明、实物样品等方式表明的质量状况的……"

《产品质量法》第40条第1款规定："售出的产品有下列情形之一的，销售者应当负责修理、更换、退货；给购买产品的消费者造成损失的，销售者应当赔偿损失：（一）不具备产品应当具备的使用性能而事先未作说明的；（二）不符合在产品或者其包装上注明采用的产品标准的；（三）不符合以产品说明、实物样品等方式表明的质量状况的。"

《产品质量法》第40条第2款规定："销售者依照前款规定负责修理、更换、退货、赔偿损失后，属于生产者的责任或者属于向销售者提供产品的其他销售者（以下简称供货者）的责任的，销售者有权向生产者、供货者追偿。"

综上所述，本题中的李四可要求超市退货，根据合同相对性原则，销售者应承担违约责任，不能直接要求生产厂家退货。

7. **答案**：B。消协向社会公众无偿推荐某种商品，不属于违反《消费者权益保护法》规定的消协不作为义务；经营者租用柜台的，必须标明自己的厂名厂址；是先收费后服务还是先服务后收费，一般由当事人平等自愿地协商，法律不加干涉；如果缺陷商品在出售时是明显的，则经营者不负物的瑕疵担保责任。参见《消费者权益保护法》第21条、第23条、第38条。

8. **答案**：A。根据《消费者权益保护法》第45条第1款规定："消费者因经营者利用虚假广告或者其他虚假宣传方式提供商品或者服务，其合法权益受到损害的，可以向经营者要求赔偿。广告经营者、发布者发布虚假广告的，消费者可以请求行政主管部门予以惩处。广告经营者、发布者不能提供经营者的真实名称、地址和有效联系方式的，应当承担赔偿责任。"因此，选项A正确。

9. 答案：C。本案中王某明确表示只买猪肉馅儿饺子，而商场卖给她的却不是猪肉馅儿的，商场违反了双方约定的义务；售货员向王某隐瞒了该速冻饺子的真实保质期，未尽到告知真实情况的义务；商场所售水饺因馅儿已变质而不能入口，违反了保证商品或服务的质量义务；从题意看，该商场并未单方作出不利于消费者的规定，故选C。参见《消费者权益保护法》第20条、第23条、第26条。

10. 答案：A。《消费者权益保护法》第37条规定："消费者协会履行下列公益性职责：（一）向消费者提供消费信息和咨询服务，提高消费者维护自身合法权益的能力，引导文明、健康、节约资源和保护环境的消费方式；（二）参与制定有关消费者权益的法律、法规、规章和强制性标准；（三）参与有关行政部门对商品和服务的监督、检查；（四）就有关消费者合法权益的问题，向有关部门反映、查询、提出建议；（五）受理消费者的投诉，并对投诉事项进行调查、调解；（六）投诉事项涉及商品和服务质量问题的，可以委托具备资格的鉴定人鉴定，鉴定人应当告知鉴定意见；（七）就损害消费者合法权益的行为，支持受损害的消费者提起诉讼或者依照本法提起诉讼；（八）对损害消费者合法权益的行为，通过大众传播媒介予以揭露、批评。各级人民政府对消费者协会履行职责应当予以必要的经费等支持。消费者协会应当认真履行保护消费者合法权益的职责，听取消费者的意见和建议，接受社会监督。依法成立的其他消费者组织依照法律、法规及其章程的规定，开展保护消费者合法权益的活动。"依此，B、C、D项中的做法是正确的。

第38条规定："消费者组织不得从事商品经营和营利性服务，不得以收取费用或者其他牟取利益的方式向消费者推荐商品和服务。"依此，A项行为是不合法的。故只有A项为正确选项。

11. 答案：C。《消费者权益保护法》第40条第2款规定："消费者或者其他受害人因商品缺陷造成人身、财产损害的，可以向销售者要求赔偿，也可以向生产者要求赔偿。属于生产者责任的，销售者赔偿后，有权向生产者追偿。属于销售者责任的，生产者赔偿后，有权向销售者追偿。"本题中的情形属侵权责任，消费者既可向销售者主张权利，也可向生产者主张权利。

12. 答案：D。世界上第一部消费者保护立法是日本于1968年制定的《保护消费者基本法》。

13. 答案：A。参见《消费者权益保护法》第37条。

14. 答案：B。《消费者权益保护法》第40条："消费者在购买、使用商品时，其合法权益受到损害的，可以向销售者要求赔偿。销售者赔偿后，属于生产者的责任或者属于向销售者提供商品的其他销售者的责任的，销售者有权向生产者或者其他销售者追偿。消费者或者其他受害人因商品缺陷造成人身、财产损害的，可以向销售者要求赔偿，也可以向生产者要求赔偿。属于生产者责任的，销售者赔偿后，有权向生产者追偿。属于销售者责任的，生产者赔偿后，有权向销售者追偿。消费者在接受服务时，其合法权益受到损害的，可以向服务者要求赔偿。"

15. 答案：C。《消费者权益保护法》第42条："使用他人营业执照的违法经营者提供商品或者服务，损害消费者合法权益的，消费者可以向其要求赔偿，也可以向营业执照的持有人要求赔偿。"

16. 答案：A。《消费者权益保护法》第54条："依法经有关行政部门认定为不合格的商品，消费者要求退货的，经营者应当负责退货。"

17. 答案：C。《消费者权益保护法》第43条："消费者在展销会、租赁柜台购买商品或者接受服务，其合法权益受到损害的，可以向销售者或者服务者要求赔偿。展销会结束或者柜台租赁期满后，也可以向展销会的举办者、柜台的出租者要求赔偿。展销会的举办者、柜台的出租者赔偿后,有权向销售者或者服务者追偿。"

18. 答案:C。《消费者权益保护法》第4条:"经营者与消费者进行交易,应当遵循自愿、平等、公平、诚实信用的原则。"第10条:"消费者享有公平交易的权利。消费者在购买商品或者接受服务时,有权获得质量保障、价格合理、计量正确等公平交易条件,有权拒绝经营者的强制交易行为。"

19. 答案:A。《消费者权益保护法》第6条:保护消费者的合法权益是全社会的共同责任。国家鼓励、支持一切组织和个人对损害消费者合法权益的行为进行社会监督。大众传播媒介应当做好维护消费者合法权益的宣传,对损害消费者合法权益的行为进行舆论监督。第15条第2款:消费者有权检举、控告侵害消费者权益的行为和国家机关及其工作人员在保护消费者权益工作中的违法失职行为,有权对保护消费者权益工作提出批评、建议。

20. 答案:B。《消费者权益保护法》第38条:"消费者组织不得从事商品经营和营利性服务,不得以收取费用或者其他牟取利益的方式向消费者推荐商品和服务。"

21. 答案:B。《消费者权益保护法》第24条:"经营者提供的商品或者服务不符合质量要求的,消费者可以依照国家规定、当事人约定退货,或者要求经营者履行更换、修理等义务。没有国家规定和当事人约定的,消费者可以自收到商品之日起七日内退货;七日后符合法定解除合同条件的,消费者可以及时退货,不符合法定解除合同条件的,可以要求经营者履行更换、修理等义务。依照前款规定进行退货、更换、修理的,经营者应当承担运输等必要费用。"

22. 答案:C。《消费者权益保护法》第26条:"经营者在经营活动中使用格式条款的,应当以显著方式提请消费者注意商品或者服务的数量和质量、价款或者费用、履行期限和方式、安全注意事项和风险警示、售后服务、民事责任等与消费者有重大利害关系的内容,并按照消费者的要求予以说明。经营者不得以格式条款、通知、声明、店堂告示等方式,作出排除或者限制消费者权利、减轻或者免除经营者责任、加重消费者责任等对消费者不公平、不合理的规定,不得利用格式条款并借助技术手段强制交易。格式条款、通知、声明、店堂告示等含有前款所列内容的,其内容无效。"格式条款侵犯的是公民的公平交易权。这是对经营者不得从事不公平、不合理交易义务的规定,故选C。

23. 答案:B。《消费者权益保护法》第53条:"经营者以预收款方式提供商品或者服务的,应当按照约定提供……"

24. 答案:D。《消费者权益保护法》第54条:"依法经有关行政部门认定为不合格的商品,消费者要求退货的,经营者应当负责退货。"

25. 答案:B。《消费者权益保护法》第24条:"经营者提供的商品或者服务不符合质量要求的,消费者可以依照国家规定、当事人约定退货,或者要求经营者履行更换、修理等义务。没有国家规定和当事人约定的,消费者可以自收到商品之日起七日内退货;七日后符合法定解除合同条件的,消费者可以及时退货,不符合法定解除合同条件的,可以要求经营者履行更换、修理等义务。依照前款规定进行退货、更换、修理的,经营者应当承担运输等必要费用。"

26. 答案:D。本题关于经营者义务,涉及的知识点有:店堂告示内容的效力、发票或服务收据的开具。《消费者权益保护法》第22条规定:"经营者提供商品或者服务,应当按照国家有关规定或者商业惯例向消费者出具发票等购货凭证或者服务单据;消费者索要发票等购货凭证或者服务单据的,经营者必须出具。"据此,选项C是错误的。《消费者权益保护法》第26条规定:"经营者在经营活动中使用格式条款的,应当以显著方式提请消费者注意商品或者服务的数量和质量、价款或者费用、履行期限和方式、安全注意事项和风险警示、售后服务、民事责任等与消费者有重大利害关系的内容,并按照消费者的要求予以说明。经营者不得以格式条款、通知、声明、店堂告示等方式，作出排除或者限制消费者权利、减轻或者免除经营者责任、加重消费者责任等对消费者不公平、不合理的规定，不得利用格式条款并借助技术手段强制交易。格式条款、通知、声明、店堂告示等含有前款所列内容的，其内容无效。"据此，选项 A、B 是错误的。依据《消费者权益保护法》的规定，经营者与消费者进行交易应当遵循平等、公平的原则，同时依据《价格法》，经营者有定价的权利，因此，选项 D 是正确的。

27. **答案**：A。根据《消费者权益保护法》第 15 条的规定，消费者有权检举、控告侵害消费者权益的行为。

28. **答案**：A。本题关于消费者协会职能，见《消费者权益保护法》第 37 条："消费者协会履行下列公益性职责：（一）向消费者提供消费信息和咨询服务，提高消费者维护自身合法权益的能力，引导文明、健康、节约资源和保护环境的消费方式；（二）参与制定有关消费者权益的法律、法规、规章和强制性标准；（三）参与有关行政部门对商品和服务的监督、检查；（四）就有关消费者合法权益的问题，向有关部门反映、查询，提出建议；（五）受理消费者的投诉，并对投诉事项进行调查、调解；（六）投诉事项涉及商品和服务质量问题的，可以委托具备资格的鉴定人鉴定，鉴定人应当告知鉴定意见；（七）就损害消费者合法权益的行为，支持受损害的消费者提起诉讼或者依照本法提起诉讼；（八）对损害消费者合法权益的行为，通过大众传播媒介予以揭露、批评。各级人民政府对消费者协会履行职责应当予以必要的经费等支持。消费者协会应当认真履行保护消费者合法权益的职责，听取消费者的意见和建议，接受社会监督。依法成立的其他消费者组织依照法律、法规及其章程的规定，开展保护消费者合法权益的活动。"

29. **答案**：B。《消费者权益保护法》第 37 条规定："消费者协会履行下列公益性职责……（五）受理消费者的投诉，并对投诉事项进行调查、调解……"贾某作为消费者可以向消费者协会投诉。

《消费者权益保护法》第 11 条规定："消费者因购买、使用商品或者接受服务受到人身、财产损害的，享有依法获得赔偿的权利。"第 40 条第 1 款规定："消费者在购买、使用商品时，其合法权益受到损害的，可以向销售者要求赔偿。销售者赔偿后，属于生产者的责任或者属于向销售者提供商品的其他销售者的责任的，销售者有权向生产者或者其他销售者追偿。"贾某有权要求销售者种子站因出售假良种对其造成的财产损失承担赔偿责任，也可以向生产者或者其他销售者进行追偿，因此选项 B 不正确。第 15 条规定，消费者享有对商品和服务以及保护消费者权益工作进行监督的权利，消费者有权检举、控告侵害消费者权益的行为。因此，贾某有权举报要求对种子站进行罚款。

30. **答案**：A。甲公司是代销，标明"厂家直销"构成欺诈，A 项应选。《反不正当竞争法》第 7 条规定，经营者销售或购买商品，可以以明示方式给对方回扣，可以给中间人佣金。C 项不选。

31. **答案**：D。《消费者权益保护法》第 32 条规定，各级人民政府工商行政管理部门和其他有关行政部门应当依照法律法规的规定，在各自的职责范围内，采取措施保护消费者的合法权益。有关行政部门应当听取消费者及其社会团体对经营者交易行为、商品和服务质量问题的意见，及时调查处理。因此钟某有权请媒体曝光，并要求工商管理机关严肃查处，故 A 项正确。《消费者权益保护法》第 40 条第 2 款规定，消费者或者其他受害人因商品缺陷造成人身、财产损害的，可以向销售者要求赔偿，也可以向生产者要求赔偿，故 B 项正确。《消费者权益保护法》第 41 条规定，经营者提供商品或服务，造成消费者或者其他受害人人身伤害的，应当支付医疗费、治疗期间的护理费、因误工减少的收入等费用，故 C 项正确。当事人提起仲裁需要有仲裁协议或仲裁条款。本题不符合这一规定，故 D 项没有法律依据，应选。

32. 答案：D。根据《消费者权益保护法》第 7 条的规定，消费者在购买、使用商品和接受服务时享有人身、财产安全不受损害的权利。消费者有权要求经营者提供的商品和服务，符合保障人身、财产安全的要求。美容店应当对其提供的商品和服务负有保障其安全的义务，因而不论该美容店是否知道该产品为假名牌，都应当承担全部责任。故本题的正确答案应当是 D。

33. 答案：B。《消费者权益保护法》第 18 条第 1 款规定，经营者应当保证其提供的商品或者服务符合保障人身、财产安全的要求。据此可知，经营者仅对自己为消费者提供的商品或服务负有安保义务。本案中，饭馆为郭某提供的是饮食服务，而非保管财物的服务，因此，饭店仅对自己为郭某提供的食品负有保障其人身安全的义务。

《民法典》第 1198 条规定，宾馆、商场、银行、车站、机场、体育场馆、娱乐场所等经营场所、公共场所的经营者、管理者或者群众性活动的组织者，未尽到安全保障义务，造成他人损害的，应当承担侵权责任。因第三人的行为造成他人损害的，由第三人承担侵权责任；经营者、管理者或者组织者未尽到安全保障义务的，承担相应的补充责任。经营者、管理者或者组织者承担补充责任后，可以向第三人追偿。据此可知，饭店应对消费者在自己经营范围内遭受的人身伤害负担安保义务。本题中，消费者郭某是因第三人的行为造成的财产损失，而非人身伤害。对此饭馆不承担安保义务。另外，根据上述规定可知，饭馆没有为消费者负担保管财物的法定责任，除非双方事先有保管协议。本题中，郭某进餐之前并没有将其财物交给饭馆保管，两者之间没有达成保管协议，因此饭馆不对郭某丢失的财物承担赔偿责任。综上，本题的正确答案是 B，A、C、D 项说法错误。

34. 答案：D。钱某不属于购买和使用高压锅的"消费者"，因而不能依据《消费者权益保护法》请求赔偿，故 A 项说法正确。根据

《消费者权益保护法》第 40 条的规定，消费者或者其他受害人因商品缺陷造成人身、财产损害的，可以向销售者要求赔偿，也可以向生产者要求赔偿，故 B 项说法正确。如果高压锅不是缺陷产品，系赵某操作不当导致的损害，则生产者没有承担赔偿的法律责任，故 C 项说法正确。根据《产品质量法》第 41 条的规定，因产品存在缺陷造成人身、缺陷产品以外的其他财产损害的，生产者应当承担赔偿责任。生产者能够证明有下列情形的，不承担赔偿责任：将产品投入流通时的科学技术水平尚不能发现缺陷的存在的。该条规定并不是销售者——商场的免责事由，故 D 项说法错误。

35. 答案：B。《消费者权益保护法》第 7 条规定："消费者在购买、使用商品和接受服务时享有人身、财产安全不受损害的权利。消费者有权要求经营者提供的商品和服务，符合保障人身、财产安全的要求。"自动取款机是银行为客户提供服务的一种延伸手段和设施，银行有义务确保消费者在尽到合理注意义务前提下的存取款的安全。在题述案例中，银行有义务确保其自动取款机的安全性，且甲对其银行卡和密码一直妥善保管，因而银行有义务承担其自动取款机未能排除犯罪团伙的不良装置而导致的损失。故 B 项正确。

☑ 多项选择题

1. 答案：AB。A 对，根据《消费者权益保护法》第 55 条第 1 款规定："经营者提供商品或者服务有欺诈行为的，应当按照消费者的要求增加赔偿其受到的损失，增加赔偿的金额为消费者购买商品的价款或者接受服务的费用的三倍；增加赔偿的金额不足五百元的，为五百元。法律另有规定的，依照其规定。"据此，本题中的市百货大楼的行为构成了欺诈，甲有权得到加倍赔偿。

B 对，《消费者权益保护法》第 8 条规定："消费者享有知悉其购买、使用的商品或者接受的服务的真实情况的权利。消费者有权根据商品或者服务的不同情况，要求经

营者提供商品的价格、产地、生产者、用途、性能、规格、等级、主要成份、生产日期、有效期限、检验合格证明、使用方法说明书、售后服务，或者服务的内容、规格、费用等有关情况。"据此，消费者的知悉真情权包含两层意思：①消费者在购买、使用商品或者接受服务时，有权询问、了解商品或服务的有关情况；②经营者提供的商品或服务的情况必须是真实的。对消费者来说，知情是消费活动中必不可少的，它是消费者决定购买某种商品、接受某项服务的前提。

　　C错，《消费者权益保护法》第40条第1款规定："消费者在购买、使用商品时，其合法权益受到损害的，可以向销售者要求赔偿。销售者赔偿后，属于生产者的责任或者属于向销售者提供商品的其他销售者的责任的，销售者有权向生产者或者其他销售者追偿。"

　　D错，《消费者权益保护法》第39条规定："消费者和经营者发生消费者权益争议的，可以通过下列途径解决：（一）与经营者协商和解；（二）请求消费者协会或者依法成立的其他调解组织调解；（三）向有关行政部门投诉；（四）根据与经营者达成的仲裁协议提请仲裁机构仲裁；（五）向人民法院提起诉讼。"上述5种途径由消费者自主选择，无顺位之分。

2. **答案**：ABCD。《消费者权益保护法》第50条规定："经营者侵害消费者的人格尊严、侵犯消费者人身自由或者侵害消费者个人信息依法得到保护的权利的，应当停止侵害、恢复名誉、消除影响、赔礼道歉，并赔偿损失。"

3. **答案**：AD。王某受商场售货员及保安人员胁迫而非出于自愿地购买了商品，商场违反公平、自愿、平等原则，侵害了消费者公平交易权；商场迫使王某解开衣服等由其工作人员搜查，侵犯了王某的人格尊严。参见《消费者权益保护法》第4条、第9条、第10条、第14条。

4. **答案**：BC。《消费者权益保护法》第26条规定："经营者在经营活动中使用格式条款的，应当以显著方式提请消费者注意商品或者服务的数量和质量、价款或者费用、履行期限和方式、安全注意事项和风险警示、售后服务、民事责任等与消费者有重大利害关系的内容，并按照消费者的要求予以说明。经营者不得以格式条款、通知、声明、店堂告示等方式，作出排除或者限制消费者权利、减轻或者免除经营者责任、加重消费者责任等对消费者不公平、不合理的规定，不得利用格式条款并借助技术手段强制交易。格式条款、通知、声明、店堂告示等含有前款所列内容的，其内容无效。"因此，选项B、C是正确答案。

5. **答案**：ABD。选项A、D正确。《消费者权益保护法》第43条："消费者在展销会、租赁柜台购买商品或者接受服务，其合法权益受到损害的，可以向销售者或者服务者要求赔偿。展销会结束或者柜台租赁期满后，也可以向展销会的举办者、柜台的出租者要求赔偿。展销会的举办者、柜台的出租者赔偿后，有权向销售者或者服务者追偿。"选项B正确。《消费者权益保护法》第42条："使用他人营业执照的违法经营者提供商品或者服务，损害消费者合法权益的，消费者可以向其要求赔偿，也可以向营业执照的持有人要求赔偿。"选项C错误。本题中拼图少一块属于产品瑕疵，而不属于产品存在缺陷造成人身、缺陷产品以外的其他财产损害的情形。因此，消费者只能要求销售者承担责任，不能要求生产者丁公司进行赔偿。

6. **答案**：ABCD。《消费者权益保护法》第40条："消费者在购买、使用商品时，其合法权益受到损害的，可以向销售者要求赔偿。销售者赔偿后，属于生产者的责任或者属于向销售者提供商品的其他销售者的责任的，销售者有权向生产者或者其他销售者追偿。消费者或者其他受害人因商品缺陷造成人身、财产损害的，可以向销售者要求赔偿，也可以向生产者要求赔偿。属于生产者责任的，销售者赔偿后，有权向生产者追偿。属于销售者责任的，生产者赔偿后，有权向销售者追偿。消费者在接受服务时，其合法权益受到损害的，可以向服务者要求赔偿。"

7. **答案**：AC。《消费者权益保护法》适用于消费品、直接用于农业生产的生产资料。

8. **答案**：ABCD。《消费者权益保护法》第9条："消费者享有自主选择商品或者服务的权利。消费者有权自主选择提供商品或者服务的经营者，自主选择商品品种或者服务方式，自主决定购买或者不购买任何一种商品、接受或者不接受任何一项服务。消费者在自主选择商品或者服务时，有权进行比较、鉴别和挑选。"

9. **答案**：CD。《消费者权益保护法》第26条："经营者在经营活动中使用格式条款的，应当以显著方式提请消费者注意商品或者服务的数量和质量、价款或者费用、履行期限和方式、安全注意事项和风险警示、售后服务、民事责任等与消费者有重大利害关系的内容，并按照消费者的要求予以说明。经营者不得以格式条款、通知、声明、店堂告示等方式，作出排除或者限制消费者权利、减轻或者免除经营者责任、加重消费者责任等对消费者不公平、不合理的规定，不得利用格式条款并借助技术手段强制交易。格式条款、通知、声明、店堂告示等含有前款所列内容的，其内容无效。"

10. **答案**：ACD。《消费者权益保护法》第48条："经营者提供商品或者服务有下列情形之一的，除本法另有规定外，应当依照其他有关法律、法规的规定，承担民事责任：（一）商品或者服务存在缺陷的；（二）不具备商品应当具备的使用性能而出售时未作说明的；（三）不符合在商品或者其包装上注明采用的商品标准的；（四）不符合商品说明、实物样品等方式表明的质量状况的；（五）生产国家明令淘汰的商品或者销售失效、变质的商品的；（六）销售的商品数量不足的；（七）服务的内容和费用违反约定的；（八）对消费者提出的修理、重作、更换、退货、补足商品数量、退还货款和服务费用或者赔偿损失的要求，故意拖延或者无理拒绝的；（九）法律、法规规定的其他损害消费者权益的情形。经营者对消费者未尽到安全保障义务，造成消费者损害的，应当承担侵权责任。"故A、C、D项对。

11. **答案**：ABCD。《消费者权益保护法》第24条："经营者提供的商品或者服务不符合质量要求的，消费者可以依照国家规定、当事人约定退货，或者要求经营者履行更换、修理等义务。没有国家规定和当事人约定的，消费者可以自收到商品之日起七日内退货；七日后符合法定解除合同条件的，消费者可以及时退货，不符合法定解除合同条件的，可以要求经营者履行更换、修理等义务。依照前款规定进行退货、更换、修理的，经营者应当承担运输等必要费用。"

12. **答案**：BCD。《消费者权益保护法》第45条："消费者因经营者利用虚假广告或者其他虚假宣传方式提供商品或者服务，其合法权益受到损害的，可以向经营者要求赔偿。广告经营者、发布者发布虚假广告的，消费者可以请求行政主管部门予以惩处。广告经营者、发布者不能提供经营者的真实名称、地址和有效联系方式的，应当承担赔偿责任。广告经营者、发布者设计、制作、发布关系消费者生命健康商品或者服务的虚假广告，造成消费者损害的，应当与提供该商品或者服务的经营者承担连带责任。社会团体或者其他组织、个人在关系消费者生命健康商品或者服务的虚假广告或者其他虚假宣传中向消费者推荐商品或者服务，造成消费者损害的，应当与提供该商品或者服务的经营者承担连带责任。"

13. **答案**：ABCD。《消费者权益保护法》第42条："使用他人营业执照的违法经营者提供商品或者服务，损害消费者合法权益的，消费者可以向其要求赔偿，也可以向营业执照的持有人要求赔偿。"

第43条："消费者在展销会、租赁柜台购买商品或者接受服务，其合法权益受到损害的，可以向销售者或者服务者要求赔偿。展销会结束或者柜台租赁期满后，也可以向展销会的举办者、柜台的出租者要求赔偿。展销会的举办者、柜台的出租者赔偿后，有权向销售者或者服务者追偿。"

14. 答案：BD。《消费者权益保护法》第 22 条："经营者提供商品或者服务，应当按照国家有关规定或者商业惯例向消费者出具发票等购货凭证或者服务单据；消费者索要发票等购货凭证或者服务单据的，经营者必须出具。"

    第 27 条："经营者不得对消费者进行侮辱、诽谤，不得搜查消费者的身体及其携带的物品，不得侵犯消费者的人身自由。"

15. 答案：ABD。《消费者权益保护法》第 4 条："经营者与消费者进行交易，应当遵循自愿、平等、公平、诚实信用的原则。"第 5 条："国家保护消费者的合法权益不受侵害。国家采取措施，保障消费者依法行使权利，维护消费者的合法权益。国家倡导文明、健康、节约资源和保护环境的消费方式，反对浪费。"第 6 条第 1 款："保护消费者的合法权益是全社会的共同责任。"

16. 答案：ABCD。《消费者权益保护法》第 40 条："消费者在购买、使用商品时，其合法权益受到损害的，可以向销售者要求赔偿……消费者或者其他受害人因商品缺陷造成人身、财产损害的，可以向销售者要求赔偿，也可以向生产者要求赔偿……消费者在接受服务时，其合法权益受到损害的，可以向服务者要求赔偿。"故 B 项对。第 41 条："……因原企业分立、合并的，可以向变更后承受其权利义务的企业要求赔偿。"故 A 项对。第 42 条："使用他人营业执照的违法经营者提供商品或者服务，损害消费者合法权益的，消费者可以向其要求赔偿，也可以向营业执照的持有人要求赔偿。"故 D 项对。第 45 条："消费者因经营者利用虚假广告或者其他虚假宣传方式提供商品或者服务，其合法权益受到损害的，可以向经营者要求赔偿。广告经营者、发布者发布虚假广告的，消费者可以请求行政主管部门予以惩处。广告经营者、发布者不能提供经营者的真实名称、地址和有效联系方式的，应当承担赔偿责任。广告经营者、发布者设计、制作、发布关系消费者生命健康商品或者服务的虚假广告，造成消费者损害的，应当与提供该商品或者服务的经营者承担连带责任。社会团体或者其他组织、个人在关系消费者生命健康商品或者服务的虚假广告或者其他虚假宣传中向消费者推荐商品或者服务，造成消费者损害的，应当与提供该商品或者服务的经营者承担连带责任。"故 C 项对。

17. 答案：ACD。《消费者权益保护法》第 38 条："消费者组织不得从事商品经营和营利性服务，不得以收取费用或者其他牟取利益的方式向消费者推荐商品和服务。"

18. 答案：ABCD。见《消费者权益保护法》第 39 条。

19. 答案：ABD。《消费者权益保护法》第 27 条规定："经营者不得对消费者进行侮辱、诽谤，不得搜查消费者的身体及其携带的物品，不得侵犯消费者的人身自由。"商场内公共区域设置监控录像设备合情合理，但是在试衣间设置监控录像设备侵犯了消费者的人身权，故选 A；第 20 条第 1 款规定："经营者向消费者提供有关商品或者服务的质量、性能、用途、有效期限等信息，应当真实、全面，不得作虚假或者引人误解的宣传。"柜台更换承租商户却未更换名称标牌，极易引起消费者的误解，故选 B；第 22 条规定："经营者提供商品或者服务，应当按照国家有关规定或者商业惯例向消费者出具发票等购货凭证或者服务单据；消费者索要发票等购货凭证或者服务单据的，经营者必须出具。"《消费者权益保护法》只规定了经营者出具服务单据的义务，并没有对经营者开具服务单据的最低限额作出规定，因此即便是消费额很低，经营者也不能以此为由，拒绝开具服务单据，故选 D。关于 C 属于正常的市场经营行为，商家不承担退货义务，故 C 不入选。由此可知，本题答案为 A、B、D。

20. 答案：AD。《消费者权益保护法》第 20 条规定，经营者应当向消费者提供有关商品或者服务的真实信息，不得作引人误解的虚假宣传。第 23 条规定，经营者应当保证在正常使用商品或接受服务的情况下其提供的商品或者服务应当具有的质量、性能、用途和有效期限；但消费者在购买商品或接受服务之前已经知道其存在瑕疵的除外。本题中，商场已经以张贴海报方式明示告知皮衣被水浸过的瑕疵事实，故无须承担退货责任。由此可知，本题答案为 A、D。

21. 答案：ABD。《消费者权益保护法》第 8 条第 1 款规定："消费者享有知悉其购买、使用的商品或者接受的服务的真实情况的权利。"第 10 条规定："消费者享有公平交易的权利。消费者在购买商品或者接受服务时，有权获得质量保障、价格合理、计量正确等公平交易条件，有权拒绝经营者的强制交易行为。"第 11 条："消费者因购买、使用商品或者接受服务受到人身、财产损害的，享有依法获得赔偿的权利。"汽车公司拒绝就故障原因做出说明，侵犯了消费者的知悉真情权，故 B 正确。它拒绝对受害人提供赔偿，侵犯了消费者获取赔偿权，故 D 正确。关于 A，《消费者权益保护法》还规定了消费者有获得安全保障的权利，因此 A 也是正确的。

22. 答案：ACD。根据《消费者权益保护法》第 43 条的规定，消费者在展销会、租赁柜台购买商品或者接受服务，其合法权益受到损害的，可以向销售者或者服务者要求赔偿。展销会结束或者柜台租赁期满后，也可以向展销会的举办者、柜台的出租者要求赔偿。展销会的举办者、柜台的出租者赔偿后，有权向销售者或者服务者追偿。故选项 A、C 说法错误。丙公司是销售者，丁公司是生产者，李某可以向这两个公司要求赔偿。故选项 B 说法正确。乙公司并不是家用电暖器的生产者和销售者，也不是展销会的举办者，不属于责任主体。故选项 D 说法错误。展销会结束后，李某可以向展销会的举办者甲公司要求赔偿。

23. 答案：BCD。根据《食品安全法》第 2 条的规定，供食用的源于农业的初级产品（以下称食用农产品）的质量安全管理，遵守《中华人民共和国农产品质量安全法》的规定。但是，制定有关食用农产品的质量安全标准、公布食用农产品安全有关信息，应当遵守本法的有关规定。大米属于供食用的源于农业的初级产品，故 A 项说法错误，B 项正确。根据《食品安全法》第 77 条的规定，县级以上质量监督、工商行政管理、食品药品监督管理部门履行各自食品安全监督管理职责，有权采取下列措施：（1）进入生产经营场所实施现场检查，故 C 项说法正确。根据《食品安全法》第 82 条的规定，国家建立食品安全信息统一公布制度。下列信息由国务院卫生行政部门统一公布：（1）国家食品安全总体情况；（2）食品安全风险评估信息和食品安全风险警示信息；（3）重大食品安全事故及其处理信息；（4）其他重要的食品安全信息和国务院确定的需要统一公布的信息。前款第二项、第三项规定的信息，其影响限于特定区域的，也可以由有关省、自治区、直辖市人民政府卫生行政部门公布。故 D 项说法正确。

24. 答案：ABD。根据本题的案例描述，可以确认张某从某网店购买的汽车坐垫并不存在质量问题，因而不适用《消费者权益保护法》第 24 条有关质量问题引起的退换货的规定。根据《消费者权益保护法》第 25 条的规定，经营者采用网络、电视、电话、邮购等方式销售商品，消费者有权自收到商品之日起 7 日内退货，且无需说明理由，但下列商品除外：（1）消费者定作的；（2）鲜活易腐的；（3）在线下载或者消费者拆封的音像制品、计算机软件等数字化商品；（4）交付的报纸、期刊。除前款所列商品外，其他根据商品性质并经消费者在购买时确认不宜退货的商品，不适用无理由退货。消费者退货的商品应当完好。经营者应当自收到退回商品之日起 7 日内返还消费者支付的商品价款。退回商品的运费由消费者承担；经营者和消费者另有约定的，按照约定。故 A 项说法错误，汽车坐垫不属于音像制品、计算机软件等数字化商品，不能以拆封作为拒绝退换的理由；B 项说法错误，网店 7 日内退货不需要理由。C 项说法正确。D 项说法错误，经营者应当自收到退回商品之日起 7 日内返还消费者支付的商品价款。

25. **答案**：ACD。根据《食品安全法》第54条第1款的规定，食品经营者应当按照保证食品安全的要求贮存食品，定期检查库存食品，及时清理变质或者超过保质期的食品。故A项说法正确，B项说法错误。根据《消费者权益保护法》第49条的规定，经营者提供商品或者服务，造成消费者或者其他受害人人身伤害的，应当赔偿医疗费、护理费、交通费等为治疗和康复支出的合理费用，以及因误工减少的收入。造成残疾的，还应当赔偿残疾生活辅助具费和残疾赔偿金。造成死亡的，还应当赔偿丧葬费和死亡赔偿金。根据《消费者权益保护法》第55条第2款的规定，经营者明知商品或者服务存在缺陷，仍然向消费者提供，造成消费者或者其他受害人死亡或者健康严重损害的，受害人有权要求经营者依照本法第四十九条、第五十一条等法律规定赔偿损失，并有权要求所受损失2倍以下的惩罚性赔偿。根据《消费者权益保护法》第52条的规定，经营者提供商品或者服务，造成消费者财产损害的，应当依照法律规定或者当事人约定承担修理、重作、更换、退货、补足商品数量、退还货款和服务费用或者赔偿损失等民事责任。故C项说法正确，D项说法正确。

26. **答案**：ABCD。本题需要参照最高人民法院指导案例1号的精神来作出判断。即彦某已经委托甲、乙两家中介公司出售，该信息并不属于甲公司的商业秘密，钱某通过正当途径在不同的中介公司了解到房源信息，并自主选择价格低、服务好的中介公司属于合法行为，因而C、D项说法均是错误的。单纯地来看防"跳单"条款本身并不是违法的，并不属于限制消费者自主选择权的行为，而甲公司根据彦某的委托发布房源的价格信息本身也并未侵害消费者的公平交易权，故A、B项说法也是错误的。

27. **答案**：AB。根据《消费者权益保护法》第8条的规定，消费者享有知悉其购买、使用的商品或者接受的服务的真实情况的权利。消费者有权根据商品或者服务的不同情况，要求经营者提供商品的价格、产地、生产者、用途、性能、规格、等级、主要成分、生产日期、有效期限、检验合格证明、使用方法说明书、售后服务，或者服务的内容、规格、费用等有关情况。乙公司在甲办理手机通信服务时未能全面说明有关业务的重要规定，导致甲未能获知与服务有关的重要规定，属于侵犯消费者知情权的情形，乙公司理应在甲方办理业务时说明有关暂停服务等情形的特别规定。故A、B项说法正确。根据《消费者权益保护法》第53条的规定，经营者以预收款方式提供商品或者服务的，应当按照约定提供。未按照约定提供的，应当按照消费者的要求履行约定或者退回预付款；并应当承担预付款的利息、消费者必须支付的合理费用。本案例中乙方提供了服务，只是没有提醒甲有关暂停服务的特殊规定，故C项说法错误。乙公司在交易过程中并没有欺诈行为，因而不适用惩罚性赔偿的规定，故D项说法错误。

不定项选择题

1. **答案**：（1）C。大勇电器超市发布布告的目的在于招揽顾客选购自己的商品，布告中没有合同得以成立的主要条款，也没有发布人希望订立合同并愿受其拘束的意思表示，因此该布告只是要约邀请，不构成要约。

    （2）A。《消费者权益保护法》第40条第2款规定："消费者或者其他受害人因商品缺陷造成人身、财产损害的，可以向销售者要求赔偿，也可以向生产者要求赔偿。属于生产者责任的，销售者赔偿后，有权向生产者追偿。属于销售者责任的，生产者赔偿后，有权向销售者追偿。"

    （3）C。该电饭锅所存在的瑕疵并不导致对人身的健康或安全造成危害，只是在某些功能上达不到新产品的要求。如果超市在销售过程中已经明示消费者，则不再承担质量保证责任，消费者在购买此类处理品时，有自己的意思判断，应自己承担责任，不可要求退货，也不可要求超市给予赔偿。

2. **答案**：（1）BCD。《消费者权益保护法》第26条："经营者在经营活动中使用格式条款的，应当以显著方式提请消费者注意商品或者服务的数量和质量、价款或者费用、履行期限和方式、安全注意事项和风险警示、售后服务、民事责任等与消费者有重大利害关系的内容，并按照消费者的要求予以说明。经营者不得以格式条款、通知、声明、店堂告示等方式，作出排除或者限制消费者权利、减轻或者免除经营者责任、加重消费者责任等对消费者不公平、不合理的规定，不得利用格式条款并借助技术手段强制交易。格式条款、通知、声明、店堂告示等含有前款所列内容的，其内容无效。"

《消费者权益保护法》第14条规定："消费者在购买、使用商品和接受服务时，享有人格尊严、民族风俗习惯得到尊重的权利，享有个人信息依法得到保护的权利。"

综上所述，本题中的超市在入口处的标牌上所写内容违背了《消费者权益保护法》第26条的规定。超市以店堂告示的方式作出侵犯消费者人格尊严的意思表示，同时也违反了《消费者权益保护法》第14条规定。

（2）ABCD。《消费者权益保护法》第39条规定："消费者和经营者发生消费者权益争议的，可以通过下列途径解决：（一）与经营者协商和解；（二）请求消费者协会或者依法成立的其他调解组织调解；（三）向有关行政部门投诉；（四）根据与经营者达成的仲裁协议提请仲裁机构仲裁；（五）向人民法院提起诉讼。"据此，本题中的消费者朱某与超市的经营者协商不成，可以向消费者协会反映，如消协调解不成，则朱某可以向工商行政主管部门申诉，也可以直接向人民法院起诉。另外，如能与该商家达成仲裁协议，也可以提请仲裁机构仲裁解决。

3. 答案：（1）C。《消费者权益保护法》第40条第2款："消费者或者其他受害人因商品缺陷造成人身、财产损害的，可以向销售者要求赔偿，也可以向生产者要求赔偿。属于生产者责任的，销售者赔偿后，有权向生产者追偿。属于销售者责任的，生产者赔偿后，有权向销售者追偿。"

（2）ABCD。参见《消费者权益保护法》第39条。

（3）C。《消费者权益保护法》第49条："经营者提供商品或者服务，造成消费者或者其他受害人人身伤害的，应当赔偿医疗费、护理费、交通费等为治疗和康复支出的合理费用，以及因误工减少的收入。造成残疾的，还应当赔偿残疾生活辅助具费和残疾赔偿金。造成死亡的，还应当赔偿丧葬费和死亡赔偿金。"

（4）BC。《产品质量法》第45条："因产品存在缺陷造成损害要求赔偿的诉讼时效期间为二年，自当事人知道或者应当知道其权益受到损害时起计算。因产品存在缺陷造成损害要求赔偿的请求权，在造成损害的缺陷产品交付最初消费者满十年丧失；但是，尚未超过明示的安全使用期的除外。"

4. 答案：（1）A。本题涉及终止服务合同具体承担的民事责任。依据《消费者权益保护法》的规定，经营者提供服务，造成消费者财产损害的，应当按照消费者的要求，以退还服务费用或者赔偿损失等方式承担民事责任。本题中唐某与电信局是电信服务关系，因电信局的行为损害了唐某的权益，现唐某提出终止电信服务，电信局再继续占有双方建立服务关系时唐某缴纳的2000元的电话初装费，便没有法律上的依据，因此依法应全部予以退还。故选项A是正确的，B、C、D项是错误的。

（2）C。本题涉及经营者提供服务造成消费者损失的具体责任承担。依据《消费者权益保护法》的规定，经营者提供服务，造成消费者损害的，应当赔偿消费者的损失。本题中电信局并未提供长途电信服务，却多收了300元的话费，造成了唐某300元直接经济损失和一定数额的利息间接损失，这种损失是电信局的行为所致，依据过错责任原则，应由电信局全部赔偿，故选项C是正确的。本题造成多收费的原因是技术故障，不存在欺诈行为，因此选项D是错误的。

（3）BD。本题涉及消费者权利。依据《消费者权益保护法》的规定，消费者有知情权和受尊重权。知情权是指消费者有知悉其接受服务的真实情况的权利，受尊重权是指消费者接受服务时享有其人格尊严受到尊重的权利。本题中首次出现话费多收时，唐某多次找到电信局请求作出解释并保证以后不再出现此类事情，电信局均未予确认，致使此后再次出现此类事情，而后唐某才知道是因技术故障造成的，这严重侵犯了唐某知悉真情的权利。在唐某提出赔偿的请求后，电信局持异议，这本属于民事赔偿的纠纷，电信局却找到唐某的单位，在此后双方的交涉中电信局却称唐某讹诈，这对消费者而言是一种侮辱，因此电信局侵犯了消费者的受尊重权。荣誉与名誉是两个不同的概念。本案中，有人认为唐某意图讹诈电信局、动机不纯，唐某受损的是名誉，而不是荣誉。故A项不选。电信收费在我国有统一的标准，造成多收的原因是技术故障，不是乱定收费标准，因此C项电信局侵犯唐某的公平交易权的表述错误。

（4）AB。本题涉及民事诉讼地域管辖。《民事诉讼法》第24条规定："因合同纠纷提起的诉讼，由被告住所地或者合同履行地人民法院管辖。"本题中合同履行地在唐某的电话安装地点，即某市南区，因此该区人民法院有管辖权，A选项正确。本题中电信局作为被告，其经营场所为某市北区，因此按照原告就被告的原则，北区人民法院也有管辖权，故B选项也正确。唐某与电信局之间的纠纷属于一般的民事纠纷，不在《民事诉讼法》第19条确定的中级人民法院的受案范围之内，因此某市中级人民法院不会受理。故C、D选项错误。

（5）ABC。本题涉及经营者违反《消费者权益保护法》承担的民事责任。本题中消费者选择终止合同的原因是经营者提供服务损害了消费者的权益，依据《消费者权益保护法》第50条、第52条的规定，人格尊严受到侵害的，应当停止侵害、恢复名誉、消除影响、赔礼道歉，并赔偿损失。经营者提供服务造成消费者财产损害的，应当以退还服务费用、赔偿损失等方式承担责任。因此，选项A、B、C是正确的。消除危险与消除影响是不同的，本题中对于唐某而言不存在任何人身、财产方面的危险，故选项D是错误的。

5. **答案**：（1）ABC。《消费者权益保护法》第18条第2款规定："宾馆、商场、餐馆、银行、机场、车站、港口、影剧院等经营场所的经营者，应当对消费者尽到安全保障义务。"故王某、栗某作为消费者有权要求商场承担赔偿责任。故A正确。《产品质量法》第43条规定："因产品存在缺陷造成人身、他人财产损害的，受害人可以向产品的生产者要求赔偿，也可以向产品的销售者要求赔偿。属于产品的生产者的责任，产品的销售者赔偿的，产品的销售者有权向产品的生产者追偿。属于产品的销售者的责任，产品的生产者赔偿的，产品的生产者有权向产品的销售者追偿。"故B、C项说法正确。本题案例中产品缺陷是电梯厂造成的，因而即使亚林公司被要求赔偿后，其也可以向电梯厂追偿，且法律依据均为《产品质量法》；根据《消费者权益保护法》，商场有义务保障消费者的安全，但在题述案例并未提到商场在对电梯运营管理过程中存在过错，因而商场不承担赔偿责任。故D项说法错误。

（2）ABCD。《消费者权益保护法》第49条规定："经营者提供商品或者服务，造成消费者或者其他受害人人身伤害的，应当赔偿医疗费、护理费、交通费等为治疗和康复支出的合理费用，以及因误工减少的收入。造成残疾的，还应当赔偿残疾生活辅助具费和残疾赔偿金。造成死亡的，还应当赔偿丧葬费和死亡赔偿金。"故A、B项正确。《民法典》第1183条第1款规定，侵害自然人人身权益造成严重精神损害的，被侵权人有权请求精神损害赔偿。故C项说法正确。《消费者权益保护法》第55条第2款规定："经营者明知商品或者服务存在缺陷，仍然向消费者提供，造成消费者或者其他受害人死亡或者健康严重损害的，受害人有权要求经营者依照本法第四十九条、第五十一条等法律规定赔偿损失，并有权要求所受损失二倍以下的惩罚性赔偿。"故D项说法正确。

名词解释

1. 答案: 网购反悔权,其本质是一种适当期间的单方合同解除权,又称消费者反悔权或撤销权,是指消费者在限定的交易类型(主要限定于远程交易方式)中,在与经营者缔约后,可在法定期限内按规定程序单方无条件解除合同,且不承担任何补偿性费用的权利。在当今发达的市场经济条件下,已经不能固守传统形式上的契约自由原则,对消费者与经营者的关系也不能从传统民法中的平等主体关系的角度来考察,而应当侧重实现实质正义。相反,有条件地赋予消费者单方享有反悔权,是对消费者进行的特别保护,符合实质上的公平正义。在我国,目前该项权利仅适用于采用网络、电视、电话、邮购等远程交易方式销售商品,且消费者定做的商品、鲜活易腐的商品等法定不适用单方合同解除权的商品被排除在外;同时要求商品完好无损,并在法定的期限(即7天)内行使权利。

2. 答案: 知悉真情权,或称知情权,是指消费者享有的知悉其购买、使用的商品或者接受的服务的真实情况的权利。消费者只有充分了解了商品和服务,才能知晓商品和服务是否能满足自己的要求。同时,也只有满足了消费者的知情权,消费者才能正确地消费商品和服务。因此,信息的准确、及时、有效获取对于消费者具有至关重要的意义。为此,我国《消费者权益保护法》第 8 条对消费者的知悉真情权作了明确规定。

知悉真情权具有两方面的基本内涵:一是消费者有权了解商品或服务的真实情况;二是有权充分获取其购买、使用的商品或接受的服务的相关信息。根据《消费者权益保护法》的有关规定,消费者有权了解和获取的信息范围包括:商品的价格、产地、生产者、用途、性能、规格、等级、主要成分、生产日期、有效期限、检验合格证明、使用方法说明书、售后服务,或者服务的内容、规格、费用等有关情况。

3. 答案: 公平交易权,是指消费者在与经营者之间进行消费交易中所享有的获得公平交易条件的权利。公平交易是市场经济的本质要求。公平交易的本质就是交易过程中体现公平、公正和合理的结果,任何以欺诈、胁迫、排挤或限制,以及有违平等互利、等价有偿原则的交易均属于不公平交易。

公平交易权的内容具体可以概括为以下几点:其一,消费者有权要求商品或服务应当具备公众普遍认为其应当具备的功能或质量;其二,消费者有权要求商品或服务的定价合理,即价格公允;其三,消费者有权要求商品或服务的计量正确,不得克扣或短斤少两、不得降低服务水准;其四,消费者有权拒绝经营者的强制交易行为。

4. 答案: 通常意义上的消费者,是指为生活消费需要购买和使用商品或服务的人,是与商品的生产者、销售者和服务提供者即经营者相对应的一类市场主体。这一类市场主体与经营者相比,在交易中处于弱势地位,无法以自身的实力与经营者相抗衡,需要国家对其利益进行特殊保护。

对于消费者概念的界定,需要从三个方面加以把握:第一,消费主体。强调消费者的自然人属性是国际社会的通行做法,也与消费者保护的立法宗旨和目标相符合。消费者保护法,是在对市场经济条件下消费者弱势地位充分认识的基础上而给予消费者特别保护的立法,单位或机构作为团体,在以某种形式进行交易时并不缺乏专门知识和交涉技能,因而不具备予以特殊保护的理论基础。第二,消费目的。作为消费者,其消费目的是为生活需要而进行消费。在现代经济生活中,消费有生产消费和生活消费之分,生产消费的主体主要是企业等生产经营单位,生活消费的主体一般是自然人。在上述两类消费中,消费者保护法只调整生活消费而不调整生产消费。第三,消费客体,又称消费品。消费者权益保护法上的商品,仅限于消费品,即可用于生活消费的商品。现代社会,服务业日趋发达,服务消费成为生活消费的重要内容,而且服务领域呈不断扩大趋势,交通运输、旅游、电信、金融、医疗、文化、法律服务等均属于现代服务的范畴，应纳入消费者保护法的规制之下。

✎ 简答题

1. **答案**：经营者有义务提供一切真实信息，不作虚假宣传，这是消费者实现知情权的保障。这一义务包括：（1）经营者应当向消费者提供有关商品或者服务的真实信息，不得作引人误解的虚假宣传；（2）经营者对消费者就其提供的商品或者服务的质量和使用方法等问题所提出的询问，应当作出真实、明确的答复；（3）商店提供的商品应当明码标价；（4）经营者应当标明其真实名称和标记；（5）租赁他人柜台或者场地的经营者，应当标明其真实名称和标记。

2. **答案**：消费者协会的职能包括以下几个方面：（1）向消费者提供消费信息和咨询服务；（2）参与制定有关消费者权益的法律法规、规章和强制性标准；（3）参与有关行政部门对商品和服务的监督、检查；（4）就有关消费者合法权益问题，向有关行政部门反映、查询，提出建议；（5）受理消费者投诉，并对投诉事项进行调查、调解；（6）对商品和服务的质量问题委托具备资格的鉴定人鉴定；（7）支持受损害的消费者起诉或依《消费者权益保护法》起诉；（8）通过大众传播媒介对损害消费者合法权益的行为予以揭露、批评。

3. **答案**：《消费者权益保护法》第7条规定，消费者在购买、使用商品和接受服务时享有人身、财产安全不受损害的权利，消费者有权要求经营者提供的商品和服务，符合保障人身、财产安全的要求。据此，消费者不但有权要求经营者提供的商品和服务本身是符合人身、财产安全要求的，而且有权要求经营者在其购买商品、接受服务时保障其人身、财产的安全。

消费者的安全保障权，是指消费者在购买、使用商品或接受服务时所享有的保障人身和财产安全不受侵害的权利，是消费者最基本的权利。它包括人身安全和财产安全两个方面，而人身安全又包括消费者的健康不受损害和生命安全保障两个方面。

为保障消费者安全权的实现，经营者应当注意：第一，提供的商品或者服务应当符合人体健康和人身安全的国家标准或者行业标准；第二，对于暂时没有标准的，应当符合人体健康和人身安全要求；第三，对可能危及人体健康和安全的商品和服务，要事先向消费者作出真实的说明和明确的警示，并且表明或者说明正确的使用方法；第四，发现提供的商品或者服务有严重缺陷，即使消费者采用正确使用方法仍可能导致危害的，应当及时告知，并且采取切实可行的措施。

4. **答案**：经营者收集、使用消费者个人信息，应当遵循合法、正当、必要的原则，明示收集、使用信息的目的、方式和范围，并经消费者同意。经营者收集、使用消费者个人信息，应当公开其收集、使用规则，不得违反法律、法规的规定和双方的约定收集、使用信息。

经营者及其工作人员对收集的消费者个人信息必须严格保密，不得泄露、出售或者非法向他人提供。经营者应当采取技术措施和其他必要措施，确保信息安全，防止消费者个人信息泄露、丢失。在发生或者可能发生信息泄露、丢失的情况时，应当立即采取补救措施。

经营者未经消费者同意或者请求，或者消费者明确表示拒绝的，不得向其发送商业性信息。

5. **答案**：消费者保护法具有对象特定性、权力配置倾斜性及规范强制性等特点。首先，消费者保护法以消费者这一特定社会群体作为保护对象。消费者保护法是商品经济发展到一定阶段，在国家充分认识到消费者的弱势地位的基础上，通过法律干预经济生活的产物，保护消费者权益是其最为核心的立法宗旨。其次，消费者保护法对消费者和经营者双方当事人之间关系的调整，采取了完全不同于民商法所采取的均等保护的方法和手段，而以保护消费者利益为宗旨，赋予消费者更多的权利，科以经营者更为严格的义务，在权力配置上明显向消费者倾斜，是典型的强调实质公平的法律。最后，与传统的民商法不同，消费者保护法在承认传统私法所确认的权利的同时，强调公权力的介入，以社会正义、实质正义为价值追求，体现国家对私法领域的干预。因此，在消费者保护立法中多为强制性规范，交易者的意思自治受到严格限制。

6. **答案**：消费者通过网络交易平台购买商品或者接受服务，其合法权益受到损害的，可以向销售者或者服务者要求赔偿。网络交易平台提供者不能提供销售者或者服务者的真实名称、地址和有效联系方式的，消费者也可以向网络交易平台提供者要求赔偿。网络交易平台提供者作出更有利于消费者的承诺的，应当履行承诺。网络交易平台提供者赔偿后，有权向销售者或者服务者追偿。网络交易平台提供者明知或者应知销售者或者服务者利用其平台侵害消费者合法权益，未采取必要措施的，依法与该销售者或者服务者承担连带责任。

论述题

1. **答案**：法律的价值是指法律规范所体现的立法者所追求的基本目标，亦即立法者通过这种法律规范对社会关系调整所要达到的目的。消费者权益保护法作为一种类型的法律，亦有其明确的价值取向，即消费者的人身、财产安全、交易安全和消费者福利。

（1）安全价值

安全是消费者权益保护法最基本的价值追求。安全包括人身安全和财产安全。消费者的人身安全是指消费者在购买、使用商品或接受服务时，其身体健康状况不会因经营者或其提供的商品、服务受到不良的影响。基本内容包括：不受不合理危险的侵害；不受不卫生因素的侵害；人身安全不受侵害。消费者安全是消费者的最基本利益形态，现代各国消费者权益保护法无一不是从消费者安全保护这一原点发展起来的。

消费者权益保护法主要是通过以下方式实现这一基本价值的：第一，从保护消费者的安全出发，对各种消费品的生产、销售、保管及消费服务的提供方式等提出基本的安全要求，促使经营者严格按这些要求从事生产、经营活动。第二，通过各种市场管理制度，防止不安全、不卫生的商品流入市场，及时清除消费市场中的不安全商品和隐患，使消费者的安全获得充分的保障。第三，通过各种消费教育和消费信息提供制度，促进消费信息的传播，提高消费者的素质，保证消费者掌握使用、消费商品、服务的方法，防止不安全事故的发生。第四，通过产品责任制度及其他消费者救济制度，加重经营者的责任，使经营者在经营活动中充分考虑消费者安全，并为消费者提供获得充分补偿的机会。

（2）交易公平价值

交易公平是指消费者在与经营者的交易中能够获得公平、平等的对待，消费者获得商品和服务与其支付的货币价值相当。由于市场的垄断、信息的不适当分布、现代消费交易形式的变化，消费者在消费交易中往往得不到公平的对待，因而必须通过法律对消费交易关系进行适度矫正。正视消费者与经营者的现实差异，通过规范经营者的行为来实现公平，正是消费者权益保护法的基本价值所在。

交易公平首先要求在消费交易中消费者能获得公正、平等的对待。第一，消费交易关系的建立与否，应当由消费者自主地作出决定，不得进行强迫交易。第二，消费者进行交易是在其对交易条件充分了解的基础上自愿作出的。第三，在交易过程中，消费者的意志应当得到充分的体现，即便采取标准合同的形式，亦应当给予消费者表达自己意思的机会。

交易公平还要求交易的结果对消费者公平。它主要有以下内容：第一，消费者支付的代价与其获得的商品的服务价值相当。是否相当，应根据市场平均价格水平或一般价格水平来进行判断。第二，对消费者不得施加交易之外的其他附加条件。

消费者权益保护法中公平交易价值主要是通过以下途径实现的：第一，通过各种市场竞争制度，维护公平竞争的市场环境，使消费者能在充分竞争的市场中获得有利于自己的交易环境。第二，通过消费合同等法律制度，直接规定交易条件，使经营者按照法律规定的条件与消费者进行交易。第三，通过各种市场管理制度，取缔各种不诚实的交易行为和交易习惯，使经营者依法诚实地进行各种经营活动。

（3）福利价值

增进消费者福利亦是消费者权益保护法最基本的价值追求。从广义上说，消费者安全和消费者交易的公平属于消费者福利的重要内容。

消费者福利是人类公共福利的一个重要组成部分。消费者权益保护法以此作为其基本的价值取向，便意味着它应从消费者的利益出发，通过对消费关系的法律调整，能够不断提高消费者的生活质量，提高消费者的物质、文化生活水平。

消费者福利的基本内容是消费需求满足。消费者需求的满足包括两个方面的内容：第一，从量的角度来看，应当有能够满足消费者某种需求的消费品或服务的存在。第二，从质的角度来看，各种消费资料和消费服务应能最大限度地满足消费者的需求。经营者要获得自身利益的实现，首先必须获得顾客，而要获得顾客，就必须不断地提高商品、服务质量。但这种机制的作用有可能受阻。市场垄断状态下，垄断经营者可以坐收垄断利润，而消费者由于缺乏选择，只能接受其经营的劣质商品。消费者权益保护法对消费者福利的促进主要侧重于保障消费者上述第二个方面需求的实现。

消费者权益保护法主要通过两种方式实现其促进消费者福利价值：第一，通过直接规定消费品和服务要求，迫使经营者生产的消费品和提供的服务符合这些要求；第二，通过各种市场管理制度，遏制影响市场促进商品服务质量机制发挥作用的各种因素，使市场本身固有的促进经营者改善经营管理、提高商品服务质量的功能能够充分地发挥出来。

2. **答案**：经营者欺诈，是指经营者故意在提供的商品或服务中，以虚假陈述或者其他不正当手段欺骗、误导消费者，致使消费者权益受到损害的行为。存在下列事实可认定经营者构成欺诈：①经营者对其商品或服务的说明行为是虚假的，足以使一般消费者受到欺骗或误导；②经营者的虚假说明与消费者的消费行为之间存在因果关系。例外：①商品或者服务的标签标识、说明书、宣传材料等存在不影响商品或者服务质量且不会对消费者造成误导的瑕疵，不构成经营者欺诈。②通过夹带、调包、造假、篡改商品生产日期、捏造事实等方式骗取经营者赔偿，或者对经营者进行敲诈勒索的，不适用"退一赔三，五百保底"的规定，依照《治安管理处罚法》等有关法律、法规处理；构成犯罪的，依法追究刑事责任。

依据《消费者权益保护法》第 55 条的规定，经营者提供商品或者服务有欺诈行为的，应当按照消费者的要求增加赔偿其受到的损失，增加赔偿的金额为消费者购买商品的价款或者接受服务的费用的 3 倍；增加赔偿的金额不足 500 元的，为 500 元。法律另有规定的，依照其规定。经营者明知商品或者服务存在缺陷，仍然向消费者提供，造成消费者或者其他受害人死亡或者健康严重损害的，受害人有权要求经营者依法赔偿损失，并有权要求所受损失 2 倍以下的惩罚性赔偿。

设定这一规则的目的，是惩罚性地制止损害消费者的欺诈行为人，特别是制造、销售假货的经营者；二是鼓励消费者同欺诈行为做斗争。惩罚性赔偿责任超越了传统的民事责任，是一种借助私法责任的手段和形式达成公法责任的目的，兼具有公法和私法责任融合特征的特殊法律责任形式。

案例分析题

1. **答案**：（1）根据《消费者权益保护法》的规定，消费者在购买、使用商品或接受服务时享有人身、财产安全不受损害的权利，享有其人格尊严、民族风俗习惯得到尊重的权利。对经营者来说，其不得以格式合同、通知、声明、店堂告示等方式作出对消费者不公平、不合理的规定，或者减轻、免除其损害消费者合法权益应当承担的民事责任。根据以上规定，该商场没有权利搜查张某，也没有权利检查张某的物品，尽管该超市有告示在先，但该告示没有法律依据，并不受法律保护。因此，该超市侵犯了张某的人身权利和名誉权、维护安全权和保障安全权。

（2）虽然超市的保安人员当即对张某道歉，但这不能改变超市对张某权利侵犯的事实。根据《消费者权益保护法》的规定，该超市应当停止侵害、恢复名誉、消除影响、赔礼道歉，并赔偿损失。

2. **答案**：（1）消费者知情权，是指消费者在购买商品、使用商品或接受服务时，知悉商品或服务的真实情况的权利。它有以下几层含义：第一，消费者有权要求经营者按照法律、法规规定的方式标明商品或服务的真实情况。如商品的价格，实行明码标价的制度。经营者必须做到价签、价目齐全，标价明确，字迹清晰；对于零售商业和个体工商户的商品价格标签，应包括品名、货号、规格、等级、计量单位、零售价格等主要内容；农副产品批发市场的产品，也应实行明码标价。此外，消费者有权要求经营者提供生产者、用途、性能、主要成分等信息。第二，消费者在购买、使用商品或者接受服务时，有权询问和了解商品或服务的有关情况。第三，经营者在向消费者推出其商品或者服务时，应向消费者提供真实情况。《消费者权益保护法》第8条第2款规定："消费者有权根据商品或者服务的不同情况，要求经营者提供商品的价格、产地、生产者、用途、性能、规格、等级、主要成份、生产日期、有效期限、检验合格证明、使用方法说明书、售后服务，或者服务的内容、规格、费用等有关情况。"经营者应当向消费者提供有关商品或者服务的真实信息，对商品或者服务的质量等应当承担保证义务。

（2）应当退货。根据《消费者权益保护法》第24条和《产品质量法》第40条的规定，经营者售出的产品不符合以产品说明的方式表明的质量状况的，应承担修理、更换、退货的义务，造成损失的，应赔偿损失。

3. **答案**：因为付某在此项争议中存在过失行为，即没有开箱验货后就直接砌用，致使修砌瓷砖无法退换，有过失责任。根据民法的基本原则，民事活动应该自愿、公平、等价有偿、诚实信用。在调解消费者和经营者、生产者权益争议时，各个平等主体都应讲究"自愿、公平、等价有偿、诚实信用"的原则，使各方都得到公平对待。

本案从一个新的角度说明了消费者与生产者、经营者争议的处理方法，即发生质量问题的纠纷并非全部为生产者、经营者的责任，在其中若存在消费者个人的过失行为，消费者对损失也应承担部分责任，这也是符合民法基本原则的。

4. **答案**：（1）根据《消费者权益保护法》第34条的规定，曾某与运营商协商不成时，还可以通过请求消费者协会调解、向有关行政部门申诉以及向人民法院提起诉讼等途径保护自己的权利。如果争议双方协商一致，还可以向仲裁机构申请仲裁。

（2）违反了法定义务，运营商对自己的行为应当向消费者曾某承担民事责任。

第十六章 质量、价格、广告和计量监管法律制度

☑ **单项选择题**

1. **答案**：A。《产品质量法》第14条第2款规定："国家参照国际先进的产品标准和技术要求，推行产品质量认证制度。企业根据自愿原则可以向国务院市场监督管理部门认可的或者国务院市场监督管理部门授权的部门认可的认证机构申请产品质量认证。经认证合格的，由认证机构颁发产品质量认证证书，准许企业在产品或者其包装上使用产品质量认证标志。"第15条第1款规定："国家对产品质量实行以抽查为主要方式的监督检查制度，对可能危及人体健康和人身、财产安全的产品，影响国计民生的重要工业产品以及消费者、有关组织反映有质量问题的产品进行抽查。抽查的样品应当在市场上或者企业成品仓库内的待销产品中随机抽取。监督抽查工作由国务院市场监督管理部门规划和组织。县级以上地方市场监督管理部门在本行政区域内也可以组织监督抽查。法律对产品质量的监督检查另有规定的，依照有关法律的规定执行。"第28条规定："易碎、易燃、易爆、有毒、有腐蚀性、有放射性等危险物品以及储运中不能倒置和其他有特殊要求的产品，其包装质量必须符合相应要求，依照国家有关规定作出警示标志或者中文警示说明，标明储运注意事项。"第33条规定："销售者应当建立并执行进货检查验收制度，验明产品合格证明和其他标识。"依此，只有A项的表述错误，对于产品质量认证是企业自愿进行的。

2. **答案**：A。《产品质量法》第2条规定："在中华人民共和国境内从事产品生产、销售活动的，必须遵守本法。本法所称产品是指经过加工、制作，用于销售的产品。建设工程不适用本法规定；但是，建设工程使用的建筑材料、建筑构配件和设备，属于前款规定的产品范围的，适用本法规定。"A项属于用于销售的产品，B项属于建设工程，不属于《产品质量法》调整的范围，C、D项不属于用来销售的产品。

3. **答案**：A。《产品质量法》第28条规定："易碎、易燃、易爆、有毒、有腐蚀性、有放射性等危险物品以及储运中不能倒置和其他有特殊要求的产品，其包装质量必须符合相应要求，依照国家有关规定作出警示标志或者中文警示说明，标明储运注意事项。"本题中由于美味公司的包装没有警示标志或中文警示说明，故应自己承担损失。

4. **答案**：C。《产品质量法》第41条规定："因产品存在缺陷造成人身、缺陷产品以外的其他财产（以下简称他人财产）损害的，生产者应当承担赔偿责任……"

5. **答案**：D。《产品质量法》第41条规定："因产品存在缺陷造成人身、缺陷产品以外的其他财产（以下简称他人财产）损害的，生产者应当承担赔偿责任。生产者能够证明有下列情形之一的，不承担赔偿责任：（一）未将产品投入流通的；（二）产品投入流通时，引起损害的缺陷尚不存在的；（三）将产品投入流通时的科学技术水平尚不能发现缺陷的存在的。"

6. **答案**：D。不管是外资企业还是中资企业，其产品投入中国市场都应用中文标识，而不要求用外文标识；高压锅是耐用品，不属于限期使用产品，故不必在其包装上注明保质期，生产者也无义务说明产品原料及进货渠道，这实际上属于商业秘密范畴。但因高压锅可能发生爆炸等危险，故应作充分的中文警示说明。参见《产品质量法》第26条、第27条。

7. **答案**：D。《产品质量法》第44条规定："因产品存在缺陷造成受害人人身伤害的，侵害人应当赔偿医疗费、治疗期间的护理费、因

误工减少的收入等费用；造成残疾的，还应当支付残疾者生活自助具费、生活补助费、残疾赔偿金以及由其扶养的人所必需的生活费等费用；造成受害人死亡的，并应当支付丧葬费、死亡赔偿金以及由死者生前扶养的人所必需的生活费等费用。因产品存在缺陷造成受害人财产损失的，侵害人应当恢复原状或者折价赔偿。受害人因此遭受其他重大损失的，侵害人应当赔偿损失。"

8. 答案：C。《民法典》第188条第1款规定："向人民法院请求保护民事权利的诉讼时效期间为三年。法律另有规定的，依照其规定。"《产品质量法》第45条规定："因产品存在缺陷造成损害要求赔偿的诉讼时效期间为二年，自当事人知道或者应当知道其权益受到损害时起计算。因产品存在缺陷造成损害要求赔偿的请求权，在造成损害的缺陷产品交付最初消费者满十年丧失；但是，尚未超过明示的安全使用期的除外。"

9. 答案：D。《产品质量法》第27条规定："产品或者其包装上的标识必须真实，并符合下列要求：（一）有产品质量检验合格证明；（二）有中文标明的产品名称、生产厂厂名和厂址；（三）根据产品的特点和使用要求，需要标明产品规格、等级、所含主要成份的名称和含量的，用中文相应予以标明；需要事先让消费者知晓的，应当在外包装上标明，或者预先向消费者提供有关资料；（四）限期使用的产品，应当在显著位置清晰地标明生产日期和安全使用期或者失效日期；（五）使用不当，容易造成产品本身损坏或者可能危及人身、财产安全的产品，应当有警示标志或者中文警示说明。裸装的食品和其他根据产品的特点难以附加标识的裸装产品，可以不附加产品标识。"

10. 答案：B。《产品质量法》第14条第1款规定："国家根据国际通用的质量管理标准，推行企业质量体系认证制度。企业根据自愿原则可以向国务院市场监督管理部门认可的或者国务院市场监督管理部门授权的部门认可的认证机构申请企业质量体系认证。经认证合格的，由认证机构颁发企业质量体系认证证书。"

11. 答案：C。《产品质量法》第19条："产品质量检验机构必须具备相应的检测条件和能力，经省级以上人民政府市场监督管理部门或者其授权的部门考核合格后，方可承担产品质量检验工作。法律、行政法规对产品质量检验机构另有规定的，依照有关法律、行政法规的规定执行。"

12. 答案：D。《产品质量法》第61条："知道或者应当知道属于本法规定禁止生产、销售的产品而为其提供运输、保管、仓储等便利条件的，或者为以假充真的产品提供制假生产技术的，没收全部运输、保管、仓储或者提供制假生产技术的收入，并处违法收入百分之五十以上三倍以下的罚款；构成犯罪的，依法追究刑事责任。"故，除生产者、销售者外，储运者和对产品质量负有直接责任的人员，违反产品质量义务，亦应承担法律后果。

13. 答案：A。《民法典》第1202条规定，因产品存在缺陷造成他人损害的，生产者应当承担侵权责任。这表明其适用的是无过错责任。

14. 答案：C。由于销售者的过错使产品存在缺陷，造成他人人身、财产损害的，销售者应当承担赔偿责任。

15. 答案：D。《产品质量法》第41条："因产品存在缺陷造成人身、缺陷产品以外的其他财产（以下简称他人财产）损害的，生产者应当承担赔偿责任。生产者能够证明有下列情形之一的，不承担赔偿责任：（一）未将产品投入流通的；（二）产品投入流通时，引起损害的缺陷尚不存在的；（三）将产品投入流通时的科学技术水平尚不能发现缺陷的存在的。"

16. 答案：B。《产品质量法》第2条第2款："本法所称产品是指经过加工、制作，用于销售的产品。"水泥是经过加工的产品；原沙没有经过加工。

17. 答案：C。《产品质量法》第15条第2款："国家监督抽查的产品，地方不得另行重复抽查；上级监督抽查的产品，下级不得另行重复抽查。"

18. **答案**：D。《产品质量法》第 18 条规定，县级以上市场监督管理部门根据已经取得的违法嫌疑证据或者举报，对涉嫌违反本法规定的行为进行查处时，可以行使下列职权：（一）对当事人涉嫌从事违反本法的生产、销售活动的场所实施现场检查；（二）向当事人的法定代表人、主要负责人和其他有关人员调查、了解与涉嫌从事违反本法的生产、销售活动有关的情况；（三）查阅、复制当事人有关的合同、发票、帐簿以及其他有关资料；（四）对有根据认为不符合保障人体健康和人身、财产安全的国家标准、行业标准的产品或者其他严重质量问题的产品，以及直接用于生产、销售该项产品的原辅材料、包装物、生产工具，予以查封或者扣押。第 24 条规定，国务院和省、自治区、直辖市人民政府的市场监督管理部门应当定期发布其监督抽查的产品的质量状况公告。

19. **答案**：D。本题关于产品包装的义务。《产品质量法》第 27 条："产品或者其包装上的标识必须真实，并符合下列要求：（一）有产品质量检验合格证明；（二）有中文标明的产品名称、生产厂厂名和厂址；（三）根据产品的特点和使用要求，需要标明产品规格、等级、所含主要成份的名称和含量的，用中文相应予以标明；需要事先让消费者知晓的，应当在外包装上标明，或者预先向消费者提供有关资料；（四）限期使用的产品，应当在显著位置清晰地标明生产日期和安全使用期或者失效日期；（五）使用不当，容易造成产品本身损坏或者可能危及人身、财产安全的产品，应当有警示标志或者中文警示说明。裸装的食品和其他根据产品的特点难以附加标识的裸装产品，可以不附加产品标识。"

《消费者权益保护法》第 16 条："经营者向消费者提供商品或者服务，应当依照本法和其他有关法律、法规的规定履行义务。经营者和消费者有约定的，应当按照约定履行义务，但双方的约定不得违背法律、法规的规定。经营者向消费者提供商品或者服务，应当恪守社会公德，诚信经营，保障消费者的合法权益；不得设定不公平、不合理的交易条件，不得强制交易。"可见，消费者对于包装不符合要求的产品可以要求退货。

20. **答案**：A。《产品质量法》第 15 条第 4 款规定："生产者、销售者对抽查检验的结果有异议的，可以自收到检验结果之日起十五日内向实施监督抽查的市场监督管理部门或者其上级市场监督管理部门申请复检，由受理复检的市场监督管理部门作出复检结论。"

21. **答案**：B。《产品质量法》第 19 条："产品质量检验机构必须具备相应的检测条件和能力，经省级以上人民政府市场监督管理部门或者其授权的部门考核合格后，方可承担产品质量检验工作。法律、行政法规对产品质量检验机构另有规定的，依照有关法律、行政法规的规定执行。"故 A 对。第 20 条："从事产品质量检验、认证的社会中介机构必须依法设立，不得与行政机关和其他国家机关存在隶属关系或者其他利益关系。"故 B 错误，D 正确。第 21 条："产品质量检验机构、认证机构必须依法按照有关标准，客观、公正地出具检验结果或者认证证明。产品质量认证机构应当依照国家规定对准许使用认证标志的产品进行认证后的跟踪检查；对不符合认证标准而使用认证标志的，要求其改正；情节严重的，取消其使用认证标志的资格。"故 C 对。

22. **答案**：B。《产品质量法》第 40 条："售出的产品有下列情形之一的，销售者应当负责修理、更换、退货；给购买产品的消费者造成损失的，销售者应当赔偿损失：（一）不具备产品应当具备的使用性能而事先未作说明的；（二）不符合在产品或者其包装上注明采用的产品标准的；（三）不符合以产品说明、实物样品等方式表明的质量状况的。销售者依照前款规定负责修理、更换、退货、赔偿损失后，属于生产者的责任或者属于向销售者提供产品的其他销售者（以下简称供货者）的责任的，销售者有权向生产者、供货者追偿。销售者未按照第一款规定给予修理、更换、退货或者赔偿损失的，由市场监督管理部门责令改正……"

23. 答案：B。《产品质量法》第14条规定，国家参照国际先进的产品标准和技术要求，推行产品质量认证制度。

24. 答案：A。根据《产品质量法》第70条的规定，吊销营业执照的行政处罚由市场监督管理部门决定。

25. 答案：C。《产品质量法》第47条："因产品质量发生民事纠纷时，当事人可以通过协商或者调解解决。当事人不愿通过协商、调解解决或者协商、调解不成的，可以根据当事人各方的协议向仲裁机构申请仲裁；当事人各方没有达成仲裁协议或者仲裁协议无效的，可以直接向人民法院起诉。"故除诉讼外，还有其他的方法解决民事纠纷，仲裁和诉讼均不是必经程序。

26. 答案：C。《产品质量法》第8条第1款、第2款："国务院市场监督管理部门主管全国产品质量监督工作。国务院有关部门在各自的职责范围内负责产品质量监督工作。县级以上地方市场监督管理部门主管本行政区域内的产品质量监督工作。县级以上地方人民政府有关部门在各自的职责范围内负责产品质量监督工作。"

27. 答案：A。本题关于产品质量责任与义务。《产品质量法》第27条规定："产品或者其包装上的标识必须真实……根据产品的特点和使用要求，需要标明产品规格、等级、所含主要成份的名称和含量的，用中文相应予以标明；需要事先让消费者知晓的，应当在外包装上标明，或者预先向消费者提供有关材料……"本题中酒厂用勾兑白酒冒充粮食白酒，使用粮食白酒的包装与标识向社会销售，违反了《产品质量法》的产品与包装真实性的要求，欺骗了消费者，构成了以假充真行为，故选项A是正确的。

28. 答案：A。根据《产品质量法》第41条规定，因产品存在缺陷造成人身、缺陷产品以外的其他财产损害的，生产者应当承担赔偿责任。生产者能够证明有下列情形之一的，不承担赔偿责任：（一）未将产品投入流通的；（二）产品投入流通时，引起损害的缺陷尚不存在的；（三）将产品投入流通时的科学技术水平尚不能发现缺陷的存在的。可以看出，产品缺陷责任并不强调产品缺陷责任主体与受害者之间是否存在合同关系，也不强调责任主体是否具有过错，其构成要件只是产品存在缺陷、造成人身或财产损失两个要件，采用的是严格责任原则，因而B项、C项的说法是错误的。另据《产品质量法》第42条的规定，由于销售者的过错使产品存在缺陷，造成人身、他人财产损害的，销售者应当承担赔偿责任。销售者不能指明缺陷产品的生产者也不能指明缺陷产品的供货者的，销售者应当承担赔偿责任。可见对于销售者的产品缺陷责任也是适用过错责任原则。D项说法错误，产品质量缺陷责任并不是一律适用举证责任倒置，受害人要证明产品存在缺陷。更换、退货属于对合同义务的违反，而缺陷致人损害的赔偿则属于特殊侵权行为的法律后果，故本题的正确答案是A。

29. 答案：B。选项A错误，选项B正确。我国《产品质量法》对生产者、销售者的产品缺陷责任分别作了不同的规定，对生产者实行严格责任，对销售者实行过错责任。选项C、D错误。《产品质量法》第45条规定，因产品存在缺陷造成损害要求赔偿的诉讼时效期间为二年，自当事人知道或者应当知道其权益受到损害时起计算。因产品存在缺陷造成损害要求赔偿的请求权，在造成损害的缺陷产品交付最初消费者满十年丧失；但是，尚未超过明示的安全使用期的除外。

30. 答案：B。选项A说法正确。《食品安全法》第148条第2款规定，生产不符合食品安全标准的食品或者经营明知是不符合食品安全标准的食品，消费者除要求赔偿损失外，还可以向生产者或者经营者要求支付价款十倍或者损失三倍的赔偿金；增加赔偿的金额不足一千元的，为一千元。但是，食品的标签、说明书存在不影响食品安全且不会对消费者造成误导的瑕疵的除外。

选项B说法错误。《食品安全法》第

147 条规定，违反本法规定，造成人身、财产或者其他损害的，依法承担赔偿责任。生产经营者财产不足以同时承担民事赔偿责任和缴纳罚款、罚金时，先承担民事赔偿责任。

选项 C 说法正确。《消费者权益保护法》第 56 条规定，经营者有下列情形之一，《产品质量法》和其他有关法律、法规对处罚机关和处罚方式有规定的，依照法律、法规的规定执行；法律、法规未作规定的，由工商行政管理部门责令改正，可以根据情节单处或者并处警告、没收违法所得、处以违法所得一倍以上五倍以下的罚款，没有违法所得的，处以一万元以下的罚款；情节严重的，责令停业整顿、吊销营业执照：（1）生产、销售的商品不符合保障人身、财产安全要求的……

选项 D 说法正确。《食品安全法》第 135 条第 1 款规定，被吊销许可证的食品生产经营者及其法定代表人、直接负责的主管人员和其他直接责任人员自处罚决定作出之日起五年内不得申请食品生产经营许可，或者从事食品生产经营管理工作、担任食品生产经营企业食品安全管理人员。

31. **答案**：C。《食品安全法》第 37 条规定，利用新的食品原料生产食品，或者生产食品添加剂新品种、食品相关产品新品种，应当向国务院卫生行政部门提交相关产品的安全性评估材料。国务院卫生行政部门应当自收到申请之日起六十日内组织审查；对符合食品安全要求的，准予许可并公布；对不符合食品安全要求的，不予许可并书面说明理由。故 A 项说法错误，应当取得国务院卫生行政部门的许可。《食品安全法》第 39 条规定，国家对食品添加剂生产实行许可制度。从事食品添加剂生产，应当具有与所生产食品添加剂品种相适应的场所、生产设备或者设施、专业技术人员和管理制度，并依照本法第三十五条第二款规定的程序，取得食品添加剂生产许可。生产食品添加剂应当符合法律、法规和食品安全国家标准。也就是说，食品添加剂的生产是实行许可制度的，食品添加剂的销售并未要求实行许可制度，故 B 项说法错误。《食品安全法》第 70 条规定，食品添加剂应当有标签、说明书和包装。标签、说明书应当载明本法第六十七条第一款第一项至第六项、第八项、第九项规定的事项，以及食品添加剂的使用范围、用量、使用方法，并在标签上载明"食品添加剂"字样。故 C 项说法正确。D 项说法错误，《食品安全法》并未要求销售含有食品添加剂的食品的，必须在销售场所设置载明"食品添加剂"字样的专柜。

32. **答案**：A。根据《消费者权益保护法》第 40 条规定："消费者在购买、使用商品时，其合法权益受到损害的，可以向销售者要求赔偿。销售者赔偿后，属于生产者的责任或者属于向销售者提供商品的其他销售者的责任的，销售者有权向生产者或者其他销售者追偿。消费者或者其他受害人因商品缺陷造成人身、财产损害的，可以向销售者要求赔偿，也可以向生产者要求赔偿。属于生产者责任的，销售者赔偿后，有权向生产者追偿。属于销售者责任的，生产者赔偿后，有权向销售者追偿……"另外，《消费者权益保护法》第 48 条规定："经营者提供商品或者服务有下列情形之一的，除本法另有规定外，应当依照其他有关法律、法规的规定，承担民事责任：……（四）不符合商品说明、实物样品等方式表明的质量状况的；……"因而 A 项说法正确，霍某与靓顺公司存在机动车的买卖合同，且车载气囊电脑存在质量问题，因而可以要求其承担违约责任。B 项说法错误，虽然气囊电脑的质量问题不是销售者造成的，但是根据《消费者权益保护法》的前述规定，霍某可以向销售者靓顺公司主张维修、更换。C 项说法错误，产品侵权责任成立的前提是消费者遭受了人身或财产损失。D 项说法错误，销售者和生产者并不是连带责任，销售者有先行承担赔付责任的义务，如果是生产者的责任，则接下来由销售者向生产者追责。

多项选择题

1. **答案**：ABD。《产品质量法》第 2 条："……

本法所称产品是指经过加工、制作，用于销售的产品。建设工程不适用本法规定；但是，建设工程使用的建筑材料、建筑构配件和设备，属于前款规定的产品范围的，适用本法规定。"

2. **答案**：AC。B、D项错误，《产品质量法》第24条规定："国务院和省、自治区、直辖市人民政府的市场监督管理部门应当定期发布其监督抽查的产品的质量状况公告。"

3. **答案**：ABD。《产品质量法》第26条规定："生产者应当对其生产的产品质量负责。产品质量应当符合下列要求：（一）不存在危及人身、财产安全的不合理的危险，有保障人体健康和人身、财产安全的国家标准、行业标准的，应当符合该标准；（二）具备产品应当具备的使用性能，但是，对产品存在使用性能的瑕疵作出说明的除外；（三）符合在产品或者其包装上注明采用的产品标准，符合以产品说明、实物样品等方式表明的质量状况。"据此，该花瓶存在危及人身安全的不合理的危险，属于产品质量问题，生产者应承担责任。

   《产品质量法》第43条规定："因产品存在缺陷造成人身、他人财产损害的，受害人可以向产品的生产者要求赔偿，也可以向产品的销售者要求赔偿。属于产品的生产者的责任，产品的销售者赔偿的，产品的销售者有权向产品的生产者追偿。属于产品的销售者的责任，产品的生产者赔偿的，产品的生产者有权向产品的销售者追偿。"

4. **答案**：ABC。《产品质量法》第27条规定："产品或者其包装上的标识必须真实，并符合下列要求：（一）有产品质量检验合格证明；（二）有中文标明的产品名称、生产厂厂名和厂址；（三）根据产品的特点和使用要求，需要标明产品规格、等级、所含主要成份的名称和含量的，用中文相应予以标明；需要事先让消费者知晓的，应当在外包装上标明，或者预先向消费者提供有关资料；（四）限期使用的产品，应当在显著位置清晰地标明生产日期和安全使用期或者失效日期；（五）使用不当，容易造成产品本身损坏或者可能危及人身、财产安全的产品，应当有警示标志或者中文警示说明。裸装的食品和其他根据产品的特点难以附加标识的裸装产品，可以不附加产品标识。"

5. **答案**：ABCD。《产品质量法》第52条规定，销售失效、变质的产品的，责令停止销售，没收违法销售的产品，并处违法销售产品货值金额二倍以下的罚款；有违法所得的，并处没收违法所得；情节严重的，吊销营业执照；构成犯罪的，依法追究刑事责任。本案中，商店的做法极为恶劣，且造成严重后果，可以予以以上所有处罚。依此，本题A、B、C、D四项均属正确答案。

6. **答案**：ABC。《产品质量法》第26条："生产者应当对其生产的产品质量负责。产品质量应当符合下列要求：（一）不存在危及人身、财产安全的不合理的危险，有保障人体健康和人身、财产安全的国家标准、行业标准的，应当符合该标准；（二）具备产品应当具备的使用性能，但是，对产品存在使用性能的瑕疵作出说明的除外；（三）符合在产品或者其包装上注明采用的产品标准，符合以产品说明、实物样品等方式表明的质量状况。"

7. **答案**：ABCD。《产品质量法》第27条："产品或者其包装上的标识必须真实，并符合下列要求：（一）有产品质量检验合格证明；（二）有中文标明的产品名称、生产厂厂名和厂址；（三）根据产品的特点和使用要求，需要标明产品规格、等级、所含主要成份的名称和含量的，用中文相应予以标明；需要事先让消费者知晓的，应当在外包装上标明，或者预先向消费者提供有关资料；（四）限期使用的产品，应当在显著位置清晰地标明生产日期和安全使用期或者失效日期；（五）使用不当，容易造成产品本身损坏或者可能危及人身、财产安全的产品，应当有警示标志或者中文警示说明。裸装的食品和其他根据产品的特点难以附加标识的裸装产品，可以不附加产品标识。"

8. **答案**：ABCD。生产者的产品质量义务包括作为义务和不作为义务。作为义务有：产品质量符合要求；包装及产品标识符合要求。不作为义务有：不得生产国家明令淘汰的产品；不得伪造产地，冒用、伪造厂名、厂址；不得伪造或冒用认证标志、名优标志等质量标志。

9. 答案：ABC。产品质量责任是指产品的生产者、销售者以及对产品质量负有直接责任的人违反《产品质量法》规定的产品质量义务应承担的法律后果。判定上述主体应承担产品质量责任的依据有三：一是违反默示担保义务。默示担保义务是指法律法规对产品质量作的强制性规定。二是违反明示担保义务。明示担保义务是指生产者、销售者以各种公开的方式就产品质量向消费者所做的说明或陈述。三是产品存在缺陷。产品缺陷是指产品存在危及人身、他人财产安全的不合理的危险，产品有保障人体健康和人身、财产安全的国家标准的，是指不符合该标准。

10. 答案：ABCD。《产品质量法》第 45 条："因产品存在缺陷造成损害要求赔偿的诉讼时效期间为二年，自当事人知道或者应当知道其权益受到损害时起计算。因产品存在缺陷造成损害要求赔偿的请求权，在造成损害的缺陷产品交付最初消费者满十年丧失；但是，尚未超过明示的安全使用期的除外。"

11. 答案：ABCD。《产品质量法》第 44 条："因产品存在缺陷造成受害人人身伤害的，侵害人应当赔偿医疗费、治疗期间的护理费、因误工减少的收入等费用；造成残疾的，还应当支付残疾者生活自助具费、生活补助费、残疾赔偿金以及由其扶养的人所必需的生活费等费用；造成受害人死亡的，并应当支付丧葬费、死亡赔偿金以及由死者生前扶养的人所必需的生活费等费用。因产品存在缺陷造成受害人财产损失的，侵害人应当恢复原状或者折价赔偿。受害人因此遭受其他重大损失的，侵害人应当赔偿损失。"

12. 答案：AD。《产品质量法》第 41 条："因产品存在缺陷造成人身、缺陷产品以外的其他财产（以下简称他人财产）损害的，生产者应当承担赔偿责任。生产者能够证明有下列情形之一的，不承担赔偿责任：（一）未将产品投入流通的；（二）产品投入流通时，引起损害的缺陷尚不存在的；（三）将产品投入流通时的科学技术水平尚不能发现缺陷的存在的。"

13. 答案：ABCD。《产品质量法》第 26 条："生产者应当对其生产的产品质量负责。产品质量应当符合下列要求：（一）不存在危及人身、财产安全的不合理的危险，有保障人体健康和人身、财产安全的国家标准、行业标准的，应当符合该标准；（二）具备产品应当具备的使用性能，但是，对产品存在使用性能的瑕疵作出说明的除外；（三）符合在产品或者其包装上注明采用的产品标准，符合以产品说明、实物样品等方式表明的质量状况。"第 27 条："……（五）使用不当，容易造成产品本身损坏或者可能危及人身、财产安全的产品，应当有警示标志或者中文警示说明。"

14. 答案：ABCD。参见《产品质量法》第 41 条、第 26 条的相关规定（具体见第 12 题、第 13 题）。

15. 答案：ABCD。《产品质量法》第 2 条第 3 款："建设工程不适用本法规定；但是，建设工程使用的建筑材料、建筑构配件和设备，属于前款规定的产品范围的，适用本法规定。"故 A 应选。

《消费者权益保护法》第 43 条："消费者在展销会、租赁柜台购买商品或者接受服务，其合法权益受到损害的，可以向销售者或者服务者要求赔偿。展销会结束或者柜台租赁期满后，也可以向展销会的举办者、柜台的出租者要求赔偿。展销会的举办者、柜台的出租者赔偿后，有权向销售者或者服务者追偿。"故 B 应选。

《消费者权益保护法》第 18 条、第 19 条："经营者应当保证其提供的商品或者服务符合保障人身、财产安全的要求。对可能危及人身、财产安全的商品和服务，应当向消费者作出真实的说明和明确的警示，并说明和标明正确使用商品或者接受服务的方法以及防止危害发生的方法。宾馆、商场、餐馆、银行、机场、车站、港口、影剧院等经营场所的经营者，应当对消费者尽到安全保障义务。""经营者发现其提供的商品或者服务存在缺陷，有危及人身、财产安全危险的，应当立即向有关行政部门报告和告知消费者，并采取停止销售、警示、召回、无害化处理、销毁、停止生产或者服务等措施。采取召回措施的，经营者应当承担消费者因商品被召回支出的必要费用。"故C应选。

第30条："国家制定有关消费者权益的法律、法规、规章和强制性标准，应当听取消费者和消费者协会等组织的意见。"稻草非香肠国家标准中的原料，也非产品标注的原料，故D应选。

16. **答案**：AC。《产品质量法》第25条："市场监督管理部门或者其他国家机关以及产品质量检验机构不得向社会推荐生产者的产品；不得以对产品进行监制、监销等方式参与产品经营活动。"

17. **答案**：AD。《产品质量法》第41条规定：因产品存在缺陷造成人身、缺陷产品以外的其他财产损害的，生产者应当承担赔偿责任。本条规定的是严格责任。生产者能够证明有下列情形之一的，不承担赔偿责任：（一）未将产品投入流通的；（二）产品投入流通时，引起损害的缺陷尚不存在的；（三）将产品投入流通时的科学技术水平尚不能发现缺陷的存在的。第42条："由于销售者的过错使产品存在缺陷，造成人身、他人财产损害的，销售者应当承担赔偿责任。销售者不能指明缺陷产品的生产者也不能指明缺陷产品的供货者的，销售者应当承担赔偿责任。"

18. **答案**：ABC。《产品质量法》第15条的规定，国家对产品质量实行以抽查为主要方式的监督检查制度，对可能危及人体健康和人身、财产安全的产品，影响国计民生的重要工业产品以及消费者、有关组织反映有质量问题的产品进行抽查。

19. **答案**：AD。《产品质量法》第27条第1款："产品或者其包装上的标识必须真实，并符合下列要求：（一）有产品质量检验合格证明；（二）有中文标明的产品名称、生产厂厂名和厂址；（三）根据产品的特点和使用要求，需要标明产品规格、等级、所含主要成份的名称和含量的，用中文相应予以标明；需要事先让消费者知晓的，应当在外包装上标明，或者预先向消费者提供有关资料；（四）限期使用的产品，应当在显著位置清晰地标明生产日期和安全使用期或者失效日期；（五）使用不当，容易造成产品本身损坏或者可能危及人身、财产安全的产品，应当有警示标志或者中文警示说明。"

20. **答案**：BD。《产品质量法》第36条："销售者销售的产品的标识应当符合本法第二十七条的规定。"第37条："销售者不得伪造产地，不得伪造或者冒用他人的厂名、厂址。"

21. **答案**：ABD。《产品质量法》第41条："因产品存在缺陷造成人身、缺陷产品以外的其他财产（以下简称他人财产）损害的，生产者应当承担赔偿责任。生产者能够证明有下列情形之一的，不承担赔偿责任：（一）未将产品投入流通的；（二）产品投入流通时，引起损害的缺陷尚不存在的；（三）将产品投入流通时的科学技术水平尚不能发现缺陷的存在的。"

第42条："由于销售者的过错使产品存在缺陷，造成人身、他人财产损害的，销售者应当承担赔偿责任。销售者不能指明缺陷产品的生产者也不能指明缺陷产品的供货者的，销售者应当承担赔偿责任。"

22. **答案**：AB。产品质量侵权责任是无过错责任，实行举证责任倒置原则；而产品质量合同责任是过错责任，实行谁主张谁举证原则。生产者免责条件的根据是《产品质量法》第41条第2款："生产者能够证明有下列情形之一的，不承担赔偿责任：（一）未将产品投入流通的；（二）产品投入流通时，引起损害的缺陷尚不存在的；（三）将产品投入流通时的科学技术水平尚不能发现缺陷的存在的。"

23. **答案**：ABCD。《产品质量法》第26条第2款："产品质量应当符合下列要求：（一）不存在危及人身、财产安全的不合理的危险，有保障人体健康和人身、财产安全的国家标准、行业标准的,应当符合该标准;(二)具备产品应当具备的使用性能,但是,对产品存在使用性能的瑕疵作出说明的除外;(三)符合在产品或者其包装上注明采用的产品标准,符合以产品说明、实物样品等方式表明的质量状况。"

24. **答案**:ABCD。《产品质量法》第 47 条:"因产品质量发生民事纠纷时,当事人可以通过协商或者调解解决。当事人不愿通过协商、调解解决或者协商、调解不成的,可以根据当事人各方的协议向仲裁机构申请仲裁;当事人各方没有达成仲裁协议或者仲裁协议无效的,可以直接向人民法院起诉。"

25. **答案**:ABC。《产品质量法》第 33 条:"销售者应当建立并执行进货检查验收制度,验明产品合格证明和其他标识。"第 34 条:"销售者应当采取措施,保持销售产品的质量。"第 35 条:"销售者不得销售国家明令淘汰并停止销售的产品和失效、变质的产品。"

26. **答案**:AD。依据《产品质量法》第 41 条的规定,"因产品存在缺陷造成人身、缺陷产品以外的其他财产(以下简称他人财产)损害的,生产者应当承担赔偿责任。生产者能够证明有下列情形之一的,不承担赔偿责任:(一)未将产品投入流通的;(二)产品投入流通时,引起损害的缺陷尚不存在的;(三)将产品投入流通时的科学技术水平尚不能发现缺陷的存在的"。据此,选项 A、D 是正确的。

27. **答案**:ABCD。《产品质量法》第 26 条:"生产者应当对其生产的产品质量负责。产品质量应当符合下列要求:(一)不存在危及人身、财产安全的不合理的危险,有保障人体健康和人身、财产安全的国家标准、行业标准的,应当符合该标准;(二)具备产品应当具备的使用性能,但是,对产品存在使用性能的瑕疵作出说明的除外;(三)符合在产品或者其包装上注明采用的产品标准,符合以产品说明、实物样品等方式表明的质量状况。"

28. **答案**:BCD。产品质量法律责任与一般侵权责任不同,即产品质量法律责任不要求生产者、销售者在主观上有过错(过失或故意),实行无过错责任原则。

29. **答案**:ABCD。《产品质量法》第 43 条规定:"因产品存在缺陷造成人身、他人财产损害的,受害人可以向产品的生产者要求赔偿,也可以向产品的销售者要求赔偿。属于产品的生产者的责任,产品的销售者赔偿的,产品的销售者有权向产品的生产者追偿。属于产品的销售者的责任,产品的生产者赔偿的,产品的生产者有权向产品的销售者追偿。"故 A、B、D 正确。《民法典》第 996 条规定:"因当事人一方的违约行为,损害对方人格权并造成严重精神损害,受损害方选择请求其承担违约责任的,不影响受损害方请求精神损害赔偿。"张某身体受到侵害,他若向美容院索赔,可同时请求精神损害赔偿。因此 C 正确。

30. **答案**:ABCD。根据《产品质量法》第 46 条的规定,本法所称缺陷,是指产品存在危及人身、他人财产安全的不合理的危险;产品有保障人体健康和人身、财产安全的国家标准、行业标准的,是指不符合该标准。题中的不合格产品一般是指不符合国家标准或行业标准,因而属于产品缺陷。根据《产品质量法》第 42 条、第 43 条的规定,由于销售者的过错使产品存在缺陷,造成人身、他人财产损害的,销售者应当承担赔偿责任。销售者不能指明缺陷产品的生产者也不能指明缺陷产品的供货者的,销售者应当承担赔偿责任。因产品存在缺陷造成人身、他人财产损害的,受害人可以向产品的生产者要求赔偿,也可以向产品的销售者要求赔偿。属于产品的生产者的责任,产品的销售者赔偿的,产品的销售者有权向产品的生产者追偿。属于产品的销售者的责任,产品的生产者赔偿的,产品的生产者有权向产品的销售者追偿。本题属于产品缺陷责任,故孙某既可以向生产者也可以向销售者要求赔偿,故 A、B 项正确。由于缺陷不是超市造成的,故超市赔偿后可以向其供货者或直接向生产者索赔,故 C、D 项正确。

31. **答案**：AB。根据《产品质量法》第13条第1款的规定，可能危及人体健康和人身、财产安全的工业产品，必须符合保障人体健康和人身、财产安全的国家标准、行业标准；未制定国家标准、行业标准的，必须符合保障人体健康和人身、财产安全的要求。故A项说法正确。根据《产品质量法》第27条的规定，使用不当，容易造成产品本身损坏或者可能危及人身、财产安全的产品，应当有警示标志或者中文警示说明。故B项说法正确。根据《产品质量法》第15条第3款的规定，根据监督抽查的需要，可以对产品进行检验。检验抽取样品的数量不得超过检验的合理需要，并不得向被检查人收取检验费用。监督抽查所需检验费用按照国务院规定列支。故C项说法错误。因为并不是产品本身存在缺陷，而是安装方法有特定的要求，所以不应该召回，也不应当由经营者承担相关费用，故D项说法错误。

32. **答案**：BCD。根据《农产品质量安全法》第2条的规定，本法所称农产品，是指来源于农业的初级产品，即在农业活动中获得的植物、动物、微生物及其产品。由于食用油不属于初级加工产品，故A项说法错误。根据《食品安全法》第67条的规定，预包装食品的包装上应当有标签。标签应当标明下列事项：（1）名称、规格、净含量、生产日期；（2）成分或者配料表……故B项说法正确，应当标明橄榄油添加量。根据《食品安全法》第148条的规定，消费者因不符合食品安全标准的食品受到损害的，可以向经营者要求赔偿损失，也可以向生产者要求赔偿损失。接到消费者赔偿要求的生产经营者，应当实行首负责任制，先行赔付，不得推诿；属于生产者责任的，经营者赔偿后有权向生产者追偿；属于经营者责任的，生产者赔偿后有权向经营者追偿。故C项说法正确。根据《最高人民法院关于审理食品药品纠纷案件适用法律若干问题的规定》，因食品、药品质量问题发生纠纷，购买者向生产者、销售者主张权利，生产者、销售者以购买者明知食品、药品存在质量问题而仍然购买为由进行抗辩的，人民法院不予支持。故D项说法正确。

33. **答案**：ABCD。价格法通过确立规范价格行为的价格监管制度，有助于创造价格合理形成的公平竞争环境，使价格配合其他市场机制，真正成为市场配置资源的有效工具。同时有助于规范价格行为，为政府查处价格违法行为提供依据，进而保护消费者和经营者的合法权益。价格监管法律制度通过对价格监管的确认，使得与价格总水平调控相关的价格监管活动能够切实开展，进而促进价格总水平调控目标的实现。

34. **答案**：ABCD。我国实行并逐步完善宏观经济调控下主要由市场形成价格的机制，除极少数商品和服务价格实行政府指导价或者政府定价外，大多数商品和服务价格实行市场调节价。这种价格管理模式，使大多数商品和服务的价格在市场竞争中形成，直接受价值规律支配，反映市场供求状况和资源的稀缺程度，进而有利于充分发挥价格对资源配置的引导作用。实行并逐步完善宏观经济调控下主要由市场形成价格的机制，意味着经营者享有充分的定价权。

35. **答案**：ACD。政府指导价的具体形式主要包括以下几种：最高限价（上限价格），例如居民用电、自来水价格等。最低保护价（下限价格），例如粮食、猪肉最低收购价等。浮动价格（政府规定一个基准价及浮动幅度，允许经营者在规定范围内调整价格），例如成品油价格等。差价率或利润率控制（政府通过限制经营环节的差价率或利润率来控制最终价格），例如部分蔬菜批发零售差价率限制等。

36. **答案**：ABCD。根据《价格法》第18条，下列商品和服务价格，政府在必要时可以实行政府指导价或者政府定价：（1）与国民经济发展和人民生活关系重大的极少数商品价格；（2）资源稀缺的少数商品价格；（3）自然垄断经营的商品价格；（4）重要的公用事业价格；（5）重要的公益性服务价格。

37. **答案**：BC。根据《价格法》第27条，政府可以建立重要商品储备制度，设立价格调节基金，调控价格，稳定市场。
38. **答案**：ABCD。根据《价格法》第34条，政府价格主管部门进行价格监督检查时，可以行使下列职权：（一）询问当事人或者有关人员，并要求其提供证明材料和与价格违法行为有关的其他资料；（二）查询、复制与价格违法行为有关的帐簿、单据、凭证、文件及其他资料，核对与价格违法行为有关的银行资料；（三）检查与价格违法行为有关的财物，必要时可以责令当事人暂停相关营业；（四）在证据可能灭失或者以后难以取得的情况下，可以依法先行登记保存，当事人或者有关人员不得转移、隐匿或者销毁。

名词解释

1. **答案**：产品质量认证制度是指依据产品标准和相应的技术要求，经认证机构确认，并通过颁发认证证书和认证标志来证明某一产品符合相应标准和技术要求的制度。
2. **答案**：产品瑕疵，广义地说，是指产品不符合其应当具有的质量要求；狭义地说，仅指一般性的质量问题，如产品外观、使用性能等方面的质量问题。
3. **答案**：产品责任是指产品生产者和销售者因违反产品质量法规定的产品质量要求而应当承担的责任，狭义的产品责任则仅指产品存在缺陷而导致的损害赔偿责任，其性质为侵权责任，各国大都实行严格责任原则。
4. **答案**：按照《价格法》的规定，经营者依据生产经营成本和市场供求状况，享有以下定价权：（1）自主制定属于市场调节的价格；（2）政府指导价规定的幅度内制定价格；（3）制定属于政府指导价、政府定价产品范围内的新产品的试销价格，特定产品除外；（4）检举、控告侵犯其依法自主定价权利的行为。
5. **答案**：量值传递，是指将国家统一的计量基准所复现的计量单位量值，通过检定、校准或其他方式传递给下一等级的计量标准，并依次逐级传递到工作用计量器具，以保证计量对象的量值准确一致的全部过程。量值传递是一个自上而下的过程，即由统一全国量值最高依据的计量基准，去统一各种计量标准，再由各种计量标准去统一工作用计量器具，以保证被测量对象量值准确统一。

简答题

1. **答案**：（1）关于产品责任请求权时效。

《产品质量法》第45条第2款规定："因产品存在缺陷造成损害要求赔偿的请求权，在造成损害的缺陷产品交付最初消费者满十年丧失；但是，尚未超过明示的安全使用期的除外。"

（2）关于产品责任诉讼时效的特别规定。

诉讼时效是平衡生产经营者利益和用户、消费者利益从而稳定社会经济关系的重要法律手段。

（3）关于抗辩事由

我国规定了生产者对产品缺陷的免责事由：①未将产品投入流通。产品未进入流通，不可能对消费者产生损害。②产品投入流通时缺陷尚不存在。缺陷是在产品脱离生产者控制后，由其他人造成的。③产品投入流通时的科学技术尚不能发现缺陷存在。这是对发展风险免除责任的规定。在判定是否属于发展风险时，应以当时社会具有的科技水平为依据，不是依据生产者掌握的科技水平。如此规定，有助于鼓励科技进步，激励生产者开发新产品，使用新技术，将科技成果转化为现实生产力。

2. **答案**：产品责任是指产品生产者、销售者因生产、销售有缺陷产品致使他人遭受人身伤害、财产损失所应承担的民事赔偿责任。产品质量责任是指生产者、销售者以及对产品质量负有直接责任的责任者，因违反产品质量法所规定的产品质量义务所应承担的法律责任的制度。

产品责任包含在广义的"产品质量责任"概念中，仅限于因产品缺陷致使受害人人身、财产损害而发生的特殊侵权责任。两者是属概念与种概念的关系，是共性与个性的关系。一般认为产品责任的性质是民事责任中的一种特殊侵权责任，但也有学者认为是一种合同责任。

我国《产品质量法》采用过错责任原则与无过错责任原则并存的立法模式。《产品质量法》允许对销售缺陷产品造成人身、他人财产损害的销售者适用过错原则，在有关一般质量担保和瑕疵责任的条款中也适用过错原则。对缺陷产品致人损害的生产者以及不能指明缺陷产品生产者的销售者，均适用无过错责任原则。

3. **答案**：产品责任是指与产品有关的制造商、批发商或零售商等各方对产品因存在缺陷而在被正常使用过程中发生意外并造成用户或他人人身伤害和财产损失，依法应承担的经济赔偿责任。在责任保险领域内，产品责任保险是发展较为迅速的险种。零售商、批发商和制造商对由离开销售和生产场所的商品的使用或消费引起的伤害被认为是负有法律责任的。

构成要件：（1）生产或销售了不符合产品质量要求的产品。即产品存在危及人身、他人财产安全的不合理的危险，或产品不符合保障人体健康和人身、财产安全的国家标准、行业标准。这里所说的产品是指经过加工、制作，用于销售的产品。建设工程、初级农产品等不包括在内；这里所说的产品缺陷包括设计缺陷、制造缺陷和警示说明缺陷。

（2）不合格产品造成了他人财产、人身损害。这里所指的他人财产，是指缺陷产品以外的财产，至于缺陷产品自身的损害，购买者可以根据法律规定要求销售者承担违约责任，而非产品责任。遭受人身损害的受害者，可以是购买者、消费者，也可以是购买者、消费者之外的第三人。

（3）产品缺陷与受害人的损害事实间存在因果关系。确认该种因果关系，一般应由受害人举证，受害人举证的事项为缺陷产品被使用或被消费、使用或者消费缺陷产品导致了损害的发生，但是对于高科技产品，理论上认为应有条件地适用因果关系推定理论。

4. **答案**：三包是零售商对所售商品实行"包修、包换、包退"服务的简称。是指商品进入消费领域后，销售方对所售商品在一定期间内提供信用保证，即只要不是因为用户使用、保管不当，而是因为产品质量问题发生故障的，对所有的商品一律提供"包修、包换、包退"服务。从表面上看，缺陷产品召回和三包都是为了解决产品质量问题，维护消费者的合法权益，但两者在目的、适用对象、适用期间、适用范围上还是有很大的区别：

（1）目的不同。缺陷产品召回具有预防的功能，其目的是消除缺陷产品带来的安全隐患，维护公共利益。三包在本质上是物的瑕疵担保责任，其目的是通过提供一定期间内的信用保证，保护作为个体的消费者利益。

（2）适用对象不同。缺陷产品召回主要针对系统性、同一性的与安全有关的缺陷，这种缺陷一般是在一批产品上都存在，而且是与公共安全相关的。而三包主要针对的是随机偶然因素造成的产品不合格，这种不合格一般具有偶然性，也不一定与公共安全相关。

（3）适用期间不同。缺陷产品召回一般没有期间限制，只要发现产品存在可能导致消费者人身和财产损害的不合理危险，生产商就应该召回。而三包制度一般有明确的期间限制，如 30 日等，超过规定的期间，消费者就不能再享受三包服务。

（4）适用范围不同。虽然我国目前有明确规范的缺陷产品召回只限于汽车召回、儿童玩具召回、食品召回等，但原则上缺陷产品召回可以适用所有消费类产品。而三包制度有明确的适用范围，实行三包的产品目录由国务院有关部门规定和调整，未纳入三包范围的产品，不适用三包规定。

5. **答案**：为了保证主要由市场形成价格的机制有效发挥作用，我国《价格法》对政府指导价和政府定价的范围作了界定，在一定程度上明确了政府定价行为的"权力清单"。按照规定，下列商品和服务价格，政府在必要时可以实行政府指导价或者政府定价：（1）与国民经济发展和人民生活关系重大的极少数商品价格；（2）资源稀缺的少数商品价格；（3）自然垄断经营的商品价格；（4）重要的公用事业价格；(5)重要的公益性服务价格。

同时，为了防止政府指导价和政府定价范围的扩大，《价格法》还规定：政府指导价、政府定价的定价权限和具体适用范围，以中央的和地方的定价目录为依据。中央定价目录由国务院价格主管部门制定、修订，报国务院批准后公布。地方定价目录由省、自治区、直辖市人民政府价格主管部门按照中央定价目录规定的定价权限和具体适用范围制定，经本级人民政府审核同意，报国务院价格主管部门审定后公布。省、自治区、直辖市人民政府以下各级地方人民政府，不得制定定价目录。

此外，为了提高政府价格决策的民主性、科学性和透明度，制定关系群众切身利益的公用事业价格、公益性服务价格、自然垄断经营的商品价格等政府指导价、政府定价，应当建立听证会制度，由政府价格主管部门主持，征求消费者、经营者和有关方面的意见，论证其必要性、可行性。

💬 论述题

1. **答案**：产品责任又称产品侵权损害赔偿责任，是指产品存在可能危及人身、财产安全的不合理危险，造成消费者人身或者除缺陷产品外的其他财产损失后，缺陷产品的生产者、销售者应当承担的特殊的侵权法律责任。《产品质量法》规定的产品责任大致可以分为两类：一是生产者应当承担的产品责任，即产品存在缺陷，造成人身或者除缺陷产品外的其他财产损失后，缺陷产品的生产者应当承担的赔偿责任；二是销售者应当承担的产品责任，即销售者的过错使产品存在缺陷造成人身或者除缺陷产品外的其他财产损失后，销售者应当承担的责任。销售者不能指明缺陷产品的生产者或不能指明缺陷产品的供货人的，销售者也应当承担赔偿责任。适用严格责任原则确定和追究产品责任要符合以下要件：1. 产品有缺陷。产品缺陷，我国的产品质量法将其定义为"产品存在危及人身、他人财产安全的不合理的危险；产品有保障人体健康和人身、财产安全的国家标准、行业标准的，是指不符合该标准"。2. 有损害事实存在。即产品因缺陷造成了人身或者缺陷产品以外的其他财产的损害。3. 产品缺陷与损害后果之间有因果关系。即损害的结果是由产品缺陷直接导致的。

产品质量责任是指生产者、销售者以及其他对产品质量负有责任的人违反《产品质量法》规定的产品义务所应当承担的法律责任。产品质量责任是一种综合的法律责任，《产品质量法》明确规定了认定产品质量责任的依据，主要有三个方面：一是国家法律、行政法规明确规定的对于产品质量必须满足的条件；二是明示了采用的标准，作为认定产品质量是否合格以及确定产品质量责任的依据；三是产品缺陷。其一，产品不具有产品应当具备的使用性能而事先未说明的；其二，产品质量不符合在产品或者其包装上注明采用的产品标准的；产品质量不符合产品说明书、实物样品等对产品质量状况所做说明或表明的。凡是出售的产品有上述情形之一的，销售者应当负责修理、更换、退货，给用户、消费者造成损失的，应当负责赔偿损失。

由此可见，产品质量责任与产品责任不是同一概念，两者有着明显的区别：首先，性质不同。产品责任是一种特殊的民事侵权，承担侵权责任；产品质量责任是生产者、销售者以及对产品质量有直接责任的人违反了法律、行政法规规定的质量要求，对其作为或不作为所应承担的法律后果。违反者承担的是违约责任。其次，责任主体不同。产品责任的主体只限于生产者和销售者，通常与生产者和销售者的雇员无关；但产品质量责任的责任主体除生产者和销售者外，还包括对产品质量负有直接责任的人。再次，两者的责任范围不同。产品责任是一种民事责任，生产者和销售者只承担侵权的损害赔偿责任；而产品质量责任除侵权损害赔偿责任以外，其责任形式还有合同责任、行政责任和刑事责任。另外，责任产生的时间不同。产品责任只能产生于损害结果发生之后，没有损害的事实就不可能产生产品责任；而产品质量责任则产生于产品的生产、销售、管理、使用、消费等任何一个环节，只要上述任何一个环节出现违反《产品质量法》规定的产品质量义务的行为或事实，就有可能产生产品质量责任。最后，产品责任由国家法律强制规定，在任何情况下都不得以当事人之间的协议变更；然而产品质量责任除一些情况外，不得以当事人的协议变更，即存在一些当事人意思自治的可能性，这点上比产品责任规定要宽泛得多。可以说，产品质量责任是包含产品责任概念在内的综合责任概念，产品责任是产品质量责任的内容之一。

2. **答案**：广告准则，是指广告应当遵循的基本标准和要求。广告准则既是广告活动的行为规范，也是广告监管机关监管广告的依据。

（1）广告的一般准则，是指各种广告均应遵循的共同性标准和要求。广告的一般准则主要有：①真实。即广告应当实事求是地介绍商品或者服务，不得含有虚假内容，不得欺骗、误导消费者。《广告法》规定：广告使用数据、统计资料、调查结果、文摘、引用语等引证内容的，应当真实，并表明出处。广告中涉及专利产品或者专利方法的，应当标明专利号和专利种类；未取得专利权的，不得在广告中谎称取得专利权；禁止使用未授予专利权的专利申请和已经终止、撤销、无效的专利做广告；广告代言人在广告中对商品、服务作推荐、证明，应当依据事实，符合《广告法》和其他有关法律、行政法规规定，不得为其未使用过的商品或者未接受过的服务作推荐、证明。这些规定，都体现了广告内容应当真实的要求。广告以虚假的内容欺骗、误导消费者的，构成虚假广告。②准确、清晰。即广告对商品或者服务的介绍应力求清楚，不得含糊其词、模棱两可。《广告法》规定：广告中对商品的性能、功能、产地、用途、质量、成分、价格、生产者、有效期限、允诺等或者对服务的内容、提供者、形式、质量、价格、允诺等有表示的，应当准确、清楚、明白；广告中表明推销的商品或者服务附带赠送的，应当明示所附带赠送商品或者服务的品种、规格、数量、期限和方式；法律、行政法规规定广告中应当明示的内容，应当显著、清晰表示；广告应当具有可识别性，能够使消费者辨明其为广告；大众传播媒介不得以新闻报道形式变相发布广告；通过大众传播媒介发布的广告应当显著标明"广告"，与其他非广告信息相区别，不得使消费者产生误解。这些规定，都反映了广告应当准确、清晰的要求。广告以引人误解的内容欺骗、误导消费者的，构成虚假广告。③合法。这里所谓"合法"，指广告对真实、准确、清晰以外的其他要求的遵守或者不违背。在广告内容的合法性要求上，《广告法》规定，广告不得有以下情形：使用或者变相使用中华人民共和国的国旗、国歌、国徽，军旗、军歌、军徽；使用或者变相使用国家机关、国家机关工作人员的名义或者形象；使用"国家级""最高级""最佳"等用语；损害国家的尊严或者利益，泄露国家秘密；妨碍社会安定，损害社会公共利益；危害人身、财产安全，泄露个人隐私；妨碍社会公共秩序或者违背社会良好风尚；含有淫秽、色情、赌博、迷信恐怖、暴力的内容；含有民族、种族、宗教、性别歧视的内容；妨碍环境、自然资源或者文化遗产保护；损害未成年人和残疾人的身心健康；贬低其他生产经营者的商品或者服务；法律、行政法规规定禁止的其他情形。

（2）广告的特殊准则，是指某些特殊商品和服务广告应当遵循的特殊标准和要求。《广告法》对以下特殊商品和服务广告规定了特殊准则：①医疗、药品、医疗器械广告。这几种广告不得含有下列内容：第一，表示功效、安全性的断言或者保证；第二，说明治愈率或者有效率；第三，与其他药品、医疗器械的功效和安全性或者其他医疗机构比较；第四，利用广告代言人作推荐、证明；第五，法律、行政法规规定禁止的其他内容。此外，麻醉药品、精神药品、医疗用毒性药品、放射性药品等特殊药品，药品类易制毒化学品，以及戒毒治疗的药品、医疗器械和治疗方法，不得做广告；以上药品以外的处方药，只能在国务院卫生行政部门和国务院药品监督管理部门共同指定的医学、药学专业刊物上做广告。药品广告的内容不得与国务院药品监督管理部门批准的说明书不一致,并应当显著标明禁忌、不良反应。处方药广告应当显著标明"本广告仅供医学药学专业人士阅读",非处方药广告应当显著标明"请按药品说明书或者在药师指导下购买和使用"。推荐给个人自用的医疗器械的广告,应当显著标明"请仔细阅读产品说明书或者在医务人员的指导下购买和使用"。医疗器械产品注册证明文件中有禁忌内容、注意事项的,广告中应当显著标明"禁忌内容或者注意事项详见说明书"。除医疗、药品、医疗器械广告外,禁止其他任何广告涉及疾病治疗功能,并不得使用医疗用语或者易使推销的商品与药品、医疗器械相混淆的用语。②农药、兽药、饲料和饲料添加剂广告。这几种广告不得含有下列内容:第一,表示功效、安全性的断言或者保证;第二,利用科研单位、学术机构、技术推广机构、行业协会或者专业人士、用户的名义或者形象作推荐、证明;第三,说明有效率;第四,违反安全使用规程的文字、语言或者画面;第五,法律、行政法规规定禁止的其他内容。③烟草广告。禁止在大众传播媒介或者公共场所、公共交通工具、户外发布烟草广告;禁止向未成年人发送任何形式的烟草广告;禁止利用其他商品或者服务的广告、公登广告,宣传烟草制品名称、商标、包装、装潢以及类似内容。烟草制品生产者或者销售者发布的迁址、更名、招聘等启事中,不得含有烟草制品名称、商标、包装、装潢以及类似内容。④保健食品广告。这类广告不得含有下列内容:第一,表示功效、安全性的断言或者保证;第二,涉及疾病预防、治疗功能;第三,声称或者暗示广告商品为保障健康所必需;第四,与药品、其他保健食品进行比较;第五,利用广告代言人作推荐、证明;第六,法律、行政法规规定禁止的其他内容。此外,保健食品广告应当显著标明"本品不能代替药物"。⑤酒类广告。这类广告不得含有下列内容:第一,诱导、怂恿饮酒或者宣传无节制饮酒;第二,出现饮酒的动作;第三,表现驾驶车、船、飞机等活动;第四,明示或者暗示饮酒有消除紧张和焦虑、增加体力等功效。⑥教育、培训广告。这类广告不得含有下列内容:第一,对升学、通过考试、获得学位学历或者合格证书,或者对教育、培训的效果作出明示或者暗示的保证性承诺;第二,明示或者暗示有相关考试机构或者其工作人员、考试命题人员参与教育、培训;第三,利用科研单位、学术机构、教育机构、行业协会、专业人士、受益者的名义或者形象作推荐、证明。⑦招商等有投资回报预期的商品或者服务广告。这类广告应当对可能存在的风险以及风险责任承担有合理提示或者警示,并不得含有下列内容:第一,对未来效果、收益或者与其相关的情况作出保证性承诺,明示或者暗示保本、无风险或者保收益等,国家另有规定的除外;第二,利用学术机构、行业协会、专业人士、受益者的名义或者形象作推荐、证明。⑧房地产广告。发布这类广告,房源信息应当真实,面积应当表明为建筑面积或者套内建筑面积,并不得含有下列内容:第一,升值或者投资回报的承诺;第二,以项目到达某一具体参照物所需的时间表示项目位置;第三,违反国家有关价格管理的规定;第四,对规划或者建设中的交通、商业、文化教育设施以及其他市政条件作误导宣传。⑨农作物种子、林木种子、草种子、种畜禽、水产苗种和种养殖广告。这些广告关于品种名称、生产性能、生长量或者产量、品质、抗性、特殊使用价值、经济价值、适宜种植或者养殖的范围和条件等方面的表述应当真实、清楚明白,并不得含有下列内容:第一,作科学上无法验证的断言;第二,表示功效的断言或者保证;第三,对经济效益进行分析、预测或者作保证性承诺;第四,利用科研单位、学术机构、技术推广机构、行业协会或者专业人士、用户的名义或者形象作推荐、证明。

案例分析题

1. 答案:《产品质量法》第 26 条规定,产品质量应符合以下要求：（1）不存在危及人身、财产安全的不合理危险，有保障人体健康和人身、财产安全的国家标准、行业标准的，应当符合该标准；（2）具备产品应当具备的使用性能，但对产品存在使用性能的瑕疵作出说明的除外；（3）符合在产品或其包装上注明采用的产品标准，符合以产品说明、实物样品等方式表明的质量状况。在本案中，销售者在出售其商品时并未说明高压锅存在缺陷，即没有对产品存在的瑕疵作出说明，尽管王某已发现瑕疵，但王妻作为使用者已仔细读过所有的说明，也未发现产品瑕疵，已尽到了合理的注意义务。因而不产生使用不当的责任。《产品质量法》第43条规定，因产品存在缺陷造成人身、他人财产损害的，受害者可以向产品生产者要求赔偿，也可以向产品销售者要求赔偿，因而王某及王妻可以向商场提出赔偿请求。而《产品质量法》第41条规定因产品存在缺陷造成他人损害，侵害人应当赔偿医疗费、因误工减少的费用等，而没有规定对精神损害的赔偿。因而，人民法院可以判决商场赔偿王某买锅费用及王妻的医疗费，而对其精神损害赔偿请求不予支持。

2. **答案：**《产品质量法》第41条规定，因产品存在缺陷造成人身、缺陷产品以外的其他财产（以下简称他人财产）损害的，生产者应承担赔偿责任。生产者能证明有下列情形之一的，不承担赔偿责任：（1）未将产品投入流通的；（2）产品投入流通时，引起损害的缺陷尚不存在的；（3）将产品投入流通时的科学技术水平尚不能发现缺陷存在的。本案中，产品尚未投入流通，因此生产者不承担赔偿责任。但因甲、乙均没有过错，故人民法院可以根据民法中的公平原则，判决该企业适当补偿甲。

3. **答案：**《产品质量法》第42条规定，销售者应当对其销售的产品质量负责，因产品存在缺陷造成人身、缺陷产品以外的其他财产损害的，销售者应承担赔偿责任。根据上述规定，商店应对其销售的产品造成的损害负赔偿责任。

4. **答案：**（1）出口转内销的商品应当遵循《产品质量法》。《产品质量法》第2条第1款规定："在中华人民共和国境内从事产品生产、销售活动，必须遵守本法。"

（2）《产品质量法》规定："本法所称产品是指经过加工、制作，用于销售的产品。""建设工程不适用本法规定。"为了兼顾涉外产品责任的民事赔偿问题，本法不调整初级农产品、矿产品及不动产。对于军工产品的质量，由国务院、中央军委另行制定办法进行监督管理，但军工企业生产的民用产品适用本法调整。

《产品质量法》规定的"从事产品生产、销售活动，必须遵守本法"，即本法调整的行为范畴。产品的经营活动，一般包括如下几个环节，即生产、运输、仓储、销售，本法只调整发生在生产和销售环节中的质量问题，不调整产品在运输和仓储活动中发生的质量问题，用户、消费者发现购买的产品有质量问题，也不可能直接向产品的承运人或仓储保管人查询，而只能向产品的生产者和销售者进行索赔。然后再由产品的生产者、销售者向运输和保管单位追偿，其权利义务关系由《民法典》进行调整。

5. **答案：**（1）商场应对售出的有瑕疵的产品负责。根据《产品质量法》规定，销售者在产品质量方面承担民事责任的具体形式主要是对售出的产品进行修理、更换、退货，给他人造成损害的，应承担损害赔偿责任。

（2）依照《产品质量法》的规定，商场应承担下列责任：修理、更换、退货。如因冰箱的质量不合格而导致其毁损或灭失，不能修理、更换或退货的，李某有权要求商场赔偿损失。商场应对售出的产品承担产品瑕疵担保责任。

6. **答案：**《产品质量法》规定产品质量诉讼时效期间为2年。产品责任的2年诉讼时效从当事人知道或应当知道其权益受到损害时起计算，即因产品存在缺陷，造成人身伤害和财产损失后，受害人必须在2年的期限内向人民法院提起诉讼，否则就丧失了损害赔偿的胜诉权。需要注意的是，《产品质量法》

是特别法，根据特别法优于普通法的原则，产品责任的诉讼时效应依《产品质量法》的规定。

因产品存在缺陷造成损害要求赔偿的请求权，在造成损害的缺陷产品交付最初用户、消费者满10年丧失。"交付最初用户、消费者"指侵害人将具有缺陷的产品交付给第一个使用该产品的人。自产品交付给最初用户和消费者时起10年内，如果因产品的缺陷造成了人身、财产损害，产品生产者、销售者应承担赔偿责任。超过10年，即使产品发生损害，受害人也丧失了请求赔偿的权利，侵害人也无承担赔偿责任的义务。

"尚未超过明示的安全使用期的除外"，是指在有关产品的说明中，明确规定安全使用期限超过10年的，这时的请求权期限适用安全期的期限。《产品质量法》关于请求权期间为10年的规定，与《民法典》规定的最长诉讼时效期间为20年不同，应优先适用《产品质量法》。故，彩电生产厂家以已过保修期为由，拒不承担责任理由不成立。

7. **答案**：（1）《产品质量法》规定，因产品存在缺陷造成损害，要求赔偿的诉讼时效为2年。《产品质量法》是特别法，应适用《产品质量法》。

（2）《产品质量法》规定，因产品缺陷造成人身、他人财产损害的，受害人可以向产品的生产者要求赔偿，也可以向产品的销售者要求赔偿。《消费者权益保护法》也规定，消费者或者其他受害人因商品缺陷而造成人身、财产损害的，可以向销售者要求赔偿，也可以向生产者要求赔偿。

（3）人民商场应向李女士赔偿医疗费、因误工减少的收入，以及残疾者生活补助费等费用。

（4）人民商场赔偿后，有权向某省B电器厂追偿。

第十七章 特别市场规制制度

☑ **单项选择题**

1. **答案**：C。《银行业监督管理法》的特点之一是既明确了监管职责，强化了监管手段和措施，也对监管权力的运作进行了规范和约束。《银行业监督管理法》第1条规定：为了加强对银行业的监督管理，规范监督管理行为，防范和化解银行业风险，保护存款人和其他客户的合法权益，促进银行业健康发展，制定本法。这说明《银行业监督管理法》不是关于银行业监督管理机构的组织法，而是关于银行业监督管理行为的市场规制法，是行为法。

2. **答案**：D。《银行业监督管理法》第8条第1款、第17条、第20条和第22条。

3. **答案**：A。《银行业监督管理法》第17条、第19条、第21条、第31条。

4. **答案**：D。《银行业监督管理法》第2条第1款至第3款规定："国务院银行业监督管理机构负责对全国银行业金融机构及其业务活动监督管理的工作。本法所称银行业金融机构，是指在中华人民共和国境内设立的商业银行、城市信用合作社、农村信用合作社等吸收公众存款的金融机构以及政策性银行。对在中华人民共和国境内设立的金融资产管理公司、信托投资公司、财务公司、金融租赁公司以及经国务院银行业监督管理机构批准设立的其他金融机构的监督管理，适用本法对银行业金融机构监督管理的规定。"因此，应该选择D。

5. **答案**：A。《商业银行法》第67条："接管期限届满，国务院银行业监督管理机构可以决定延期，但接管期限最长不得超过二年。"故A不正确。第68条："有下列情形之一的，接管终止：（一）接管决定规定的期限届满或者国务院银行业监督管理机构决定的接管延期届满；（二）接管期限届满前，该商业银行已恢复正常经营能力；（三）接管期限届满前，该商业银行被合并或者被依法宣告破产。"故B、C、D正确。

6. **答案**：C。《商业银行法》第24条："商业银行有下列变更事项之一的，应当经国务院银行业监督管理机构批准：（一）变更名称；（二）变更注册资本；（三）变更总行或者分支行所在地；（四）调整业务范围；（五）变更持有资本总额或者股份总额百分之五以上的股东；（六）修改章程；（七）国务院银行业监督管理机构规定的其他变更事项。更换董事、高级管理人员时，应当报经国务院银行业监督管理机构审查其任职资格。"

7. **答案**：B。《银行业监督管理法》第40条第2款第（1）项：直接负责的董事、高级管理人员和其他直接责任人员出境将对国家利益造成重大损失的，通知出境管理机关依法阻止其出境。第41条：经国务院银行业监督管理机构或者其省一级派出机构负责人批准，银行业监督管理机构有权查询涉嫌金融违法的银行业金融机构及其工作人员以及关联行为人的账户；对涉嫌转移或者隐匿违法资金的，经银行业监督管理机构负责人批准，可以申请司法机关予以冻结。因此，本题B项正确。

8. **答案**：D。选项A、B、C分别对应《银行业监督管理法》第16条至第18条，均属于国务院银行业监督管理机构职责范围。《银行业监督管理法》第16条规定，国务院银行业监督管理机构依照法律、行政法规规定的条件和程序，审查批准银行业金融机构的设立、变更、终止以及业务范围。《银行业监督管理法》第17条规定，申请设立银行业金融机构，或者银行业金融机构变更持有资本总额或者股份总额达到规定比例以上的股东的，国务院银行业监督管理机构应当对股东的资金来源、财务状况、资本补充能力和诚信状况进行审查。《银行业监督管理法》第 18 条规定，银行业金融机构业务范围内的业务品种，应当按照规定经国务院银行业监督管理机构审查批准或者备案。需要审查批准或者备案的业务品种，由国务院银行业监督管理机构依照法律、行政法规作出规定并公布。选项 D 不属于国务院银行业监督管理机构职责范围，属于中国人民银行的职责。

9. 答案：A。根据《银行业监督管理法》第 38 条第 1 款至第 3 款的规定，银行业金融机构已经或者可能发生信用危机，严重影响存款人和其他客户合法权益的，国务院银行业监督管理机构可以依法对该银行业金融机构实行接管或者促成机构重组，接管和机构重组依照有关法律和国务院的规定执行。也就是说，"可能"发生信用危机时也可以采取监管措施，故 A 项说法错误。

10. 答案：A。根据《银行业监督管理法》第 2 条的规定，国务院银行业监督管理机构负责对全国银行业金融机构及其业务活动监督管理的工作。本法所称银行业金融机构，是指在中华人民共和国境内设立的商业银行、城市信用合作社、农村信用合作社等吸收公众存款的金融机构以及政策性银行。对在中华人民共和国境内设立的金融资产管理公司、信托投资公司、财务公司、金融租赁公司以及经国务院银行业监督管理机构批准设立的其他金融机构的监督管理，适用本法对银行业金融机构监督管理的规定。也就是说，《银行业监督管理法》的适用对象包括商业银行、城市信用合作社、农村信用合作社、政策性银行（农业发展银行、进出口银行）、金融资产管理公司、信托投资公司、财务公司、金融租赁公司等。故本题正确的说法是 A。

11. 答案：C。商业银行与借款人的贷款合同必须采用书面的形式，故 A 项说法错误；借款合同到期未偿还，经展期后到期仍未偿还的贷款是逾期贷款，故 B 项说法错误。C 项说法正确，根据《商业银行法》第 41 条的规定，任何单位和个人不得强令商业银行发放贷款或者提供担保。商业银行有权拒绝任何单位和个人强令要求其发放贷款或者提供担保。D 项说法错误，商业银行不应当给关系人发放信用贷款，可以发放担保贷款，只是发放担保贷款的条件不得优于其他借款人同类贷款的条件。

12. 答案：C。根据《商业银行法》第 46 条的规定，同业拆借，应当遵守中国人民银行的规定。禁止利用拆入资金发放固定资产贷款或者用于投资。拆出资金限于交足存款准备金、留足备付金和归还中国人民银行到期贷款之后的闲置资金。拆入资金用于弥补票据结算、联行汇差头寸的不足和解决临时性周转资金的需要。

13. 答案：C。《商业银行法》第 71 条规定："商业银行不能支付到期债务，经国务院银行业监督管理机构同意，由人民法院依法宣告其破产。商业银行被宣告破产的，由人民法院组织国务院银行业监督管理机构等有关部门和有关人员成立清算组，进行清算。商业银行破产清算时，在支付清算费用、所欠职工工资和劳动保险费用后，应当优先支付个人储蓄存款的本金和利息。"据此，商业银行破产清算时，首先应优先支付清算费用、所欠职工工资和劳动保险费用，其次应优先支付个人储蓄存款的本金和利息，税款、罚款不在被优先清偿之列，故 A、B 项错误。

《银行业监督管理法》第 40 条第 2 款规定："在接管、机构重组或者撤销清算期间，经国务院银行业监督管理机构负责人批准，对直接负责的董事、高级管理人员和其他直接责任人员，可以采取下列措施：（一）直接负责的董事、高级管理人员和其他直接责任人员出境将对国家利益造成重大损失的，通知出境管理机关依法阻止其出境；（二）申请司法机关禁止其转移、转让财产或者对其财产设定其他权利。"据此，商业银行在撤销清算期间，可申请司法机关禁止董事长张某转移、转让财产，故 C 项正确。

《税收征收管理法》第 52 条第 2 款规定："因纳税人、扣缴义务人计算错误等失误，未缴或者少缴税款的，税务机关在三年内可以追征税款、滞纳金；有特殊情况的，追征期可以延长到五年。"据此，因为纳税人、银行自身的计算错误未缴税款，税务机关可以追征税款并追征滞纳金，故D项错误。

14. 答案：D。《商业银行法》第3条：……经营范围由商业银行章程规定，报国务院银行业监督管理机构批准。商业银行经中国人民银行批准，可以经营结汇、售汇业务。

    商业银行与国务院银行业监督管理机构的关系及商业银行按照不同的业务分别接受中国人民银行和国务院银行业监督管理机构的检查监督。

15. 答案：A。《商业银行法》第28条规定，任何单位和个人购买商业银行股份总额5%以上的，应当事先经国务院银行业监督管理机构批准。

16. 答案：A。《商业银行法》第39条第1款第2项规定，流动性资产余额与流动性负债余额的比例不得低于25%。

17. 答案：A。《商业银行法》第39条第1款第1项规定，资本充足率不得低于8%。

18. 答案：C。《商业银行法》第43条："商业银行在中华人民共和国境内不得从事信托投资和证券经营业务，不得向非自用不动产投资或者向非银行金融机构和企业投资，但国家另有规定的除外。"

19. 答案：C。《商业银行法》第43条规定："商业银行在中华人民共和国境内不得从事信托投资和证券经营业务，不得向非自用不动产投资或者向非银行金融机构和企业投资，但国家另有规定的除外。"

20. 答案：C。《商业银行法》第3条："商业银行可以经营下列部分或者全部业务：（一）吸收公众存款；（二）发放短期、中期和长期贷款；（三）办理国内外结算；（四）办理票据承兑与贴现；（五）发行金融债券；（六）代理发行、代理兑付、承销政府债券；（七）买卖政府债券、金融债券；（八）从事同业拆借；（九）买卖、代理买卖外汇；（十）从事银行卡业务；（十一）提供信用证服务及担保；（十二）代理收付款项及代理保险业务；（十三）提供保管箱服务；（十四）经国务院银行业监督管理机构批准的其他业务。经营范围由商业银行章程规定，报国务院银行业监督管理机构批准……"故A、B、D不选。

21. 答案：B。《商业银行法》第4条第1款和第2款：商业银行以安全性、流动性、效益性为经营原则，实行自主经营，自担风险，自负盈亏，自我约束。商业银行依法开展业务，不受任何单位和个人的干涉。

22. 答案：A。《商业银行法》第61条："商业银行应当按照规定向国务院银行业监督管理机构、中国人民银行报送资产负债表、利润表以及其他财务会计、统计报表和资料。"

23. 答案：D。《商业银行法》第79条："有下列情形之一，由国务院银行业监督管理机构责令改正，有违法所得的，没收违法所得，违法所得五万元以上的，并处违法所得一倍以上五倍以下罚款；没有违法所得或者违法所得不足五万元的，处以五万元以上五十万元以下罚款：（一）未经批准在名称中使用'银行'字样的；（二）未经批准购买商业银行股份总额百分之五以上的；（三）将单位的资金以个人名义开立账户存储的。"

24. 答案：C。《商业银行法》第27条规定：有下列情形之一的，不得担任商业银行的董事、高级管理人员：（一）因犯有贪污、贿赂、侵占财产、挪用财产罪或者破坏社会经济秩序罪，被判处刑罚，或者因犯罪被剥夺政治权利的；（二）担任因经营不善破产清算的公司、企业的董事或者厂长、经理，并对该公司、企业的破产负有个人责任的；（三）担任因违法被吊销营业执照的公司、企业的法定代表人，并负有个人责任的；（四）个人所负数额较大的债务到期未清偿的。

25. 答案：C。《商业银行法》第29条：商业银行办理个人储蓄存款业务，应当遵循存款自愿、取款自由、存款有息、为存款人保密的原则。

    对个人储蓄存款，商业银行有权拒绝任何单位或者个人查询、冻结、扣划，但法律另有规定的除外。

26. 答案：A。《商业银行法》第 71 条第 2 款：商业银行破产清算时，在支付清算费用、所欠职工工资和劳动保险费用后，应当优先支付个人储蓄存款的本金和利息。《企业破产法》第 113 条："破产财产在优先清偿破产费用和共益债务后，依照下列顺序清偿：（一）破产人所欠职工的工资和医疗、伤残补助、抚恤费用，所欠的应当划入职工个人账户的基本养老保险、基本医疗保险费用，以及法律、行政法规规定应当支付给职工的补偿金；（二）破产人欠缴的除前项规定以外的社会保险费用和破产人所欠税款；（三）普通破产债权。破产财产不足以清偿同一顺序的清偿要求的，按照比例分配。破产企业的董事、监事和高级管理人员的工资按照该企业职工的平均工资计算。"

27. 答案：B。《商业银行法》第 56 条：商业银行应当于每一会计年度终了三个月内，按照国务院银行业监督管理机构的规定，公布其上一年度的经营业绩和审计报告。

28. 答案：A。《商业银行法》第 30 条："对单位存款，商业银行有权拒绝任何单位或者个人查询，但法律、行政法规另有规定的除外；有权拒绝任何单位或者个人冻结、扣划，但法律另有规定的除外。"

《税收征收管理法》第 40 条："从事生产、经营的纳税人、扣缴义务人未按照规定的期限缴纳或者解缴税款，纳税担保人未按照规定的期限缴纳所担保的税款，由税务机关责令限期缴纳，逾期仍未缴纳的，经县以上税务局（分局）局长批准，税务机关可以采取下列强制执行措施：（一）书面通知其开户银行或者其他金融机构从其存款中扣缴税款……"

第 38 条："税务机关有根据认为从事生产、经营的纳税人有逃避纳税义务行为的，可以在规定的纳税期之前，责令限期缴纳应纳税款；在限期内发现纳税人有明显的转移、隐匿其应纳税的商品、货物以及其他财产或者应纳税的收入的迹象的，税务机关可以责成纳税人提供纳税担保。如果纳税人不能提供纳税担保，经县以上税务局（分局）局长批准，税务机关可以采取下列税收保全措施：（一）书面通知纳税人开户银行或者其他金融机构冻结纳税人的金额相当于应纳税款的存款……"

29. 答案：B。《商业银行法》第 35 条第 1 款：商业银行贷款，应当对借款人的借款用途、偿还能力、还款方式等情况进行严格审查。

30. 答案：C。《商业银行法》第 71 条第 1 款：商业银行不能支付到期债务，经国务院银行业监督管理机构同意，由人民法院依法宣告其破产。商业银行被宣告破产的，由人民法院组织国务院银行业监督管理机构等有关部门和有关人员成立清算组，进行清算。

31. 答案：A。《商业银行法》第 29 条：商业银行办理个人储蓄存款业务，应当遵循存款自愿、取款自由、存款有息、为存款人保密的原则。对个人储蓄存款，商业银行有权拒绝任何单位或者个人查询、冻结、扣划，但法律另有规定的除外。

32. 答案：C。《商业银行法》第 19 条第 2 款：商业银行……拨付各分支机构营运资金额的总和，不得超过总行资本金总额的百分之六十。

33. 答案：C。《商业银行法》第 64 条第 1 款：商业银行已经或可能发生信用危机，严重影响存款人的利益时，国务院银行业监督管理机构可以对该银行实行接管。

34. 答案：B。《商业银行法》第 23 条第 2 款：商业银行及其分支机构自取得营业执照之日起无正当理由超过六个月未开业的，或开业后自行停业连续六个月以上的，由国务院银行业监督管理机构吊销其经营许可证，并予以公告。

35. 答案：C。《商业银行法》第 40 条第 1 款：商业银行不得向关系人发放信用贷款；向关系人发放担保贷款的条件不得优于其他借款人同类贷款的条件。

36. 答案：A。《商业银行法》第 48 条第 1 款：企业事业单位可以自主选择一家商业银行的营业场所开立一个办理日常转账结算和现金收付的基本账户，不得开立两个以上基本账户。

37. 答案：B。《商业银行法》第18条：国有独资商业银行设立监事会……

38. 答案：B。《商业银行法》第42条第2款：……商业银行因行使抵押权、质权而取得的不动产或者股权，应当自取得之日起二年内予以处分。

39. 答案：A。本题是关于商业银行发放贷款的命题。合同崇尚契约自由，借款合同签订后，借款人本应在借款到期时偿还借款，但提前偿还借款对于发放贷款的银行来讲，虽说利息收入有所减少，但没有了本金收不回的风险，因此只要银行同意，借款人就可以提前偿还贷款。故选项A正确。

40. 答案：A。本题涉及的知识点有：商业银行的组织形式、商业银行分支机构的法律地位、商业银行的性质。《商业银行法》第17条第1款规定，商业银行的组织形式、组织机构适用《公司法》的规定。我国的《公司法》规定公司的形式为：股份有限公司、有限责任公司，有限公司中可以有国有独资的一人公司。据此，选项A正确，选项B错误。商业银行既然是公司，在性质上便属于具有法人资格的企业，因此就存在破产的问题，选项D是错误的。依据《商业银行法》，商业银行可以根据业务的需要设立分支机构。《商业银行法》第22条第2款规定，商业银行分支机构不具有法人资格，在总行授权范围内依法开展业务，其民事责任由总行承担，因此选项C是错误的。

41. 答案：C。商业银行作为经营货币这种特殊商品的企业，法律对其注册资本有特殊要求，《商业银行法》第13条规定，设立商业银行实行注册资本的最低限额制度，城市合作银行注册资本最低限额为1亿元人民币，注册资本应当是实缴资本。据此，选项A、B的表述都是正确的。商业银行设立后，可以根据业务需要在中国境内外设立分支机构。但根据《商业银行法》第19条规定，设立分支机构必须经国务院银行业监督管理机构审查批准。也就是说，商业银行无权自主决定分支机构的设立。据此，选项C的表

述是错误的。《商业银行法》第23条第2款规定，商业银行及其分支机构自取得营业执照之日起无正当理由超过6个月未开业的，或者开业后自行停业连续6个月以上的，由国务院银行业监督管理机构吊销其经营许可证。据此，选项D的表述是正确的。

42. 答案：A。《商业银行法》第13条：设立全国性商业银行的注册资本最低限额为十亿元人民币。

43. 答案：C。《商业银行法》第38条：商业银行应当按照中国人民银行规定的贷款利率的上下限，确定贷款利率。

44. 答案：B。选项A错误，银行业监督管理机构只能向法院申请冻结朱某银行账户。选项B正确，该选项属于银行业监督管理机构针对银行采取的强制整改措施。选项C错误，马某作为直接责任人员出境将对国家利益造成重大损失，银行业监督管理机构可以通知出境管理机关依法阻止其出境。选项D错误，银行业监督管理机构只能申请司法机关禁止马某转移、转让财产或者对其财产设定其他权利。

45. 答案：C。《商业银行法》第67条：接管期限届满，国务院银行业监督管理机构可以决定延期，但接管期限最长不得超过二年。

46. 答案：D。商业银行的接管是国务院银行业监督管理机构全面控制和管理商业银行的业务活动的行政管理行为，是国务院银行业监督管理机构依法保障商业银行经营安全性、合法性的重要的预防性措施。

47. 答案：D。见《银行业监督管理法》第2条。

48. 答案：A。《商业银行法》第74条规定，商业银行有下列情形之一，由国务院银行业监督管理机构责令改正，有违法所得的，没收违法所得，违法所得五十万元以上的，并处违法所得一倍以上五倍以下罚款；没有违法所得或者违法所得不足五十万元的，处五十万元以上二百万元以下罚款；情节特别严重或者逾期不改正的，可以责令停业整顿或者吊销其经营许可证；构成犯罪的，依法追究刑事责任：（1）未经批准设立分支机构

的……（4）出租、出借经营许可证的；（5）未经批准买卖、代理买卖外汇的……故选项 B、C、D 应由银行业监督管理机构查处。

我国《商业银行法》第 77 条规定：商业银行有下列情形之一的，由中国人民银行责令改正……（1）拒绝或者阻碍中国人民银行检查监督的；（2）提供虚假的或者隐瞒重要事实的财务会计报告、报表和统计报表的；（3）未按照中国人民银行规定的比例交存存款准备金的。

49. 答案：A。《商业银行法》第 71 条第 2 款规定："商业银行破产清算时，在支付清算费用、所欠职工工资和劳动保险费用后，应当优先支付个人储蓄存款的本金和利息。"故 A 项正确。

50. 答案：A。《商业银行法》第 40 条规定："商业银行不得向关系人发放信用贷款；向关系人发放担保贷款的条件不得优于其他借款人同类贷款的条件。前款所称关系人是指：（一）商业银行的董事、监事、管理人员、信贷业务人员及其近亲属；（二）前项所列人员投资或者担任高级管理职务的公司、企业和其他经济组织。"故本题答案为 A。

51. 答案：D。根据《银行业监督管理法》第 28 条的规定，国务院银行业监督管理机构应当建立银行业突发事件的发现、报告岗位责任制度。银行业监督管理机构发现可能引发系统性银行业风险、严重影响社会稳定的突发事件的，应当立即向国务院银行业监督管理机构负责人报告；国务院银行业监督管理机构负责人认为需要向国务院报告的，应当立即向国务院报告，并告知中国人民银行、国务院财政部门等有关部门。故本题的正确答案应当是 D。

52. 答案：B。根据《商业银行法》第 35 条规定，商业银行贷款，应当对借款人的借款用途、偿还能力、还款方式等情况进行严格审查。商业银行贷款，应当实行审贷分离、分级审批的制度。故 A 项说法正确。根据《商业银行法》第 38 条的规定，商业银行应

当按照中国人民银行规定的贷款利率的上下限，确定贷款利率。故 B 项说法错误。C 项符合《商业银行法》第 39 条的规定。D 项符合上述《商业银行法》第 35 条第 1 款的规定。故正确答案应当是 B。

53. 答案：D。《商业银行法》第 29 条规定："商业银行办理个人储蓄存款业务，应当遵循存款自愿、取款自由、存款有息、为存款人保密的原则。对个人储蓄存款，商业银行有权拒绝任何单位或者个人查询、冻结、扣划，但法律另有规定的除外。"据此，蓝音公司和劳动仲裁委均无权查询个人储蓄存款，只有在法定情形下银行才有义务提供。故 A、B、C 项错误，D 项正确。

54. 答案：A。《证券法》第 24 条第 1 款规定："国务院证券监督管理机构或者国务院授权的部门对已作出的证券发行注册的决定，发现不符合法定条件或者法定程序，尚未发行证券的，应当予以撤销，停止发行。已经发行尚未上市的，撤销发行注册决定，发行人应当按照发行价并加算银行同期存款利息返还证券持有人；发行人的控股股东、实际控制人以及保荐人，应当与发行人承担连带责任，但是能够证明自己没有过错的除外。"

55. 答案：B。《证券法》第 96 条第 2 款规定："证券交易所、国务院批准的其他全国性证券交易场所的设立、变更和解散由国务院决定。"

56. 答案：C。《证券法》第 118 条规定："设立证券公司，应当具备下列条件，并经国务院证券监督管理机构批准……"

57. 答案：C。《证券法》第 164 条规定："证券业协会是证券业的自律性组织，是社会团体法人。证券公司应当加入证券业协会。证券业协会的权力机构为全体会员组成的会员大会。"

58. 答案：A。《证券法》第 145 条规定："证券登记结算机构为证券交易提供集中登记、存管与结算服务，不以营利为目的，依法登记，取得法人资格。设立证券登记结算机构必须经国务院证券监督管理机构批准。"第 146 条规定："设立证券登记结算机构，应

当具备下列条件：（一）自有资金不少于人民币二亿元；（二）具有证券登记、存管和结算服务所必需的场所和设施；（三）国务院证券监督管理机构规定的其他条件。证券登记结算机构的名称中应当标明证券登记结算字样。"

59. **答案**：D。《证券法》第153条规定："证券登记结算机构应当妥善保存登记、存管和结算的原始凭证及有关文件和资料。其保存期限不得少于二十年。"

60. **答案**：D。《证券法》第2条规定："在中华人民共和国境内，股票、公司债券、存托凭证和国务院依法认定的其他证券的发行和交易，适用本法；本法未规定的，适用《中华人民共和国公司法》和其他法律、行政法规的规定。政府债券、证券投资基金份额的上市交易，适用本法；其他法律、行政法规另有规定的，适用其规定。资产支持证券、资产管理产品发行、交易的管理办法，由国务院依照本法的原则规定。在中华人民共和国境外的证券发行和交易活动，扰乱中华人民共和国境内市场秩序，损害境内投资者合法权益的，依照本法有关规定处理并追究法律责任。"

61. **答案**：B。《证券法》第7条规定："国务院证券监督管理机构依法对全国证券市场实行集中统一监督管理。国务院证券监督管理机构根据需要可以设立派出机构，按照授权履行监督管理职责。"

62. **答案**：D。我国现行《证券法》已经没有关于应当由承销团承销的票面总值规定。

63. **答案**：C。《证券法》第32条规定，股票发行采取溢价发行的，其发行价格由发行人与承销的证券公司协商确定。

64. **答案**：D。《证券法》第42条规定："为证券发行出具审计报告或者法律意见书等文件的证券服务机构和人员，在该证券承销期内和期满后六个月内，不得买卖该证券。除前款规定外，为发行人及其控股股东、实际控制人，或者收购人，重大资产交易方出具审计报告或者法律意见书等文件的证券服务机构和人员，自接受委托之日至上述文件公开后五日内，不得买卖该证券。实际开展上述有关工作之日早于接受委托之日的，自实际开展上述有关工作之日起至上述文件公开后五日内，不得买卖该证券。"

65. **答案**：B。《证券法》第63条第1款规定："通过证券交易所的证券交易，投资者持有或者通过协议、其他安排与他人共同持有一个上市公司已发行的有表决权股份达到百分之五时，应当在该事实发生之日起三日内，向国务院证券监督管理机构、证券交易所作出书面报告，通知该上市公司，并予公告，在上述期限内不得再行买卖该上市公司的股票，但国务院证券监督管理机构规定的情形除外。"

66. **答案**：B。《证券法》第44条规定："上市公司、股票在国务院批准的其他全国性证券交易场所交易的公司持有百分之五以上股份的股东、董事、监事、高级管理人员，将其持有的该公司的股票或者其他具有股权性质的证券在买入后六个月内卖出，或者在卖出后六个月内又买入，由此所得收益归该公司所有，公司董事会应当收回其所得收益。但是，证券公司因购入包销售后剩余股票而持有百分之五以上股份，以及有国务院证券监督管理机构规定的其他情形的除外。前款所称董事、监事、高级管理人员、自然人股东持有的股票或者其他具有股权性质的证券，包括其配偶、父母、子女持有的及利用他人账户持有的股票或者其他具有股权性质的证券。公司董事会不按照第一款规定执行的，股东有权要求董事会在三十日内执行。公司董事会未在上述期限内执行的，股东有权为了公司的利益以自己的名义直接向人民法院提起诉讼。公司董事会不按照第一款的规定执行的，负有责任的董事依法承担连带责任。"

A项错误，其是对投资者的规定。《证券法》第63条第2款规定："投资者持有或者通过协议、其他安排与他人共同持有一个上市公司已发行的有表决权股份达到百分之五后，其所持该上市公司已发行的有表决权股份比例每增加或者减少百分之五，应当依照前款规定进行报告和公告，在该事实发生之日起至公告后三日内，不得再行买卖该上市公司的股票，但国务院证券监督管理机构规定的情形除外。"

67. **答案**：D。《证券法》第14条规定："公司对公开发行股票所募集资金，必须按照招股说明书或者其他公开发行募集文件所列资金用途使用；改变资金用途，必须经股东大会作出决议。擅自改变用途，未作纠正的，或者未经股东大会认可的，不得公开发行新股。"由此，擅自改变招股说明书所列资金用途而未作纠正的，其法律后果是不得公开发行新股，故A项错误。

    《证券法》第27条规定："公开发行证券的发行人有权依法自主选择承销的证券公司。"第34条规定，公开发行股票，代销、包销期限届满，发行人应当在规定的期限内将股票发行情况报国务院证券监督管理机构备案。由此，B项情形下报国务院证券监督管理机构备案即可，无须经其批准，故B项错误。

    《证券法》第30条规定："向不特定对象发行证券聘请承销团承销的，承销团应当由主承销和参与承销的证券公司组成。"我国现行《证券法》已经没有关于应当由承销团承销的票面总值规定，故C项错误。

    《证券法》第31条第1款规定："证券的代销、包销期限最长不得超过九十日。"D项符合规定。

68. **答案**：D。《证券法》第55条规定："禁止任何人以下列手段操纵证券市场，影响或者意图影响证券交易价格或者证券交易量：（一）单独或者通过合谋，集中资金优势、持股优势或者利用信息优势联合或者连续买卖；（二）与他人串通，以事先约定的时间、价格和方式相互进行证券交易；（三）在自己实际控制的账户之间进行证券交易；（四）不以成交为目的，频繁或者大量申报并撤销申报；（五）利用虚假或者不确定的重大信息，诱导投资者进行证券交易；（六）对证券、发行人公开作出评价、预测或者投资建议，并进行反向证券交易；（七）利用在其他相关市场的活动操纵证券市场；（八）操纵证券市场的其他手段。操纵证券市场行为给投资者造成损失的，应当依法承担赔偿责任。"D项中的行为则属于正常的交易行为，故D项为正确答案。

69. **答案**：D。A项错误，《证券法》第52条第1款规定："证券交易活动中，涉及发行人的经营、财务或者对该发行人证券的市场价格有重大影响的尚未公开的信息，为内幕信息。"本题中张大户所依据的是公开的信息，而非内幕信息。故张大户的行为不属于内幕交易。B项错误，其弟张小户不是张大户的客户，故张大户的行为也不属于《证券法》第57条规定的行为。C项错误，张小户是根据自己的判断所作的决定，故也不存在误导的问题。据此，张大户的行为不违法，应选D。

70. **答案**：B。《证券法》第57条规定："禁止证券公司及其从业人员从事下列损害客户利益的行为：（一）违背客户的委托为其买卖证券；（二）不在规定时间内向客户提供交易的确认文件；（三）未经客户的委托，擅自为客户买卖证券，或者假借客户的名义买卖证券；（四）为牟取佣金收入，诱使客户进行不必要的证券买卖；（五）其他违背客户真实意思表示，损害客户利益的行为。违反前款规定给客户造成损失的，应当依法承担赔偿责任。"

71. **答案**：C。《证券法》第15条第2款规定，公开发行公司债券筹集的资金，必须按照公司债券募集办法所列资金用途使用；改变资金用途，必须经债券持有人会议作出决议。公开发行公司债券筹集的资金，不得用于弥补亏损和非生产性支出。《证券法》第19条第1款规定，发行人报送的证券发行申请文件，应当充分披露投资者作出价值判断和投资决策所必需的信息，内容应当真实、准确、完整。

72. **答案**：A。《证券法》第75条规定："在上市公司收购中，收购人持有的被收购的上市公司的股票，在收购行为完成后的十八个月内不得转让。"

73. **答案**：D。《证券法》第 111 条规定："因不可抗力、意外事件、重大技术故障、重大人为差错等突发性事件而影响证券交易正常进行时，为维护证券交易正常秩序和市场公平，证券交易所可以按照业务规则采取技术性停牌、临时停市等处置措施，并应当及时向国务院证券监督管理机构报告。因前款规定的突发性事件导致证券交易结果出现重大异常，按交易结果进行交收将对证券交易正常秩序和市场公平造成重大影响的，证券交易所按照业务规则可以采取取消交易、通知证券登记结算机构暂缓交收等措施，并应当及时向国务院证券监督管理机构报告并公告。证券交易所对其依照本条规定采取措施造成的损失，不承担民事赔偿责任，但存在重大过错的除外。"据此，D 项正确，A、B、C 项属于技术性停牌、临时停市的情形。

74. **答案**：A。《证券法》第 114 条规定："证券交易所应当从其收取的交易费用和会员费、席位费中提取一定比例的金额设立风险基金。风险基金由证券交易所理事会管理。风险基金提取的具体比例和使用办法，由国务院证券监督管理机构会同国务院财政部门规定。证券交易所应当将收存的风险基金存入开户银行专门账户，不得擅自使用。"

75. **答案**：B。《证券法》第 127 条规定："证券公司从每年的业务收入中提取交易风险准备金，用于弥补证券经营的损失，其提取的具体比例由国务院证券监督管理机构会同国务院财政部门规定。"

76. **答案**：C。《证券法》第 129 条第 1 款规定："证券公司的自营业务必须以自己的名义进行，不得假借他人名义或者以个人名义进行。"

77. **答案**：B。《证券法》第 167 条规定："证券业协会设理事会。理事会成员依章程的规定由选举产生。"

78. **答案**：A。《证券法》第 9 条第 1 款规定："公开发行证券，必须符合法律、行政法规规定的条件，并依法报经国务院证券监督管理机构或者国务院授权的部门注册。未经依法注册，任何单位和个人不得公开发行证券。证券发行注册制的具体范围、实施步骤，由国务院规定。"

79. **答案**：C。《证券法》第 65 条第 1 款规定："通过证券交易所的证券交易，投资者持有或者通过协议、其他安排与他人共同持有一个上市公司已发行的有表决权股份达到百分之三十时，继续进行收购的，应当依法向该上市公司所有股东发出收购上市公司全部或者部分股份的要约。"

80. **答案**：B。《证券法》第 148 条第 1 款规定："在证券交易所和国务院批准的其他全国性证券交易场所交易的证券的登记结算，应当采取全国集中统一的运营方式。"

81. **答案**：D。面额股票和无面额股票是根据股票上有无标明股票的发行价格来区分的。记名股票和无记名股票是根据股票上有无记载股东名字来区分的。A 种股票是在中国内地上海、深圳两个证券交易所上市的以人民币计价、买卖的股票；B 种股票也是在中国内地上海、深圳两个证券交易所上市的以美元计价、买卖的股票；H 种股票是中国内地公司在我国香港特别行政区证券交易所发行的以港元计价、买卖的股票。优先股是指股份公司在清算时有优先于普通股受偿的股票，优先股股东可以参加债权人会议，但无表决权；普通股股东可以参加债权人会议并拥有表决权，在受偿顺序上次于优先股。

82. **答案**：D。法律未禁止党政机关工作人员买卖股票，A 错。《证券法》第 42 条第 1 款规定："为证券发行出具审计报告或者法律意见书等文件的证券服务机构和人员，在该证券承销期内和期满后六个月内，不得买卖该证券。"B 错。《证券法》第 38 条规定："证券在证券交易所上市交易，应当采用公开的集中交易方式或者国务院证券监督管理机构批准的其他方式。"C 错。D 对，见《证券法》第 161 条。

83. **答案**：D。《证券法》第 165 条规定："证券业协会章程由会员大会制定，并报国务院证券监督管理机构备案。"

84. **答案**：D。《证券法》第 79 条规定："上市公司、公司债券上市交易的公司、股票在国务院批准的其他全国性证券交易场所交易的公司，应当按照国务院证券监督管理机构和证券交易场所规定的内容和格式编制定期报告，并按照以下规定报送和公告：（一）在每一会计年度结束之日起四个月内，报送并公告年度报告，其中的年度财务会计报告应当经符合本法规定的会计师事务所审计；（二）在每一会计年度的上半年结束之日起二个月内，报送并公告中期报告。"

85. 答案：C。《证券法》第 118 条规定："设立证券公司，应当具备下列条件，并经国务院证券监督管理机构批准……"

86. 答案：A。根据《证券法》第 163 条的规定，证券服务机构为证券的发行、上市、交易等证券业务活动制作、出具审计报告及其他鉴证报告、资产评估报告、财务顾问报告、资信评级报告或者法律意见书等文件，应当勤勉尽责，对所依据的文件资料内容的真实性、准确性、完整性进行核查和验证。其制作、出具的文件有虚假记载、误导性陈述或者重大遗漏，给他人造成损失的，应当与委托人承担连带赔偿责任，但是能够证明自己没有过错的除外。

87. 答案：D。《证券法》第 26 条第 1 款规定："发行人向不特定对象发行的证券，法律、行政法规规定应当由证券公司承销的，发行人应当同证券公司签订承销协议。证券承销业务采取代销或者包销方式。"

88. 答案：C。《证券法》第 52 条第 1 款规定："证券交易活动中，涉及发行人的经营、财务或者对该发行人证券的市场价格有重大影响的尚未公开的信息，为内幕信息。"

89. 答案：D。《证券法》第 26 条第 3 款规定："证券包销是指证券公司将发行人的证券按照协议全部购入或者在承销期结束时将售后剩余证券全部自行购入的承销方式。"

90. 答案：C。《证券法》第 42 条规定："为证券发行出具审计报告或者法律意见书等文件的证券服务机构和人员，在该证券承销期内和期满后六个月内，不得买卖该证券。除前款规定外，为发行人及其控股股东、实际控制人，或者收购人、重大资产交易方出具审计报告或者法律意见书等文件的证券服务机构和人员，自接受委托之日起至上述文件公开后五日内，不得买卖该证券。实际开展上述有关工作之日早于接受委托之日的，自实际开展上述有关工作之日起至上述文件公开后五日内，不得买卖该证券。"故 A、B 错。

《证券法》第 40 条第 1 款规定："证券交易场所、证券公司和证券登记结算机构的从业人员，证券监督管理机构的工作人员以及法律、行政法规规定禁止参与股票交易的其他人员，在任期或者法定限期内，不得直接或者以化名、借他人名义持有、买卖股票或者其他具有股权性质的证券，也不得收受他人赠送的股票或者其他具有股权性质的证券。"故 D 错。

91. 答案：C。该行为属于内幕交易。《证券法》第 50 条规定，禁止证券交易内幕信息的知情人和非法获取内幕信息的人利用内幕信息从事证券交易活动。

92. 答案：B。证券包销是指证券公司将发行人的证券按照协议全部购入或者在承销期结束时将售后剩余证券全部自行购入的承销方式。证券包销合同签订后，证券的所有权由发行人转移至承销人。因此，发行公司无权降低包销费用。

93. 答案：A。《证券法》第 56 条第 2 款规定："禁止证券交易场所、证券公司、证券登记结算机构、证券服务机构及其从业人员，证券业协会、证券监督管理机构及其工作人员，在证券交易活动中作出虚假陈述或者信息误导。""回报率为 20%"不一定为虚假，最后投资者的收益有可能达到，但也有可能达不到。提前承诺属于违法的误导行为。

94. 答案：C。受偿先后顺序为：债券、优先股、普通股。

95. 答案：A。赎回指公司股票价格在一段时期内连续高于转股价格达到某一幅度时，公司按事先约定的价格买回未转股的公司债券。回售指公司股票价格在一段时期内连续低于转股价格达到某一幅度时，可转换公司债券持有人按事先约定的价格将所持债券卖给发行人。转股价格指可转换公司债券转换为每股股份所支付的价格。在上市股票连续一段时间高于可转换债券价格时，发行公司最有可能行使赎回条款。

96. **答案**：C。开放式基金即基金发行总额不固定，基金单位总数随时增减，投资者可以按基金的报价在国家规定的营业场所申购或者赎回基金单位的一种基金。

97. **答案**：B。证券投资基金的收益形式是现金，不得以股票作为回报。

98. **答案**：D。股票发行人没有会员资格，不可以在证券交易所进行证券交易。

99. **答案**：B。本题考查的是不适用《保险法》的保险项目。《保险法》第184条第1款规定，国家支持发展为农业生产服务的保险事业，农业保险由法律、行政法规另行规定。据此，本题正确答案为B。

100. **答案**：D。本题考查的是商业保险的范围。失业保险是我国社会保险中的一种，属社会保障制度范畴，不属商业性质。社会保险，是指国家通过立法设立社会保险基金，使劳动者在暂时或永久丧失劳动能力以及失业时获得物质帮助和补偿的一种社会保障制度。故本题正确答案为D。

101. **答案**：A。本题考查的是经营有人寿保险业务的保险公司解散的理由。《保险法》第89条规定："保险公司因分立、合并需要解散，或者股东会、股东大会决议解散，或者公司章程规定的解散事由出现，经国务院保险监督管理机构批准后解散。经营有人寿保险业务的保险公司，除因分立、合并或者被依法撤销外，不得解散。保险公司解散，应当依法成立清算组进行清算。"据此，本题正确答案为A。

102. **答案**：A。本题考查的是对保险经纪人的过失承担责任的主体。《保险法》第128条规定："保险经纪人因过错给投保人、被保险人造成损失的，依法承担赔偿责任。"据此，本题正确答案为A。

103. **答案**：B。本题考查的是保险公司支付保险金的最高限额。《保险法》第55条第3款规定，保险金额不得超过保险价值；超过保险价值的，超过的部分无效，保险人应当退还相应的保险费。据此，保险公司的赔偿以保险价值为限，故本题正确答案为B。

104. **答案**：B。本题考查的是保险公司的整顿。《保险法》第142条规定，在整顿过程中，被整顿保险公司的原有业务继续进行，但是，国务院保险监督管理机构可以责令被整顿公司停止部分原有业务、停止接受新业务、调整资金运用。据此，本题正确答案为B。

105. **答案**：C。本题考查的是我国有资格经营商业保险业务的主体。《保险法》第6条规定："保险业务由依照本法设立的保险公司以及法律、行政法规规定的其他保险组织经营，其他单位和个人不得经营保险业务。"据此，本题正确答案为C。

106. **答案**：A。本题考查的是对保险公司在一次保险事故中承担的责任的限制。《保险法》第103条第1款规定，保险公司对每一危险单位，即对一次保险事故可能造成的最大损失范围所承担的责任，不得超过其实有资本金加公积金总和的10%；超过的部分，应当办理再保险。据此，本题正确答案为A。

107. **答案**：A。本题考查的是设立保险公司的注册资本最低限额。《保险法》第69条第1款规定："设立保险公司，其注册资本的最低限额为人民币二亿元。"据此，本题正确答案为A。

108. **答案**：D。本题考查的是保险人的经营范围。《保险法》第95条规定："保险公司的业务范围：（一）人身保险业务，包括人寿保险、健康保险、意外伤害保险等保险业务；（二）财产保险业务，包括财产损失保险、责任保险、信用保险、保证保险等保险业务；（三）国务院保险监督管理机构批准的与保险有关的其他业务。保险人不得兼营人身保险业务和财产保险业务。但是，经营财产保险业务的保险公司经国务院保险监督管理机构批准，可以经营短期健康保险业务和意外伤害保险业务……"因汽车保险属于财产保险范围，故经营人身保险业务的保险人不得经营,故本题正确答案为D。

109. **答案**：D。本题考查的是对经营财产保险业务的保险公司当年自留保险费的限制。《保险法》第102条规定:"经营财产保险业务的保险公司当年自留保险费,不得超过其实有资本金加公积金总和的四倍。"据此,本题正确答案为D。

110. **答案**：B。本题考查的是对中国境内的法人或其他组织投保的规定。《保险法》第7条规定:"在中华人民共和国境内的法人和其他组织需要办理境内保险的,应当向中华人民共和国境内的保险公司投保。"因外商投资企业是中国境内的企业,应适用该条规定,故本题正确答案为B。

111. **答案**：C。本题考查的是对保险代理人经营人寿保险代理业务的特殊规定。《保险法》第125条规定:"个人保险代理人在代为办理人寿保险业务时,不得同时接受两个以上保险人的委托。"据此,本题正确答案为C。

112. **答案**：A。本题考查的是对保险公司的监管规定。《保险法》第144条规定:"保险公司有下列情形之一的,国务院保险监督管理机构可以对其实行接管:……(二)违反本法规定,损害社会公共利益,可能严重危及或者已经严重危及公司的偿付能力的……"据此,本题正确答案为A。

113. **答案**：C。本题考查的是保险经纪人的概念。《保险法》第118条规定:"保险经纪人是基于投保人的利益,为投保人与保险人订立保险合同提供中介服务,并依法收取佣金的机构。"据此,本题正确答案为C。

114. **答案**：B。《保险法》第33条规定:"投保人不得为无民事行为能力人投保以死亡为给付保险金条件的人身保险,保险人也不得承保。父母为其未成年子女投保的人身保险,不受前款规定限制。但是,因被保险人死亡给付的保险金总和不得超过国务院保险监督管理机构规定的限额。"所以该保险合同可以约定以丙的死亡为给付保险

金的条件,选项A是错误的。《保险法》第26条第2款规定:"人寿保险的被保险人或者受益人向保险人请求给付保险金的诉讼时效期间为五年,自其知道或者应当知道保险事故发生之日起计算。"选项B是正确的。选项C于法无据,法律没有规定保险代理人承担给付保险金的连带责任。《保险法》第117条第1款规定:"保险代理人是根据保险人的委托,向保险人收取佣金,并在保险人授权的范围内代为办理保险业务的机构或者个人。"法律并未规定人寿保险的保险代理人只能是公司,选项D是错误的。

115. **答案**：B。《保险法》第45条规定,因被保险人故意犯罪或者抗拒依法采取的刑事强制措施导致其伤残或者死亡的,保险人不承担给付保险金的责任。投保人已交足二年以上保险费的,保险人应当按照合同约定退还保险单的现金价值。

本题中,李某为其子投保了以死亡为给付保险金条件的人身保险,后其子因抢劫罪被判处死刑,对这种死亡,保险人不承担给付保险金的义务,李某无权要求保险公司履行赔付义务。但由于李某已经一次性交足了五年的保险费,保险公司应当按照合同约定退还保险单现金价值。本题正确答案应是B。

116. **答案**：D。《城市房地产管理法》第43条规定:"以出让方式取得土地使用权的,转让房地产后,其土地使用权的使用年限为原土地使用权出让合同约定的使用年限减去原土地使用者已经使用年限后的剩余年限。"

117. **答案**：D。《城市房地产管理法》第52条规定:"房地产抵押合同签订后,土地上新增的房屋不属于抵押财产。需要拍卖该抵押的房地产时,可以依法将土地上新增的房屋与抵押财产一同拍卖,但对拍卖新增房屋所得,抵押权人无权优先受偿。"

118. **答案**：C。《城市房地产管理法》第26条:"以出让方式取得土地使用权进行房地产开发的,必须按照土地使用权出让合同约

定的土地用途、动工开发期限开发土地。超过出让合同约定的动工开发日期满一年未动工开发的，可以征收相当于土地使用权出让金百分之二十以下的土地闲置费；满二年未动工开发的，可以无偿收回土地使用权；但是，因不可抗力或者政府、政府有关部门的行为或者动工开发必需的前期工作造成动工开发迟延的除外。"

119. 答案：D。《城市房地产管理法》第2条第2款：本法所称房屋，是指土地上的房屋等建筑物及构筑物。

120. 答案：C。《城市房地产管理法》第15条：土地使用权出让，应当签订书面出让合同。土地使用权出让合同由市、县人民政府土地管理部门与土地使用者签订。

121. 答案：A。《城市房地产管理法》第26条："以出让方式取得土地使用权进行房地产开发的，必须按照土地使用权出让合同约定的土地用途、动工开发期限开发土地。超过出让合同约定的动工开发日期满一年未动工开发的，可以征收相当于土地使用权出让金百分之二十以下的土地闲置费；满二年未动工开发的，可以无偿收回土地使用权；但是，因不可抗力或者政府、政府有关部门的行为或者动工开发必需的前期工作造成动工开发迟延的除外。"

122. 答案：C。《城市房地产管理法》第54条："房屋租赁，出租人和承租人应当签订书面租赁合同，约定租赁期限、租赁用途、租赁价格、修缮责任等条款，以及双方的其他权利和义务，并向房产管理部门登记备案。"

123. 答案：D。《城市房地产管理法》第27条："房地产开发项目的设计、施工，必须符合国家的有关标准和规范。房地产开发项目竣工，经验收合格后，方可交付使用。"

124. 答案：C。《城市房地产管理法》第51条：设定房地产抵押权的土地使用权是以划拨方式取得的，依法拍卖该房地产后，从拍卖所得的价款中缴纳相当于应缴纳的土地使用权出让金的款额后，抵押权人方可优先受偿。

125. 答案：C。《城市房地产管理法》第2条规定："在中华人民共和国城市规划区国有土地（以下简称国有土地）范围内取得房地产开发用地的土地使用权，从事房地产开发、房地产交易，实施房地产管理，应当遵守本法。"

126. 答案：D。《城市房地产管理法》第65条：未取得营业执照擅自从事房地产开发业务的，由县级以上人民政府工商行政管理部门责令停止房地产开发业务活动，没收违法所得，可以并处罚款。

127. 答案：D。《城市房地产管理法》第14条：土地使用权出让最高年限由国务院规定。第15条：……土地使用权出让合同由市、县人民政府土地管理部门与土地使用者签订。这里未说是"最高年限"，所以答案应选D。

128. 答案：C。《城市房地产管理法》第24条："下列建设用地的土地使用权，确属必需的，可以由县级以上人民政府依法批准划拨：（一）国家机关用地和军事用地；（二）城市基础设施用地和公益事业用地；（三）国家重点扶持的能源、交通、水利等项目用地；（四）法律、行政法规规定的其他用地。"

129. 答案：B。本题考查的是土地使用权收益的有关规定。《城市房地产管理法》第56条："以营利为目的，房屋所有权人将以划拨方式取得使用权的国有土地上建成的房屋出租的，应当将租金中所含土地收益上缴国家。具体办法由国务院规定。"故B选项是正确答案。

划拨和出让是获得国有土地使用权的两种方式，但划拨有法定情形，如果土地使用人利用划拨土地进行营利活动，则其中的土地收益应归土地的所有权人，因为通过划拨形式获得土地使用权的主体在最初得到土地使用权时未支付任何费用。

130. 答案：D。本题考查的是房屋转让时进行土地使用权变更登记的有关规定。《城市房地产管理法》第61条第3款："房地产转让或者变更时，应当向县级以上地方人民政府房产管理部门申请房产变更登记，并凭变更后的房屋所有权证书向同级人民政府土地管理部门申请土地使用权变更登记，经同级人民政府土地管理部门核实，由同级人民政府更换或者更改土地使用权证书。"故 D 选项正确。由于国有土地的所有权属于国家，因此当使用权发生转移时，所有权人（国家）要进行必要的监督，故 A、B、C 选项错误。

131. 答案：B。《城市房地产管理法》第 40 条第 1 款：以划拨方式取得土地使用权的，转让房地产时，应当按照国务院规定，报有批准权的人民政府审批。有批准权的人民政府准予转让的，应当由受让方办理土地使用权出让手续，并依照国家有关规定缴纳土地使用权出让金。

132. 答案：C。《城市房地产管理法》第 36 条：房地产转让、抵押，当事人应当依照本法第五章的规定办理权属登记。

133. 答案：C。《城市房地产管理法》第 54 条：房屋租赁，出租人和承租人应当签订书面租赁合同，约定租赁期限、租赁用途、租赁价格、修缮责任等条款，以及双方的其他权利和义务，并向房产管理部门登记备案。

134. 答案：C。根据《不动产登记暂行条例》第 14 条的规定："因买卖、设定抵押权等申请不动产登记的，应当由当事人双方共同申请。属于下列情形之一的，可以由当事人单方申请：（一）尚未登记的不动产首次申请登记的；（二）继承、接受遗赠取得不动产权利的；（三）人民法院、仲裁委员会生效的法律文书或者人民政府生效的决定等设立、变更、转让、消灭不动产权利的；（四）权利人姓名、名称或者自然状况发生变化，申请变更登记的；（五）不动产灭失或者权利人放弃不动产权利，申请注销登记的；（六）申请更正登记或者异议登记的；（七）法律、行政法规规定可以由当事人单方申请的其他情形。"故 C 项说法正确。

135. 答案：A。根据《城乡规划法》第 17 条第 2 款的规定，规划区范围、规划区内建设用地规模、基础设施和公共服务设施用地、水源地和水系、基本农田和绿化用地、环境保护、自然与历史文化遗产保护以及防灾减灾等内容，应当作为城市总体规划、镇总体规划的强制性内容。故 A 项说法正确。根据《城乡规划法》第 30 条第 2 款规定，在城市总体规划、镇总体规划确定的建设用地范围以外，不得设立各类开发区和城市新区。故 B 项说法错误。根据《城乡规划法》第 16 条第 2 款的规定，镇人民政府组织编制的镇总体规划，在报上一级人民政府审批前，应当先经镇人民代表大会审议，代表的审议意见交由本级人民政府研究处理。故 C 项说法错误。根据《城乡规划法》第 36 条的规定，按照国家规定需要有关部门批准或者核准的建设项目，以划拨方式提供国有土地使用权的，建设单位在报送有关部门批准或者核准前，应当向城乡规划主管部门申请核发选址意见书。前款规定以外的建设项目不需要申请选址意见书。故 D 项说法错误。

多项选择题

1. 答案：ABCD。《银行业监督管理法》第 9 条和第 10 条。
2. 答案：BC。《银行业监督管理法》第 23 条规定了非现场监管；第 24 条第 1 款：国务院银行业监督管理机构应当对银行业金融机构的业务活动及其风险状况进行现场检查；第 26 条：国务院银行业监督管理机构对中国人民银行提出的检查银行业金融机构的建议，应当予以回复；第 27 条：银行业金融机构监督管理评级体系和风险预警机制；第 28 条：突发事件报告责任制度；第 29 条：突发事件处置制度；第 30 条：统一的统计制度。
3. 答案：ACD。根据《银行业监督管理法》第 22 条的规定：国务院银行业监督管理机构应当在规定的期限内，对下列申请事项作出批准或者不批准的书面决定；决定不批准的，应当说明理由：（1）银行业金融机构的设立，自收到申请文件之日起 6 个月内；

(2) 银行业金融机构的变更、终止，以及业务范围和增加业务范围内的业务品种，自收到申请文件之日起 3 个月内；(3) 审查董事和高级管理人员的任职资格，自收到申请文件之日起 30 日内。由此可见，本题的正确选项是 A、C、D，而 B 项所表述的 6 个月期限是不正确的，故不能选。

4. 答案：ABC。《商业银行法》第 89 条第 1 款规定：商业银行违反本法规定的，国务院银行业监督管理机构可以区别不同情形，取消其直接负责的董事、高级管理人员一定期限直至终身的任职资格，禁止直接负责的董事、高级管理人员和其他直接责任人员一定期限直至终身从事银行业工作。

5. 答案：ABD。《银行业监督管理法》第 37 条列举出了六种措施，但银行业监督管理机构无权责令银行业金融机构裁员。

6. 答案：ABCD。《银行业监督管理法》第 48 条："银行业金融机构违反法律、行政法规以及国家有关银行业监督管理规定的，银行业监督管理机构除依照本法第四十四条至第四十七条规定处罚外，还可以区别不同情形，采取下列措施：

（一）责令银行业金融机构对直接负责的董事、高级管理人员和其他直接责任人员给予纪律处分；

（二）银行业金融机构的行为尚不构成犯罪的，对直接负责的董事、高级管理人员和其他直接责任人员给予警告，处五万元以上五十万元以下罚款；

（三）取消直接负责的董事、高级管理人员一定期限直至终身的任职资格，禁止直接负责的董事、高级管理人员和其他直接责任人员一定期限直至终身从事银行业工作。"

7. 答案：ABCD。《银行业监督管理法》第 43 条是关于银行业监督管理机构从事监督管理工作的人员的法律责任的规定，故 D 正确；第 44 条是关于擅自设立银行业金融机构或者非法从事银行业金融机构的业务活动的法律责任的规定，故 C 正确；第 45 条、第 46 条、第 47 条是关于银行业金融机构的法律责任的规定，故 A 正确；第 48 条是关于银行业金融

机构直接负责的董事、高级管理人员和其他直接责任人员的法律责任的规定，故 B 正确。由此可知，本题答案为 A、B、C、D。

8. 答案：ABD。《银行业监督管理法》第 36 条规定："银行业监督管理机构应当责令银行业金融机构按照规定，如实向社会公众披露财务会计报告、风险管理状况、董事和高级管理人员变更以及其他重大事项等信息。"可见，银行业金融机构应向社会公众披露的重大事项不包括控股股东转让股份的情况，故 C 错误。由此可知，本题答案为 A、B、D。

9. 答案：ABD。选项 A、B、D 正确。《银行业监督管理法》第 42 条第 1 款规定，银行业监督管理机构依法对银行业金融机构进行检查时，经设区的市一级以上银行业监督管理机构负责人批准，可以对与涉嫌违法事项有关的单位和个人采取下列措施：(1) 询问有关单位或者个人，要求其对有关情况作出说明；(2) 查阅、复制有关财务会计、财产权登记等文件、资料；(3) 对可能被转移、隐匿、毁损或者伪造的文件、资料，予以先行登记保存。选项 C 错误。《银行业监督管理法》第 41 条规定，经国务院银行业监督管理机构或者其省一级派出机构负责人批准，银行业监督管理机构有权查询涉嫌金融违法的银行业金融机构及其工作人员以及关联行为人的账户；对涉嫌转移或者隐匿违法资金的，经银行业监督管理机构负责人批准，可以申请司法机关予以冻结。

10. 答案：ABD。根据《商业银行法》第 19 条的规定，商业银行根据业务需要可以在中华人民共和国境内外设立分支机构。设立分支机构必须经国务院银行业监督管理机构审查批准。在中华人民共和国境内的分支机构，不按行政区划设立。商业银行在中华人民共和国境内设立分支机构，应当按照规定拨付与其经营规模相适应的营运资金额。拨付各分支机构营运资金额的总和，不得超过总行资本金总额的百分之六十。故 A 项说法错误，分支机构不按行政区划设立；B 项说法错误，分支机构的设立需要得到银行业监督

管理机构的批准，不是当地政府；D 项说法错误，不得超过总行资本金总额的百分之六十，不是百分之七十。《商业银行法》第 22 条第 2 款规定，商业银行分支机构不具有法人资格，在总行授权范围内依法开展业务，其民事责任由总行承担。故 C 项说法正确。

11. 答案：ABD。根据《商业银行法》第 13 条第 2 款的规定，国务院银行业监督管理机构根据审慎监管的要求可以调整注册资本最低限额，但不得少于前款规定的限额。故 A 项说法正确。根据《商业银行法》第 17 条第 1 款的规定，商业银行的组织形式、组织机构适用《公司法》的规定。故 B 项说法正确。根据《商业银行法》第 25 条第 1 款的规定，商业银行的分立、合并，适用《公司法》的规定。故 C 项说法错误。根据《商业银行法》第 24 条的规定，商业银行有下列变更事项之一的，应当经国务院银行业监督管理机构批准：变更持有资本总额或者股份总额百分之五以上的股东。故 D 项说法正确。

12. 答案：AC。根据《银行业监督管理法》第 16 条的规定，国务院银行业监督管理机构依照法律、行政法规规定的条件和程序，审查批准银行业金融机构的设立、变更、终止以及业务范围。第 18 条规定，银行业金融机构业务范围内的业务品种，应当按照规定经国务院银行业监督管理机构审查批准或者备案。故 A、C 项说法正确，B 项错误。在银行业监督管理机构对新业务获得批准之前，商业银行从事该业务是违法的，应当由银监会责令其改正，在短期内更不可能给予其从事该业务的批准，故不是效力待定的民事行为，D 项说法错误。

13. 答案：AC。根据《银行业监督管理法》第 37 条第 1 款的规定，银行业金融机构违反审慎经营规则的，国务院银行业监督管理机构或者其省一级派出机构应当责令限期改正；逾期未改正的，或者其行为严重危及该银行业金融机构的稳健运行、损害存款人和其他客户合法权益的，经国务院银行业监督管理机构或者其省一级派出机构负责人批准，可以区别情形，采取下列措施：（1）责令暂停部分业务、停止批准开办新业务；（2）限制分配红利和其他收入；（3）限制资产转让；（4）责令控股股东转让股权或者限制有关股东的权利；（5）责令调整董事、高级管理人员或者限制其权利；（6）停止批准增设分支机构。故 A、C 为正确答案。

14. 答案：AC。根据《商业银行法》第 42 条第 2 款的规定，借款人到期不归还担保贷款的，商业银行依法享有要求保证人归还贷款本金和利息或者就该担保物优先受偿的权利。商业银行因行使抵押权、质权而取得的不动产或者股权，应当自取得之日起 2 年内予以处分。故 A 项做法合法，B 项做法超过了 2 年内予以处分的规定，不合法。根据《商业银行法》第 43 条的规定，商业银行在中华人民共和国境内不得从事信托投资和证券经营业务，不得向非自用不动产投资或者向非银行金融机构和企业投资，但国家另有规定的除外。故 C 项做法合法，D 项做法不合法。

15. 答案：BCD。根据《商业银行法》第 3 条第 1 款规定，商业银行可以经营"发放短期、中期和长期贷款"的业务。但根据该条第 2 款的规定，经营范围由商业银行章程规定，报国务院银行业监督管理机构批准。"校园贷"属于贷款的一种，因而，商业银行从事"校园贷"等贷款业务需要经国务院银监机构审批或备案，故 A 项说法正确。根据《商业银行法》第 36 条规定，商业银行贷款，借款人应当提供担保。商业银行应当对保证人的偿还能力，抵押物、质物的权属和价值以及实现抵押权、质权的可行性进行严格审查。经商业银行审查、评估，确认借款人资信良好，确能偿还贷款的，可以不提供担保。因而 B 项说法错误。根据《商业银行法》第 35 条的规定："商业银行贷款，应当对借款人的借款用途、偿还能力、还款方式等情况进行严格审查。商业银行贷款，应当实行审贷分离、分级审批的制度。"对于与借款人还款能力无关的内容不应当在贷款审查的范围，并且审贷必须分离，因而审查人员和放贷人员不可同为一人，故 C、D 项错误。

16. 答案：ABCD。由"某商业银行的流动性比率低于 20%"可推知，本题考查点在于银行的审慎经营规则及监管措施。对此，《银行业监督管理法》第 37 条第 1 款规定："银行业金融机构违反审慎经营规则的，国务院银行业监督管理机构或者其省一级派出机构应当责令限期改正；逾期未改正的，或者其行为严重危及该银行业金融机构的稳健运行、损害存款人和其他客户合法权益的，经国务院银行业监督管理机构或者其省一级派出机构负责人批准，可以区别情形，采取下列措施：（一）责令暂停部分业务、停止批准开办新业务；（二）限制分配红利和其他收入；（三）限制资产转让；（四）责令控股股东转让股权或者限制有关股东的权利；（五）责令调整董事、高级管理人员或者限制其权利；（六）停止批准增设分支机构。"故 A、B、C、D 项均正确。

17. 答案：ABCD。《商业银行法》第 27 条规定："有下列情形之一的，不得担任商业银行的董事、高级管理人员：（一）因犯有贪污、贿赂、侵占财产、挪用财产罪或者破坏社会经济秩序罪，被判处刑罚，或者因犯罪被剥夺政治权利的；（二）担任因经营不善破产清算的公司、企业的董事或者厂长、经理，并对该公司、企业的破产负有个人责任的；（三）担任因违法被吊销营业执照的公司、企业的法定代表人，并负有个人责任的；（四）个人所负数额较大的债务到期未清偿的。"

18. 答案：BC。《商业银行法》第 36 条规定："商业银行贷款，借款人应当提供担保。商业银行应当对保证人的偿还能力，抵押物、质物的权属和价值以及实现抵押权、质权的可行性进行严格审查。经商业银行审查、评估，确认借款人资信良好，确能偿还贷款的，可以不提供担保。"注意：提供担保不是银行贷款的必要条件。故 A 错。
《商业银行法》第 38 条规定："商业银行应当按照中国人民银行规定的贷款利率的上下限，确定贷款利率。"故 B 对。
《商业银行法》第 37 条规定："商业银行贷款，应当与借款人订立书面合同。合同应当约定贷款种类、借款用途、金额、利率、还款期限、还款方式、违约责任和双方认为需要约定的其他事项。"故 C 对。D 错，法律没有如此规定。

19. 答案：AB。《商业银行法》第 64 条第 1 款：商业银行已经或者可能发生信用危机，严重影响存款人的利益时，国务院银行业监督管理机构可以对该银行实行接管。

20. 答案：ABC。见《商业银行法》第 2 条。

21. 答案：ABCD。《商业银行法》第 3 条第 1 款、第 2 款：商业银行可以经营下列部分或者全部业务：（1）吸收公众存款；（2）发放短期、中期和长期贷款；（3）办理国内外结算；（4）办理票据承兑与贴现；（5）发行金融债券；（6）代理发行、代理兑付、承销政府债券；（7）买卖政府债券、金融债券；（8）从事同业拆借；（9）买卖、代理买卖外汇；（10）从事银行卡业务；（11）提供信用证服务及担保；（12）代理收付款项及代理保险业务；（13）提供保管箱服务；（14）经国务院银行业监督管理机构批准的其他业务。经营范围由商业银行章程规定，报国务院银行业监督管理机构批准。

22. 答案：AC。《商业银行法》第 40 条：商业银行不得向关系人发放信用贷款；向关系人发放担保贷款的条件不得优于其他借款人同类贷款的条件。前款所称关系人是指：（1）商业银行的董事、监事、管理人员、信贷业务人员及其近亲属；（2）前项所列人员投资或者担任高级管理职务的公司、企业和其他经济组织。故 A、C 对。

23. 答案：ABC。《商业银行法》第 30 条：对单位存款，商业银行有权拒绝任何单位或者个人查询，但法律、行政法规另有规定的除外；有权拒绝任何单位或者个人冻结、扣划，但法律另有规定的除外。故 A、B 对。第 31 条：商业银行应当按照中国人民银行规定的存款利率的上下限，确定存款利率，并予以公告。故 C 对。第 32 条：商业银行应当按照中国人民银行的规定，向中国人民银行交存存款准备金，留足备付金。可见，《商业银行法》并未规定固定的存款准备金率。故 D 错。

24. **答案**：ABC。《商业银行法》第 41 条："任何单位和个人不得强令商业银行发放贷款或者提供担保。商业银行有权拒绝任何单位和个人强令要求其发放贷款或者提供担保。"故 A、B 错。

  C 是原《商业银行法》的内容，现已删除。第 36 条第 2 款："经商业银行审查、评估，确认借款人资信良好，确能偿还贷款的，可以不提供担保。"故 D 正确。

25. **答案**：AC。《商业银行法》第 36 条："商业银行贷款，借款人应当提供担保。商业银行应当对保证人的偿还能力，抵押物、质物的权属和价值以及实现抵押权、质权的可行性进行严格审查。经商业银行审查、评估，确认借款人资信良好，确能偿还贷款的，可以不提供担保。"故 A 对。

  第 42 条第 2 款："借款人到期不归还担保贷款的，商业银行依法享有要求保证人归还贷款本金和利息或者就该担保物优先受偿的权利。商业银行因行使抵押权、质权而取得的不动产或者股权，应当自取得之日起二年内予以处分。"故 B 错。

  第 43 条："商业银行在中华人民共和国境内不得从事信托投资和证券经营业务，不得向非自用不动产投资或者向非银行金融机构和企业投资，但国家另有规定的除外。"故 D 有误。

26. **答案**：ABD。见《商业银行法》第 3 条。

27. **答案**：ABD。《商业银行法》第 36 条第 1 款：商业银行贷款，借款人应当提供担保。商业银行应当对保证人的偿还能力，抵押物、质物的权属和价值以及实现抵押权、质权的可行性进行严格审查。故 A 对。第 35 条："商业银行贷款，应当对借款人的借款用途、偿还能力、还款方式等情况进行严格审查。商业银行贷款，应当实行审贷分离、分级审批的制度。"故 B 对。第 38 条："商业银行应当按照中国人民银行规定的贷款利率的上下限，确定贷款利率。"故 D 对。

28. **答案**：BC。《商业银行法》第 52 条："商业银行的工作人员应当遵守法律、行政法规和其他各项业务管理的规定，不得有下列行为：（一）利用职务上的便利，索取、收受贿赂或者违反国家规定收受各种名义的回扣、手续费；（二）利用职务上的便利，贪污、挪用、侵占本行或者客户的资金；（三）违反规定徇私向亲属、朋友发放贷款或者提供担保；（四）在其他经济组织兼职；（五）违反法律、行政法规和业务管理规定的其他行为。"

29. **答案**：BCD。《商业银行法》第 24 条："商业银行有下列变更事项之一的，应当经国务院银行业监督管理机构批准：（一）变更名称；（二）变更注册资本；（三）变更总行或者分支行所在地；（四）调整业务范围；（五）变更持有资本总额或者股份总额百分之五以上的股东；（六）修改章程；（七）国务院银行业监督管理机构规定的其他变更事项。更换董事、高级管理人员时，应当报经国务院银行业监督管理机构审查其任职资格。"

30. **答案**：ABCD。《商业银行法》第 19 条第 1 款：商业银行根据业务需要可以在中华人民共和国境内外设立分支机构。设立分支机构必须经国务院银行业监督管理机构审查批准。在中华人民共和国境内的分支机构，不按行政区划设立。

  第 22 条：商业银行对其分支机构实行全行统一核算，统一调度资金，分级管理的财务制度。商业银行分支机构不具有法人资格，在总行授权范围内依法开展业务，其民事责任由总行承担。

31. **答案**：ABD。见《商业银行法》第 64 条、第 65 条。

32. **答案**：ABCD。《商业银行法》第 3 条第 2 款："经营范围由商业银行章程规定，报国务院银行业监督管理机构批准。"第 11 条："设立商业银行，应当经国务院银行业监督管理机构审查批准。未经国务院银行业监督管理机构批准，任何单位和个人不得从事吸收公众存款等商业银行业务，任何单位不得在名称中使用'银行'字样。"第24条："商业银行有下列变更事项之一的，应当经国务院银行业监督管理机构批准：……（五）变更持有资本总额或者股份总额百分之五以上的股东……"第71条第1款："商业银行不能支付到期债务，经国务院银行业监督管理机构同意，由人民法院依法宣告其破产……"

33. **答案**：ABC。《商业银行法》第46条：拆出资金限于交足存款准备金、留足备付金和归还中国人民银行到期贷款之后的闲置资金。

34. **答案**：ACD。《商业银行法》第22条第2款："商业银行分支机构不具有法人资格，在总行授权范围内依法开展业务，其民事责任由总行承担。"

35. **答案**：AB。《商业银行法》第46条：拆入资金用于弥补票据结算、联行汇差头寸的不足和解决临时性周转资金的需要。

36. **答案**：AD。本题关于银行冻结、扣划存款，《商业银行法》第29条、第30条规定，要求银行冻结、扣划客户的存款必须有法律作为依据。冻结、扣划款项从法理上讲属于司法性的权力，一般只能由司法机关去行使。但税务机关和海关在代表国家行使征税权力时，《税收征收管理法》和《海关法》赋予了这两个行政机关司法性的权力。因此，选项A、D是正确的。至于行政监察部门、工商行政管理部门只有查询银行存款的权力，有关的法律并未赋予它们冻结、扣划这种司法性的权力。

37. **答案**：BC。《商业银行法》第40条："商业银行不得向关系人发放信用贷款；向关系人发放担保贷款的条件不得优于其他借款人同类贷款的条件。前款所称关系人是指：（一）商业银行的董事、监事、管理人员、信贷业务人员及其近亲属；（二）前项所列人员投资或者担任高级管理职务的公司、企业和其他经济组织。"

《贷款通则》第24条："对贷款人的限制……（四）建设项目按国家规定应当报有关部门批准而未取得批准文件的……"

38. **答案**：BD。《商业银行法》第64条："商业银行已经或者可能发生信用危机，严重影响存款人的利益时，国务院银行业监督管理机构可以对该银行实行接管。接管的目的是对被接管的商业银行采取必要措施，以保护存款人的利益，恢复商业银行的正常经营能力。被接管的商业银行的债权债务关系不因接管而变化。"商业银行是独立的法人，与国务院银行业监督管理机构不是子母公司的关系，国务院银行业监督管理机构是出于保护存款人利益，维护社会稳定的考虑，才会出面接管出现信用危机的商业银行，没有为挽救出了问题的银行提供贷款和追加资本金的义务。也可以不接管，直接让这种商业银行按商业规则进入清算程序；或者让经营比较好的商业银行接管。

39. **答案**：ABC。见《银行业监督管理法》第37条。考点：国务院银行业监督管理机构监督管理措施中的强制整改制度。

40. **答案**：CD。选项C、D正确。《商业银行法》第77条规定："商业银行有下列情形之一，由中国人民银行责令改正，并处二十万元以上五十万元以下罚款；情节特别严重或者逾期不改正的，中国人民银行可以建议国务院银行业监督管理机构责令停业整顿或者吊销其经营许可证；构成犯罪的，依法追究刑事责任：（一）拒绝或者阻碍中国人民银行检查监督的；（二）提供虚假的或者隐瞒重要事实的财务会计报告、报表和统计报表的；（三）未按照中国人民银行规定的比例交存存款准备金的。"第76条规定："商业银行有下列情形之一，由中国人民银行责令改正，有违法所得的，没收违法所得，违法所得五十万元以上的，并处违法所得一倍以上五倍以下罚款；没有违法所得或者违法所得不足五十万元的，处五十万元以上二百万元以下罚款；情节特别严重或者逾期不改正的，中国人民银行可以建议国务院银行业监督管理机构责令停业整顿或者吊销其经营许可证；构成犯罪的，依法追究刑事责任：（一）未经批准办理结汇、售汇的；（二）未经批准在银行间债券市场发行、买卖金融债券或者到境外借款的；（三）违反规定同业拆借的。"选项 A、B 不符合题意。《商业银行法》第 74 条规定："商业银行有下列情形之一，由国务院银行业监督管理机构责令改正，有违法所得的，没收违法所得，违法所得五十万元以上的，并处违法所得一倍以上五倍以下罚款；没有违法所得或者违法所得不足五十万元的，处五十万元以上二百万元以下罚款；情节特别严重或者逾期不改正的，可以责令停业整顿或者吊销其经营许可证；构成犯罪的，依法追究刑事责任：（一）未经批准设立分支机构的；（二）未经批准分立、合并或者违反规定对变更事项不报批的；（三）违反规定提高或者降低利率以及采用其他不正当手段，吸收存款，发放贷款的；（四）出租、出借经营许可证的；（五）未经批准买卖、代理买卖外汇的；（六）未经批准买卖政府债券或者发行、买卖金融债券的；（七）违反国家规定从事信托投资和证券经营业务、向非自用不动产投资或者向非银行金融机构和企业投资的；（八）向关系人发放信用贷款或者发放担保贷款的条件优于其他借款人同类贷款的条件的。"

41. **答案**：BC。《证券法》第 44 条规定："上市公司、股票在国务院批准的其他全国性证券交易场所交易的公司持有百分之五以上股份的股东、董事、监事、高级管理人员，将其持有的该公司的股票或者其他具有股权性质的证券在买入后六个月内卖出，或者在卖出后六个月内又买入，由此所得收益归该公司所有，公司董事会应当收回其所得收益。但是，证券公司因购入包销售后剩余股票而持有百分之五以上股份，以及有国务院证券监督管理机构规定的其他情形的除外。前款所称董事、监事、高级管理人员、自然人股东持有的股票或者其他具有股权性质的证券，包括其配偶、父母、子女持有的及利用他人账户持有的股票或者其他具有股权性质的证券。公司董事会不按照第一款规定执行的，股东有权要求董事会在三十日内执行。公司董事会未在上述期限内执行的，股东有权为了公司的利益以自己的名义直接向人民法院提起诉讼。公司董事会不按照第一款的规定执行的，负有责任的董事依法承担连带责任。"

42. **答案**：ABCD。《证券法》第 8 条规定："国家审计机关依法对证券交易场所、证券公司、证券登记结算机构、证券监督管理机构进行审计监督。"

43. **答案**：ABC。《证券法》第 40 条第 1 款规定："证券交易场所、证券公司和证券登记结算机构的从业人员，证券监督管理机构的工作人员以及法律、行政法规规定禁止参与股票交易的其他人员，在任期或者法定限期内，不得直接或者以化名、借他人名义持有、买卖股票或者其他具有股权性质的证券，也不得收受他人赠送的股票或者其他具有股权性质的证券。"

44. **答案**：ABC。《证券法》第 44 条规定："上市公司、股票在国务院批准的其他全国性证券交易场所交易的公司持有百分之五以上股份的股东、董事、监事、高级管理人员，将其持有的该公司的股票或者其他具有股权性质的证券在买入后六个月内卖出，或者在卖出后六个月内又买入，由此所得收益归该公司所有，公司董事会应当收回其所得收益。但是，证券公司因购入包销售后剩余股票而持有百分之五以上股份，以及有国务院证券监督管理机构规定的其他情形的除外。前款所称董事、监事、高级管理人员、自然人股东持有的股票或者其他具有股权性质的证券，包括其配偶、父母、子女持有的及利用他人账户持有的股票或者其他具有股权性质的证券。公司董事会不按照第一款规定执行的，股东有权要求董事会在三十日内执行。公司董事会未在上述期限内执行的，股东有权为了公司的利益以自己的名义直接向人民法院提起诉讼。公司董事会不按照第一款的规定执行的，负有责任的董事依法承担连带责任。"

45. **答案**：ABCD。这些文件都可以是证券上市公司用于信息披露的文件。

46. **答案**：ABD。《证券法》第 85 条规定，信息披露义务人未按照规定披露信息，或者公告的证券发行文件、定期报告、临时报告及其他信息披露资料存在虚假记载、误导性陈述或者重大遗漏，致使投资者在证券交易中遭受损失的，信息披露义务人应当承担赔偿责任；发行人的控股股东、实际控制人、董事、监事、高级管理人员和其他直接责任人员以及保荐人、承销的证券公司及其直接责任人员，应当与发行人承担连带赔偿责任，但是能够证明自己没有过错的除外。

47. 答案：ABCD。《证券法》第 57 条规定："禁止证券公司及其从业人员从事下列损害客户利益的行为：（一）违背客户的委托为其买卖证券；（二）不在规定时间内向客户提供交易的确认文件；（三）未经客户的委托，擅自为客户买卖证券，或者假借客户的名义买卖证券；（四）为牟取佣金收入，诱使客户进行不必要的证券买卖；（五）其他违背客户真实意思表示，损害客户利益的行为。违反前款规定给客户造成损失的，应当依法承担赔偿责任。"

48. 答案：AC。A 对、D 错，《证券法》第 70 条规定："采取要约收购方式的，收购人在收购期限内，不得卖出被收购公司的股票，也不得采取要约规定以外的形式和超出要约的条件买入被收购公司的股票。"

    B 错、C 对，《证券法》第 68 条规定："在收购要约确定的承诺期限内，收购人不得撤销其收购要约。收购人需要变更收购要约的，应当及时公告，载明具体变更事项，且不得存在下列情形……"

49. 答案：AD。A 对，《证券法》第 105 条规定："进入实行会员制的证券交易所参与集中交易的，必须是证券交易所的会员。证券交易所不得允许非会员直接参与股票的集中交易。"

    B 错，《证券法》第 108 条规定："证券公司根据投资者的委托，按照证券交易规则提出交易申报，参与证券交易所场内的集中交易，并根据成交结果承担相应的清算交收责任。证券登记结算机构根据成交结果，按照清算交收规则，与证券公司进行证券和资金的清算交收，并为证券公司客户办理证券的登记过户手续。"

    C 错，现行《证券法》没有关于证券交易当日买卖的禁止性规定。

    D 对，《证券法》第 106 条规定："投资者应当与证券公司签订证券交易委托协议，并在证券公司实名开立账户，以书面、电话、自助终端、网络等方式，委托该证券公司代其买卖证券。"

50. 答案：BC。《证券法》第 124 条规定："证券公司的董事、监事、高级管理人员，应当正直诚实、品行良好，熟悉证券法律、行政法规，具有履行职责所需的经营管理能力。证券公司任免董事、监事、高级管理人员，应当报国务院证券监督管理机构备案。有《中华人民共和国公司法》第一百四十六条规定的情形或者下列情形之一的，不得担任证券公司的董事、监事、高级管理人员：（一）因违法行为或者违纪行为被解除职务的证券交易场所、证券登记结算机构的负责人或者证券公司的董事、监事、高级管理人员，自被解除职务之日起未逾五年；（二）因违法行为或者违纪行为被吊销执业证书或者被取消资格的律师、注册会计师或者其他证券服务机构的专业人员，自被吊销执业证书或者被取消资格之日起未逾五年。"

51. 答案：ACD。《证券法》第 169 条规定："国务院证券监督管理机构在对证券市场实施监督管理中履行下列职责：（一）依法制定有关证券市场监督管理的规章、规则，并依法进行审批、核准、注册，办理备案；（二）依法对证券的发行、上市、交易、登记、存管、结算等行为，进行监督管理；（三）依法对证券发行人、证券公司、证券服务机构、证券交易场所、证券登记结算机构的证券业务活动，进行监督管理；（四）依法制定从事证券业务人员的行为准则，并监督实施；（五）依法监督检查证券发行、上市、交易的信息披露；（六）依法对证券业协会的自律管理活动进行指导和监督；（七）依法监测并防范、处置证券市场风险；（八）依法开展投资者教育；（九）依法对证券违法行为进行查处；（十）法律、行政法规规定的

52. **答案**：ABCD。见《证券法》第 170 条的规定。

53. **答案**：AB。《证券法》第 223 条规定："当事人对证券监督管理机构或者国务院授权的部门的处罚决定不服的，可以依法申请行政复议，或者依法直接向人民法院提起诉讼。"

54. **答案**：ABCD。见《证券法》第 67 条、第 68 条、第 69 条、第 70 条的规定。

55. **答案**：ABCD。进入证券交易所参与集中交易的，必须是证券交易所的会员。故 A 对。《证券法》第 164 条第 2 款规定："证券公司应当加入证券业协会。"故 B 对。《证券法》第 125 条第 3 款规定："国家机关工作人员和法律、行政法规规定的禁止在公司中兼职的其他人员，不得在证券公司中兼任职务。"故 C 对。《证券法》第 136 条第 1 款规定："证券公司的从业人员在证券交易活动中，执行所属的证券公司的指令或者利用职务违反交易规则的，由所属的证券公司承担全部责任。"故 D 也是正确的。

56. **答案**：ABD。C 不选，详见《证券法》关于停牌的相关规定。

57. **答案**：AD。《证券法》第 166 条规定："证券业协会履行下列职责：（一）教育和组织会员及其从业人员遵守证券法律、行政法规，组织开展证券行业诚信建设，督促证券行业履行社会责任；（二）依法维护会员的合法权益，向证券监督管理机构反映会员的建议和要求；（三）督促会员开展投资者教育和保护活动，维护投资者合法权益；（四）制定和实施证券行业自律规则，监督、检查会员及其从业人员行为，对违反法律、行政法规、自律规则或者协会章程的，按照规定给予纪律处分或者实施其他自律管理措施；（五）制定证券行业业务规范，组织从业人员的业务培训；（六）组织会员就证券行业的发展、运作及有关内容进行研究，收集整理、发布证券相关信息，提供会员服务，组织行业交流，引导行业创新发展；（七）对会员之间、会员与客户之间发生的证券业务纠纷进行调解；（八）证券业协会章程规定的其他职责。"

58. **答案**：ABCD。A 错，《证券法》第 60 条规定："国有独资企业、国有独资公司、国有资本控股公司买卖上市交易的股票，必须遵守国家有关规定。"B 错，证券咨询机构向投资者提供专业服务，但并不保证一定能够营利，故不对投资者的证券交易损失负责赔偿。C 错，《证券法》第 37 条规定："公开发行的证券，应当在依法设立的证券交易所上市交易或者在国务院批准的其他全国性证券交易场所交易。非公开发行的证券，可以在证券交易所、国务院批准的其他全国性证券交易场所、按照国务院规定设立的区域性股权市场转让。"D 错，《证券法》第 42 条规定："为证券发行出具审计报告或者法律意见书等文件的证券服务机构和人员，在该证券承销期内和期满后六个月内，不得买卖该证券。除前款规定外，为发行人及其控股股东、实际控制人，或者收购人、重大资产交易方出具审计报告或者法律意见书等文件的证券服务机构和人员，自接受委托之日起至上述文件公开后五日内，不得买卖该证券。实际开展上述有关工作之日早于接受委托之日的，自实际开展上述有关工作之日起至上述文件公开后五日内，不得买卖该证券。"

59. **答案**：BD。见《证券法》第 147 条规定。

60. **答案**：AD。《证券法》第 31 条第 1 款规定："证券的代销、包销期限最长不得超过九十日。"故 A 对。我国现行《证券法》对证券承销业务没有限定公司类型，也没有关于应当由承销团承销的票面总值规定，故 B、C 错误。《证券法》第 29 条第 1 款规定："证券公司承销证券，应当对公开发行募集文件的真实性、准确性、完整性进行核查。发现有虚假记载、误导性陈述或者重大遗漏的，不得进行销售活动；已经销售的，必须立即停止销售活动，并采取纠正措施。"故 D 对。

61. **答案**：BCD。《证券法》第 44 条第 1 款规定，上市公司、股票在国务院批准的其他全国性证券交易场所交易的公司持有百分之五以上股份的股东、董事、监事、高级管理人员，将其持有的该公司的股票或者其他具有股权性质的证券在买入后六个月内卖出，或者在卖出后六个月内又买入，由此所得收益归该公司所有，公司董事会应当收回其所得收益。但是，证券公司因购入包销售后剩余股票而持有百分之五以上股份，以及有国务院证券监督管理机构规定的其他情形的除外。《证券法》第63条第1款规定，通过证券交易所的证券交易，投资者持有或者通过协议、其他安排与他人共同持有一个上市公司已发行的有表决权股份达到百分之五时，应当在该事实发生之日起三日内，向国务院证券监督管理机构、证券交易所作出书面报告，通知该上市公司，并予公告，在上述期限内不得再行买卖该上市公司的股票，但国务院证券监督管理机构规定的情形除外。

62. 答案：BD。《证券法》第104条规定："因违法行为或者违纪行为被开除的证券交易场所、证券公司、证券登记结算机构、证券服务机构的从业人员和被开除的国家机关工作人员，不得招聘为证券交易所的从业人员。"

63. 答案：ABCD。见《证券法》第55条。

64. 答案：ABCD。《证券法》第133条规定，证券公司接受证券买卖的委托，应当根据委托书载明的证券名称、买卖数量、出价方式、价格幅度等，按照交易规则代理买卖证券，如实进行交易记录；买卖成交后，应当按照规定制作买卖成交报告单交付客户。证券交易中确认交易行为及其交易结果的对账单必须真实，保证账面证券余额与实际持有的证券相一致。

65. 答案：BC。《证券法》第160条第1款规定："会计师事务所、律师事务所以及从事证券投资咨询、资产评估、资信评级、财务顾问、信息技术系统服务的证券服务机构，应当勤勉尽责、恪尽职守，按照相关业务规则为证券的交易及相关活动提供服务。"

66. 答案：ABCD。《证券法》第74条规定："收购期限届满，被收购公司股权分布不符合证券交易所规定的上市交易要求的，该上市公司的股票应当由证券交易所依法终止上市交易；其余仍持有被收购公司股票的股东，有权向收购人以收购要约的同等条件出售其股票，收购人应当收购。收购行为完成后，被收购公司不再具备股份有限公司条件的，应当依法变更企业形式。"

67. 答案：ABCD。《证券法》第53条规定："证券交易内幕信息的知情人和非法获取内幕信息的人，在内幕信息公开前，不得买卖该公司的证券，或者泄露该信息，或者建议他人买卖该证券。持有或者通过协议、其他安排与他人共同持有公司百分之五以上股份的自然人、法人、非法人组织收购上市公司的股份，本法另有规定的，适用其规定。内幕交易行为给投资者造成损失的，应当依法承担赔偿责任。"

68. 答案：ABCD。《证券法》第40条第1款规定："证券交易场所、证券公司和证券登记结算机构的从业人员，证券监督管理机构的工作人员以及法律、行政法规规定禁止参与股票交易的其他人员，在任期或者法定限期内，不得直接或者以化名、借他人名义持有、买卖股票或者其他具有股权性质的证券，也不得收受他人赠送的股票或者其他具有股权性质的证券。"

69. 答案：ABC。《证券法》第65条第1款规定，通过证券交易所的证券交易，投资者持有或者通过协议、其他安排与他人共同持有一个上市公司已发行的有表决权股份达到百分之三十时，继续进行收购的，应当依法向该上市公司所有股东发出收购上市公司全部或者部分股份的要约。

70. 答案：ABCD。《证券法》第104条规定："因违法行为或者违纪行为被开除的证券交易场所、证券公司、证券登记结算机构、证券服务机构的从业人员和被开除的国家机关工作人员，不得招聘为证券交易所的从业人员。"

71. 答案：ABCD。《证券法》第147条规定："证券登记结算机构履行下列职能：（一）证券账户、结算账户的设立；（二）证券的存管和过户；（三）证券持有人名册登记；（四）证券交易的清算和交收；（五）受发行人的委托派发证券权益；（六）办理与上述业务有关的查询、信息服务；（七）国务院证券监督管理机构批准的其他业务。"

72. 答案：ABCD。《证券法》第122条规定，证券公司变更证券业务范围，变更主要股东或者公司的实际控制人，合并、分立、停业、解散、破产，应当经国务院证券监督管理机构核准。

73. 答案：BC。《证券法》第41条第1款规定："证券交易场所、证券公司、证券登记结算机构、证券服务机构及其工作人员应当依法为投资者的信息保密，不得非法买卖、提供或者公开投资者的信息。"据此，选项B、C依题意当选。但是，A、D选项中的机构依其他法律法规也对客户负有保密义务。

74. 答案：AB。《证券法》第32条规定："股票发行采取溢价发行的，其发行价格由发行人与承销的证券公司协商确定。"

75. 答案：CD。关于证券交易的禁止行为，公司法和证券法分别作出规定。根据《公司法》第141条第1款的规定，发起人持有的本公司股份，自公司成立之日起一年内不得转让。故A不选。B项没有违反法律规定，故不选。《证券法》第42条规定："为证券发行出具审计报告或者法律意见书等文件的证券服务机构和人员，在该证券承销期内和期满后六个月内，不得买卖该证券。除前款规定外，为发行人及其控股股东、实际控制人，或者收购人、重大资产交易方出具审计报告或者法律意见书等文件的证券服务机构和人员，自接受委托之日起至上述文件公开后五日内，不得买卖该证券。实际开展上述有关工作之日早于接受委托之日的，自实际开展上述有关工作之日起至上述文件公开后五日内，不得买卖该证券。"故C、D当选。

76. 答案：AD。《证券法》第85条规定："信息披露义务人未按照规定披露信息，或者公告的证券发行文件、定期报告、临时报告及其他信息披露资料存在虚假记载、误导性陈述或者重大遗漏，致使投资者在证券交易中遭受损失的，信息披露义务人应当承担赔偿责任；发行人的控股股东、实际控制人、董事、监事、高级管理人员和其他直接责任人员以及保荐人、承销的证券公司及其直接责任人员，应当与发行人承担连带赔偿责任，但是能够证明自己没有过错的除外。"第163条规定："证券服务机构为证券的发行、上市、交易等证券业务活动制作、出具审计报告及其他鉴证报告、资产评估报告、财务顾问报告、资信评级报告或者法律意见书等文件，应当勤勉尽责，对所依据的文件资料内容的真实性、准确性、完整性进行核查和验证。其制作、出具的文件有虚假记载、误导性陈述或者重大遗漏，给他人造成损失的，应当与委托人承担连带赔偿责任，但是能够证明自己没有过错的除外。"

77. 答案：BCD。《证券投资基金法》第73条规定："基金财产不得用于下列投资或者活动：（一）承销证券；（二）违反规定向他人贷款或者提供担保；（三）从事承担无限责任的投资；（四）买卖其他基金份额，但是国务院证券监督管理机构另有规定的除外；（五）向基金管理人、基金托管人出资；（六）从事内幕交易、操纵证券交易价格及其他不正当的证券交易活动；（七）法律、行政法规和国务院证券监督管理机构规定禁止的其他活动。运用基金财产买卖基金管理人、基金托管人及其控股股东、实际控制人或者与其有其他重大利害关系的公司发行的证券或承销期内承销的证券，或者从事其他重大关联交易的，应当遵循基金份额持有人利益优先的原则，防范利益冲突，符合国务院证券监督管理机构的规定，并履行信息披露义务。"故A项是错误的，B、C、D项是正确的。

78. 答案：ABC。A项没有违反法律规定，当选。《证券法》第67条规定，收购要约约定的收购期限不得少于三十日，并不得超过六十日。B项正确。《证券法》第69条第1款规定，收购要约提出的各项收购条件，适用于被收购公司的所有股东。C项正确。根据《证券法》第68条的规定，在收购要约确定的承诺期限内，收购人不得撤销其收购要约。收购人需要变更收购要约的，应当及时公告，载明具体变更事项。D 项错误。

79. 答案：ABC。《证券法》第 79 条规定："上市公司、公司债券上市交易的公司、股票在国务院批准的其他全国性证券交易场所交易的公司，应当按照国务院证券监督管理机构和证券交易场所规定的内容和格式编制定期报告，并按照以下规定报送和公告：（一）在每一会计年度结束之日起四个月内，报送并公告年度报告，其中的年度财务会计报告应当经符合本法规定的会计师事务所审计；（二）在每一会计年度的上半年结束之日起二个月内，报送并公告中期报告。" A、B、C 选项正确，而公司的中期报告不必记载持有公司股份最多的前十名股东的名单和持股数额，故 D 错误。

80. 答案：ABC。根据《证券法》第 14 条规定，公司对公开发行股票所募集资金，必须按照招股说明书或者其他公开发行募集文件所列资金用途使用；改变资金用途，必须经股东大会作出决议。擅自改变用途，未作纠正的，或者未经股东大会认可的，不得公开发行新股。故 A 项说法正确，D 项说法错误。根据《证券法》第 185 条第 1 款的规定，发行人违反本法第十四条、第十五条的规定擅自改变公开发行证券所募集资金的用途的，责令改正，处以五十万元以上五百万元以下的罚款；对直接负责的主管人员和其他直接责任人员给予警告，并处以十万元以上一百万元以下的罚款。故 B、C 项说法正确。

81. 答案：ABC。根据《证券法》第 44 条的规定，上市公司、股票在国务院批准的其他全国性证券交易场所交易的公司持有百分之五以上股份的股东、董事、监事、高级管理人员，将其持有的该公司的股票或者其他具有股权性质的证券在买入后六个月内卖出，或者在卖出后六个月内又买入，由此所得收益归该公司所有，公司董事会应当收回其所得收益。但是，证券公司因购入包销售后剩余股票而持有百分之五以上股份，以及有国务院证券监督管理机构规定的其他情形的除外。前款所称董事、监事、高级管理人员、自然人股东持有的股票或者其他具有股权性质的证券，包括其配偶、父母、子女持有的及利用他人账户持有的股票或者其他具有股权性质的证券。公司董事会不按照第一款规定执行的，股东有权要求董事会在三十日内执行。公司董事会未在上述期限内执行的，股东有权为了公司的利益以自己的名义直接向人民法院提起诉讼。公司董事会不按照第一款的规定执行的，负有责任的董事依法承担连带责任。故 A、B、C 项说法正确，D 项中股东应当以自己的名义提起诉讼，而不是以公司的名义。

82. 答案：BCD。法律允许证券公司为客户买卖证券提供证券融资融券服务，故不选 A。根据《证券法》第 131 条的规定，证券公司客户的交易结算资金应当存放在商业银行，以每个客户的名义单独立户管理。证券公司不得将客户的交易结算资金和证券归入其自有财产。禁止任何单位或者个人以任何形式挪用客户的交易结算资金和证券。证券公司破产或者清算时，客户的交易结算资金和证券不属于其破产财产或者清算财产。非因客户本身的债务或者法律规定的其他情形，不得查封、冻结、扣划或者强制执行客户的交易结算资金和证券。故 B 项说法是被禁止的。根据《证券法》第 129 条的规定，证券公司的自营业务必须以自己的名义进行，不得假借他人名义或者个人名义进行。证券公司的自营业务必须使用自有资金和依法筹集的资金。证券公司不得将其自营账户借给他人使用。故 C 项说法是被禁止的。根据《证券法》第 134 条第 1 款的规定，证券公司办理经纪业务，不得接受客户的全权委托而决定证券买卖、选择证券种类、决定买卖数量或者买卖价格。故 D 项说法是被禁止的。

83. 答案：ABD。本题考查的是保险利益原则。《保险法》第 12 条第 6 款规定："保险利益是指投保人或者被保险人对保险标的具有的法律上承认的利益。"根据保险法原理，这种利益应当是合法的、确定的、经济上的利益，这种利益既可以是现有的，也可以是投保人依法或依合同所承担的义务、责任而产生的利害关系。没有保险利益，保险合同便不能产生法律效力。由于保险利益必须是确定的利益，因此选项 A 是没有保险利益的情况，当事人的投保行为是无效的。在人身保险中，保险利益表现为一种人与人之间的利害关系，这种关系应是被法律所承认的、确定的，据此，选项 B、D 是不存在保险利益的，因此投保行为也是无效的。至于选项 C 涉及的树木，虽然是国家一级保护树种，但由于在房前屋后的树木依据森林法是归个人所有的，因此投保人有合法的所有权，对此有保险利益存在，其投保行为是有效的。综上，本题正确答案为 A、B、D。

84. 答案：ACD。本题考查的是外资保险公司在中国设立的机构的组织形式。《外资保险公司管理条例》第 2 条规定："本条例所称外资保险公司，是指依照中华人民共和国有关法律、行政法规的规定，经批准在中国境内设立和营业的下列保险公司：（一）外国保险公司同中国的公司、企业在中国境内合资经营的保险公司（以下简称合资保险公司）；（二）外国保险公司在中国境内投资经营的外国资本保险公司（以下简称独资保险公司）；（三）外国保险公司在中国境内的分公司（以下简称外国保险公司分公司）。"据此，本题正确答案为 A、C、D。

85. 答案：ABCD。本题考查的是有关保险公司的资金运用的规定。《保险法》第 106 条第 2 款规定："保险公司的资金运用限于下列形式：（一）银行存款；（二）买卖债券、股票、证券投资基金份额等有价证券；（三）投资不动产；（四）国务院规定的其他资金运用形式。"据此，本题正确答案为 A、B、C、D。

86. 答案：ACD。本题考查的是保险公司应当依法提取的款项。《保险法》第 97 条规定："保险公司应当按照其注册资本总额的百分之二十提取保证金，存入国务院保险监督管理机构指定的银行，除公司清算时用于清偿债务外，不得动用。"第 98 条第 1 款规定："保险公司应当根据保障被保险人利益、保证偿付能力的原则，提取各项责任准备金。"第 99 条规定："保险公司应当依法提

取公积金。"据此，本题正确答案为 A、C、D。

87. 答案：ABD。本题考查的是保险合同原则。自愿原则指当事人可以充分根据自己的意愿设立、变更和终止保险法律关系，但是自愿原则也要受到法律的合理限制，如关系社会公共利益的保险险种、依法实行强制保险的险种和新开发的人寿保险险种等的保险条款和保险费率，应当按照国务院保险监督管理机构的规定，故 A 项错误。保险利益原则指只有具有保险利益的保险行为才具有法律效力，其目的在于防止"赌博效应"。《保险法》第 12 条中规定，投保人或者被保险人对保险标的应当具有保险利益。投保人对保险标的不具有保险利益的，保险合同无效，故 B 项错误。最大诚信原则对保险人的主要要求是签订合同时尽告知义务和有足够偿付能力履行支付保险金的责任，故 D 项错误。

88. 答案：ABD。《城市房地产管理法》第 30 条规定："房地产开发企业是以营利为目的，从事房地产开发和经营的企业。设立房地产开发企业，应当具备下列条件：（一）有自己的名称和组织机构；（二）有固定的经营场所；（三）有符合国务院规定的注册资本；（四）有足够的专业技术人员……"投资总额与注册资本并非同一概念，因此 C 项有误。

89. 答案：ABC。《城市房地产管理法》第 32 条规定："房地产转让、抵押时，房屋的所有权和该房屋占用范围内的土地使用权同时转让、抵押。"

《城市房地产管理法》第 48 条规定："依法取得的房屋所有权连同该房屋占用范围内的土地使用权，可以设定抵押权。以出让方式取得的土地使用权，可以设定抵押权。"

90. 答案：ABC。《城市房地产管理法》第 16 条：土地使用者必须按照出让合同约定，支付土地使用权出让金；未按照出让合同约定支付土地使用权出让金的，土地管理部门有权解除合同，并可以请求违约赔偿。

第39条:"以出让方式取得土地使用权的,转让房地产时,应当符合下列条件:(一)按照出让合同约定已经支付全部土地使用权出让金,并取得土地使用权证书;(二)按照出让合同约定进行投资开发,属于房屋建设工程的,完成开发投资总额的百分之二十五以上,属于成片开发土地的,形成工业用地或者其他建设用地条件。转让房地产时房屋已经建成的,还应当持有房屋所有权证书。"

91. 答案:BCD。《城市房地产管理法》第26条:以出让方式取得土地使用权进行房地产开发的,必须按照土地使用权出让合同约定的土地用途、动工开发期限开发土地。超过出让合同约定的动工开发日期满一年未动工开发的,可以征收相当于土地使用权出让金百分之二十以下的土地闲置费;满二年未动工开发的,可以无偿收回土地使用权;但是,因不可抗力或者政府、政府有关部门的行为或者动工开发必需的前期工作造成动工开发迟延的除外。

92. 答案:ABD。《城市房地产管理法》第48条:"依法取得的房屋所有权连同该房屋占用范围内的土地使用权,可以设定抵押权。以出让方式取得的土地使用权,可以设定抵押权。"第51条:"设定房地产抵押权的土地使用权是以划拨方式取得的,依法拍卖该房地产后,应当从拍卖所得的价款中缴纳相当于应缴纳的土地使用权出让金的款额后,抵押权人方可优先受偿。"由此可见,可以设立房地产抵押的有两种情况:(1)以出让方式取得的国有土地使用权。该类土地使用权地上房屋或地上房屋未建成时可单独作为抵押权客体,而划拨土地使用权则只能同地上房屋一同成为抵押权客体。(2)依法取得房屋所有权连同该房屋所占用范围内的国有土地使用权,该土地使用权包括出让、划拨等各种国有土地使用权。因此,C项不选。

93. 答案:ACD。《城市房地产管理法》第21条:土地使用权因土地灭失而终止。故A对。第22条:土地使用权出让合同约定的使用年限届满,土地使用者需要继续使用土地的,应当至迟于届满前一年申请续期,除根据社会公共利益需要收回该幅土地的,应当予以批准。经批准准予续期的,应当重新签订土地使用权出让合同,依照规定支付土地使用权出让金。土地使用权出让合同约定的使用年限届满,土地使用者未申请续期或者虽申请续期但依照前款规定未获批准的,土地使用权由国家无偿收回。故C、D对。

94. 答案:CD。《城市房地产管理法》第61条第3款、第4款:"房地产转让或者变更时,应当向县级以上地方人民政府房产管理部门申请房产变更登记,并凭变更后的房屋所有权证书向同级人民政府土地管理部门申请土地使用权变更登记,经同级人民政府土地管理部门核实,由同级人民政府更换或者更改土地使用权证书。法律另有规定的,依照有关法律的规定办理。"第63条:"经省、自治区、直辖市人民政府确定,县级以上地方人民政府由一个部门统一负责房产管理和土地管理工作的,可以制作、颁发统一的房地产权证书,依照本法第六十一条的规定,将房屋的所有权和该房屋占用范围内的土地使用权的确认和变更,分别载入房地产权证书。"

95. 答案:ABCD。《城市房地产管理法》第38条:"下列房地产,不得转让:(一)以出让方式取得土地使用权的,不符合本法第三十九条规定的条件的;(二)司法机关和行政机关依法裁定、决定查封或者以其他形式限制房地产权利的;(三)依法收回土地使用权的;(四)共有房地产,未经其他共有人书面同意的;(五)权属有争议的;(六)未依法登记领取权属证书的;(七)法律、行政法规规定禁止转让的其他情形。"

96. 答案:ACD。《城市房地产管理法》第40条第1款:"以划拨方式取得土地使用权的,转让房地产时,应当按照国务院规定,报有批准权的人民政府审批。有批准权的人民政府准予转让的,应当由受让方办理土地使用权出让手续,并依照国家有关规定缴纳土地使用权出让金。"

97. 答案：ABD。《城市房地产管理法》第44条："以出让方式取得土地使用权的，转让房地产后，受让人改变原土地使用权出让合同约定的土地用途的，必须取得原出让方和市、县人民政府城市规划行政主管部门的同意，签订土地使用权出让合同变更协议或者重新签订土地使用权出让合同，相应调整土地使用权出让金。"

98. 答案：BD。《城市房地产管理法》第16条："土地使用者必须按照出让合同约定，支付土地使用权出让金；未按照出让合同约定支付土地使用权出让金的，土地管理部门有权解除合同，并可以请求违约赔偿。"

99. 答案：ABC。《城市房地产管理法》第26条："……满二年未动工开发的，可以无偿收回土地使用权；但是，因不可抗力或者政府、政府有关部门的行为或者动工开发必需的前期工作造成动工开发迟延的除外。"

100. 答案：ABD。本题考查的是房地产中介业务的表现形式。《城市房地产管理法》第57条："房地产中介服务机构包括房地产咨询机构、房地产价格评估机构、房地产经纪机构等。"故A、B、D选项是正确的。

101. 答案：ABD。本题考查的是房地产交易的种类。《城市房地产管理法》第四章"房地产交易"的有关规定，故A、B、D选项是正确的选项。房地产开发本身不会引起房地产所有权、使用权的任何变化，而交易是指所有权或使用权等发生变化或存在发生变化的可能，因此C选项不能选。

102. 答案：ABCD。本题考查的是商品房预售的条件。《城市房地产管理法》第45条第1款："商品房预售，应当符合下列条件：（一）已交付全部土地使用权出让金，取得土地使用权证书；（二）持有建设工程规划许可证；（三）按提供预售的商品房计算，投入开发建设的资金达到工程建设总投资的百分之二十五以上，并已经确定施工进度和竣工交付日期；（四）向县级以上人民政府房产管理部门办理预售登记，取得商品房预售许可证明。"故A、B、C、D选项是正确的。

103. 答案：ABC。本题考查的是房屋转让时进行土地使用权变更登记的有关规定。《城市房地产管理法》第61条第3款："房地产转让或者变更时，应当向县级以上地方人民政府房产管理部门申请房产变更登记，并凭变更后的房屋所有权证书向同级人民政府土地管理部门申请土地使用权变更登记，经同级人民政府土地管理部门核实，由同级人民政府更换或者更改土地使用权证书。"没有经过政府主管部门的审批是错误的，故A、B、C选项应选。

104. 答案：ABC。《城市房地产管理法》第40条规定，以划拨方式取得土地使用权的，转让房地产时，应当按照国务院规定，报有批准权的人民政府审批（选项A正确）。有批准权的人民政府准予转让的，应当由受让方办理土地使用权出让手续（选项B正确），并依照国家有关规定缴纳土地使用权出让金（选项C正确）。以划拨方式取得土地使用权的，转让房地产报批时，有批准权的人民政府按照国务院规定决定可以不办理土地使用权出让手续的，转让方应当按照国务院规定将转让房地产所获收益中的土地收益上缴国家或者作其他处理（选项D错误）。

105. 答案：ABCD。根据《土地管理法》第54条的规定，建设单位使用国有土地，应当以出让等有偿使用方式取得；但是，下列建设用地，经县级以上人民政府依法批准，可以以划拨方式取得：（1）国家机关用地和军事用地；（2）城市基础设施用地和公益事业用地；（3）国家重点扶持的能源、交通、水利等基础设施用地；（4）法律、行政法规规定的其他用地。A项"经营性"墓地不属于公益事业用地，故A项行为违反了法律规定。根据《土地管理法》第55条第1款的规定，以出让等有偿使用方式取得国有土地使用权的建设单位，按照国务院规定的标准和办法，缴纳土地使用权出让金等土地有偿使用费和其他费用后，方可使用土地。故B项说法违反了法律规定。根据《土地管理法》第56条的规定，建设单位使用国有土地的，应当按照土地使用权出让等有偿使用合同的约定或者土地使用权划拨批准文件的规定使用土地；确需改变该幅土地建设用途的，应当经有关人民政府自然资源主管部门同意，报原批准用地的人民政府批准。其中，在城市规划区内改变土地用途的，在报批前，应当先经有关城市规划行政主管部门同意。故 C 项说法违反了法律规定。根据《土地管理法》第 57 条的规定，建设项目施工和地质勘查需要临时使用国有土地或者农民集体所有的土地的，由县级以上人民政府自然资源主管部门批准。其中，在城市规划区内的临时用地，在报批前，应当先经有关城市规划行政主管部门同意。土地使用者应当根据土地权属，与有关自然资源主管部门或者农村集体经济组织、村民委员会签订临时使用土地合同，并按照合同的约定支付临时使用土地补偿费。临时使用土地的使用者应当按照临时使用土地合同约定的用途使用土地，并不得修建永久性建筑物。临时使用土地期限一般不超过两年。故 D 项说法违反了多项法律规定。

106. **答案**：BD。根据《城市房地产管理法》第 32 条的规定，房地产转让、抵押时，房屋的所有权和该房屋占用范围内的土地使用权同时转让、抵押。故 A 项说法错误。根据《城市房地产管理法》第 42 条的规定，房地产转让时，土地使用权出让合同载明的权利、义务随之转移。故 B 项说法正确。C 项说法错误，根据《城市房地产管理法》第 44 条的规定，以出让方式取得土地使用权的，转让房地产后，受让人改变原土地使用权出让合同约定的土地用途的，必须取得原出让方和市、县人民政府城市规划行政主管部门的同意，签订土地使用权出让合同变更协议或者重新签订土地使用权出让合同，相应调整土地使用权出让金。D 项说法正确，根据《城市房地产管理法》第 22 条、第 43 条的规定，以出让方式取得土地使用权的，转让房地产后，其土地使用权的使用年限为原土地使用权出让合

同约定的使用年限减去原土地使用者已经使用年限后的剩余年限。土地使用权出让合同约定的使用年限届满，土地使用者需要继续使用土地的，应当至迟于届满前一年申请续期，除根据社会公共利益需要收回该幅土地的，应当予以批准。

107. **答案**：ABC。根据《城市房地产管理法》第 40 条的规定："以划拨方式取得土地使用权的，转让房地产时，应当按照国务院规定，报有批准权的人民政府审批。有批准权的人民政府准予转让的，应当由受让方办理土地使用权出让手续，并依照国家有关规定缴纳土地使用权出让金。以划拨方式取得土地使用权的，转让房地产报批时，有批准权的人民政府按照国务院规定决定可以不办理土地使用权出让手续的，转让方应当按照国务院规定将转让房地产所获收益中的土地收益上缴国家或者作其他处理。"故 A 项说法正确。根据《城市房地产管理法》第 39 条的规定："以出让方式取得土地使用权的，转让房地产时，应当符合下列条件：（一）按照出让合同约定已经支付全部土地使用权出让金，并取得土地使用权证书；（二）按照出让合同约定进行投资开发，属于房屋建设工程的，完成开发投资总额的百分之二十五以上，属于成片开发土地的，形成工业用地或者其他建设用地条件。转让房地产时房屋已经建成的，还应当持有房屋所有权证书。"故 B 项说法正确。根据《城市房地产管理法》第 44 条规定："以出让方式取得土地使用权的，转让房地产后，受让人改变原土地使用权出让合同约定的土地用途的，必须取得原出让方和市、县人民政府城市规划行政主管部门的同意，签订土地使用权出让合同变更协议或者重新签订土地使用权出让合同，相应调整土地使用权出让金。"故 C 项说法正确。根据《城市房地产管理法》第 43 条的规定："以出让方式取得土地使用权的，转让房地产后，其土地使用权的使用年限为原土地使用权出让合同约定的使用年限减去原土地使用

者已经使用年限后的剩余年限。"故 D 项说法错误。

108. **答案**：ABD。根据《土地管理法》第 4 条第 1 款、第 2 款的规定，国家实行土地用途管制制度。国家编制土地利用总体规划，规定土地用途，将土地分为农用地、建设用地和未利用地。严格限制农用地转为建设用地，控制建设用地总量，对耕地实行特殊保护。故 A 项做法需要纠正。根据《城市房地产管理法》第 10 条的规定，土地使用权出让，必须符合土地利用总体规划、城市规划和年度建设用地计划。故 B 项做法需要纠正。根据《城市房地产管理法》第 45 条的规定："商品房预售，应当符合下列条件：（一）已交付全部土地使用权出让金，取得土地使用权证书；（二）持有建设工程规划许可证；（三）按提供预售的商品房计算，投入开发建设的资金达到工程建设总投资的百分之二十五以上，并已经确定施工进度和竣工交付日期；（四）向县级以上人民政府房产管理部门办理预售登记，取得商品房预售许可证明。商品房预售人应当按照国家有关规定将预售合同报县级以上人民政府房产管理部门和土地管理部门登记备案。商品房预售所得款项，必须用于有关的工程建设。"故 C 项做法正确。D 项做法错误，土地用途在出让时就已经明确，不得随意改变用途。

109. **答案**：ABC。《城市房地产管理法》第 42 条规定："房地产转让时，土地使用权出让合同载明的权利、义务随之转移。"据此，土地使用权转让后，如果没有用途变更，那么原出让合同中的权利义务由受让人概括承受，无需签订新的土地使用权出让合同，故 A 项错误。

《土地管理法》第 38 条第 1 款规定："禁止任何单位和个人闲置、荒芜耕地。已经办理审批手续的非农业建设占用耕地，一年内不用而又可以耕种并收获的，应当由原耕种该幅耕地的集体或者个人恢复耕种，也可以由用地单位组织耕种；一年以上未动工建设的，应当按照省、自治区、直辖市的规定缴纳闲置费；连续二年未使用的，经原批准机关批准，由县级以上人民政府无偿收回用地单位的土地使用权；该幅土地原为农民集体所有的，应当交由原农村集体经济组织恢复耕种。"据此，建设单位无故闲置土地 1 年以上的，才会被征收土地闲置费，本题中不存在此种情形，故 B 项错误。

《城市房地产管理法》第 44 条规定："以出让方式取得土地使用权的，转让房地产后，受让人改变原土地使用权出让合同约定的土地用途的，必须取得原出让方和市、县人民政府城市规划行政主管部门的同意，签订土地使用权出让合同变更协议或者重新签订土地使用权出让合同，相应调整土地使用权出让金。"据此，乙房地产开发公司若想改变原土地使用权出让合同约定的土地用途的，必须取得原出让方（甲房地产开发公司）和某市政府城市规划行政主管部门的同意，故 C 项错误。

《城市房地产管理法》第 39 条规定："以出让方式取得土地使用权的，转让房地产时，应当符合下列条件：（一）按照出让合同约定已经支付全部土地使用权出让金，并取得土地使用权证书；（二）按照出让合同约定进行投资开发，属于房屋建设工程的，完成开发投资总额的百分之二十五以上，属于成片开发土地的，形成工业用地或者其他建设用地条件。转让房地产时房屋已经建成的，还应当持有房屋所有权证书。"本题中，甲房地产开发公司是以出让方式取得的土地使用权，根据上述第 1 项规定，应支付全部土地使用权出让金，并取得土地使用权证书后，才可以转让，故 D 项正确。

110. **答案**：AC。《城市房地产管理法》第 39 条规定："以出让方式取得土地使用权的，转让房地产时，应当符合下列条件：（一）按照出让合同约定已经支付全部土地使用权出让金，并取得土地使用权证书；（二）按照出让合同约定进行投资开发，属于房屋建设工程的，完成开发投资总额的百分之二十五以上，属于成片开发土地的，形成工业用地或者其他建设用地条件。转让房地产时房屋已经建成的，还应当持有房屋所有权证书。"本题中，房屋开发投资总额未达到百分之二十五以上。因此，该土地使用权不得转让，丙公司不能取得土地的使用权。故选项A正确，选项D错误。

《城市房地产管理法》第26条规定："以出让方式取得土地使用权进行房地产开发的，必须按照土地使用权出让合同约定的土地用途、动工开发期限开发土地。超过出让合同约定的动工开发日期满一年未动工开发的，可以征收相当于土地使用权出让金百分之二十以下的土地闲置费；满二年未动工开发的，可以无偿收回土地使用权；但是，因不可抗力或者政府、政府有关部门的行为或者动工开发必需的前期工作造成动工开发迟延的除外。"本题中，该地块闲置1年未动工开发，可以征收相当于土地使用权出让金20%以下的土地闲置费，即不超过2亿元。故选项B错误，选项C正确。

111. 答案：ABD。选项A正确。A地块已经确定为工业用途，并登记为集体经营性建设用地，镇集体作为所有人，可以通过出让、出租方式交由天地化工厂使用。选项B正确。镇集体将其所有的经营性建设用地出让给单位使用，应当经本集体经济组织成员的村民会议2/3以上成员或者2/3以上村民代表的同意。选项C错误。集体经营性建设用地出让给单位使用的，最高年限参照同类用途的国有建设用地执行。通过出让方式获得的国有工业用地使用权，最高年限为50年。选项D正确。单位以出让方式获得的集体经营性建设用地使用权，可以再流转。

不定项选择题

1. 答案：A。《商业银行法》第64条：被接管的商业银行的债权债务关系不因接管而变化。国务院银行业监督管理机构实施的接管是一项行政措施，其实质是暂停被接管人的管理层的经营管理权。
2. 答案：ABC。《银行业监督管理法》第4条、第5条和第6条。
3. 答案：A。《银行业监督管理法》第33条、第34条第1款第2项、第34条第2款和第35条。
4. 答案：D。《银行业监督管理法》第37条：国务院银行业监督管理机构或者省一级派出机构有权采取强制整改措施；第38条：在此种情况下，国务院银行业监督管理机构可以依法对该银行业金融机构实行接管或者促成机构重组；第39条：省一级派出机构无权撤销银行业金融机构。只有国务院银行业监督管理机构有权予以撤销。
5. 答案：（1）B。选项B正确，选项C、D错误。商业银行已经或者可能发生信用危机，严重影响存款人的利益时，国务院银行业监督管理机构可以对该商业银行实行接管。信用危机的主要表现为，商业银行不能应付存款人的提款，不能清偿到期的债务，以及同行拒绝拆借资金，原客户和市场所普遍拒绝其服务。商业银行有以上这些情况之一的，即可被视为发生信用危机。选项A错误。该银行已经发生信用危机。

（2）ABC。《银行业监督管理法》第40条规定，银行业金融机构被接管、重组或者被撤销的，国务院银行业监督管理机构有权要求该银行业金融机构的董事、高级管理人员和其他工作人员，按照国务院银行业监督管理机构的要求履行职责。（选项A正确）在接管、机构重组或者撤销清算期间，经国务院银行业监督管理机构负责人批准，对直接负责的董事、高级管理人员和其他直接责任人员，可以采取下列措施：（1）直接负责的董事、高级管理人员和其他直接责任人员出境将对国家利益造成重大损失的，通知出境管理机关依法阻止其出境；（选项B正确）（2）申请司法机关禁止其转移、转让财产或者对其财产设定其他权利。（选项C正确，选项D错误）

（3）C。《商业银行法》第71条第1款规定，商业银行不能支付到期债务，经国务院银行业监督管理机构同意，由人民法院依法宣告其破产。商业银行被宣告破产的，由人民法院组织国务院银行业监督管理机构等有关部门和有关人员成立清算组，进行清算。

6. 答案：AB。《城市房地产管理法》第 47 条、第 48 条规定："房地产抵押，是指抵押人以其合法的房地产以不转移占有的方式向抵押权人提供债务履行担保的行为。债务人不履行债务时，抵押权人有权依法以抵押的房地产拍卖所得的价款优先受偿。""依法取得的房屋所有权连同该房屋占用范围内的土地使用权，可以设定抵押权。以出让方式取得的土地使用权，可以设定抵押权。"

7. 答案：BCD。依《城市房地产管理法》第 44 条规定，受让人改变原土地使用权出让合同约定的土地用途的，必须取得原出让方和市、县人民政府城市规划行政主管部门的同意，签订土地使用权出让合同变更协议或重新签订土地使用权出让合同，相应调整土地使用权出让金。据此，本题应选 B、C、D 项。

8. 答案：（1）ABCD。《城市房地产管理法》第 45 条："商品房预售，应当符合下列条件：（一）已交付全部土地使用权出让金，取得土地使用权证书；（二）持有建设工程规划许可证；（三）按提供预售的商品房计算，投入开发建设的资金达到工程建设总投资的百分之二十五以上，并已经确定施工进度和竣工交付日期；（四）向县级以上人民政府房产管理部门办理预售登记，取得商品房预售许可证明。商品房预售人应当按照国家有关规定将预售合同报县级以上人民政府房产管理部门和土地管理部门登记备案。商品房预售所得款项，必须用于有关的工程建设。"

（2）A。《城市房地产管理法》第 45 条（见上）。

9. 答案：（1）BCD。本题考查的是国有土地使用权的取得方式。《城市房地产管理法》第 13 条第 1 款："土地使用权出让，可以采取拍卖、招标或者双方协议的方式。"

房地产公司想取得土地使用权，不属于无偿取得土地使用权的情形，故本题考查的实际上是国有土地使用权出让的具体方式，

划拨必须是法定的情形，房地产开发不包括在内。故 A 选项不能选。

（2）ABCD。本题考查的是土地使用权发生变化的合法方式。《城市房地产管理法》第 37 条："房地产转让，是指房地产权利人通过买卖、赠与或者其他合法方式将其房地产转移给他人的行为。"而土地使用权作为一种财产权利，抵押、赠与、交换、出租都是处分的方式，故 A、B、C、D 选项均是正确的。

（3）CD。本题考查的是国有土地使用权转让的要件。根据《城市房地产管理法》的有关规定和物权法的有关知识，我国土地使用权的转让以登记为取得要件，未办理变更登记手续就不能产生土地使用权转让的法律效果，所以甲公司只能以志远公司违约为由，要求志远公司承担违约责任。故 A、B 选项不能选，C、D 选项应选。

10. 答案：（1）ABC。选项 A 正确。《城市房地产管理法》第 45 条第 1 款规定"商品房预售，应当符合下列条件：（一）已交付全部土地使用权出让金，取得土地使用权证书；（二）持有建设工程规划许可证；（三）按提供预售的商品房计算，投入开发建设的资金达到工程建设总投资的百分之二十五以上，并已经确定施工进度和竣工交付日期；（四）向县级以上人民政府房产管理部门办理预售登记，取得商品房预售许可证明。选项 B 正确。《预售商品房认购书》是一个独立于商品房预售合同的合同，《预售商品房认购书》规定的条件具备时，当事人应当签订商品房预售合同。这个合同并不以取得商品房销售许可证为条件。"选项 C 正确。题干中给出"高某接到公司已经取得商品房预售许可证的通知后，立即前往公司签订了商品房预售合同"，据此可知，公司与高某签订商品房预售合同时，公司已具备商品房预售的法定条件，则该预售合同有效。选项 D 错误。当事人应当按照约定全面履行自己的义务。房地产开发公司也应当按照合同约定履行义务，不得将房屋另售他人。

（2）B。《城市房地产管理法》第 45 条

第 2 款规定，商品房预售人应当按照国家有关规定将预售合同报县级以上人民政府房产管理部门和土地管理部门登记备案。依据《民法典》第 502 条第 1 款、第 2 款的规定，依法成立的合同，自成立时生效，但是法律另有规定或者当事人另有约定的除外。依照法律、行政法规的规定，合同应当办理批准等手续的，依照其规定。未办理批准等手续影响合同生效的，不影响合同中履行报批等义务条款以及相关条款的效力。所以，登记备案是商品房预售人的法定义务，但备案与否不影响合同生效。

（3）CD。由上面题目分析可知，《预售商品房认购书》和商品房预售合同均有效。《民法典》第 577 条规定，当事人一方不履行合同义务或者履行合同义务不符合约定的，应当承担继续履行、采取补救措施或者赔偿损失等违约责任。第 587 条规定，债务人履行债务的，定金应当抵作价款或者收回。给付定金的一方不履行债务或者履行债务不符合约定，致使不能实现合同目的的，无权请求返还定金；收受定金的一方不履行债务或者履行债务不符合约定，致使不能实现合同目的的，应当双倍返还定金。所以，应当支持高某的主张。

名词解释

1. **答案**：商业银行的接管是指中国人民银行为了恢复已经或可能发生信用危机的商业银行的正常经营能力所采取的措施。（1）接管的前提是商业银行已经或者可能发生信用危机，严重影响存款人利益。目的是对被接管的商业银行采取必要措施以保护存款人的利益，恢复商业银行的正常经营能力。（2）接管由中国人民银行决定，并组织执行。被接管的商业银行法人资格继续存在，其债权债务不因接管而变化。（3）接管自接管决定实施之日起开始。接管期满，中国人民银行可以决定延期，但接管期限最长不得超过 2 年。

2. **答案**：资产负债比例控制，是指对银行的资产和负债规定一系列的比例，从而实现对银行资产控制的一种方式，是确保银行资产质量、防范银行风险的重要途径之一。资产负债比例管理的指标由金融监管机构根据金融市场及其风险变化加以确定。根据《商业银行法》的有关规定，其主要内容有：（1）资本充足率不得低于 8%；（2）流动性资产余额与流动性负债余额之比不得低于 25%；（3）对同一借款人的贷款余额与商业银行资本余额之比不得超过 10%。

3. **答案**：内幕交易指知悉证券交易内幕信息的知情人员（内幕人员）和非法获取内幕信息的其他人员违反法律规定，泄露内幕信息，根据内幕信息买卖证券或者建议他人买卖证券的行为。内幕信息指为内幕人员所知悉的，尚未公开的和可能影响证券交易价格的重要信息。

4. **答案**：强制要约收购，即当一持股者持股比例达到法定数额时，强制其向目标公司同类股票的全体股东发出公开收购要约。我国法律规定，投资者持有一个上市公司已发行的股份的 30% 时，继续进行收购的，除证券监督机构免除其发出要约义务的以外，应当依法向该上市公司所有股东发出收购要约。收购上市公司部分股份的收购要约应当约定，被收购公司股东承诺出售的股份数额超过预定收购的股份数额的，收购人按比例进行收购。收购人要约发出后，不得随意变更要约，确需变更的，应当及时公告，载明具体变更事由，且不得存在降低收购价格、减少预定收购股份数额、缩短收购期限以及国务院证券监督管理机构规定的其他情形。上述规定体现了目标公司股东平等对待和保护上市公司中小股东利益的原则。

5. **答案**：注册制，也称形式审查制、备案制，一般是指法律并不限定证券发行的实质条件，发行人无需在财务状况、盈利能力等方面符合特定的条件，只要依规定申报及公开有关资料且主管机关在一定期间内未提出异议，发行人即可发行证券的一种发行审核制度。注册制的核心是让市场在发行上市的资源配置中发挥决定性作用，发行人商业质量的好坏、证券是否值得投资、证券价格高低等事项，均由市场自主判断和选择；而市场有效运作的前提是信息的充分有效公开，因此，注册制必须建立在科学的信息披露制度基础之上。从审核制向注册制的转变反映的是"以营利为中心"的审查理念向"以信息披露为核心"的市场理念的转变，但注册制并非要弱化政府职责，而是对市场经济的自由性、市场主体的自主性以及政府干预的规范性和有效性提出了更高的要求。注册制下，政府"有形的手"需要在事前精简优化发行上市环节的设置、事中履行好信息披露审核职责、上市后督促持续履行信息披露义务，确保信息披露及时、充分、真实，以及在严厉打击欺诈发行行为、严格退市制度等方面更好地发挥作用。可以说，以信息披露为核心实施注册制，是在证券发行领域政府与市场关系的集中体现，是我国资本市场的一项深刻的制度性变革。

6. **答案**：保险公司的偿付能力，是指保险公司履行赔偿或者给付责任的能力。偿付能力是保险监管的核心。首先，法律要求保险公司必须维持与其业务规模和风险程度相适应的最低偿付能力，其认可资产减去认可负债的差额不得低于国务院保险监督管理机构规定的数额；其次，保险公司应提取保证金、公积金、保险准备金等责任准备金，以维持其正常的偿付能力；最后，保险监督管理机构应当建立健全保险公司偿付能力监管体系，对保险公司的偿付能力实施监控。保险公司违反有关规定的，由保险监督管理机构采取措施责令限期改正或者对其实施整顿或实行接管。

7. **答案**：土地使用权出让，是指国家将国有土地使用权在一定年限内出让给土地使用者，由土地使用者向国家支付土地使用权出让金的行为。土地使用权出让为土地的一级市场，国家对城镇土地的一级市场实行垄断；土地使用权出让必须符合土地利用总体规划、城市规划和年度建设用地计划；土地使用权出让，应当签订书面出让合同。

8. **答案**：土地使用权划拨，是指县级以上人民政府依法批准，在土地使用者缴纳补偿、安置等费用后将该幅土地交付其使用，或者将土地使用权无偿交付土地使用者使用的行为。

以划拨方式取得土地使用权的，除法律、行政法规另有规定外，没有使用期限的限制。

简答题

1. **答案**：为防范风险，商业银行应遵循审慎经营的原则，禁止从事下列行为：（1）违反前述资产负债比例监管规定发放贷款；（2）向关系人发放信用贷款或以优于其他借款人同类贷款的条件向关系人发放贷款；（3）向不具备法定贷款资格和条件或生产、经营、投资国家明文禁止产品，建设项目或生产经营、投资项目未取得批准文件或环境保护部门许可及有其他严重违法行为的借款人发放贷款；（4）未经中国人民银行批准，对自然人发放外币币种的贷款；（5）给委托人垫付资金（国家另有规定的除外）；（6）提供无担保的信用贷款（经商业银行严格审查，确认借款人资信良好，确有偿还能力的除外）。

2. **答案**：除了对贷款业务作出控制外，为保障金融业的稳健运行，我国法律还对银行的其他具有高风险性的资产业务作出了限制或者禁止性规定。主要包括：（1）原则上禁止商业银行在我国境内从事信托投资和证券经营业务，不得向非自用不动产投资或者向非银行金融机构和企业投资，但国家另有规定的除外。（2）商业银行发行金融债券或者到境外借款，应当依照法律、行政法规的规定报经批准。（3）禁止利用拆入资金发放固定资产贷款或者用于投资；拆出资金限于交足存款准备金、留足备付金和归还中国人民银行到期贷款之后的闲置资金；拆入资金用于弥补票据结算、联行汇差头寸的不足和解决临时性周转资金的需要。

3. **答案**：信息披露制度，是指证券发行人、上市公司以及其他负有信息披露义务的主体，依法将与证券发行、证券交易有关的可能影响投资判断的相关信息向社会予以公开的制度。它既包括发行前信息披露、上市后的持续信息披露和终止上市的信息披露，主要由招股说明书制度、定期报告制度、临时报告制度、退市公告制度等组成。信息公开是证券法的灵魂，信息披露是证券法的核心制度。

从信息披露法律制度的主体上看，它是以发行人为主线、由多方主体共同参加的制度。从各个主体在信息披露制度中所起的作用和地位看，大体分为三类主体：第一类是信息披露的一般主体，即证券发行人，具体指拟发行证券的公司。它们依法承担披露与发行人及发行证券有关信息的义务，是证券市场信息的主要披露人。第二类是上市公司。上市公司在证券交易所挂牌交易要履行持续信息披露义务，包括年度财务报告、半年度财务报告和季度财务报告的定期披露义务以及重大事项披露的临时报告制度。第三类是特定的投资者。证券市场的投资者，一般没有信息披露的义务，但在特定情况下，也可以成为信息披露的义务主体。比如，持有、控制一个上市公司的股份数量发生或者可能发生达到规定比例，负有履行信息披露义务的股份持有人、股份控制人和一致行动人就需要将其持股及股权变动情况予以披露。

4. **答案**：公开发行公司债券，应当符合下列条件：（1）具备健全且运行良好的组织机构；（2）最近三年平均可分配利润足以支付公司债券一年的利息；（3）国务院规定的其他条件。公开发行公司债券筹集的资金，必须按照公司债券募集办法所列资金用途使用；改变资金用途，必须经债券持有人会议作出决议。公开发行公司债券筹集的资金，不得用于弥补亏损和非生产性支出。

上市公司发行可转换为股票的公司债券，除应当符合前述条件外，还应当遵守上市公司发行新股的规定。但是，按照公司债券募集办法，上市公司通过收购本公司股份的方式进行公司债券转换的除外。

有下列情形之一的，不得再次公开发行公司债券：（1）对已公开发行的公司债券或者其他债务有违约或者延迟支付本息的事实，仍处于继续状态；（2）违反《证券法》规定，改变公开发行公司债券所募资金的用途。

5. **答案**：为了强化保险公司的风险管理，法律对保险公司的自留保险费、承保责任、再保险业务、资金运用、关联交易、信息披露业务等作了相应限制：（1）保险公司当年自留保险费，不得超过其实有资本金加公积金总和的4倍。（2）保险公司对每一危险单位，即对一次保险事故可能造成的最大损失范围所承担的责任，不得超过其实有资本金加公积金总和的10%；超过的部分应当办理再保险。（3）保险公司应当按规定办理再保险，并审慎选择再保险接受人。（4）保险公司应真实、准确、完整地披露财务会计报告、风险管理状况、保险产品经营情况等重大事项。（5）保险公司的资金运用限于银行存款，买卖债券、股票、证券投资基金份额等有价证券，投资不动产，以及国务院规定的其他资金运用形式。（6）保险公司的控股股东、实际控制人、董事、监事、高级管理人员不得利用关联交易损害公司的利益。

6. **答案**：首先，建立机会公平的市场准入制度。党的十九大报告提出："全面实施市场准入负面清单制度，清理废除妨碍统一市场和公平竞争的各种规定和做法，支持民营企业发展，激发各类市场主体活动。"为此，应积极培育和规范能源市场，发挥市场在能源领域资源配置中的决定性作用，鼓励各种所有制主体依法从事能源开发利用活动，促进能源供应市场的公平有序竞争，提高能源供应服务质量和效率。其次，推动能源服务供应环节的市场竞争，确保公平、无歧视服务。能源输送管网设施应当向合格的能源用户和交易主体开放，经营能源输送管网设施的企业应当依法提供公平、无歧视的接入和输送服务。各级政府应当采取措施促进能源基础设施和运输体系建设，建立多元供应渠道，加强能源供应的组织协调，保障能源持续、稳定、安全、有序供应。最后，确立能源企业的普遍服务义务。从事民用燃气、热力和电力等供应业务的企业应履行普遍服务义务，保障公民获得无歧视、价格合理的基本能源供应服务，接受能源主管部门和有关部门及社会公众监督。与此同时，国家应建立能源普遍服务补偿机制，对因承担普遍服务义务造成亏损的企业给予合理补偿或者政策优惠。

案例分析题

1. **答案**：本案中甲商业银行的违法之处有：

(1) 逾期出售大楼。《商业银行法》规定，商业银行因行使抵押权而取得的不动产，应当自取得之日起两年内予以处分。

(2) 向丙房地产股份公司投资。《商业银行法》规定，商业银行在我国境内不得向非银行金融机构和企业投资。

(3) 投资于股市。《商业银行法》规定，商业银行在我国境内不得从事股票业务。

2. **答案**：(1) 借款企业的违法行为有四点：①从同一商业银行同一辖区（市）的三家同级机构（支行）取得贷款；②无房地产经营资格，而将所贷款项投资于房地产；③套用贷款用于借贷牟取非法收入；④未按期归还贷款。

(2) 商业银行的违法行为主要有：①发放贷款未要求借款企业提供任何担保；②没有实行审贷分离制；③乙市分行发放异地贷款未按规定向当地国务院银行业监督管理机构分支机构备案；④没有对借款企业进行贷后检查。

3. **答案**：应责令依法处理其非法持有的证券，没收违法所得，并处以违法所得一倍以上五倍以下罚款。

这是一种操纵市场行为。操纵市场行为破坏了市场交易的公开、公正、公平原则。操纵市场行为包括：(1) 单独或者通过合谋，集中资金优势、持股优势或者利用信息优势联合或者连续买卖；(2) 与他人串通，以事先约定的时间、价格和方式相互进行证券交易；(3) 在自己实际控制的账户之间进行证券交易；(4) 不以成交为目的，频繁或者大量申报并撤销申报；(5) 利用虚假或者不确定的重大信息，诱导投资者进行证券交易；(6) 对证券、发行人公开作出评价、预测或者投资建议，并进行反向证券交易；(7) 利用在其他相关市场的活动操纵证券市场。操纵市场行为扰乱了证券市场的交易秩序，可以处以警告、没收违法所得、罚款、限制或者暂停证券经营业务等处罚。

4. **答案**：赵某的行为是内幕交易行为，应当没收其非法所得，并予以罚款。

内幕交易行为是指内幕人员利用尚未公开、可能影响证券市场价格的证券情报，进行的非法交易行为。内幕交易行为的特点有：(1) 交易行为违反证券法规，利用内幕信息进行证券交易；(2) 内幕交易行为的行为人须有主观上的故意，并有获利或减损的目的；(3) 内幕交易须有内幕人员直接或间接地参与或泄露内幕信息。对于内幕交易行为，可以令其承担民事赔偿责任，也可以给予行政处罚，情节严重的还应追究其刑事责任。

5. **答案**：(1) 本案所涉及的两个合同中，甲与被告丙所签订的商品房预售合同为无效合同；乙与被告丙所签订的商品房预售合同为有效合同。《城市房地产管理法》第45条第1款规定："商品房预售，应当符合下列条件：（一）已交付全部土地使用权出让金，取得土地使用权证书；（二）持有建设工程规划许可证；（三）按提供预售的商品房计算，投入开发建设的资金达到工程建设总投资的百分之二十五以上，并已经确定施工进度和竣工交付日期；（四）向县级以上人民政府房产管理部门办理预售登记，取得商品房预售许可证明。"同时第2款规定："商品房预售人应当按照国家有关规定将预售合同报县级以上人民政府房产管理部门和土地管理部门登记备案。"

本案中，甲与被告丙签订商品房预售合同时，被告丙尚未交付土地使用权出让金，未取得建设工程规划许可证、开发建设资金尚未实际投入，未取得预售许可证，该预售合同亦未办理登记，因此被告丙此时并不符合商品房预售的条件，两人签订的合同因此无效。

乙与被告丙签订商品房预售合同时，被告丙已交付了全部土地使用权出让金，建房投资已达50%，取得了预售许可证，并在有关部门办得了预售合同登记，而乙按规定交付了定金及首期房款共200万元，因此符合商品房预售的条件，两人签订的合同为有效合同。

(2) 在本案中，人民法院应判令被告丙向乙履行商品房预售合同，并由被告丙承担因迟延履行给乙造成的损失；同时，人民法院应判令被告丙与甲所签订的商品房预售合同为无效合同，由被告丙返还甲交付的房价款300万元，如果甲在该无效合同中无过错，被告丙还应承担甲因此遭受的损失。

综合测试题一

✓ 单项选择题

1. **答案：C**。根据美国联邦参议员谢尔曼1888年提出的议案，美国国会于1890年通过了《谢尔曼法》，这是市场规制法（特别是反垄断法）产生的标志，也是经济法产生的标志之一。

2. **答案：C**。混淆行为，是指经营者通过擅自使用他人具有一定影响的标识等方式，引人误认为其生产、经营的商品是他人商品或者与他人存在特定联系的行为。"全聚德"属于经营者使用的商标，擅自使用与之相同或近似的标识致使消费者产生误认效果，构成《反不正当竞争法》上的混淆行为。

3. **答案：C**。根据《民法典》第151条的规定，一方利用对方处于危困状态、缺乏判断能力等情形，致使民事法律行为成立时显失公平的，受损害方有权请求人民法院或者仲裁机构予以撤销。本题中彩色扩印公司与吴某、张某之间的情形，不足以认定为显失公平的合同条款，故选项C错误。彩色扩印公司遗失胶卷的行为，导致吴某与张某获得婚礼照片的财产利益受损，应当承担对应的违约责任，故选项A正确。根据《消费者权益保护法》第26条第2、3款的规定，经营者不得以格式条款、通知、声明、店堂告示等方式，作出排除或者限制消费者权利、减轻或者免除经营者责任、加重消费者责任等对消费者不公平、不合理的规定，不得利用格式条款并借助技术手段强制交易。格式条款、通知、声明、店堂告示等含有前款所列内容的，其内容无效。彩色扩印公司开出的印单内容限制了消费者主张依法求偿权、减轻了经营者赔偿义务，应定性为格式条款而无效，故选项B正确。根据《民法典》第996条的规定，因当事人一方的违约行为，损害对方人格权并造成严重精神损害，受损害方选择请求其承担违约责任的，不影响受损害方请求精神损害赔偿。因婚礼拍摄的胶卷对于吴某与张某具有重要的纪念意义，且胶卷遗失无法重拍，从损害后果、精神痛苦程度及损害的持续性等方面可以认定彩色扩印公司给吴某与张某造成了严重的精神损害，应当承担精神损失赔偿责任，故选项D正确。

4. **答案：B**。《反不正当竞争法》第9条第2款规定，经营者不得通过组织虚假交易、虚假评价等方式，帮助其他经营者进行虚假或者引人误解的商业宣传。甲公司的行为属于电子商务领域通过虚构交易量炒作商家信用的行为，构成虚假宣传的不正当竞争行为。

5. **答案：A**。根据《产品质量法》第40、41条的规定，基于消费者与销售者之间的买卖合同关系，产品瑕疵或缺陷属于违反合同对交付标的物的明示或默示质量担保要求，销售者应当承担修理更换、退货、损失赔偿等合同责任；基于产品存在缺陷给消费者或者其他第三人造成人身、缺陷产品以外的其他财产损害，属于无过错的侵权责任，生产者、销售者应当承担医药费、护理费、残疾赔偿金等侵权损害赔偿责任。故选项A正确。产品缺陷责任属于侵权责任，受害者可以是消费者或其他第三人，不要求生产者、销售者与受害者之间成立合同关系，故选项B错误。生产者的产品缺陷责任属于严格责任（无过错责任），即使生产者无过错也需赔偿，故选项C错误。产品缺陷责任以"受害者初步举证缺陷+生产者反证免责"为核心规则，受害者需证明缺陷存在、损害事实和因果关系，生产者可以通过反证存在法定免责事由或提出其他抗辩推翻责任，故选项D错误。

6. **答案：A**。《反垄断法》第24条规定，有下列情形之一的，可以推定经营者具有市场支配地位：（一）一个经营者在相关市场的市场份额达到二分之一的；（二）两个经营者在相关市场的市场份额合计达到三分之二的；（三）三个经营者在相关市场的市场份额合计达到四分之三的。有前款第二项、第三项规定的情形，其中有的经营者市场份额不足十分之一的，不应当推定该经营者具有市场支配地位。

7. **答案**：A。《反垄断法》第 34 条规定，经营者集中具有或者可能具有排除、限制竞争效果的，国务院反垄断执法机构应当作出禁止经营者集中的决定。但是，经营者能够证明该集中对竞争产生的有利影响明显大于不利影响，或者符合社会公共利益的，国务院反垄断执法机构可以作出对经营者集中不予禁止的决定。

8. **答案**：D。根据《银行业监督管理法》第 16、17、18 条，选项 A、B、C 均属于国务院银行业监督管理机构的法定监督管理职责。根据《中国人民银行法》第 23 条，中国人民银行可以运用的货币政策工具包括要求银行业金融机构按照规定的比例交存存款准备金；根据《存款保险条例》第 3 条，投保机构应当向存款保险基金管理机构交纳保费，形成存款保险基金，故选项 D 错误。

9. **答案**：D。公平交易权的内容具体可以概括为以下几点：其一，消费者有权要求商品或服务应当具备公众普遍认为其应当具备的功能或质量；其二，消费者有权要求商品或服务的定价合理，即价格公允；其三，消费者有权要求商品或服务的计量正确，不得克扣或短斤少两、不得降低服务水准；其四，消费者有权拒绝经营者的强制交易行为。选项 A 属于经营者正常的营销策略，选项 B 属于经营者履行环保责任的行为，选项 C 属于经营者尊重消费者知悉真情权的行为，只有选项 D 符合题意当选。

10. **答案**：B。根据《个人所得税法》第 4 条第 1 款的规定，省级人民政府、国务院部委和中国人民解放军军以上单位，以及外国组织、国际组织颁发的科学、教育、技术、文化、卫生、体育、环境保护等方面的奖金，免征个人所得税。只有选项 B 符合个人所得税法定免税条件，选项 C、D 由于奖金授予主体资格而不得享受免税。选项 A 涉及的任职受雇单位发放的年终奖，属于居民个人取得全年一次性奖金，可以选择并入当年综合所得计算纳税，也可以选择不并入当年综合所得，以全年一次性奖金收入除以 12 个月得到的数额，按照按月换算后的综合所得税率表确定适用税率和速算扣除数，单独计算纳税。

✅ 多项选择题

1. **答案**：AB。根据《反不正当竞争法》第 10 条第 3 款的规定，第三人明知或者应知商业秘密权利人的员工、前员工或者其他单位、个人实施本条第一款所列违法行为，仍获取、披露、使用或者允许他人使用该商业秘密的，视为侵犯商业秘密。故选项 A 正确，选项 C 错误。根据《反不正当竞争法》第 10 条第 1 款的规定，经营者违反保密义务或者违反权利人有关保守商业秘密的要求，披露、使用或者允许他人使用其所掌握的商业秘密，属于侵犯商业秘密，故选项 B 正确。根据《反不正当竞争法》第 10 条第 4 款的规定，商业秘密是指不为公众所知悉、具有商业价值并经权利人采取相应保密措施的技术信息、经营信息等商业信息，早已公之于众的技术由于不满足秘密性特征而不构成商业秘密，故选项 D 错误。

2. **答案**：AD。根据《产品质量法》第 41 条第 2 款的规定，生产者能够证明未将产品投入流通的，不承担赔偿责任。家用电器厂未将存在缺陷的面包机投入市场流通销售，故不承担产品缺陷责任，应由库房管理员向受害者承担侵权责任。

3. **答案**：BD。市场规制法的调整方式具有显著的直接性，宏观调控法的调整方式具有较强的间接性。禁止市场主体在交易活动中的不正当竞争行为，属于一般禁止式的调整方式；设立消费者权益保护委员会来保护消费者权益，规范市场交易主体，属于积极义务式的调整方式。上述两类均属于国家通过行使市场规制权直接干预市场主体经济行为，故选项 A、C 错误。国家通过计划调控、价格调控对市场主体行为进行引导或调节，属于间接影响市场主体行为，故选项 B、D 正确。

4. **答案**：ACD。《价格法》第 14 条规定，经营者不得有下列不正当价格行为：（一）相互串通，操纵市场价格，损害其他经营者或者消费者的合法权益；（二）在依法降价处理鲜活商品、季节性商品、积压商品等商品外，为了排挤竞争对手或者独占市场，以低于成本的价格倾销，扰乱正常的生产经营秩序，损害国家利益或者其他经营者的合法权益；（三）捏造、散布涨价信息，哄抬价格，推动商品价格过高上涨的；（四）利用虚假的或者使人误解的价格手段，诱骗消费者或者其他经营者与其进行交易；（五）提供相同商品或者服务，对具有同等交易条件的其他经营者实行价格歧视；（六）采取抬高等级或者压低等级等手段收购、销售商品或者提供服务，变相提高或者压低价格；（七）违反法律、法规的规定牟取暴利；（八）法律、行政法规禁止的其他不正当价格行为。

5. **答案**：CD。选项 A 属于乙厂维护商誉的正当行为，不构成对甲厂的商业诋毁。选项 B 中甲汽车厂和乙钢铁厂不构成具有竞争关系的经营者，故甲汽车厂的行为不构成诋毁他人商誉的不正当竞争行为，但可能构成侵害乙钢铁厂名誉权的行为。选项 C、D 均构成具有竞争关系的经营者通过编造、传播虚假信息或者误导性信息，损害竞争对手的商誉，以削弱其竞争力，由此获取不正当利益，尽管传播方式或范围有限但不影响其性质认定。

6. **答案**：ABD。相关市场，是指经营者在一定时期内就特定商品进行竞争的商品范围和地域范围。故界定相关市场应考虑时间、商品、地域维度，不包括数量维度。

7. **答案**：ACD。根据《保险法》第 97—100 条的规定，保险公司应当按照其注册资本总额的百分之二十提取保证金；应当根据保障被保险人利益、保证偿付能力的原则，提取各项责任准备金；应当依法提取公积金；应当缴纳保险保障基金。

8. **答案**：ABC。《税收征收管理法》第 35 条规定，纳税人有下列情形之一的，税务机关有权核定其应纳税额：（一）依照法律、行政法规的规定可以不设置账簿的；（二）依照法律、行政法规的规定应当设置账簿但未设置的；（三）擅自销毁账簿或者拒不提供纳税资料的；（四）虽设置账簿，但账目混乱或者成本资料、收入凭证、费用凭证残缺不全，难以查账的；（五）发生纳税义务，未按照规定的期限办理纳税申报，经税务机关责令限期申报，逾期仍不申报的；（六）纳税人申报的计税依据明显偏低，又无正当理由的。税务机关核定应纳税额的具体程序和方法由国务院税务主管部门规定。故选项 A、B、C 正确。选项 D 属于税务机关有权实施关联企业转让定价纳税调整的情形。

9. **答案**：CD。《土地管理法》第 79 条规定，非法批准、使用的土地应当收回，有关当事人拒不归还的，以非法占用土地论处。故选项 C 正确。《土地管理法》第 58 条规定，有下列情形之一的，由有关人民政府自然资源主管部门报经原批准用地的人民政府或者有批准权的人民政府批准，可以收回国有土地使用权：（一）为实施城市规划进行旧城区改建以及其他公共利益需要，确需使用土地的；（二）土地出让等有偿使用合同约定的使用期限届满，土地使用者未申请续期或者申请续期未获批准的；（三）因单位撤销、迁移等原因，停止使用原划拨的国有土地的；（四）公路、铁路、机场、矿场等经核准报废的。故选项 D 正确。

10. **答案**：AD。混淆行为是指经营者通过擅自使用他人具有一定影响的标识等方式，引人误认为其生产、经营的商品是他人商品或者与他人存在特定联系的行为，选项 A、D 均属于混淆行为。选项 B 属于通过虚构交易量炒作商家信用的虚假宣传行为。选项 C 属于经营者正当的营销行为。

名词解释

1. **答案**：社会利益本位要求立法和司法实践均应以社会整体利益为出发点，在尊重个体利益基础上将整体利益作为衡量行为之标准。一般认为，社会利益的主体是"社会"或

"社会公众""公共社会",其内容是依赖于个体利益需求的绝大多数社会主体共同的欲求。社会公共利益具有整体性与公益性两大特性,即为了满足社会全体成员之需要,建立在个人利益基础之上的关系大多数社会成员福利的一种利益。在经济法视域下,社会公共利益的具体体现包括如下几个方面:一为自由竞争秩序,自由竞争是经济秩序的基础;二为对特殊群体人格的限定和保护,如对消费者、中小企业、农民利益的保护;三为维护和发展对社会持续发展有利的和谐稳定的社会关系,比如,通过宏观调控法来实现协调稳定的宏观经济秩序,通过市场规制法来规范市场经营行为,营造诚实守信的竞争环境。

2. **答案**:通常意义上的消费者,是指为生活消费需要购买和使用商品或服务的人,是与商品的生产者、销售者和服务提供者即经营者相对应的一类市场主体。这一类市场主体与经营者相比,在交易中处于弱势地位,无法以自身的实力与经营者相抗衡,需要国家对其利益进行特殊保护。

　　对于消费者概念的界定,需要从三个方面加以把握:第一,消费主体。强调消费者的自然人属性是国际社会的通行做法,也与消费者保护的立法宗旨和目标相符合。消费者保护法,是在对市场经济条件下消费者弱势地位充分认识的基础上而给予消费者特别保护的立法,单位或机构作为团体,在以某种形式进行交易时并不缺乏专门知识和交涉技能,因而不具备予以特殊保护的理论基础。第二,消费目的。作为消费者,其消费目的是为生活需要而进行消费。在现代经济生活中,消费有生产消费和生活消费之分,生产消费的主体主要是企业等生产经营单位,生活消费的主体一般是自然人。在上述两类消费中,消费者权益保护法只调整生活消费而不调整生产消费。第三,消费客体,又称消费品。消费者权益保护法上的商品,仅限于消费品,即可用于生活消费的商品。现代社会,服务业日趋发达,服务消费成为生活消费的重要内容,而且服务领域呈不断扩大趋势,交通运输、旅游、电信、金融、医疗、文化、法律服务等均属于现代服务的范畴,应纳入消费者保护法的规制之下。

3. **答案**:相关市场,是指经营者在一定时期内就特定商品进行竞争的商品范围和地域范围。界定相关市场,要分别界定商品市场和地域市场。商品市场是指经营者在一定时期内就特定商品进行竞争的商品范围,包括同种品和替代品的范围。地域市场是指经营者在一定时期内就特定商品进行竞争的地域范围。

4. **答案**:预算调整是指法定的预算案在执行中因为特殊情况而需要作出变动,从而打破已经批准的收支平衡状态,或者增加原有的举债数额和调减预算安排的重点支出项目的措施。经全国人民代表大会批准的中央预算和经地方各级人民代表大会批准的地方各级预算,在执行中需要增加或者减少预算总支出、调入预算稳定调节基金、调减预算安排的重点支出数额与增加举借债务数额等情形时,应依法进行预算调整。在预算执行过程中,各级政府一般不制定新的增加财政收入或者支出的政策和措施,也不制定减少财政收入的政策和措施。

简答题

1. **答案**:经济法上的惩罚性责任突破了承担民事责任的"填平"原则,即使是在传统上被视为"民事"赔偿责任的领域,责任主体也通常被施加了高于补偿标准的法律责任,其目的在于奖励提起诉讼的通常处于弱势地位的受害人,并对违法行为人形成重要的威慑作用,其典型即为《消费者权益保护法》《食品安全法》等规定的经营者对消费者承担的惩罚性赔偿。可见,传统私法中适用惩罚性赔偿的情况非常少见,而扩大适用惩罚性赔偿的趋势恰恰是经济法责任形式的一个重要表现。惩罚性赔偿的功能有四:一是赔偿功能;二是制裁功能;三是遏制功能;四是鼓励功能。

2. **答案**:混淆行为,是指经营者通过擅自使用他人具有一定影响的标识等方式,引人误认为其生产、经营的商品是他人商品或者与他人存在特定联系的行为。《反不正当竞争法》第7条规定的混淆行为，包括以下两类：一类是擅自使用他人具有一定影响的标识（商品标识、主体标识、互联网领域中的特殊标识）的行为，一类是擅自使用他人具有一定影响的标识之外其他足以引人误认为是他人商品或者与他人存在特定联系的所有混淆行为。

3. **答案**：中央银行法是金融调控法的核心和基础，是依法制定和执行国家货币政策、宏观审慎政策，调控货币流通与信用活动，保障金融调控顺利实施的法律制度。中央银行的金融调控职能，就是通过制定和执行货币信用政策，影响商业银行创造货币的基础和能力，实现货币供应总量的调节与控制，并引导资金的流向，促进产业和产品结构的合理化，为国民经济的持续、健康、稳定、协调发展创造条件。在我国，中国人民银行作为中央银行，确认其法律地位、规范其宏观调控行为的法律是《中国人民银行法》。

论述题

答案：滥用市场支配地位指具有市场支配地位的企业凭借其这种地位，在一定的交易领域实质性地限制竞争，违背公共利益，明显损害消费者利益，从而为反垄断法所禁止的行为。

市场支配地位，一般指企业在特定市场上所具有的某种程度的支配或者控制力量，即在相关的产品市场、地域市场和时间市场上，拥有决定产品产量、价格和销售等各方面的控制能力。市场份额并不是决定市场支配地位的唯一标准，还须考虑其他因素，如对新的竞争者进入市场的障碍、企业的财力、企业垂直联合的程度、企业转向生产其他产品的可能性、交易对手转向其他企业的可能性以及市场行为等，但是市场份额在确定市场支配地位中仍然具有决定性的意义。此外，不同的形态或程度，如独占、准独占、寡头分占和绝对优势地位等，分别有不同的认定标准，还涉及相关市场的界定问题。

滥用一般指有关企业凭借自身的优势地位通过采取与商业交易中产品和服务的正常竞争所不同的手段，而妨害现存市场上竞争程度的维持或者竞争发展的各类行为，如强制交易、维持转售价格、歧视、搭售、附加不合理交易条件等。任何企业在参加市场竞争中都要涉及同一经济阶段的竞争者（同业竞争者）和不同经济阶段的竞争者即交易相对人（包括供应者、顾客和最终消费者）。

因此，滥用市场支配地位行为也可以分为两种基本类型：一是针对同业竞争者所实施的滥用行为，二是针对交易相对人所实施的滥用行为。前者主要包括低价竞销（掠夺性定价）、独家交易、搭售和附加其他不合理交易条件等；后者主要包括价格歧视等差别待遇、拒绝交易、强制交易和垄断性高价等。这类行为对竞争者、竞争秩序、消费者都构成侵害，一般受到各国反垄断法的严格控制。

综合测试题二

✓ 单项选择题

1. **答案**：C。经济法基本原则包括，有效调制原则（子原则：市场决定性原则、调制法定原则、调制适度原则、调制绩效原则）、社会利益本位原则（子原则：综合效益原则、实质公正原则）和经济安全原则（子原则：宏观经济安全原则、经济发展原则）。

2. **答案**：A。选项 A 正确。根据《反垄断法》第 24 条的规定，爱美公司和茵美公司在婴幼儿奶粉的相关市场的份额合计达到三分之二，可以推定其具有市场支配地位。选项 B 错误。根据《反垄断法》第 56 条第 3 款的规定，茵美公司主动向反垄断执法机构报告并反映该行为，如果其提供重要证据的，反垄断执法机构可以酌情减轻或者免除对该经营者的处罚，并非必然免除处罚。选项 C 错误。根据《反垄断法》第 56 条第 1 款的规定，爱美公司达成并实施了垄断协议，由反垄断执法机构责令停止违法行为，没收违法所得，并处上一年度销售额百分之一以上百分之十以下的罚款。即使爱美公司被举报后主动降价，但不能免除其法定责任。选项 D 错误。根据《反垄断法》第 3 条的规定，经营者"达成"垄断协议即构成垄断行为，即使所达成的垄断协议尚未实施，也应当承担《反垄断法》上的法定责任，而非"应当免于处罚"。

3. **答案**：D。从时间顺序上来看，预算编制为预算活动之始，其是预算活动的核心环节，其质量直接影响预算执行、监督和评价的效果。

4. **答案**：B。根据《个人所得税法实施条例》第 6 条的规定，稿酬所得，是指个人因其作品以图书、报刊等形式出版、发表而取得的所得。劳务报酬所得，是指个人从事劳务取得的所得，包括从事设计、装潢、安装、制图、化验、测试、医疗、法律、会计、咨询、讲学、翻译、审稿、书画、雕刻、影视、录音、录像、演出、表演、广告、展览、技术服务、介绍服务、经纪服务、代办服务以及其他劳务取得的所得。特许权使用费所得，是指个人提供专利权、商标权、著作权、非专利技术以及其他特许权的使用权取得的所得；提供著作权的使用权取得的所得，不包括稿酬所得。选项 A 可能归属于特许权使用费所得或劳务报酬所得，选项 B 属于稿酬所得，选项 C、D 属于劳务报酬所得。

5. **答案**：C。选项 C 正确。根据《中国人民银行法》第 4 条的规定，中国人民银行履行下列职责：（一）发布与履行其职责有关的命令和规章；（二）依法制定和执行货币政策；（三）发行人民币，管理人民币流通；（四）监督管理银行间同业拆借市场和银行间债券市场；（五）实施外汇管理，监督管理银行间外汇市场；（六）监督管理黄金市场；（七）持有、管理、经营国家外汇储备、黄金储备；（八）经理国库；（九）维护支付、清算系统的正常运行；（十）指导、部署金融业反洗钱工作，负责反洗钱的资金监测；（十一）负责金融业的统计、调查、分析和预测；（十二）作为国家的中央银行，从事有关的国际金融活动；（十三）国务院规定的其他职责。根据《银行业监督管理法》第 16、24 条的规定，选项 A、B 属于国务院银行业监督管理机构的职责。根据《证券法》第 7 条的规定，选项 D 属于国务院证券监督管理机构的职责。

6. **答案**：B。根据《产品质量法》第 41、42 条的规定，生产者的产品缺陷责任属于严格责任（无过错责任），即使生产者无过错也需赔偿；由于销售者的过错使产品存在缺陷，造成人身、他人财产损害的，销售者应当承担赔偿责任。故选项 B 正确，选项 A 错误。根据《产品质量法》第 45 条的规定，因产品存在缺陷造成损害要求赔偿的诉讼时效期间为二年，自当事人知道或者应当知道其权益受到损害时起计算。因产品存在缺陷造成损害要求赔偿的请求权，在造成损害的缺陷产品交付最初消费者满十年丧失；但是，尚未超过明示的安全使用期的除外。故选项C、D错误。

7. 答案：C。诋毁他人商誉行为又称商业诽谤行为、商业诋毁行为，是指经营者通过编造、传播虚假信息或者误导性信息，损害竞争对手的商誉，以削弱其竞争力，由此获取不正当利益的行为。甲公司的行为属于编造、传播虚假信息，损害竞争对手商誉的行为。

8. 答案：D。红心地板公司在广告中宣传其产品为"原装进口实木地板"，但其产品实际是用进口木材在国内加工而成，并非原装进口，该行为属于对商品的性能、功能、质量作虚假的商业宣传。同时，红心地板公司在广告中称"强化木地板甲醛含量高、不耐用"，致使本地市场上的强化木地板销量锐减，属于编造、传播虚假信息，损害竞争对手商誉的行为。

9. 答案：B。根据《反不正当竞争法》第13条第2款的规定，经营者不得利用数据和算法、技术、平台规则等，通过影响用户选择或者其他方式，实施下列妨碍、破坏其他经营者合法提供的网络产品或者服务正常运行的行为：（一）未经其他经营者同意，在其合法提供的网络产品或者服务中，插入链接、强制进行目标跳转；（二）误导、欺骗、强迫用户修改、关闭、卸载其他经营者合法提供的网络产品或者服务；（三）恶意对其他经营者合法提供的网络产品或者服务实施不兼容；（四）其他妨碍、破坏其他经营者合法提供的网络产品或者服务正常运行的行为。故选项A、C、D均属于互联网领域的不正当竞争行为。根据《反不正当竞争法》第7条第1款的规定，经营者不得实施擅自使用他人有一定影响的域名主体部分、网站名称、网页、新媒体账号名称、应用程序名称或者图标等，引人误认为是他人商品或者与他人存在特定联系。故选项B属于混淆行为，应

当由《反不正当竞争法》第7条进行规制。

10. 答案：A。根据《消费者权益保护法》第25条的规定，经营者采用网络、电视、电话、邮购等方式销售商品，消费者有权自收到商品之日起7日内退货，且无须说明理由，但下列商品除外：（一）消费者定作的；（二）鲜活易腐的；（三）在线下载或者消费者拆封的音像制品、计算机软件等数字化商品；（四）交付的报纸、期刊。除前款所列商品外，其他根据商品性质并经消费者在购买时确认不宜退货的商品，不适用无理由退货。消费者退回的商品应当完好。经营者应当自收到退回商品之日起7日内返还消费者支付的商品价款。退回商品的运费由消费者承担；经营者和消费者另有约定的，按照约定。

多项选择题

1. 答案：CD。选项A错误。根据《反垄断法》第25条的规定，经营者集中是指下列情形：（一）经营者合并；（二）经营者通过取得股权或者资产的方式取得对其他经营者的控制权；（三）经营者通过合同等方式取得对其他经营者的控制权或者能够对其他经营者施加决定性影响。选项B错误。经营者集中达到国务院规定的申报标准的，经营者应当事先向国务院反垄断执法机构申报，未申报的不得实施集中。选项C正确。根据《反垄断法》第33条的规定，审查经营者集中，应当考虑下列因素：（一）参与集中的经营者在相关市场的市场份额及其对市场的控制力；（二）相关市场的市场集中度；（三）经营者集中对市场进入、技术进步的影响；（四）经营者集中对消费者和其他有关经营者的影响；（五）经营者集中对国民经济发展的影响；（六）国务院反垄断执法机构认为应当考虑的影响市场竞争的其他因素。选项D正确。根据《反垄断法》第34条的规定，经营者集中具有或者可能具有排除、限制竞争效果的，国务院反垄断执法机构应当作出禁止经营者集中的决定。但是，经营者能够证明该集中对竞争产生的有利影响明显大于不利影响，或者符合社会公共利益的，国务院反垄断执法机构可以作出对经

营者集中不予禁止的决定。
2. **答案**：CD。选项A错误。拒绝交易的行为方式主要有：实质性削减与交易相对人的现有交易数量；拖延、中断与交易相对人的现有交易 拒绝与交易相对人进行新的交易；设置限制性条件，使交易相对人难以继续与其进行交易；拒绝交易相对人在生产经营活动中以合理条件使用其必需设施 通过设定过高的销售价格或者过低的购买价格，变相拒绝交易相对人的交易。甘泉公司的行为不属于拒绝交易，而是没有正当理由，限定交易相对人只能与其进行交易或者只能与其指定的经营者进行交易的独家交易行为。选项B错误。针对滥用市场支配地位的垄断行为，由反垄断执法机构责令停止违法行为，没收违法所得，并处上一年度销售额百分之一以上百分之十以下的罚款。针对行政性垄断行为，由上级机关责令改正；对直接负责的主管人员和其他直接责任人员依法给予处分；反垄断执法机构可以向有关上级机关提出依法处理的建议。选项C正确。相关市场是指经营者在一定时期内就特定商品或者服务进行竞争的商品范围和地域范围。选项D正确。甘泉公司在市公共自来水供水服务市场的相关市场份额合计达到二分之一，可以推定其具有市场支配地位。

3. **答案**：AD。根据《税收征收管理法》第38条的规定，税务机关有根据认为从事生产、经营的纳税人有逃避纳税义务行为的，可以在规定的纳税期之前，责令限期缴纳应纳税款；在限期内发现纳税人有明显的转移、隐匿其应纳税的商品、货物以及其他财产或者应纳税的收入的迹象的，税务机关可以责成纳税人提供纳税担保。如果纳税人不能提供纳税担保，经县以上税务局（分局）局长批准，税务机关可以采取下列税收保全措施：（一）书面通知纳税人开户银行或者其他金融机构冻结纳税人的金额相当于应纳税款的存款；（二）扣押、查封纳税人的价值相当于应纳税款的商品、货物或者其他财产。纳税人在前款规定的限期内缴纳税款的，税务机关必须立即解除税收保全措施；限期期满仍未缴纳税款的，经县以上税务局（分局）局长批准，税务机关可以书面通知纳税人开户银行或者其他金融机构从其冻结的存款中扣缴税款，或者依法拍卖或者变卖所扣押、查封的商品、货物或者其他财产，以拍卖或者变卖所得抵缴税款。个人及其所扶养家属维持生活必需的住房和用品，不在税收保全措施的范围之内。本题中，税务机关有权对家家福超市采取税收保全措施，如果家家福超市"限期期满仍未缴纳税款"，则有权进一步采取税收强制执行措施。

4. **答案**：ABC。根据《商业银行法》第89条规定，商业银行违反本法规定的，国务院银行业监督管理机构可以区别不同情形，取消其直接负责的董事、高级管理人员一定期限直至终身的任职资格，禁止直接负责的董事、高级管理人员和其他直接责任人员一定期限直至终身从事银行业工作。

5. **答案**：BCD。饭店强制"最低消费"且未予告知的行为，对消费者了解和获取服务的内容、规格、费用等有关情况造成影响，对消费者自主决定接受或不接受服务造成干扰，事实上对消费者形成强制交易，故侵犯了消费者的知情权、自主选择权、公平交易权。

6. **答案**：CD。J公司在优惠券标示设置中存在不严谨之处，但并不足以推断出北京某电子商务公司主观上存在恶意虚假宣传、以次充好的故意，应属于商业宣传的瑕疵问题，尚不构成欺诈。可供选择的商品种类是消费者购物的重要参考因素，J公司在优惠券中并未提前标注优惠券可适用的商品范围、使用条件等限制性信息，即未履行真实、全面告知消费者商品信息的责任。同时，消费者完成签到、邀请好友等系列行为，使用其获得的19999超级币，并选择兑换了优惠券，该券具有三个特殊性：一是虚拟性，储存于网络平台的服务器中，不能提取变现；二是依附性，获取与使用均需要满足"满299"的条件，而且局限在"超级城市"活动中的某店铺内；三是优惠券系"超级城市"促销行为，该券本身不具有流通性，无明确的货币兑换价值。因此，确定涉案优惠券价值是赔偿消费者经济损失的前提要件。

7. **答案**：ABD。根据《产品质量法》第 2 条的规定，本法所称产品是指经过加工、制作，用于销售的产品。建设工程不适用本法规定；但是，建设工程使用的建筑材料、建筑构配件和设备，属于前款规定的产品范围的，适用本法规定。

8. **答案**：ACD。根据《个人所得税法》第 2 条的规定，选项 A 属于甲取得工资、薪金所得，选项 C 属于丙取得经营所得，选项 D 属于丁取得财产租赁所得，均应依法缴纳个人所得税。选项 B 属于乙的一人公司取得所得，应由一人公司缴纳企业所得税，如公司向股东乙分配股利，则乙需就取得股息所得缴纳个人所得税。

9. **答案**：BCD。根据《消费者权益保护法》第 2 条规定，消费者为生活消费需要购买、使用商品或者接受服务，其权益受本法保护。根据《消费者权益保护法》第 62 条规定，农民购买、使用直接用于农业生产的生产资料，参照本法执行。

10. **答案**：AC。根据《土地管理法》第 13 条的规定，农民集体所有和国家所有依法由农民集体使用的耕地、林地、草地，以及其他依法用于农业的土地，采取农村集体经济组织内部的家庭承包方式承包，不宜采取家庭承包方式的荒山、荒沟、荒丘、荒滩等，可以采取招标、拍卖、公开协商等方式承包，从事种植业、林业、畜牧业、渔业生产。根据《农村土地承包法》第 52 条的规定，发包方将农村土地发包给本集体经济组织以外的单位或者个人承包，应当事先经本集体经济组织成员的村民会议三分之二以上成员或者三分之二以上村民代表的同意，并报乡（镇）人民政府批准。

名词解释

1. **答案**：经营者集中，是指经营者通过合并、收购、委托经营、联营或其他方式，集合经营者经济力，提高市场地位的行为。经营者集中的主体是经营者，行为方式属于组织调整行为，包括经营者合并和经营者控制（不形成新经营者的股份或资产收购、委托经营或联营、业务或人事控制等），其目的和后果是迅速集合经济力，提升市场地位。其对市场竞争和经济发展利弊并存。

2. **答案**：存款准备金制度是指中央银行依据法律所赋予的权力，要求商业银行和其他金融机构按规定的比率在其吸收的存款总额中提取一定的金额缴存中央银行，并借以间接地对社会货币供应量进行控制的制度。提取的金额被称为存款准备金，准备金占存款总额的比率被称为存款准备率或存款准备金率。存款准备金率是现代各国中央银行进行宏观调控的三大货币政策工具之一。

3. **答案**：税收特别措施是偏离基准税制的课税要素，是一种税法上的差别待遇，通常基于特殊的经济社会政策而制定。税收特别措施包括两类，即税收优惠措施和税收重课措施。前者以减轻纳税人的税负为主要目标，并与一定的经济政策和社会政策相关；后者则是以加重纳税人的税负为目标而采取的措施，如税款的加成、加倍征收等。

4. **答案**：商业秘密，是指不为公众所知悉、具有商业价值并经权利人采取相应保密措施的技术信息、经营信息等商业信息。商业秘密的特征包括：（1）秘密性。秘密性是商业秘密最基本的特征。商业秘密应当是不为公众所知悉、处于保密状态、一般人不易通过正当途径或者方法获得的信息。其中，主观秘密性是指信息的持有者具有的对该信息予以保密的主观愿望，客观秘密性是指有关信息在客观上没有被公众所了解以及不能从公开渠道直接获取。（2）非物质性。即无体性、无形性。商业秘密包括技术信息、经营信息等商业信息，这些信息往往通过设计图纸、配方、公式、操作指南、实验报告、技术记录、经营策略、方案、计划等形式表现出来。它的载体可能是有形的，但其内容则是无形的。因此，与工业产权一样，商业秘密实际上是一种无形资产，具有非物质性的特征。（3）商业价值性。即商业秘密必须是因不为公众所知悉而具有现实的或者潜在的商业价值的商业信息。商业秘密的商业价值性，具体表现为商业秘密的权利人能够作营利性使用并给其带来经济利益，或者体现为能够维持、提升商业秘密的权利人的竞争优势。

简答题

1. 答案：经济法与行政法的区别有：（1）两者的调整对象不同。行政法的调整对象主要是行政管理关系，即管理行政自身的关系、内部的关系，目的是控制行政权力、规范行政行为、明确行政责任，管理好行政机关自身。而经济法的调整对象是宏观调控关系和市场规制关系，这种社会关系不属于行政管理关系，而是市场经济发展的必然结果和普遍要求，它不是行政自身的内部关系，而是一种具有普遍性的社会关系。（2）两者的主体不同。行政法的主体有一方是行政机关和行政人员。而经济法的主体主要是与宏观调控和市场规制有关的当事人，介入其中的国家机构也不尽是行政机关。在经济法领域，实施宏观调控和市场规制的主体应具有较大的独立性，有的甚至需要去行政化，如反垄断机构、中央银行等均应如此。一般来说，它们只按相关法律规则行事，不受行政命令的干预和束缚。（3）两者涉及的权力不同。由于行政所针对的社会关系具有特殊性，难以实体立法，所谓的依法行政主要是依行政程序行使行政权，行政权本质上是一种自由裁量权。在行政法关系中，行政权是一种主导性权力，它决定、支配其他行政相对人的权利。而经济法领域的权力，主要是宏观调控权和市场规制权，它们作用的社会关系具有普遍性，法律可以作出较为详尽的规定，应依法行使，包括依实体法行使，尽量缩小自由裁量的空间。（4）两者的构成要素不同。为了防止行政权力的自由裁量侵犯人们的合法权益，必须对其加以规范和约束，如规定行政主体的资格、界定行政权力的范围、规范行政权力的程序、维护行政受害人的诉权、保障行政受害人的求偿权，等等。这样，行政组织法、行政程序法、行政诉讼法和国家赔偿法等就成了行政法的基本构成要素。而经济法调整的是宏观调控关系和市场规制关系，其构成要素主要是宏观调控法和市场规制法。（5）两者的宗旨不同。在行政管理关系中，政府是管理主体，相对方是管理受体，两者之间是一种命令与服从的关系。在行政管理过程中，政府可能侵害相对方的相关权利。为了避免这种现象，作为行政法主要构成部分的行政组织法、行政程序法、行政诉讼法和国家赔偿法等从许多方面界定了政府权力、规范了政府行为、明确了政府责任。可见，行政法关注的核心和规制的重心是政府本身，其宗旨是限制政府权力、管理行政机关，着重于解决政府失灵的问题。而经济法通过依法设立宏观调控机构和市场规制机构并赋予它们相应的宏观调控权和市场规制权来进行宏观调控［如规（计）划调控、财政调控、金融调控、产业调控等］和市场规制（如反不正当竞争和反垄断等），其调控的核心和规制的重心是市场秩序和市场运行，其宗旨着重于解决市场失灵的问题，以保障市场经济公平、自由、竞争、协调、有序地发展。（6）两者追求利益的方式不同。在市场体制下，利益格局多元化，既有私人利益，也有国家利益，还有社会公共利益。私人利益是由私人所享有的利益；国家利益要兼顾全社会利益，理论上应与社会公共利益相一致；社会公共利益是一种与全社会成员密切相关且为他们共同享有的利益。严格来说，行政法和经济法都应追求社会公共利益。但两者追求社会公共利益的方式、路径和着力点不同。行政法通过限制行政权力、规范行政行为和明确行政责任进而保障行政相对人和其他人利益的方式去实现社会公共利益。经济法通过宏观调控克服市场的盲目性和无序性、通过规制垄断和不正当竞争等，以保证市场经济公平、自由、竞争、协调、有序地发展，维护社会整体秩序，促进社会共同利益。

2. 答案：经营者有义务提供一切真实信息，不作虚假宣传，这是消费者实现知情权的保障。这一义务包括：（1）经营者应当向消费者提供有关商品或者服务的真实信息，不得作引人误解的虚假宣传；（2）经营者对消费者就其提供的商品或者服务的质量和使用方法等问题所提出的询问,应当作出真实、明确的答复;(3)商店提供的商品应当明码标价;(4)经营者应当标明其真实名称和标记;(5)租赁他人柜台或者场地的经营者,应当标明其真实名称和标记。

3. **答案**:售出的产品有下列情形之一的,即构成承担瑕疵担保责任的条件:(1)不具备产品应当具备的使用性能而事先未作说明的;(2)不符合在产品或其包装上注明采用产品标准的;(3)不符合以产品说明、实物样品等方式表明的质量状况的。

论述题

答案:经济法责任的独立性,是指经济法责任作为经济法中的有机构成,能够在内涵、功能、目的和价值方面符合经济法独立体系的要求,并因之与传统的民事责任、行政责任和刑事责任相区别、相并列。经济法责任的独立与否,对经济法责任问题至关重要。考察经济法责任的独立性问题,具有两个要点:澄清经济法责任与传统法律责任的关系,明确经济法责任的具体形态。

（一）与传统法律责任的关系

从法律责任产生的本源来看,特定的责任形式被划分为民事责任、行政责任或刑事责任,这本身即是一种主观建构的框架。划分法律责任类型的其实并不是承担责任的方法,而是法律主体承担责任时所依托的法律关系的部门法属性,如拘留作为一种责任形式,并非固定属于行政法或刑法,而是根据其所依附的法律关系的部门法属性被分别纳入行政责任或刑事责任。因此,在经济法制度中所规定的各种责任,都因为依托于经济法关系而属于经济法上的责任,不能因为它们在经济法产生之前更符合传统认识上的"民事责任"或"刑事责任",就认为没有独立的经济法责任。

在经济法中,由于调整领域的复杂性而造成了责任形式的更加多样化,其他法律部门的法律责任形式均在经济法上有所体现。经济法责任是对传统法律责任形式的一种质变式的"整合"而非"组合"。不仅如此,

经济法责任还在实务中开创出了三大传统法律部门均不具有的独创性责任形式,比如,《产品质量法》中的产品召回责任,正是基于风险预防的考虑,在真正产生产品责任之前即对经营者施加积极性的责任,这种新创的责任类型便难以被三大传统法律责任所纳入。

另外,承担经济法责任时的独特诉讼机制也能佐证经济法责任相较三大传统法律责任的独立性。即便至今仍未建立起经济法独立的诉讼体系,但经济法领域的民事赔偿责任追究机制,都通过相应的方式相对独立出来,主要表现为赋予了各调制主体准司法性的权力,从而能在一定程度上代行诉讼机制中的责任追究权。此外,与经济法领域有关的反垄断诉讼、消费者诉讼、纳税人诉讼等,在国际上都不同程度地表现出了单设或特设法庭予以处理的趋势。

（二）经济法责任的特殊性

责任承担的非过错性。在经济法领域,基于对信息不对称和经济外部性等现实状况的关注,传统私法基于形式理性所建立的以过错为基准判定责任的逻辑在很大程度上被打破,无过错责任或过错推定责任不再是个别适用的情况,这在若干市场规制立法中体现得尤为明显。这是典型的基于实质正义和社会本位的要求对责任承担的过错性所做的突破。

责任追究的积极性。传统法律责任遵循着"行为—损害结果—法律责任"的基本逻辑,一般情况下,在没有损害结果或行为与损害结果没有因果关系的情况下,无法律责任可言;甚至在判明了损害结果与因果关系的情况下,责任的承担通常还基于行为人存在过错这一重要前提。但是,现代社会是一个风险社会,潜在风险无处不在的逻辑启示着人们,由于经济社会发展的复杂化,因果关系经常难以推定,待损害结果发生后再行挽救则为时已晚。因此,立足于社会整体利益的经济法确立了适度的积极责任,即尽管损害结果尚未发生或处于不确定状态,仍然可以对相关的责任主体追究法律责任。这种

积极的经济法责任具有如下特点：其一，依主体地位而非行为过错为标准判断责任的产生。在以主体地位判断责任的逻辑下，法律责任的承担更有可能是以何者最具有控制风险和减少损失的能力为标准，而不考虑其是否真正实施了造成损失的违法行为。其二，依现实风险而非损害结果判断责任的内容。经济法责任的产生并不再仅仅立足于现实损害的发生，而是基于预防风险的要求，很可能在损害结果真正产生之前就被施加了需要积极履行的法律责任。其三，依调制机关的积极执法而非司法机关的消极裁判为平台促导责任的实现。为了在损害真正产生前预防风险，恪守消极中立的司法机关便难以真正起到促导积极责任履行的作用，因此，在经济法领域，通常依照调制主体的积极执法而非司法机关的消极裁判为平台促导责任的实现。

责任主体的绝对性。传统法律责任从静态的社会关系出发，法律责任的承担对象通常只限于在法律上受违法行为损害的人。但是，当今社会的如下事实很大程度上颠覆了这种责任的相对性：首先，经济社会中的危害具有很强的传导性和连锁性。其次，在经济法领域，受害人与违法行为人的关系有时候很难再以传统私法或公法上的法律关系进行判断。最后，某些行为甚至不存在传统法律关系上的相对方。上述问题表明，如果以传统的责任相对性原理追究经济法责任，将无法符合现实社会的要求。在经济法上，为了保证社会公共利益的实现，责任的承担会呈现出一种对社会整体负责的绝对性。

责任内容的惩罚性。经济法上的责任突破了承担民事责任的"填平"原则，突出表现在如下两点：第一，即使是在传统上被视为"民事"赔偿责任的领域，责任主体也通常被施加了高于补偿标准的法律责任，其目的在于奖励提起诉讼的通常处于弱势地位的受害人，并对违法行为人形成重要的威慑作用，其典型即为我国《消费者权益保护法》《食品安全法》等规定的经营者对消费者承担的惩罚性赔偿。第二，在对直接受害人承担赔偿责任后，责任主体通常还面临着来自调制机关的处罚，且这种处罚经常被科以较高数额，比如，我国《反垄断法》对经营者达成垄断协议或实施滥用市场支配地位所施加的巨额罚款。

（三）经济法责任的具体形态

惩罚性赔偿。传统的民事责任与民法调整方法的平等与等价有偿相一致，其目的在于对已经造成的权利侵害和财产损失给予填补和救济，使其恢复到未受损害时的形态。故民事责任的形式大多不具有惩罚性，如停止侵害、排除妨害、消除危害、返还财产等，都是如此。可见，传统私法中适用惩罚性赔偿的情况非常少见，而扩大适用惩罚性赔偿的趋势恰恰是经济法责任形式的一个重要表现。惩罚性赔偿的功能有四：一是赔偿功能；二是制裁功能；三是遏制功能；四是鼓励功能。

产品召回。所谓产品召回是指产品的生产商、销售商或进口商对于其生产、销售或进口的产品存在危及消费者人身、财产安全缺陷的，依法将该产品从市场上收回，并免费对其进行修理或更换。

资格减免与信用减等。在资格减免方面，国家可以通过对经济法主体的资格的减损或免除，对其作出惩罚。在市场经济条件下，主体的资格异常重要，它同主体的存续、行为、收益等息息相关。因此，取消各种资格，使其失去某种活动能力，特别是进入某种市场、某种行业的能力，就是对经济法主体的一种重要惩罚。在信用减等方面，因为在某种意义上，市场经济是一种信用经济，所以对某类主体进行信用减等，同上述的资格减免一样是一种惩罚。

综合测试题三

📖 名词解释

1. **答案**：轴辐协议，又称"中心辐射型卡特尔"，是一种特殊的垄断协议类型，是指在市场中处于同一经营范围内的经营者与处于纵向关系的同一主体签订纵向协议进行信息交换，进而达成横向垄断协议所形成的特殊垄断协议类型。其主体至少包括一个垄断协议的发起者或组织者（中枢企业），和由其协调的上游或下游多数具有直接竞争关系的默示共谋经营者（轴辐企业）。根据《反垄断法》规定，经营者不得组织其他经营者达成垄断协议或为其提供实质性帮助。

2. **答案**：公平竞争审查制度，是指对行政机关和法律法规授权的具有管理公共事务职能的组织制定的市场准入、产业发展、招商引资、招标投标、政府采购、经营行为规范、资质标准等涉及市场主体经济活动的规章、规范性文件和其他政策措施进行审查，评估其对市场竞争的影响，防止排除、限制市场竞争的一种制度。《反垄断法》第5条明确规定：国家建立健全公平竞争审查制度。行政机关和法律、法规授权的具有管理公共事务职能的组织在制定涉及市场主体经济活动的规定时，应当进行公平竞争审查。

3. **答案**：实质课税原则是税法的一项重要原则，指在判断某项经济行为或法律事实的纳税义务时，应根据其实际经济实质而非表面法律形式进行课税，以防止纳税人利用法律形式的漏洞（如虚构交易、滥用税收优惠等）规避纳税义务，以维护税收公平和实质正义。

4. **答案**：证券信息披露，是指证券发行人、上市公司以及其他负有信息披露义务的主体，依法将与证券发行、证券交易有关的可能影响投资判断的相关信息向社会予以公开的制度。它既包括发行前信息披露、上市后的持续信息披露和终止上市的信息披露，主要由招股说明书制度、定期报告制度、临时报告制度、退市公告制度等组成。信息公开是证券法的灵魂，信息披露是证券法的核心制度。

5. **答案**：产品责任是指由于产品有缺陷，造成了产品的消费者、使用者或其他第三者的人身伤害或财产损失，依法应由生产者或销售者分别或共同负责赔偿的一种法律责任。产品责任属于不真正连带责任，即对外连带、对内按份。只要因使用、消费缺陷产品而受到损害，受害人可向生产者、销售者主张赔偿，生产者和销售者不得以无过错主张免责，受害者也无须证明生产者、销售者的过错。由于销售者的过错使产品产生缺陷的，销售者应承担最终责任。运输者、仓储者及中间供货人对最终责任的承担也适用过错责任原则。

📝 简答题

1. **答案**：民营经济组织，是指在中华人民共和国境内依法设立的由中国公民控股或者实际控制的营利法人、非法人组织和个体工商户，以及前述组织控股或者实际控制的营利法人、非法人组织。民营经济组织属于经济法主体中的经营者，其从事的是商品生产、销售、服务或其他营利性行为。民营经济是社会主义市场经济的重要组成部分，是推进中国式现代化的生力军，是高质量发展的重要基础，是推动我国全面建成社会主义现代化强国、实现中华民族伟大复兴的重要力量。《民营经济促进法》强调保证各类经济组织公平参与市场竞争，体现出对民营经济组织平等市场地位的法律承认。例如，国家实行全国统一的市场准入负面清单制度，确保民营企业依法享有平等的市场竞争机会，这使民营经济组织能够在市场准入、获取生产要素等方面与其他经济组织处于平等地位，公平地参与市场竞争。同时，该法设置"权益保护"

一章，从法律层面对产权保护、合法权益保障以及行政机关的行为约束作出具体规定。禁止违规查封、扣押、冻结民营企业的财物，严格落实民营企业产权保障；检察机关依法对涉及民营经济组织及其经营者的诉讼活动实施法律监督；国家机关、事业单位、国有企业应当依法或依合同约定及时向民营经济组织支付账款等，这些规定切实保护了民营经济组织的合法权益，使其在经济活动中的权益能够得到充分保障和救济。

2. **答案**：界定平台经济领域的相关市场，同样要界定相关商品市场和相关地域市场。在界定相关商品市场时，一般基于平台功能、商业模式、应用场景、用户群体、多边市场、线下交易等因素进行需求替代分析；当供给替代对经营者行为产生的竞争约束类似于需求替代时，可以基于市场进入、技术壁垒、网络效应、锁定效应、转移成本、跨界竞争等因素考虑供给替代分析。在平台经济领域界定相关地域市场时，可以综合考虑多数用户选择商品的实际区域、用户的语言偏好和消费习惯相关法律法规的规定、不同区域竞争约束程度、线上线下融合等因素。一般而言，相关地域市场通常界定为中国市场或者特定区域市场，当然也不排除某些个案需要界定为全球市场的情况。

3. **答案**：互联网领域特有的不正当竞争行为，是指经营者利用数据和算法、技术、平台规则等，通过影响用户选择或者其他方式实施的妨碍、破坏其他经营者合法提供的网络产品或者服务正常运行的行为。《反不正当竞争法》第13条第2款规定，"妨碍、破坏其他经营者合法提供的网络产品或者服务正常运行的行为"，具体包括以下几种：（1）未经其他经营者同意，在其合法提供的网络产品或者服务中，插入链接、强制进行目标跳转。（2）误导、欺骗、强迫用户修改、关闭、卸载其他经营者合法提供的网络产品或者服务。（3）恶意对其他经营者合法提供的网品或者服务实施不兼容。（4）其他妨碍、破坏其他经营者合法提供的网络产品或者服务正常运行的行为。此外，《反不正当竞争法》第13条第3、4款规定，经营者不得以欺诈、胁迫、避开或者破坏技术管理措施等不正当方式，获取、使用其他经营者合法持有的数据，损害其他经营者的合法权益，扰乱市场竞争秩序。经营者不得滥用平台规则，直接或者指使他人对其他经营者实施虚假交易、虚假评价或者恶意退货等行为，损害其他经营者的合法权益，扰乱市场竞争秩序。《反不正当竞争法》第14条规定，平台经营者不得强制或者变相强制平台内经营者按照其定价规则，以低于成本的价格销售商品，扰乱市场竞争秩序。

4. **答案**：消费者通过网络交易平台购买商品或者接受服务，其合法权益受到损害的，可以向销售者或者服务者要求赔偿。网络交易平台提供者不能提供销售者或者服务者的真实名称、地址和有效联系方式的，消费者也可以向网络交易平台提供者要求赔偿。网络交易平台提供者作出更有利于消费者的承诺的，应当履行承诺。网络交易平台提供者赔偿后，有权向销售者或者服务者追偿。网络交易平台提供者明知或者应知销售者或者服务者利用其平台侵害消费者合法权益，未采取必要措施的，依法与该销售者或者服务者承担连带责任。

5. **答案**：经济法上的民事公益诉讼是指当经济领域的违法行为侵害了国家利益、社会公共利益时，由法律规定的特定机关或组织向人民法院提起的诉讼活动。主要涉及经济领域中损害社会公共利益的行为，包括但不限于垄断行为、不正当竞争行为、侵害消费者合法权益的行为、破坏市场秩序的行为以及损害国家宏观经济管理秩序的行为等。与传统诉讼主要维护个人私益不同，经济法公益诉讼旨在保护国家经济利益、社会公共经济利益以及不特定多数人的经济权益。比如，当某企业的垄断行为限制了市场竞争，损害了众多消费者的利益和市场的公平竞争环境，就可能引发经济法公益诉讼，以维护公共经济利益。其典型的表现形式包括：（1）消费者权益保护的民事公益诉讼，如生产经营不符合标准的食品侵害众多消费者权益、损害社会公共利益，检察机关和有关组织（中消协或省、自治区、直辖市消协）可依法提起公益诉讼。（2）反垄断和反不正当竞争的民事公益诉讼，如经营者实施垄断行为或不正当竞争行为，损害社会公共利益的，设区的市级以上人民检察院可提起民事公益诉讼。

💬 论述题

1. 答案：消费者保护法对消费者和经营者双方当事人之间关系的调整，采取了完全不同于民商法所采取的均等保护的方法和手段，而以保护消费者利益为宗旨，赋予消费者更多的权利，科以经营者更为严格的义务，在权利配置上明显向消费者倾斜，是典型的强调实质公平的法律。材料一体现了消费者依法享有的求偿权，以及在"知假买假"的情形中惩罚性赔偿仍应适用的倾斜性保护立场。即便购买者明知食品不符合安全标准，在合理生活消费需要范围内，法院仍支持其要求生产者或经营者支付价款十倍惩罚性赔偿金的请求，这体现了对食品药品领域违法行为的严厉制裁，通过加重违法者责任，使其不敢轻易实施危害消费者生命健康和安全的行为，以保护广大消费者的合法权益。

与食品药品领域适用惩罚性赔偿相类似，消费者预付式消费领域也存在惩罚性赔偿制度。消费者基于对经营者的信任，预先支付款项购买商品或服务，但经营者收取预付款后终止营业且恶意逃避退款，严重违背了消费者的信赖，损害了消费者权益。法律允许消费者对此提出惩罚性赔偿请求，是对消费者信赖利益的有力保护，维护了市场交易的诚信原则。另外，惩罚性赔偿制度也能有效威慑经营者，促使其遵守合同约定，诚信经营，履行对消费者的义务，减少类似侵害消费者权益行为的发生，保障预付式消费市场的健康有序发展。

同时，消费者保护法也注意到惩罚性赔偿制度具体适用过程中的价值平衡，强调法律保护的是消费者基于生活消费目的的权益，因而针对"知假买假"的特殊情形由法院综合普通消费者通常消费习惯等因素认定购买者合理生活消费需要的食品数量，既防止消费者滥用权利进行恶意索赔，又确保真正的消费者能得到应有的保护，平衡了消费者权益保护与经营者合法权益维护。

2. 答案：全国统一大市场，是制度规则的统一、市场设施高标准联通、要素和资源市场的统一、商品和服务市场高水平的统一、市场监管的（公平）统一。建设全国统一大市场，关键在于加快建立全国统一的市场制度规则，打破地方保护和市场分割，打通制约经济循环的关键堵点，促进商品要素资源在更大范围内畅通流动，加快建设高效规范、公平竞争、充分开放的全国统一大市场。从地域范围上看，"建设全国统一大市场"，是全国性的而不是地域性的，就是要解决地方保护主义问题；是统一的而不是割裂的，就是要破除地区间的贸易壁垒；是整体的而不是个别的，就是要"全国一盘棋"而不能树立地域歧视。

建设全国统一大市场，蕴含经济法内生的原理和调制思路：（1）基于国家干预原理，市场存在失灵的情况，如垄断、外部性、公共物品供给不足等。建设全国统一大市场，政府通过制定相关政策和法规进行合理干预，能打破地方保护和市场分割，防止区域间的恶性竞争和重复建设，解决市场自身无法有效解决的问题，促进资源在全国范围内的优化配置，提高整体经济效率。（2）基于社会本位原理，经济法以社会公共利益为出发点和落脚点。全国统一大市场的建设有利于整合社会资源，发挥超大规模市场的优势，通过扩大市场规模容量，在更大范围内深化分工协作，促进充分竞争，降低交易成本，从而提升社会整体福利，保障社会公共利益的实现。（3）基于市场规制制度，建设全国统一大市场需要完善的市场规制制度，如反垄断、反不正当竞争等。这有助于营造公平竞争的市场环境，规范市场主体行为，防止垄断企业滥用市场支配地位，保护中小企业和消费者的合法权益，维护市场秩序，使市场机制能够有效发挥作用，促进经济健康发展。（4）基于宏观调控制度，全国统一大市场为宏观调控提供了更广阔的平台和更有效的传导机制。政府可以通过财政、货币、产业等政策，在全国范围内更精准地调节经济运行，实现经济增长、充分就业、物价稳定等宏观经济目标，增强宏观调控的有效性和稳定性。

建设全国统一大市场，可以考虑如下的实现路径：（1）制度规则的统一。欲建立、完善和规范全国统一大市场，必须有一套适用范围广、实际效果好的统一制度体系，这主要包括，要实行统一的产权制度，完善依法平等保护各种所有制经济产权的制度体系；要实行统一的市场准入制度，充分发挥市场准入的制度优势，着力避免市场准入制度对于市场配置资源的影响，全国一张清单，避免地域之间利用"负面清单"相互掣肘；要维护统一的公平竞争制度，良性的市场竞争有利于市场的繁荣和经济的创新发展，加强公平竞争审查，树立统一竞争标准，鼓励良性竞争，规范不正当竞争；要健全统一的社会信用制度，构建全国统一的、覆盖全部信用主体的、涵盖全部信用信息的网络，避免信用信息的交流因地域而有所阻隔，失信行为利用地域逃避惩戒。（2）市场设施高标准联通。一是要建立建设现代流通网络，通过线上与线下结合的交通网络、物流网络和基础设施网络，提高区域间的联通效率，实现跨区域一体化发展。二是要完善市场信息交互渠道，统一信息发布机制，促进信息公开、信息共享。三是要推动交易平台优化升级，深化公共资源交易平台整合共享，研究明确各类公共资源交易纳入统一平台体系的标准和方式。（3）要素和资源市场的统一。健全城乡统一的土地和劳动力市场，加快发展统一的资本市场，加快培育统一的技术和数据市场，建设全国统一的能源市场，培育发展全国统一的生态环境市场。（4）商品和服务市场高水平的统一。首先，要健全商品质量体系，部分商品要制定全国统一的质量标准，质量认证制度要实现地域之间的互联互通、互信互认。其次，要完善标准和计量体系，优化政府颁布标准与市场自主制定标准结构，对国家标准和行业标准进行整合精简；突破一批关键测量技术，研制一批新型标准物质，不断完善国家计量体系。最后，要全面提升消费服务质量，保证商品质量，完善标准和计量体系，说到底都是为了保障消费者的权益，尤其是要强化消费者权益的异地保护、消费者消费行为的异地售后服务质量，保护力度和质量不因地域不同而有所差异。（5）市场监管公平统一。首先，健全统一市场监管规则，通过搭建规范的制度体系，监管好"监管者"和"监管行为"——监管者不能"不为"也不能"乱为"，监管行为不能"不做"也不能"乱做"。其次，强化统一市场监管执法，加强反垄断、反不正当竞争等执法行为的部门联动、地区间配合，形成覆盖全领域、全地域的市场监管执法体系。最后，全面提升市场监管能力，既要发挥行政机关这只"看得见的手"对市场进行监管，更要利用好市场这只"看不见的手"，广泛动员市场主体，全民合力搭建全国统一的市场监管体系，提高市场监管能力。

图书在版编目（CIP）数据

经济法配套测试 / 教学辅导中心组编 . -- 12 版 . -- 北京：中国法治出版社，2025.8. -- （高校法学专业核心课程配套测试）. -- ISBN 978-7-5216-5280-2

Ⅰ . D922.290.4

中国国家版本馆 CIP 数据核字第 2025EX2788 号

责任编辑：李若瑶　　　　　　　　　　　　　　　　封面设计：杨泽江　赵博

经济法配套测试
JINGJIFA PEITAO CESHI

组编/教学辅导中心
经销/新华书店
印刷/三河市紫恒印装有限公司
开本/787 毫米×1092 毫米　16 开　　　　　　　　印张/ 19.5　字数/ 411 千
版次/2025 年 8 月第 12 版　　　　　　　　　　　2025 年 8 月第 1 次印刷

中国法治出版社出版
书号 ISBN 978-7-5216-5280-2　　　　　　　　　　定价：52.00 元

北京市西城区西便门西里甲 16 号西便门办公区
邮政编码：100053　　　　　　　　　　　　　　　传真：010-63141600
网址：http：//www.zgfzs.com　　　　　　　　　　编辑部电话：010-63141833
市场营销部电话：010-63141612　　　　　　　　　印务部电话：010-63141606

（如有印装质量问题，请与本社印务部联系。）